영성훈련

영성훈련
THE SPIRIT OF THE DISCIPLINES

ⓒ2008년 도서출판 은성
초판 발행 | 1993년 4월 30일
재판 발행 | 2008년 4월 10일
저자 | 달라스 윌라드
역자 | 엄성옥
발행처 | 도서출판 은성
등록 | 1974년 12월 9일 제9-66호
주소 | 서울시 강동구 성내동 538-9
전화 | 02) 477-4404
팩스 | 02) 477-4405

이 책의 한국어판 저작권은 에릭양 에이전시를 통한 Harper San Francisco사와의
독점 계약으로 한국어 판권을 은성출판사가 소유합니다.
저작권법에 의하여 한국 내에서 보호를 받는 저작물이므로 무단전재와 복제를 금합니다.

THE SPIRIT OF THE DISCIPLINES
Copyrightⓒ1988 by Dallas Willard
Published by arrangement with HarperCollins Publishers
All rights reserved.

Korean translation copyright ⓒ2005 by Eunsung Publications
Korean translations rights arranged with Harper San Francisco,
through Eric Yang Agency.

ISBN 89-7236-015-5 33230

THE SPIRIT OF THE DISCIPLINES

by
Dallas Willard

영성훈련

달라스 윌라드 지음

엄성옥 옮김

목차

제1장 쉬운 멍에의 비결 | 11

제2장 훈련 신학의 실천화 | 27
오늘날 실천 신학은 어디에 와 있는가? | 옛 훈련 속에 불어 넣은 새 생명 | 왜 지금은 영성훈련에 새로이 관심을 갖는가? | 사라진 개신교 분파주의 | 우리의 삶을 진지하게 받아들이는 신앙 | 여전히 결여되어 있는 것: 신학적 기초

제3장 구원은 생명이다 | 53
결과: 참된 생명의 영역에서 벗어난 신앙 | 구원은 단순히 용서가 아니라 새로운 생명의 질서이다 | 십자가 상징이 뒤늦게 출현한 이유는? | 예수님의 제자들에게 있어서의 부활의 의미 | 신앙과 행위는 어떻게 상호 작용하는가? | "낮은 (비천한)" 육체

제4장 신(神) 못지 않은 존재 | 77
땅 덩어리와 하늘 사이 | 인간에 관한 성경적 관점 | 땅을 다스리기 위한 인간과 하나님의 연합 | 하나님의 형상의 일부인 인간의 몸

제5장 생명의 본질 | 95
생명은 관계를 갖고 동화하는 능력이다 | 생명의 본질에 관한 물리학자와 철학자의 견해 | 개체와 생명 | "있는 자가 받을 것이요" | 인간 생명의 범주 | 훼손된 생명 | 영이란 무엇인가? | 온전한 하나님의 샘에서 물을 마심 | 영성 생활과 그 훈련—정의 | 방법의 문제 | 즉효약은 없다 | 영적 여정의 단계: 시몬 베드로의 경우

제6장 영적 생활: 육체의 완성 | 125
심리학에서 공유되는 영적인 것과 생물학적인 것 | "참된 영성" | 영성과 놀이 | 어두운 면의 중심성 | 어떻게 한 인간이 그의 육체와 동일한가? | 전쟁터로서의 육체 | 하나님을 향한 디딤돌로서의 육체를 찬미함 | 썩지 않는 육체 | 성령을 위하여 심으라 | 육체는 "타락한" 인간 본성이 아니다 | 인격의 완전한 구속에 미치는 훈련의 역할

제7장 사도 바울의 구속의 심리학—모범 | 153

수수께끼의 인물 바울 | 바울 시대에는 영성훈련이 필요하다고 여겼다 | 초대 교회에서의 영성훈련 실천 | 독거(獨居)의 활용 | 독거를 통해 강건해진 예수님 | 바울의 영성훈련 실천: 고독, 금식, 기도 | 이웃을 섬김 | 언행일치의 삶 | 풀린 수수께끼 | 삶의 참된 변화를 방해하는 괴리 | 바울의 사실주의적 표현 | 성경의 사실성, 심리학 그리고 현대 기독교인의 사고 | 초대 교회의 성경적 심리학 | 영성과 습관: 우리 지체 안에 있는 법 | 제1단계: 그리스도로 세례를 받음 | 제2단계: 헤아림—새로운 태도 | 제3단계: 우리의 지체를 의에 복종시킴 | 더 큰 일을 위한 준비 | 능력의 저장소이자 매개체인 몸 | "그리스도의 몸"이 아닌 "몸" | 위대한 지도자의 지도를 무시하는 것 | 철학자 바울

제8장 영성훈련의 역사와 그 의미 | 203

오늘날의 "좋은 인생" | "계몽주의적" 인물 | 개신교 원리 | 훈련의 역기능 | 고난에 관한 오해 | 유대교는 고행의 종교인가? | 예수님은 고행자였는가? | 영성 생활의 대주재(大主宰) | 수도원 운동의 등장 | 수도원 운동의 기원 | 잘못된 고행주의 | 유럽에로의 파급 | 고행주의를 위한 고행주의 | 개신교로의 이전 | 개신교의 계속된 망상 | 계속되는 실수 | 고행주의에 대한 새로운 시각 | 고전적 고행주의 | 영성훈련의 참 본질 | 영성에 있어서 육체의 본질적인 역할 | 우리가 할 수 있는 일은 무엇인가? | 자연스러운 행동을 지향하는 작업

제9장 주요 영성훈련 | 239

구체적 훈련 활동들 | 절제의 훈련/ 독거/ 침묵/ 금식/ 검약/ 은밀성/ 희생 | 참여 훈련/ 성경 연구/ 예배/ 찬양/ 봉사/ 기도/ 교제/ 죄 고백/ 순종 | 이러한 훈련들은 적당한 것인가?

제10장 가난 | 295

우리는 가난해야 하는가? | 부의 소유, 사용 그리고 의지 | 가난과 불의 | 부유한 신자들에 대한 웨슬리의 탄식 | 부에 대한 편견을 검사하는 법 | 가난이 특권은 아니다 | 부의 기만성 | "젊은 부자 관원"의 경우 | 모든 재산을 구제에 사용하는 것 | 부를 소유하는 것과 그 효용 | 가난: 서원과 현실 | 가난이 곧 단순함(검소)은 아니다 | 예수님의 가르침 | 가난한 자에게 복이 있고, 부자에게 저주가 있는가? | 복에 대한 성경적 견해 | 가난한 자에 대한 경의와 존경 | 십자가를 통한 새로운 시각 | 교회에서 부자가 가난한 자를 지배하는가? | 가난하고 궁핍한 자와의 교제 | 성(聖)과 속(俗)은 구별이 없다 | 몸의 연장(延長)으로서의 재산 | 형통함에 필요한 은혜 | 웨슬리의 수정된 공식 | "모든 민족이 너희 빛으로 올 것이요"

제11장 영성훈련과 이 세상의 권력 구조 | 335

"인간들이 행하는 악" | 우리는 왜 "이유"를 물어야 하는가? | 악의 심연에 대한 부정 | 쉽게 악을 행하는 경향 | 격정을 수확함 | 변화에의 갈망: 메타노이아 | 거친 바다 | 진리만이 악을 물리친다 | 의인의 결국 | 대량의 악은 이데올로기에 기초하는가? | 실제적 문제 | 우리 시대의 환상 | 교회는 이러한 결핍 상태를 충족시키고 있는가? | 급성 질병은 급진적 치유를 필요로 한다 | 급진적 신앙에서 급진적 훈련으로 | 그리스도의 통치를 위한 개혁 | 판관 제도 | 모세에서 예수님까지 | 아직 가보지 않은 그리스도의 길 | 교회의 문을 두드림 | 세상의 장래를 책임져야 할 기독교 지도자들 | 선지자들의 환상 | 지배자들을 우상화하려는 욕구 | 정의와 평화의 공동체 |

에필로그 | 379

부록 I 경건 생활 법칙 적용에 대한 제레미 테일러의 조언 | 386

부록 II 제자도는 탁월한 기독교인만을 위한 것인가? | 390

참고문헌 | 341

1
쉬운 멍에의 비결

나는 마음이 온유하고 겸손하니 나의 멍에를 메고
내게 배우라 그리하면 너희 마음이 쉼을 얻으리니

| 마태복음 11:29

그의 계명들은 무거운 것이 아니로다

| 요한일서 5:3

인간의 가치와 질에 대해 보다 합리적인 평가를 할 때에 우리는 '영의 보고에 이르는 길을 탐구하며, 이웃과 나누어 가짐으로써 더 많이 소유하게 되며 아무도 우리에게서 빼앗아 갈 수 없는 재산을 발견할 수 있는 곳을 인류에게 가르쳐 주는 것' 이 가장 귀한 일이라고 생각할 것이다.

| 윌리엄 랄프 잉게

"사람들은 기독교를 많이 시험해 보아 부족한 점이 있다는 것을 발견해 낸 것이 아니라, 기독교를 어렵다고 생각하여 시험을 해보지도 않은 채 지나친다"고 탁월한 그리스도인인 체스터톤(G. K. Chesterton)은 말했다. 그의 말이 진지한 것인지 아닌지의 여부와는 상관없이, '참된' 그리스도인이 된다는 것은 아주 힘들고 어려운 과정이라는 것이 거의 일반화된 신념이다. 우리는 그리스도의 제자가 되려면 엄청나고 모진 대가를 치러야 한다고 강조하는 말을 끊임없이 듣는다. 체스터톤의 말은 적어도 그리스도의 길을 가는 많은 진지한 사람들의 태도를 반영한다고 볼 수 있다.

그러나 그것이 진리의 전부라고 받아들여서는 안 된다. 우리는 또한 그리스도의 제자가 되지 않는 데 따르는 대가도 분명하게 강조해야 한다. 쇠렌 키에르케고르가 상기시키고 있는 것처럼 "천국으로 가는 것보다는 지옥으로 갈 때에 더 비싼 대가를 치러야 한다. 멸망으로 인도하는 길은 좁다. 그것도 특별히 좁다."[1)]

잠언 13:15은 궤사한 자의 길이 험하다는 것을 말한다. 우리의 삶을 공정하게 관찰해 보면, 이 점을 익히 알 수 있다. 실제로 구약 잠언서의 대부분은 이러한 통찰의 결과를 기록한 것에 불과하다. 잠언서의 내용은 악인을 이기는 의인의 길을 찬미하는 노래로서, 그 안에서 생명과 기쁨과 능력이 발견된다는 것을 확신한다.

의인의 길을 떠나는 것은 무거운 짐과 실패와 좌절의 삶, 곧 결코 해소되지 않는 숱한 문제로 가득 찬 삶을 선택하는 것이다. 일일 연속극, 혹은 정상적인 일상생활이라고 알려진 공포 드라마의 원천이 여기에 있다. 우리가 비록 모든 것을 '제자도의 대가'로 치른다 할지라도, 생명의 길로 이끄시는 그리스도의 초청을 받아들이지 않는 사람들의 받아야 하는 운명과 비교해 보면 우리가 치르는 대가는 너무나 적다.

마태복음 11:29-30에 묘사되어 있는 예수님의 말씀은, 하나님을 떠나 사는 삶의 공허함을 피할 수 있는 다른 길을 제시하고 있다. 그러나 솔직히 말하면, 대부분의 그리스도인은 아마 이 예수님의 말씀과 요한1서의 저자가 재천명하고 있는 말씀(5:3)을 자신들의 삶의 본질에 관한 말씀으로 보기보다는 소망, 단순한 소원의 표현으로 보게 될 것이다. 솔직히 예수님의 말씀은 많은 사람들에게 갈등을 준다. 우리는 그 말씀들이 의미하는 내용에 분명히 고무되고 기쁨을 느끼기 때문에 사람들은 종종 그 말씀들을 인용한다. 그러나 우리가 그 말씀에 접근하는 방법 및 그리스도와 동행하고 그분에게 순종하는 것이 무엇을 의미하는지를 생각하는 데 있어서 그 말씀이 나타내고 있는 실체에 접근하지 못하도록 방해하는 것이 있는 듯하다. 주님의 길의 능력과 밝음과 용이함이 평범한 인간 실존에 스며들어 영속적인 특성이 되지 못하고 있다.

우리는 마땅히 가져야 할 능력을 소유하지 못하고 있으며, 예수님의 계명을 엄청나게 부담스럽게 여긴다. 사실상 많은 그리스도인들이 주님이 우리에게 원하시는 것만큼 믿지 못한다. 그렇다면 그 결과는 무엇일까? 예수님의 가르침은 하나의 단순한 이상(理想)으로 취급된다. 다시 말해 우리가 그것을 목표로 삼고 나아감으로써 자신을 향상시킬 수 있겠지만, 우리의 능력으로 달성할 수 없는 이상이다.

　그것은 우리에게 익숙한 사실이다. 우리는 "우리는 단지 인간일 뿐이야. 인간이기 때문에 실수하기 마련이지"라고 말한다. 아마 우리는 그러한 선언들은 다른 시대나 세대를 위한 말씀이거나, 혹은 우리가 천국에 가면 그 말씀이 우리에게 해당되겠지만 결코 현재의 우리를 위한 말씀이 될 수는 없다고 생각할 것이다. 그러나 사실은 그렇지 않다. 예수께서 우리에게 감당하기 어려운 일을 우리에게 부과하셨을리가 없다. 더욱이 우리는 은혜의 시대에 살고 있다. 우리는 행위가 아니라 은혜로 구원을 받는다. 따라서 실질적으로 그리스도께 대한 순종이 필수적인 일은 아니다. 어쨌든 그것은 너무나 힘든 일이다. 그것은 우리에게 기대할 수 있는 일이 아니며, 우리가 그것을 향유한다는 것은 더욱 불가능한 일이다.

　우리는 이상과 같이 추론한다. 그러나 예수께서는 우리에게 자기를 따라오라고, 죽은 후가 아니라 지금 주님을 따르라고 부르신다는 사실을 우리는 생각하지 못한다.

　만약 우리가 예수님 및 예수님의 가르침을 진정으로 기쁜 마음으로 따른다면, 우리는 훨씬 더 고상한 존재가 되고 세상은 지금보다 놀라울 만큼 좋은 곳이 될 것임을 누구도 부정하지 않는다. 그러므로 우리의 이해의 부족 때문에 주님이 우리에게 제시하신 것, 우리 영혼이 쉼을 얻을 수 있는 쉬운 멍에와 가벼운 짐을 무효화할 수는 없다. 자신을 따르라는 부르심과 같은 예수님의 요청은 분명히 지금 이 세상에서 감당하지 못할 무거운 짐을 지고 수고하면서 쉼을 얻기를 간절히 소원하고 있는 우리, 이 세상 한가운데 사는 우리에게 주어진 것이다. 이것이 진실이다. 그러므로 우리는 그 쉬운 멍에를 지는 비결만 터득하면 된다.

그렇다면 그 비결은 무엇일까? 이처럼 중요한 문제에 대한 대답은 지극히 간단하다. 그것은 우리 모두가 익히 알고 있는 몇 가지 사실들을 비교해 봄으로써 분명하게 제시되고 확실하게 정립될 수 있다.

유명한 야구 선수를 우상화하여 흠모하는 청소년들을 생각해 보자. 그들은 자기들이 흠모하는 우상처럼 치고 던지고 달리는 것 외에 다른 것은 바라지 않는다. 그들은 어떻게 행동하는가? 그들은 야구 경기를 할 때면 한결 같이 자신이 좋아하는 야구 선수의 모습을 그대로 모방하려고 애를 쓴다. 자기가 좋아하는 선수가 도루하는 모습이나 야구 배트를 휘두르는 모습 등을 그대로 따라한다. 청소년들은 자기가 흠모하는 우상과 똑같이 되고자 하기 때문에 그들의 행동을 그대로 본받으려고 애를 쓴다. 그들은 스타가 착용하고 있는 것과 동일한 상표의 유니폼, 그가 사용하는 것과 똑같은 종류의 글러브와 배트를 산다.

그렇다고 해서 그들이 그 스타와 똑같이 성공하는가? 이에 대한 대답은 너무나 분명하다. 그들이 나름대로 아무리 재능이 있어도 경기를 할 때에 아무리 스타를 본받으려고 애를 써도 결코 스타와 똑같이 될 수는 없다. 우리는 그 이유를 잘 안다. 스타 선수는 경기를 하는 동안에만 특정의 방법으로 행동하려고 노력함으로써 훌륭한 선수가 되는 것이 아니다. 그는 평소에 몸과 마음을 다하여 열심히 연습하고 훈련을 하여 기초를 닦았기 때문에 실제로 경기를 할 때에 탁월한 능력과 날렵하고 세련된 묘기를 보여줄 수 있다.

 야구장에서 우리가 보게 되는 스타 선수의 민첩한 동작, 정확한 타이밍 그리고 엄청난 힘 등은 훈련이 없이 경기에 임해서는 발휘될 수 없고 유지될 수도 없다. 그는 아무도 보지 않는 시간에 하루도 빠지지 않고 훈련이나 몸 관리를 함으로써 그 짧은 경기 시간에 탁월한 선수로 모습을 나타낼 수 있는 것이다. 예를 들면 적절한 식사 조절, 적당한 휴식 그리고 특수한 근육 훈련 등은 경기의 일부분은 아니지만 그런 과정이 없이는 탁월한 선수가 되지 못한다. 이러한 일상적인 습관 중에 어떤 것들은 우리가 보기에 어리석은 것으로 보일 수도 있다. 그러나 훌륭한 선수는 자신이 반드시 훈련을 하되 제대로 해야 한다는 것을 알고 있다. 또 훈련이 없이 자신의 천부적인 재능과 수고만으로는 경기 시간을 위해 미리 대비하여 훈련한 선수들을 이길 수 없다는 사실을 잘 알고 있다.

 우리가 여기서 발견하는 것은 우리의 삶에 의미를 제공할 수 있는 모든 인간적 노력에 그대로 해당된다. 우리는 인간 생활의 일반 원리에 대해 언급하고 있다. 그것은 대중 연설가나 음악가, 또는 교사나 의사에게도 해당된다. 위기의 순간을 넘기고 성공에 이르는 행위는 주로 그리고 본질적으로 존재 전체—정신과 육체—안에 지혜롭고 준엄하게 예비된 심층적인 자아에 의존한다.

 물론 특수한 활동들에 해당되는 것은 삶 전체에도 해당된다. 옛날 플라톤이 설파한 것처럼 살아가는 데는 기술이 필요하고, 자아가 그 존재의 모든 심층과 영역 속에 갖추어질 때에만 삶은 고상하게 된다.

이것은 우리가 하나님과의 관계를 이룰 때에도 피할 수 없는 진리이다. 우리는 자격이 있어서 구원을 받는 것이 아니라, 은혜로 구원을 받는다. 우리는 오직 은혜로만 구원을 받는다. 그것이 하나님께서 우리를 받아들이시는 기초이다. 그러나 은혜란 구원에 대한 충분한 능력과 통찰력이 필요한 순간에 "자동적으로" 우리 존재 속에 "주입되는 것"을 의미하지 않는다. 이 주장을 뒷받침할 증거는 모든 그리스도인의 삶 속에서 많이 나타난다. 그러므로 우리는 그와 같은 사실들을 주목기만 하면 된다. 경건한 생활을 위해 적절한 훈련을 하지도 않고서 시험을 받을 때에 그리스도처럼 행동할 수 있기를 바라는 기독교인은 적당한 육체의 훈련이 없이 훌륭한 경기를 하기 바라는 야구 선수만큼이나 어리석은 사람이다.

예수님의 생애의 기록들을 살펴보면, 예수님은 이 사실을 명백히 이해했고, 이해한 대로 삶을 살았다. 우리는 편견을 가지고 복음서를 읽기 때문에 예수님의 생애에서 보아야 할 중요한 핵심을 파악하는 데 많은 어려움을 겪는다. 분명히 대중적 시각으로 보면 크게 약화되지만, 우리는 예수님이 하나님의 독생자라는 사실이 준비하는 삶의 필요성을 결코 부정하지 않는다는 사실을 기억해야 한다. 그분의 탄생을 둘러싸고 있는 상서로운 사건들에도 불구하고 그분은 나사렛이라는 외딴 마을의 비천한 집안에서 자랐다. 누가복음 2:46에서 읽을 수 있는 것처럼, 12살 때 주님은 예루살렘에서 "선생들 중에 앉으셔서" 놀랄 만큼 심오한 지혜를 보여주셨다. 그러나 주님은 양친 손에 이끌려 고향으로 되돌아갔고, 그 이후 18년 동안은 가정 사정에 따라 고향에서 지내셨다.

세례 요한에게 세례를 받으신 예수님은 한 달 반 동안 광야에서 홀로 계시면서 금식을 하셨다. 그 이후부터 주님은 자신의 사역을 감당하시면서 많은 시간을 홀로 외롭게 보내셨고, 때로는 다음 날 제자들과 따르는 무리들의 필요를 채워주시기 위해서 온 밤을 새우며 기도하기도 하셨다.

이렇게 미리 준비를 하셨기 때문에 예수님은 가르침과 치유를 통해 봉사하는 공생애를 능히 감당하실 수 있었다. 그리고 가장 가까운 동료들—그들이 종종 주님을 크게 실망시켰고, 주님의 신앙과 사역 속에 들어올 수 없는 듯이 보이기도 했지만—을 끝까지 사랑할 수 있었다. 나아가 그분은 본질적으로 아름답고 역사적으로 효과적인 죽음을 죽으실 수 있었다.

이러한 진리 속에 바로 쉬운 멍에의 비결이 있다. 그 비결은 주님이 평생 동안 사신 것처럼 사는 데 있다. 다시 말해 그분의 전체적인 삶의 방식을 우리의 삶의 방식으로 채택하는 것이다. 그렇다고 '주님의 발자취'를 따르는 것이 과거에 주께서 "현장에서" 행하신 그대로 행하는 것을 가리키는 것은 아니다. 그리스도가 사신 것처럼 산다는 것은 그분이 평생 동안 사신 것처럼 산다는 것이다.

우리는 예수님을 따르는 것은 원수를 사랑하고, 오 리를 함께 가주고, 왼편 뺨을 돌려대며, 인내하고 수고하면서 아픔을 참으면서도 그 외의 생활에서는 우리 주위의 사람들처럼 행해도 된다고 잘못 생각하고 있다. 이것은 앞에서 언급한 젊은 야구 선수 지망생의 경우와 같다. 그것이야말로 그리스도의 길을 어렵게 만들어 그 길로 가지 않게 만드는 생각이다. 그것은 어떤 면에서 경기가 한창 진행될 때 선수가 특정의 방법으로 행동하려고 노력하는 것이 경기에서 이기는 길이 아니 듯이, 그것도 역시 그리스도의 길이 아니다.

무엇이 우리를 이처럼 거짓된 접근 방법으로 인도했는지 알 수 없으나, 어쨌든 그것은 잘못된 것이다. 이러한 헛된 접근 방법은 특정 기간 동안에 우리의 행동에 대한 하나님의 명령을 번거로운 것으로 여기게 만든다. 그리하여 우리는 온통 쉬운 멍에 대신에 좌절을 경험하게 된다. 인간 생활 도처에는 그리스도를 따르는 일에 대한 이같이 잘못된 접근법에 대응하는 것들이 있다. 인류는 자신이 원하는 것을 성취하기 위해서 지나치게 즉흥적인 행동의 능력만 믿으며, 전체적인 삶에서 요구되는 성격 변화의 필요성을 완전히 무시해 버리는 그릇되고 변덕스러운 상태에 있다. 일반적으로 인간은 진정으로 옳고 중요한 것을 원하지 않으며, 자신이 올바르다고 생각하는 행동 및 자신이 누리기를 원하는 상태를 만들어낼 생활을 한다. 이것이 지옥으로 가는 길이 왜 선한 의도들로 포장되는 지를 설명해 주는 인간의 성품의 일면이다. 우리는 올바른 것을 의도하지만 그것을 실천하는 생활은 회피한다.

예컨대 어떤 사람들은 지불 청구서를 받으면 제대로 지불하며, 재정적으로 책임 있는 생활을 하기를 원하지만, 그것을 가능하게 해 줄 총체적인 삶을 영위하지는 못한다. 또 어떤 사람들은 친구들을 사귀고 싶어 하고 흥미 있는 사회생활을 영위하기를 바라지만, 그러한 일들을 자연스럽게 행하는 사람이 되기 위해서 자신을 투자하는 데는 인색하다.

똑같은 개념을 확대 적용할 수 있다. 많은 사람들이 오늘날 문란한 성 도덕을 개탄한다. 그러나 사업, 예술, 언론, 오락 등에서 성의 역할이 그처럼 비극적인 상태를 야기할 만큼 타락한 상태에 머물러 있는 것을 그대로 방관한다. 또 어떤 사람들은 무기를 제거해야 한다고 생각하면서도, 국가와 민족들에 대해서는 필연적으로 전쟁을 일으킬 태도와 가치관을 취한다. 우리는 자신의 생활 방식이 보존되는 한 사회적 불안이나 혁명을 선택하지는 않는다.

정신의학자인 스코트 펙(M. Scott Peck)은 『그다지 다니지 않는 길』(*The Road Less Traveled*)이라는 저서에서 이렇게 진단하고 있다.

> "내가 알기로는 많은 사람들이 (개인적인) 발전에 대한 비전은 가지고 있지만 그것을 실현시킬 의지를 결여하고 있는 듯하다. 그들은 훈련이 없이 성도가 되는 지름길을 발견하기를 원하며, 그것이 가능하다고 생각한다. 그들은 종종 그것을 얻기 위해 단순히 성인들의 외면적인 삶을 모방하여 광야로 들어가거나 목수가 된다. 또 어떤 사람들은 이러한 모방만으로 자신이 실제로 성인이나 선지자가 되었다고 착각을 하기도 한다. 그들은 자신이 아직 어린아이에 지나지 않는다는 사실을 인정하지 않으며, 자신이 처음부터 시작하여 여러 과정을 거쳐야 한다는 괴로운 사실을 직시하지 못한다."[2]

아이러니컬하게도 우리는 우리에게 반드시 필요한 훈련을 피하려 하는 중에 쉬운 멍에와 가벼운 짐을 잃어버린다. 그리하여 우리는 훈련만이 우리에게 제공해 줄 수 있는 통찰력과 능력을 구비하지 못한 채 자신이 옳다고 생각하는 기독교 인상을 이루려고 노력하는 오류에 빠지고 만다. 우리는 균형을 잃으며 자신의 삶을 조절할 수 없게 된다. 펙 박사는 우리에게 칼 융의 예리한 진단을 상기시킨다: "신경증은 합법적인 고통의 대체물이다."3)

그러므로 우리가 그리스도를 진실로 따르는 것이 불가능하다는 어떤 사람들의 주장도 어떤 의미에서는 옳다고 생각된다. 우리가 삶을 다른 사람들과 똑같은 방식으로 살아간다면, 우리는 도저히 과거에 주님이 행하시고 가르치신 대로 살 수는 없다. 비록 우리가 하나님이 은혜를 받는다 해도, 우리는 결코 그리스도를 거역하는 뿌리 깊은 행동 경향을 역전시켜 한 순간에 비약적으로 그리스도를 닮아가는 행동으로 만들 수는 없다.

과거 예수께서 행동하시던 순간에 시각을 고정시키려는 우리의 수고는 아주 철저하게 실패할 것이며, 따라서 주위에서 바라보는 세상 사람들은 그리스도를 따른다는 계획을 우습게 여길 것이다. 우리 모두는 지금까지 이것을 목격하고 있다.

따라서 우리는 다음과 같은 한 가지 사실을 분명히 깨달아야 한다. 즉 예수님은 결코 우리에게 오른편 뺨을 때리는 자에게 왼편 뺨을 돌려대고, 오 리를 가자는 사람과 함께 십리를 가주고, 우리를 핍박하는 자를 축복하고, 구하는 자에게 주는 것 등의 계명을 문자 그대로 실천하기를 기대하시지는 않았다는 사실이다. 일반적으로 이러한 반응들은 그리스도를 닮은 특성으로 이해되고 있으며, 그것은 옳은 일이다. 그러나 그리스도는 새 사람, 무엇보다도 하나님의 법 안에서 살며, 마태복음 6:33에 묘사된 것처럼,

하나님이 소유하신 것과 같은 종류의 의에 사로잡히게 되기를 구하는 사람들에게서 기대할 수 있는 특성으로 예시하신 것이다.

예수님은 자기를 따라 원수를 사랑하는 것과 같은 행위가 지혜롭고 행복한 일처럼 보이는 생활을 하라고 사람들을 초청하셨다. 그와 같은 생활을 하는 사람들은, 주님이 행하셨던 것과 마찬가지로, 원수를 미워하거나 간청하는 자를 내어 쫓거나 저주하는 자를 저주하는 것을 어렵게 여길 것이다. 그리스도를 진실로 닮아 가면, 즉 그리스도와의 참된 교제가 이루어지면, 그리스도께서 나타내실 것과 같은 반응을 하는 것이 어렵게 여겨지지 않는 지점에 이르게 된다.

오스왈드 챔버스(Oswald Chambers)는 이렇게 통찰하고 있다: "산상수훈은 예수 그리스도와 동일하게 되는 것과 상관없이 지켜져야 할 일련의 원리가 아니다. 산상수훈은 성령이 우리를 마음대로 할 수 있게 될 때에 우리가 영위할 수 있는 삶에 대한 진술이다."[4]

다시 말하자면 아무도 "당신이 훌륭한 운동 선수가 되기를 원한다면 18피트를 뛰어 넘으시오. 4분 이내에 그 지점을 달려 갔다 오시오." 또는 "당신이 위대한 음악가가 되기를 원한다면 베토벤의 바이올린 협주곡을 연주하시오"라고 말하지 않는 법이다. 우리는 젊은 예술가나 운동 선수에게 정신과 육체를 단련하기 위해 엄격하게 계획된 시간표에 따라 생활하고 음식을 조절할 것은 물론이요, 자격 있는 사람들과의 깊은 교제를 포함하는 삶을 살아가라고 충고한다.

그러나 우리가 전반적으로 훌륭한 생활을 하기를 간절히 원하는 사람에게 우리는 무슨 말을 해 줄 수 있는가? 만약 우리가 지혜로운 사람이라면, 우리는 그들에게 이와 동일한 전반적인 안목을 가지고 삶에 접근하라고 말해 줄 것이다. 만약 우리가 그리스도를 따르며 그분과 함께 쉬운 멍에를 지고 걸어가기를 바란다면, 우리는 그분의 총체적인 생활 방식을 우리의 생활 방식으로 받아들여야 할 것이다. 그렇게 해야만 비로소 우리는 그 멍에가 얼마나 쉽고 그 짐이 얼마나 가벼운지를 체험하여 알기를 기대할 수 있다.

몇 십 년 전 『예수라면 어떻게 할 것인가』(*In His Steps*)라는 소설이 베스트셀러가 되었었다. 그 소설의 내용은 어느 부흥하는 교회의 목사가 일련의 비극적인 사건들을 접함으로서 자신의 생활이 얼마나 그리스도의 생활과 동떨어진 것인지를 깨닫게 된다는 것이다. 여기서 그 목사는 교인들에게 먼저 "예수님이라면 어떻게 했을 것인가?"라는 질문을 스스로에게 해보고 나서 모든 행동을 하겠다고 맹세하게 했다.

이 소설의 내용이 분명히 하고 있는 것처럼, 작가는 여기서 이 맹세를 예수님을 따르겠다는 의도, "그분의 발자취를 정확하게 따라 걸어가겠다는 의도로 간주했다. 물론 그것은 소설이다. 그러나 실제 세상에서 우리는 그 책에서 일어난 것처럼 이러한 맹세를 하고서 진지하게 그리스도인의 삶을 사는 심각한 변화는 중요하다고 생각된다.

그러나 이러한 사고에는 결함이 있다. 그 소설은 완전히 특정의 선택적 상황에 반응하는 데 있어서 예수님이라면 어떻게 하셨을 것인지를 가정적으로 판단해서 그대로 시도하는 데 초점을 맞추고 있다. 그 책에서는 주님이 어떤 자세로 삶을 사셨는지에 대해서는 언급이 없고, 다만 순간순간의 상황에서 어떻게 올바른 선택을 했을 지에 집중하고 있다. 흥미롭게도 올바른 선택을 하시는 그분의 능력이 그분 자신의 내면적 균형 및 하나님 아버지와의 관계를 유지하기 위하여 채택하신 그분의 총체적인 면모의 삶에 뿌리를 두고 있었다는 제시는 전혀 없다.

 그 책에서는 주님의 발자취를 따르는 것이 그분이 사신 전체적인 삶의 방식을 취하는 것이라는 점을 간과한다. 그래서 그 책이 독자들에게 전하는 사상은 아주 치명적인 것으로서, 주님을 따른다는 것이 주님이 압박이나 핍박을 받으며, 또는 각광을 받으신 현장에서 취하신 행동대로 살아야 한다는 것을 의미하게 되었다.

 주님이 그러한 상황에서 취하신 행동은 아주 본질적인 면에서 볼 때 그러한 현장에 계시지 않았을 때의 자연스러운 삶의 흐름과 동일하다는 인식이 없다.

 갑자기 중요한 상황에 직면해서 단순히 "예수님이라면 어떻게 하셨을까?"라고 자문하는 것은 우리로 하여금 주님이 사신 것처럼 살 수 있게 해 주는 데 적절한 훈련이나 준비가 아니다. 물론 그것은 약간의 유익을 줄 것이며, 전혀 행함이 없는 것보다는 나은 것은 사실이다. 그러나 그런 행위의 도움만으로는 우리가 담대하고 확신을 가지고 위기를 헤쳐 나가지 못하며, 우리는 이러한 일로 말미암아 받게 되는 무력한 긴장으로 인해 쉽게 절망하게 된다.

 쉬운 멍에의 비결은 우리 자신의 총체적인 삶을 살아가는 방법, 우리의 모든 시간 및 정신과 육체의 에너지를 주님이 하신 것처럼 투자하는 방법을 그리스도에게서 배우는 데 있다. 주님은 하나님의 법 안에서 자기 생활을 예비하고 훈련했기 때문에 자신의 의지대로 행하시면서도 하나님 아버지의 일관되고 효과적인 지원을 받아들일 수 있었다. 우리는 주님에게서 그것을 배워야 한다. 우리는 오늘 우리가 서있는 곳에서 그분의 훈련으로 들어가는 법을 발견해 내며, 우리의 딱한 상황을 충족시킬 때까지 그것들을 확대시키고 확장하는 법을 배워야 한다.

이러한 태도, 이러한 행동이 그리스도의 쉬운 멍에를 메기 위해 우리가 반드시 준비해야 하는 것이며, 이 책의 나머지 부분의 주제이기도 하다. 우리는 실제적으로 그리스도를 따르는 방법, 즉 주님이 사셨던 것처럼 사는 방법에 대해 논의할 것이다. 이 책은 행함을 통해 예수님의 제자가 되려는 사람들을 위해 저술한 책이다.

당신은 이러한 삶이 가능하다고 생각하는가? 나는 가능하다고 생각한다. 강조해서 말한다면, 나는 주님을 따르는 것이 무엇을 의미하며, 기독교인의 구원과 어떻게 조화를 이루는지에 대해 쓰고 있다. 나는 하나님의 나라에서 신령한 삶을 위한 훈련들, 예수님 자신이 깊이 침잠했던 활동들인 고독, 침묵, 금식, 기도, 봉사 그리고 찬양과 같은 활동들이 구체적인 죄의 세력으로부터 인간을 구원하는 데 얼마나 필수적인 것인지 그리고 그것들이 어떻게 해서 삶의 현장에서 쉬운 멍에를 실제로 체험하게 하는지를 상세하게 설명하고자 했다. 나는 전반적으로 그리스도의 생애 및 그분을 모범적으로 따른 많은 사람들의 삶에 초점을 맞춤으로써,

주님과 충분히 일치하며 은혜에 이르는 길, 신학적으로나 정신분석학적으로 건전하고 시험 가능한 길을 개관하겠다.

쉬운 멍에의 비결은 실제로 매우 단순하다. 그것은 주님의 생애의 전체적인 국면을 따라 그분이 사신 대로 살겠다는 지적인 단호한 결단이지, 단지 특수하게 선택한 순간이나 상황에서의 행동만을 따르려는 결단은 아니다. 본 장에서 기술한 비결은 우리의 능력으로 이룰 수 있는 것이다.

다음 장에서는 우리가 영성 생활을 위한 훈련 신학을 정립할 때 이런 종류의 결단이 왜 그리고 어떻게 예수님과 동행하는 삶으로 이어지는지를 살펴보게 될 것이다.

주(註)

1) Søren Kierkegaard, *For Self-Examination: Recommended for the Times*, trans. Edna and Howard Hong(Minneapolis, MN: Augsburg, 1940), 76-77.
2) M. Scott Peck, *The Road Less Traveled*(New York: Simon & Schuster, 1978), 77.
3) Ibid., 17.
4) Oswald Chamders, *The Psychology of Redemption*(London: Simpkin Marshall LTD, 1947) 34.

2
훈련 신학의 실천화

하나님은 게으른 자와 나태한 자에게 자비의 약속을 하신 적이 없다. 하나님의 자비는 연약하고 불완전하지만 모든 종류의 의를 실천하려고 최선의 노력을 기울이는 사람에게만 주어진다.

| 윌리엄 로우

사람들은 누워서 인간의 타락에 관해 이야기를 할 뿐 일어서려고 노력하지 않을 것이다.

| 헨리 데이비드 소로우

60년대 초 미국 중서부의 어느 대학에 성경 연구반이 있었다. 그때 우리는 복음주의 배경을 가진 대학원생들로서 몇몇 선정된 신약 성경 본문들을 가지고 매주 토론을 벌였다. 이같이 특수한 기회에 우리는 요한1서 3:9-10을 가지고 토론을 했다.

> "하나님께로부터 난 자마다 죄를 짓지 아니하나니 이는 하나님의 씨가 그의 속에 거함이요 그도 범죄하지 못하는 것은 하나님께로부터 났음이라 이러므로 하나님의 자녀들과 마귀의 자녀들이 드러나나니 무릇 의를 행하지 아니하는 자나 또는 그 형제를 사랑하지 아니하는 자는 하나님께 속하지 아니하니라."

이 구절을 읽어보면 인간은 죄가 없는 하나님의 사람이거나 하나님의 자녀가 아니거나, 둘 중 한편으로의 선택의 기로에 처해 있는 것처럼 보인다. 이것은 얼마나 어려운 선택일까? 그런데 회원들 중에 다소 재치 있는 사람이 잘 알려진 "도움이 되는 해석"을 제시했다. 그의 해석에 따르면, (죄를) '짓다(범하다)' 라는 의미로 해석되는 헬라어 동사 '포이에이'(*poiei*)는 연속적인 행위를 가리키는 말이다. 그러므로 이 구절의 '참된' 의미는 하나님께로서 난 자는 죄를 항상, 또는 계속적으로 짓지 않는다는 것이 되어야 했다. 우리는 잠시 의기양양했다.

그러나 우리 회원들은 총명한 사람들이었다. 그들은 곧 경건치 못한 사람이라도 항상 죄를 짓는 것은 아니라는 점을 지적했다. 그들 역시 선을 행하기도 한다. 그렇다면 어떻게 하나님의 자녀와 경건치 못한 자들을 충분히 구별할 수 있을 만큼 '계속해서' 죄를 짓지 않을 수 있을까? 하나님께로서 난 자는 화, 목, 토요일에는 죄를 짓지 않고 월, 수, 금요일에 죄를 짓는가? 10년마다 사람을 죽이면서도 계속해서 죄를 짓지 않는 조건을 충족시킬 수는 없을까? 5년마다, 아니 5주마다 사람을 죽이면서 그 조건을 충족시킬 수는 없을까?

더욱이 만약 우리가 모든 현재 시제의 직설법 능동태 동사를 번역하는 데 '연속적으로'라는 의미를 덧붙여 해석한다면, 신약성경의 가르침은 큰 혼란을 초래하지 않을까? 이와 관련된 구절을 몇 개만 검토해 보아도 그 점은 쉽게 증명된다. 그러나 모든 경우에 그러한 의미를 덧붙이는 것이 아니라면, 왜 하필이면 이 경우에—이 본문과 우리의 삶 사이의 긴장 관계를 해소하는 것은 제외하고—그러한 의미를 덧붙여 해석해야 하는가?

사태가 심각해지기 시작했다. 사람들은 서로 편이 갈라지기 시작했다. 하나님의 자녀는 죄로부터 해방될 것이며 또 해방되어야 마땅하다는 데 중요한 의미가 있다고 주장하는 사람들은 '완전주의자'라는 비판을 받았다. 어떤 이는 결국 "그래, 네가 그렇게 완전하니?"라고 분노를 터뜨렸다. 그러나 아무도 그에게 동조하지 않았다.

이러한 장면이 여러 번에 걸쳐서 다양하게 연출되었다. 그것은 기독교 공동체에 참여함으로써 강화되는 심각한 인간적 딜레마를 반영한다. 레오 톨스토이는 『하나님의 나라는 너희 안에 있다』(*The Kingdom of God Is Within You*)라는 저서에서 "현대 세계의 모든 사람은 자기의 양심과 생활 방식 사이에 연속적이고도 커다란 괴리(적대성)를 가지고 있다"[1]고 진단했다. 이것은 현대에도 적용되고 있다. 그리고 자신이 알고 있는 마땅히 이루어야 하는 존재와 자신이 이룰 수 있는 존재와 현재의 모습 사이에서 야기되는 계속적인 긴장 관계 속에서 살고 있는 현대의 그리스도인들에게 적용된다.

우리는 그리스도를 닮아야 하고, 주님의 뒤를 따라가야 한다는 사실을 마음으로 받아들인다. 그러나 이것이 우리 자신이나 우리가 알고 있는 사람들에게 진정으로 가능한 일임을 깨달을 수 있는 사람은 있다고 해도 극소수이다. 그것은 우리가 그 이행하는 방법을 분명히 파악하고 이해하는 명확한 실천적 척도를 통하여 실현시킬 수 있는 것이 아닌 것처럼 보인다. 결과적으로 우리는 딜레마에 빠져 있음을 발견하게 된다. 만약에 하루는 내가 "죄를 절대로 짓지 않겠다"는 약속으로 그리스도인 친구들을 안심시키며 완전히 예수 그리스도를 따를 수 있는 수준에 이르게 된다면, 그들은 아마 분개하거나 위협을 느끼거나 당황할 것이다. 그들은 아마 "너는 도대체 자신이 어떤 사람이라고 생각하느냐?"라고 물을 것이다. 아니면 "그가 도대체 무엇을 하고 있지?"라고 의아해 할 것이다.

그러나 반면에 만약 내가 범죄하는 것을 멈추지 않기로 했다거나 주님을 실제로 따르기로 계획하지 않았다고 말해도 그들은 당황할 것이다. 그들이 당황하는 것은 당연하다. 내가 주님을 따르기로 결심하지 않는데, 어떻게 예수님이 나의 주님이 되실 수 있겠는가? 그것은 사실상 그분을 전혀 주님이라고 생각하지 않는 것과 본질과 결과에 있어서 다른 것인가? 내가 속해 있는 기독교 공동체는 내가 주님을 따르지 않는 것, 또는 따르지 않기로 계획하는 것은 허용하지만 그것을 발설하는 것은 허락하지 않을 것이다.

그러나 나는 전자나 후자 중 하나를 해야 한다. 나는 범죄 하지 않기로 결단하든지 말든지 둘 중에 하나를 해야 한다. 제3의 가능성은 없다. 나는 예수를 힘써 따르기로 계획하거나 계획하지 않는 것 중에 하나를 선택해야 한다. 그러나 어떻게 어느 한편을 정직하게 결정할 것인가? 실제로 하나님과 인간 앞에서 그분을 따를 계획을 세우지 않는 것은 그분을 따르지 않기로 계획하는 것과 다르지 않은가?

그 딜레마는 우리가 실제적으로 그리스도와 같이 되기로 계획할 경우에 해소될 것이다. 아마 사역자나 교사의 삶에서 가장 난감한 순간은 자신의 설교나 가르침을 듣는 자들이 그 설교에 대해 "좋습니다. 나는 진정으로 그리스도와 같이 되기를 원합니다. 내가 진실로 그리스도와 동행하며 그를 닮을 때에만 피조 된 내가 지향해야 할 충만한 삶을 알 수 있다고 확신시켜 주셨습니다"라고 말할 때이다.

지도자는 결코 "오, 당신은 실제로 그렇게 하려고 시도해서는 안 됩니다"라고 말해서는 안 된다. 한편 오늘날 "당신이 그 일을 행하는 방법을 가르쳐 드리겠습니다"라고 침착하게 말하면서 진지한 탐구자가 행할 수 있는 것, 구체적으로 시험되어진 참된 단계에 대해 말해 줄 수 있는 지도자나 교사는 드물다.

그리스도께서 이 땅에서 사셨을 때 기독교인의 영적 성장의 방법은 아마 지금보다 더 혹독했으나 더 단순했던 것 같다. 주님은 "나는 세상의 빛이니 나를 따르는 자는 어두움에 다니지 아니하고 생명의 빛을 얻으리라"라고 요한복음 8:12에서 말씀하셨다.

고기를 잡고 있던 시몬과 안드레에게, 야고보와 요한에게 그리고 세금을 징수하던 마태에게 주님은 "나를 따르라!"고 말씀하셨고, 그들은 주님과 함께 거하기 위해 하던 일을 버려두고 문자 그대로 주님의 말에 순종했다. 그렇게 함으로써 그들은 직접 목격하고, 접촉하고, 개입함에 의해서 주님이 행하신 것을 행하고 주님처럼 되는 법을 배웠다. 그것은 힘들고 어려운 일이었겠지만 가장 단순하고도 선명한 일이었다.

  예수님 당시의 제자들 못지않게 오늘날의 그리스도인들도 "너희는 세상의 빛이다. 너희는 세상의 소금이다"라고 말씀하시는 주님을 따르라는 소명을 깊이 그리고 필연적으로 느낀다. 그러나 그리스도께서 이곳에 육체적으로 임재 하셔서 우리에게 재확인시켜 주시고 우리를 인도해 두시지 않는 한 믿기가 어려운 일이고, 진지하게 받아들이는 것조차 그리 쉬운 일이 아니다.

  독자들이나 나와 같은 평범한 사람—아주 평범한 환경 속에서 살아야 하는 사람—이 어떻게 예수 그리스도를 따르고, 그분처럼 될 수 있는가? 어떻게 우리는 우리를 기쁘게 받아주고 받들어 주는 사람들에게 둘러싸여 거룩하게 행동하는 주일에만 아니라 항상 그리스도처럼 될 수 있을까? 우리는 어떻게 겉치레나 부단한 노력에 의해서가 아니라 그분이 주신 능력—진정 우리의 일부분이 되신 그리스도의 영혼과 정신의 깊은 곳에서 흘러나오는 조용한 힘으로 활동하는 우리의 내면적 능력—으로 말미암아 그분처럼 될 수 있을까? 우리가 이것을 위해 부르심을 받았다는 것은 의심의 여지가 없다. 그것은 우리의 최고선이요 소명이다. 우리는 반드시 그것을 이루어야 한다. 그러면 그 방법은 무엇인가?

오늘날 실천 신학은 어디에 와 있는가?

'신학'이라는 말은 딱딱한 용어이지만 일상적인 용어가 되어야 한다. 그것이 바로 "실천 신학"이 하는 일이다. 실천 신학은 신학을 삶의 실질적인 부분이 되게 한다. 신학은 하나님을 이해(혹은 오해)하며 하나님에 대해 사유하는 유일한 방법이다. 실천 신학은 인간의 삶 속에서 하나님의 목적을 이루기 위해 하나님과 상호 작용하는 인간의 행동 방식을 연구한다.

비록 무신론자의 부정적인 신학일망정 사람들은 누구나 실천 신학을 소유한다. 그리고 각 사람이 가지고 있는 실천 신학은 그의 삶의 과정에 중요한 영향을 미친다. 우리는 각기 나름대로 실천 신학에 대한 몇 가지 선택의 척도를 가지고 있기는 해도 확실하게 하나의 신학을 가지고 있다. 그리고 비사유적이고 비지성적인 신학도 사유적이고 지성적인 신학과 마찬가지로 하나의 커다란 세력이 되어 우리의 삶을 좌우하거나 이끌어 간다. 그러므로 우리의 실천 신학은 인간이 영적으로 성장하는 방법과 관련된 문제들에 대해 답변할 임무를 가지고 있다. 성공적인 실천 신학은 우리가 거론해온 딜레마를 해결할 수 있을 것이다.

실천 신학의 임무는 결국 인간 실존을 향한 하나님의 뜻을 이루기 위해 인간이 하나님과 상호 작용하는 방법을 개발하는 것이다. 하나님께서 교회에 대해 지니신 뜻은 두 가지이다. 하나는 모든 인간에게 복음을 효과적으로 선포하여 모든 민족과 족속을 '제자'로 만드는 일이고, 다른 하나는 "내가 너희에게 명한 모든 것을 가르쳐 지키게 하라"(마 28:20)는 예수님의 명령을 좇아 제자들의 인격을 그리스도의 인격으로 변화시키는 것이다. 이 일을 잘 수행하면, 온갖 바람직한 일들이 연이어 이루어질 것이다.

    하나님은 교회에 지도자들과 교사들을 주신다. 사도 바울은 하나님이 그렇게 하시는 이유를 에베소서 4:12-13에 적고 있다.

> "이는 성도를 온전하게 하여 봉사의 일을 하게 하며 그리스도의 몸을 세우려 하심이라 우리가 다 하나님의 아들을 믿는 것과 아는 일에 하나가 되어 온전한 사람을 이루어 그리스도의 장성한 분량이 충만한 데까지 이르리니."

    그러나 우리의 실천 신학이 항상 성공적이었던 것은 아니다. 역사적으로 볼 때 교회의 지도자들이 항상 성도를 온전케 하고, 맡은 바 사역을 감당할 만한 충분한 지혜와 충만한 능력을 갖추고 있었던 것은 아니다. 최근에는 범세계적으로 복음주의가 크게 강조되고 번창했다. 아마 이것이 지난 3세기 동안 교회가 행해 온 주요 임무인 듯하다. 우리는 교회가 지역적, 수적으로 성장한 사실로 인해 기뻐하며 감사할 수도 있다. 그러나 이에 대한 열심과 성공을 지나치게 강조하다 보면, 회심 이후에 그리스도를 닮아가는 일에 있어서의 성장을 이해하고 실천해야 한다는 점을 적절하게 강조하는 일을 간과할 우려가 있다. 우리는 열심있는 회심자들을 새 생명 안에서 하나님의 자녀와 예수 그리스도의 형제 자매가 되게 하기 위해 필요한 일을 제대로 행했는가?

    유감스럽게도 이 질문에 대한 대답은 분명히 부정일 것이다. 대부분의 지도자들과 교사들은 이러한 차원의 실천 신학을 즉각적으로 실천하는 일이 그다지 절박해 보이지 않기 때문에 그것을 그다지 중요한 문제로 여기지 않는다고 말해도 과언이 아니다. 그러므로 우리는 "내가 너희에게 분부한 모든 것을 가르쳐 지키게 하라"는 부분은 마태복음 28:19-20의 대작위(大作爲)에 속한 대부작위(大不作爲)라고 기술할 수 있다.

너무 지나친 표현일까? 그렇다면 당신 자신에 대해 조사해 보라. 당신의 교회에 "그리스도께서 분부하신 모든 것을 성도들에게 가르치기 위해 우리 교회는 어떤 계획을 가지고 있는가?"라고 질문해 보라. 오늘날 현존하는 교회들과 교파들은 성도들에게 이것을 가르치기 위해 적극적이고 훌륭한 계획을 수립하여 열심히 수행하지 않는다. 오늘날 국가의 채무를 완전히 갚기 위한 계획을 가진 국가의 지도자를 발견할 수 없듯이, 그리스도의 대작위의 모든 국면을 수행할 계획―모호한 소원이나 꿈이 아니라 구체적인 계획―을 소유한 영향력 있는 교회 지도자를 발견할 수 없다.

미국 교회는 단순한 과학적 발전이나 교리적 정확성, 또는 사회적 진보와 선교 사역과 복음 전도의 결과로 생겨나는 선을 과대평가해 왔다. 교회는 인류가 한 번도 경험하지 못했던 규모의 이데올로기적, 기술 공학적, 군사적 운동으로 말미암아 그 기초가 뿌리 채 흔들리고 있다. 그것은 대중문화, 분별없는 번영, 맥빠진 교육과 사이비 평등주의로 말미암아 질식 상태에 있다. 그 결과 현대 교회는 베드로후서 3:18에서 표현하고 있는 것처럼, 신자 개개인이 "오직 우리 주 곧 구주 예수 그리스도의 은혜와 그를 아는 지식에서 자라 가는" 것의 실질적이고 구체적인 의미를 상실했다. 사실상 교회는 이러한 성장을 실현시키고 예고할 수 있는 삶의 양식을 잃어버렸다.

그렇다면 교회는 이러한 성장이 목회와 교회에서의 교제를 통해 일상적이고 효과적인 방식으로 조직적으로 촉진되는 방법을 어떻게 확인할 수 있었을까? 일반적으로 교회는 그러한 문제들과 관련하여 교회의 역사나 성경으로부터 배운 모든 것들을 어느 정도 부적절한 것으로 여겨 슬쩍 넘겨 버렸다. 설상가상으로 현대의 기독교인들은 이 귀한 정보를 보지 못하고 있다.

20세기 중반에 우리는 그리스도를 실제로 닮아가는 것, 영적 성장에 이르는 합리적이고 신학적으로나 심리학적으로나 건전하며 인정되어진 접근법을 상실했다. 이미 18세기에 존 웨슬리(John Wesley)는 이러한 경향에 대해 다음과 같이 지적했다.

> "초대 교회 그리스도인들 사이에서는 '사람은 영혼과 육체로 이루어져 있으며, 영과 훈련이 그리스도인을 만든다' 는 말이 통상적으로 유행했는데, 이 말은 기독교적인 훈련의 도움이 없이는 누구도 참된 그리스도인이 될 수 없다는 것을 함축하고 있다. 그러나 만약 사실이 그러하다면 우리가 기독교적 훈련이 있는 곳에서 그러한 그리스도인을 거의 찾아볼 수 없는 것은 어떻게 된 것일까?"[2]

옛 훈련 속에 불어 넣은 새 생명

만약 웨슬리가 살아 있다면, 오늘날 교회가 처해 있는 상황에 대해 무엇이라고 말할까? 아마 적어도 몇 년 전 교회의 상황보다는 지금의 상황이 훨씬 더 희망적이라고 말했을 것이다. 지난 15년 동안에 미국의 개신교에는 아주 중요한 변화가 많이 일어났다. 그러나 그 무엇보다도 여기서 우리가 "영적 생활을 위한 훈련"이라고 언급하고 있는 옛 시대의 관습들에 대해 관심을 다시 가지는 것이 우리 시대에 더 중요하며, 장래의 유익을 얻을 잠재성이 크다.

오늘날 우리나라 역사상 처음으로 우리는 금식, 명상, 단순한 생활 그리고 영적 지도자에 대한 복종 등 특수한 영역의 인간 행동에 호의적인 눈길을 보내고 있다. 비록 아직까지는 그러한 관습들을 기독교적 삶의 본질적인 부분으로 간주하는 사람은 거의 없지만 그것들은 효과적인 그리스도인이 되는 데 중요한 보조물로서 폭넓게 연구되고 있다. 그것들을 주제로 한 강의, 세미나, 묵상 그리고 책이나 논문 등이 대중적 인기를 누리고 있는데, 그것은 15년 전에는 상상조차 할 수 없었던 일이다. 사람들은 그것들을 영적 본질상 그리스도 안에서 장성하여 가는 과정에 있어서 신뢰할 만한 수단으로 여겨 더욱 의지하고 있다.

그리고 이러한 관심과 강조의 변화는 금식에 대한 태도에서 가장 두드러지게 나타난다. 리처드 포스터(Richard Foster)는 1978년에 『영적훈련과 성장』(Celebration of Discipline)을 출판하면서 1861년에서 1954년까지의 기간에 출판된 책들을 살펴본 결과 금식을 주제로 한 책들을 찾아볼 수 없었다고 보고했다. 그러나 오늘날에는 금식에 관한 책들은 많다. 금식에 관한 문헌들을 수집하려고 노력한 것도 아닌데도 내 책상 위에는 그에 관한 책이 5권이나 놓여 있다.[3] 그리고 최근의 종교적인 정기간행물이나 논문집에는 금식에 관한 논문들이 수 없이 많이 수록되어 있었다.

1970년대 초반, 나는 영성훈련에 관한 강의를 체계적으로 시작하지 않을 수 없었다. 예수님과 그분의 직계 제자들이 실천하고 선포한 하나님 나라 안에서의 삶이 실제로 어떠한 것인지를 학생들에게 이해시키기 위해서는 그 외에 다른 방법이 없다고 생각되었기 때문이다. 또 그러한 그들로 하여금 그러한 양식의 삶을 시작하도록 도와주는 데에는 그 외에 다른 방도가 없다고 생각했기 때문이다. 특정한 교단에 적을 두고 17년 동안 목회 사역에 종사하던 나는 통상적으로 기독교인들에게 행하라고 말하는 것, 즉 교인들에게 말해 주는 표준적인 충고가 그들을 영적으로 성장시키지 못했음을 분명히 깨달았다.

　물론 나 역시 다른 목사들처럼 대부분의 교인들에게 교회의 예배에 참석하고, 시간과 돈을 교회에 투자하고 기도하고 성경을 읽고 다른 사람들에게 선을 행하며 자신의 신앙을 증거하는 삶을 살아야 한다고 말해 왔다. 물론 그들은 이러한 일들을 실천해야 한다. 그러나 그 외에도 필요한 것이 있었다. 극히 드물게 아름다운 예외가 있었지만, 안타깝게도 그리스도인이 이 몇 가지 필요한 일들을 행할 때에 이것들을 자신이 하나님으로 충만하게 되고 하나님의 소유가 되는 삶에 이르는 길로 여겨 자신에게 유익이 되는 방법으로 행하지 못했다. 기독교 교육, 교회의 성장 그리고 영적 부흥에 관한 모든 낙관적이고 교리적으로 건전한 체계들은 결국 이와 같이 실망스런 결과를 낳고 말았다.

　이렇게 실패한 것은 누구의 잘못인가? 나는 매우 노력했지만, 이러한 결과를 기독교인들의 노력의 부족 때문이라고 간주할 수 없었다. 일반 교인들의 삶에서 가장 실망스러운 모습 중의 하나는 그들이 신령한 일이나 교회의 일을 하는 데 있어서 자신의 능력들을 거의 불신하고 있다는 것이다. 불규칙적인 사람, 마음이 내키지 않는 사람, 초신자들은 잠시 우리의 고려 대상에서 제외하기로 하자. 만약 오랫동안 꾸준하고 충실하게 우리의 사역에 헌신해 온 사람의 생활이 그리스도를 충분히 닮아갈 만큼 변화되지 않는다면, 그는 우리의 가르침 때문에 실패자가 되는 것이다. 열심히 교회에 다니는 기독교인들에게 있어서는 내키지 않는 마음이 그들의 참된 영적 성장을 방해하는 요소는 아니다. 이들이 자기 심령의 선함과 자발성을 인식하지 못하며 전혀 완전하지 못하다는 것을 아무도 알지 못한다. 나는 더 이상 그 사실을 부인할 수 없었다. 결국 나는 그들이 지닌 문제는 신학적인 결함, 교훈과 이해와 실질적인 지도의 부족 때문이며, 일반적인 형태의 사역과 가르침으로는 그 문제를 치료할 수 없다고 결론지었다.

내가 지금 보고 있으며 앞으로 논의하게 되겠지만, 이와 같이 신실한 사람들에게 선포된 복음 및 주어진 교훈과 모범은 단순히 구현되고 화육된 인간의 본질을 전혀 올바르게 평가하지 않는다. 그러나 이 사실은 인간의 건전성과 탁월성의 계발에 깊은 관계를 가지고 있다.

그와는 대조적으로 표준적이고 역사적으로 증명된 영성훈련은 정확히 인간의 육체적 본성을 중시하고 의지한다. 거기에는 육체적 조건과 활동들이 본질적으로 깊이 내포된다. 따라서 그것은 우리가 어떻게 효과적으로 "우리의 몸을 하나님이 기뻐하시는 거룩한 산제사로 드릴" 수 있는지를 그리고 우리의 "드릴 영적 예배"(롬 12:1)가 실제로 구체적인 물리적 방법으로 우리의 육신을 제물로 드리는 것과 얼마나 불가분의 관계에 있는지를 보여준다. 특히 자신의 영성훈련 실천에 대해 부언한 바울의 가르침은 그가 우리는 상실해 버린 것, 그렇기 때문에 조속히 회복하지 않으면 안 되는 기독교적 삶에 관해 대단히 중요한 것을 이해하고 실천했음을 강조한다.

1970년대 초기에 영성훈련에 대해 가르치기 시작했을 때에는 어떤 반응이 나타날지 염려가 되어 주저하기도 했다. 그 당시 나는 간헐적으로 여러 교파의 개신교회에서 가르쳤다. 그 교회들은 한결 같이 독거, 침묵, 금식과 같은 '고행적' 관습을 무시하는 전통을 가지고 있었다. 내 강의를 듣는 사람들은 그것들에 대해 크게 두 가지로 관심을 나타냈다. 그들은 하나님의 용서나 호의적인 활동을 이끌어 내는 방법으로서가 아닌 이상, 어떻게 이런 특수한 관습들이 행해질 수 있겠느냐며 의아해했다. 그러나 놀랍게도 그들은 영적 훈련이라는 개념에 반발하지는 않았고, 사실은 오히려 그와 반대였다. 그들은 영성훈련에 관한 나의 가르침에 대해 관심을 나타냈으며, 그것을 행하는 방법에 대한 논의도 이루어졌다.

왜 지금은 영성훈련에 새로이 관심을 갖는가?

오늘날 사람들이 영성훈련에 관심을 갖는 것을 설명하는 많은 요소들이 있다. 하나의 예로, 미국의 역사에서 1970년대는 기강이 아주 문란했던 시대였다. 히피족과 부랑아들과 스포크(Spock) 박사 등이 남긴 인상이 사람들의 마음 속에 강력하고도 부정적으로 새겨져 있었다. 일반적으로 질서에 대한 굶주림이 있었고, 우리의 개인생활과 사회생활의 기초에는 조심스럽게 통로를 마련하지 않으면 우리를 권태나 혼란 그리고 폭력에 빠지게 만들 수 있는 요인들이 있다는 두려운 의식이 있었다.

그러나 고전적인 영성훈련에 대한 이러한 태도 변화는 동시에 심리학의 발전, 특히 전문적인 지식 체계로서의 기독교 심리학의 발전으로 말미암은 것이었다. 20세기 미국 교회에 있어서 근본적으로 중요한 사건이 여기에 있다. 본질상 심리학자들은 신자의 영혼과 관련된 모든 사실들―모든 교리, 고백들, 의식들은 차치하고라도―을 직시하며 인간의 여러 문제와 관련하여 어떤 일을 행하는 방법을 제시하라는 요청을 받는다. 그러나 이것은 과거 시대의 영적 지도자가 행하려고 했던 일이다. 1960년대나 1970년대에는 그것이 폭넓게 연구되지는 않았지만, 이러한 작업을 과거에 인정을 받았던 영성훈련과 결부시키는 문헌은 수없이 많다.

기독교 심리학자의 작업은 성숙하게 그리스도를 닮아가는 건전한 성장은 차치하고라도, 그들의 신앙과 실천이 반드시 마음과 영혼의 평화와 건강을 가져온 것은 아님을 교파와 신학적 견해를 초월하여 모든 그리스도인들에게 인식시켰다. 많은 그리스도인들이 갑자기 전통적인 영성형성 방법을 주목하기 시작했다. 그들은 영적 성장과 생명력이 우리가 실제로 생활 속에서 행하는 것, 우리가 형성하는 습관 그리고 그 결과로서 생성된 성품으로부터 연원한다는 것을 보지 않을 수 없었다.

진정한 성품의 변화는 하나님의 순수한 은혜 속에서 시작되고, 끊임없이 그 은혜의 도움을 받는다. 그러나 기독교인이 진실로 다른 종류의 인격―고린도후서 5:17에서 "이전 것은 지나갔으니 보라 새 것이 되었도다"라고 말씀한 것처럼, 새 생명을 소유한 인격—으로 변화시키는 데에는 반드시 행동도 필요하다. 특정의 분명한 방법으로 행하지 않는 한, 이러한 변화가 일어나지 않는다는 것은 분명하다.

이상이 오늘날 영성훈련에 대한 태도의 변화를 만들어낸 두 가지 요소이다. 그러나 이것들보다 더 중요하게 고려되어야 할 요소가 하나 있다. 오늘날에는 종교 의식이나 감정에 아주 전폭적인 변화가 있는 것처럼 보인다. 내가 70년대 초반에 목회할 때에 교인들에게서 보았던 것은 미국 개신교의 조류 및 그 조류와 관련된 문화 안에서 일어난 커다란 변화 중의 일부에 지나지 않는다.

사라진 개신교 분파주의

오늘 우리 세대에는 이러한 특수한 기독교의 유형의 주요 국면의 발달이 거의 완성되었다. 이전 시대에 개신교도가 되는 것 그리고 특별한 개신교 종파의 구성원이 되는 것이 아주 심각한 문제였다. 역사가 증명하는 것처럼, 한때 그것은 문자 그대로 사느냐 죽느냐의 문제였다. 사람들은 다른 교파의 사람들에게 핍박을 받았고 심지어는 죽임을 당하기도 했다. 그리고 한 교파의 사람들은 다른 교파의 사람들이 도덕적인 고상함이나 영원한 기대를 가지고 있으리라는 희망을 거의 갖지 않았다. 금세기의 40년대와 50년대에는 교파 사이의 상호 결혼이 강력하게 배척되었고 교파 간의 우호적 관계는 거의 찾아 볼 수 없었다.

반대로 60년대와 70년대에는 이러한 태도가 미국에서는 급격히 사라졌다. 이러한 변화의 원인에 대한 상세한 분석에 의해 드러난 결과와는 상관없이, 지난 20년 동안 우리는 교파적 노선에 따라 분파주의적 독단론을 완전히 하찮은 것으로 여기는 일을 체험했다. 물론 아직도 우리에게는 싸워야 할 일이 많이 남아 있다: 자유주의와 근본주의의 다툼, 성경 무오성과 유오성의 갈등, 은사주의와 비은사주의의 싸움 그리고 사회 참여파와 정적주의의 싸움 등이다. 그러나 그 분쟁들은 장로교인이든, 침례교인이든, 성공회 교인이든, 루터교인이든, 감리교인이든 교파와는 전혀 관계가 없었다. 사상에 있어서 이러한 근본적인 변화는 커다란 수확이었다.

그러나 그것의 일반적인 결과는 교회 생활의 특수한 성격을 모호하게 만들었다. 단순히 침례교인이나 성공회 교인이 되는 것이 심령을 살찌우거나 삶을 인도하지는 않았다. 그것은 더 이상 개인의 생활에 하나의 양식과 주체성을 부여하지 못했다. 교파적인 특성을 초월한 기독교의 길을 이해하거나 훌륭한 인간이 되는 것이 평범한 사람에게는 어려운 일이라고 여겨진 것은 본질적으로 중요한 것들은 모두 자기 종파 안에 있다고 주장하는 잘못 인도된 세대에 부분적이나마 그 원인이 있다. 교파적 특성들을 하찮게 여기게 됨으로 말미암아 특수한 종교적 관습을 전혀 생사가 달린 중요한 문제로 여기지 않는 거대한 공동(空洞)이 생겨났다. 만약 이러한 관습이 그처럼 중요한 문제가 아니라면, 종교는 조금이라도 중요한 것인가?

1970년 대 초에 이르러서는 일반 신자들은 19세기에 있었던 주요한 비교파적 종교적 대조―신학적으로 진보적인 행동주의와 신학적으로 보수적인 정적주의의 차이―의 본질과 시급성을 알지 못하게 되었다. 현재 이 두 파에서는 각각 스스로의 경계를 정하며 서로 다른 편에 속해 있지 않음을 자랑하고 있다.[4] 그러나 어느 편도 자신을 세속적 생존의 구조를 위협할 만큼 강력하고 탁월한 창조적 생명력으로 나타낼 만한 고유의 힘과 풍요를 보여주지 못하고 있다.

도널드 밀러(Donald E. Miller)는 최근의 저서에서 이렇게 쓰고 있다:

> "진보적 기독교의 내적 비축물은 지나친 세속 신학과 너무나 많은 급진 신학에 의해 침식을 당한데다가 종교 체험이라는 샘에서 양분을 취하지 못했기 때문에 크게 고갈되고 말았다."[5]

그러나 이것이 진보적 신학이 직면하는 새로운 문제점은 아니다. 진보적 신학은 그 풍요롭고 보상적인 종교적 체험을 계속 유지하는 것이 어렵다는 것을 발견했다.

플로라 슬로슨 웰너(Flora Slosson Wuellner)는 기도와 관련하여 진보적 개신교에 대해 다음과 같이 적절하게 논평하고 있다.

> "살아계시고 능력으로 사시는 우리의 그리스도는 어디에 거하시는가? 교회는 그분을 하나의 아름다운 이상으로 만들어 버렸다. 그분은 하나의 신학적 개념을 유형화하는 신화로 화했다. 그분의 객관적인 실재에 대한 증거는 크게 상실되었다. 대부분의 진보적 개신교 교회들은 주님의 이름으로 드리는 능력 있는 기도를 들어보지 못하고 있다. 교회는 그리스도의 임재 및 능력과는 상관없이 그리스도를 위해 일하는 선의의 관념론자들의 기구로 전락하고 말았다."[6]

보수주의 진영에 대해서 말해 보자. 70년대 초기에 이르기까지 대부분의 보수주의자들은 기독교인이 된다는 것은 실제로 예수님을 따르거나 그분처럼 되는 것과는 본질적으로 관련이 없다고 생각했다. 대부분의 기독교인들은 실제로 그분을 따르지도 않았고 실제로 그분과 같이 되지도 않았다는 사실이 쉽게 받아들여졌다. "기독교인들은 완전한 사람이 아니라 용서함을 받은 사람이다"라는 말이 인기있는 구호가 되었다(이러한 선언은 문자 그대로 보면 정확하지만 영적 성장을 향한 노력을 무가치하게 만든다).

기독교인이 되기 위해 절대적이고 유일하게 필요한 것은 예수님에 관한 타당한 사실을 믿는 것이다.[7] 여러 세기에 걸쳐 일어난 교리 논쟁들은—이것들은 흔히 정치적 세력, 법적 세력, 심지어는 군사적 세력과 얽혀 있어 그 영향력이 배가되기는 했지만 동시에 진정한 종교적 의미가 크게 퇴색해 버렸다—믿음을 교리를 바로잡는 것에 대한 단순한 지적 동의로 변질시키고 말았다.

이처럼 완전히 지적인 신앙관은 보수주의와 근본주의 진영에서 또 다른 분명한 사실과 뒤얽히게 되었다. 성경에 대해 고상한 고백을 하는 것과는 상관없이, 그것은 더 이상 전반적인 삶을 기능적으로 지배하지 못했다. 다시 말해 보수주의적 사상이 무엇이든 간에 그것은 실질적으로 신자의 삶이 분명하게 그리스도를 닮게 만드는 결과를 전혀 갖지 못한다는 말이다.

내가 감히 이렇게 주장하는 근거는 무엇인가? 조심스러운 의견에 의하면, 미국의 인구의 4분의 1이상이 복음주의적인 회심의 체험이 있음을 고백했다. 윌리엄 아이버슨(William Iverson)은

"1파운드의 고기는 4분의 1파운드의 소금으로 절일 수 있다. 만약 오늘날의 기독교가 참된 기독교 곧 세상의 소금이라면, 예수님이 말씀하셨던 효과는 어디에 있는가?"[8]라고 신랄하게 비판하고 있다.

더욱이 근본주의적인 경건의 대들보인 신앙 부흥(revival)도 과거의 신앙 부흥과는 다른 것이 되었다. 하나의 커다란 공동체에 임하여 그 공동체 전체로 하여금 하나님을 향하여 움직이게 만드는 압도적인 하나님의 감화라는 고전적인 의미에서의 신앙 부흥이 오래 전에 다른 것으로 대체되었다. 그것은 새로운 형식의 '신앙 부흥'—여전히 옛 이름으로 불리고 있지만, 다소 조심스럽게 처리된 복음적 노력들로 대체되었다. 일반적으로 이러한 새로운 노력들은 공동체뿐 아니라 그리스도를 위해 결단하는 개인들을 본질적으로는 전혀 변화시키지 않고 과거와 동일한 상태로 남겨 두었다. 물론 여기에는 의례히 예외가 있기 마련이다. 그러나 우리가 신약성경과 최근의 교회사를 읽어 보면, 하나님의 말씀과 성령의 유입에 관한 이러한 대규모의 집단적 반응은 거의 나타나지 않는다. 누구나 신앙 부흥에 성공하지 못할 수 있다. 그것은 죽은 사람을 일으키지 못하는 것과 마찬가지로 의미가 없는 일이다.

우리의 삶을 진지하게 받아들이는 신앙

비록 공공연하게 표현되지는 않았지만 1970년대 초에 일반적으로 감지되었던 것은 삶에 대한 개신교의 공허하고도 무력한 느낌이었다. 이것은 결코 개신교가 중요하지 않았으며 많은 선을 이루어 내지 못하고 있었다는 말이 아니다. 그러나 역사적으로 그 당시 미국에는 이러한 개신교의 경향이 좌우익을 불문하고, 과거에 지녔던 능력의 여부와는 상관없이 바람직한 기독교인들을 정규적으로 낳는 데 아무런 역할을 할 수 없다는 광범한 자각이 일어났다. 그것은 우리가 생각하기에 삶이 요구하며 우리 자신도 되기를 원하는 부류의 사람들을 규칙적으로 만들어 낼 수 있다고 기대할 수 없었다.

우리는 우리가 견지했던 삶의 방식이 천박하다는 것을 알았다. 폴 셰러(Paul Scherer)의 독특한 표현에 따르면, 그것은 단순히 "너무 사소해서 진실일 수가 없는" 것이었다. 그것은 삶에 적절한 것이 아니었으며, 구속의 과정 속에서 삶—우리의 삶, 곧 우리 인생을 구성하는 시간들—을 진지하게 받아들이지 못했다.

이것이 우리가 영성훈련에 대해 다루기 시작한 배경이다. 왜냐하면 우리는 영성훈련이라는 것이 신빙성이 있다는 것을 어느 정도 깨달았기 때문이다. 영성훈련은 우리가 구체적 단계를 통해 무자비하게 과거로 흘러가고 있는 "시간을 되찾을" 수 있는 방법 그리고 우리가 열심히 교전함으로써 "불로써 불로부터 구속"되는 방법을 제시했다. 훈련은 하나님 나라에 있는 그리스도의 생명의 본질을 담는 그릇으로 사용될 수 있는 하나의 양식을 우리의 삶에 부여해 줄 것을 약속했다. 영성훈련을 시작하는 것은 우리의 활동들—우리의 삶—을 진지하게 받아들이는 것이요, 그리스도를 따르는 것이 적어도 바이올린을 연주하거나 조깅을 하는 것만큼의 도전이라고 가정하는 것이었다.

따라서 무엇보다도 영성훈련이 매력적인 이유는 그것이 우리 모두의 삶에 주입해 넣은 종교적 진지성 때문이다. 우리들 대부분은 영성훈련을, 맥 빠지고 무력한 것으로 전락해 버린 종교적 관습과 이데올로기—그러나 대부분의 개신교도들에게 있어서는 심오한 역사적 전통을 생생하게 보존할 수 있는 훌륭한 예배 의식에 의해서도 완화되지 않는다—의 맥락에서 이해하기 때문에 그것은 더 의미가 있는 것이 되었다.

여전히 결여되어 있는 것: 신학적 기초

그러나 한 가지 중요한 문제점이 여전히 남아 있다. 우리가 영성훈련을 분명히 필요로 하며 갈망한다는 것 자체는 우리에게 영성훈련이 필요한 이유 및 그 훈련이 인간의 삶에 작용하는 하나님의 창조적이고 구속적인 행위와 조화를 이루는 방법을 분명히 해주지는 않는다. 특히 그 훈련의 실천이 개신교와 더불어 재발견된 위대한 진리—곧 우리는 행위나 상급이 아니라 신앙을 통한 은혜로 말미암아 구원을 얻는다는 것—와 조화를 이루는 방법을 보여주지 못한다. 정확히 말하면, 오늘날 역사적으로 드러난 바 영성훈련이 악용되고 궁극적으로 개신교 신앙생활의 중심에서 제거된 까닭은 바로 이러한 혼란과 모호성 때문이다.

내가 말하고자 하는 의도는 다음과 같다. 수세기 전에는 무익하고 유해한 고행은 물론이요 금식, 봉사, 구제와 같은 훈련까지도 공적을 쌓는 행위로 치부되었다. 결과적으로 인간의 완전한 구속 과정의 부분인 훈련의 훌륭하고 적극적 기능을 이해하거나 받아들이지 못하게 되었다. 우리 모두는 '값싼 은혜'라는 말을 들어왔다. 그러나 '값싼 은혜'라는 개념은 단순히 하나님의 자비와 상급을 값싸게 사려는 우리의 바람에서 생겨난 것만은 아니었다. 생각해 보면, 최근 개신교가 값싼 은혜를 주도적 실존 양식으로 채택한 원인은 영성훈련이 삶에서 차지하는 위치를 제대로 파악하지 못한 데 있다.

그러므로 영성훈련 신학이 필요하다. 우리에게는 하나의 기초, 실천적이요 실현 가능한 훈련 신학이 필요하다. 우리는 그리스도 안에서 뜻있는 삶을 영위하기 위해 영성훈련이 절대적으로 필요한 이유를 알아야 한다. 또 하나님 나라에서의 삶에 관한 진리와 복음을 충분하고도 효과적으로 제시하는 데 있어서 영성훈련이 행하는 중요한 역할을 분명히 파악해야 한다. 다음 장부터는 모든 기독교인들이 이러한 영성훈련 신학에 접근할 수 있게 하려고 시도했다.

우리에게 '신학'이라는 말을 두려워 할 이유가 없다. 아마 우리는 신학은 일부 메마르고 따분한 사람들의 영역이며, 그것은 '전문가들'에게 맡겨야 한다는 생각을 할 수도 있을 것이다. 그러나 신학은 우리 각자의 삶 및 우리가 속해 있는 공동체에게 지극히 중요한 의미를 지니고 있기 때문에 우리는 그것을 피할 수 없다. 신학은 우리 생활의 일부이므로 피할 수 없는 것이다. 그리고 앞에서 말한 것처럼 분별없는 신학 역시 사려 깊고 지성적인 신학이 미치는 것 못지않게 우리의 삶에 큰 영향을 미친다.

이러한 지적인 신학은 결국 평범한 사람들의 일상적인 삶에 이바지해야 한다. 그렇게 될 때 신학은 영구히 중요한 영향을 줄 것이다. 모든 기독교인은 자신의 삶과 경험의 실체를 성실하게 반영하여 하나님에 관한 믿음에 이르도록 힘써야 한다. 그리하면 각자 세상에서 하나님 앞에서 효과적으로 사는 방법을 알게 될 것이다. 이것이 곧 신학이다. 세기의 전환기에 예리한 안목으로 정곡을 찌른 어느 학자의 말을 소개한다.

> "우리는 어떤 특정한 시대나 시기의 신학의 주요 임무는 사람들을 도와 '생명의 증거에서 도피하지 않게 만들며, 자신의 자아의 최고 수치를 면할 수 있도록 그리고 영적 생명이 확실하게 실현될 수 있는 조건들을 지적하도록' 돕는 데 있음을 알아야 한다."[9]

이것은 지금 우리가 해야 할 일이다. 그러나 이 책은 구체적인 훈련을 시작하고 수행하는 방법에 대한 절대적으로 실천적 조언은 아니다. 이에 대한 실천적 적용을 위해서는 다른 탁월한 책들을 보는 것이 도움이 될 것이다. 특별히 앞에서 언급한 리처드 포스터의 『영적훈련과 성장』(*Celebration of Discipline*) 등이 아주 유익한 책이 될 것이다. 우리는 여기서 다음과 같은 사실을 확정하고 강화하고 상세히 설명하려 한다. "하나님 나라의 삶 및 그리스도와의 활력적인 교통을 위한 예비하려면 영성훈련을 적절하게 실천해야 한다."

이러한 훈련만이 "영적인 삶을 확실하게 실현시킬 수 있는 조건들"을 일반 기독교인들에게 제공할 수 있다. 만일 이 점의 중요성과 진실성을 설득력 있게 입증할 수만 있다면 매우 놀라운 결과를 얻을 수 있을 것이다. 그렇게 되면 우리 각 사람의 삶과 세상에 생명을 주는 혁명이 일어날 것이다.

주(註)

1) Leo Tolstoy, *The Kingdom of God Is Within You*, Trans. Aylmer Maude(London: Oxford University Press 1936), 136.
2) John Wesley, sermon on "Causes of the Inefficacy of Christianity, " in his *Sermons on Several Occasions*, 2 vols.(New York: Waugh & Mason, 1836), 1:437.
3) Derek prince, *Shaping History Through Prayer and Fasting*(Old Tappan, NJ: Fleming H. Revell Co., 1973); David R. Smith, *Fasting: A Neglected Discipline*(Fort Washington, PA: Christian Literature Crusade, 1969); and Arthur Wallis, *God's Chosen Fast*(Fort Washington, PA.: Christian Literature Crusade, 1975).: John Wesley, *Sermon* 27 in Vol. I of his *Sermons on Several Occasions*(New York: Waugh and Mason, 1836); William Law, *Christian Perfection*, Paul Rudolph, ed.(Carol Stream, IL: Creation House, 1975): and Jeremy Taylor, *Holy Living and Dying*(London: Henry G. Bohn, 1858).
4) Neil Q. Hamilton, *Recovery of the Protestant Adventure*(New York: Seabury, 1981), part 1을 보라.
5) Donald E. Miller, *The Case of Liberal Christianity*(New York: Harper & Row, 1981), 70.
6) Flora Wuellner, *Prayer and the Living Christ*(Nashville, TN: Abingdon, 1969), 12.
7) 본서의 부록 II를 보라.
8) William Iverson, "Christianity Today"(June 6, 1980): 33.
9) Henry Churchill King, *The Seeming Unreality of the Spiritual Life* (New York: Macmillan, 1908), 5.

3

구원은 생명이다

또 증거는 이것이니 하나님이 우리에게 영생을 주신 것과 이 생명이
그의 아들 안에 있는 그것이니라 아들이 있는 자에게는 생명이 있고
하나님의 아들이 없는 자에게는 생명이 없느니라

| 요한1서 5:11–12

내가 온 것은 양으로 생명을 얻게 하고 더 풍성히 얻게 하려는 것이라

| 요한복음 10:10

곧 우리가 원수 되었을 때에 그 아들의 죽으심으로 말미암아
하나님으로 더불어 화목되었은즉 화목된 자로서는
더욱 그의 살으심을 인하여 구원을 얻을 것이니라

| 로마서 5:10

우리가 구원의 개념을 하나님으로부터 받은 일상생활이 아니라 종교 생활을 일으킨 하나의 계기로 여기는 이유는 무엇인가? 오늘날 우리는 신앙의 본질을 일상적인 인간 생활의 항목들로부터 제거하여, 특정한 시간이나 장소, 또는 마음의 상태 안에 재배치했다.

우리는 이 문제의 심각성을 갈수록 깊이 느끼고 있다. 때때로 우리는 기독교인들에게 "직장에서 그리스도를 섬기라" 또는 "가정에서도 그리스도와 함께 하라"고 권장한다. 그러나 이 말은 기독교인들이 일반적으로 그리스도를 교회 안에 남겨 두고 다닌다는 치명적인 전제를 지적하는 말에 불과하다. 이런 개념은 어디에서 연유할까? 무엇보다도 그것은 우리의 몸이 영적 생활에서 담당하는 역할을 인식하지 못하는 데서 기인한다. 그리고 여기가 물론 훈련이 거론되는 지점이다.

앞에서 우리는 쉬운 멍에의 비결이 총체적으로 예수님을 닮아가는 삶의 방식을 견지하거나 추구하는 것임을 살펴보았다. 그리고 우리가 만약 그렇게만 한다면 인간으로서 가장 이상적인 "기독교인의 길"을 실현시킬 수 있을 것이라고 말했다. 복음서 기사에 기록된 예수님의 겸손과 믿음과 긍휼의 행위들을 살펴보면, 우리는 그 행위들이 고독, 금식, 기도, 봉사라는 특성을 지닌 것이었음을 발견하게 된다. 그러므로 주님을 따르는 자들의 삶도 마땅히 주님이 행하신 것과 동일한 행동 특성을 지녀야 한다.

주님의 광범위한 실천적 삶은 대대로 영성훈련을 위한 활동들의 근간을 이루었다. 주님은 영성 생활의 위대한 교사이셨으므로 그분의 일상적인 삶을 열심히 본받아야 마땅하다. 그렇다면 이런 훈련 안에 쉬운 멍에와 가벼운 짐 그리고 풍성한 생명과 능력으로 이끄는 특별한 요소가 있다고 보는 것이 타당하지 않은가?

우리는 영성 생활에서 성공하는 기계적인 공식들을 제시하지 않으면서도(이런 것들은 언제나 적절치 못하기 때문이다), 그 질문에 대해 분명하게 "예"라고 답변하기를 바란다. 히브리서 5:8에서 지적하고 있는 것처럼, 예수님도 고난을 통해서 순종을 배우셨다. 주님도 순종을 배워야 하셨던 것이다. 이치적으로 따져보아도, 우리가 주님의 삶의 방식을 취하지 않는 한 주님과 동일한 행동을 한다는 것은 불가능하다. 또 주님의 생활 방식을 채택하게 되면 반드시 주님이 행하신 영성훈련에도 관계를 갖게 된다. 아마 우리는 주님보다 훨씬 악조건 속에 있기 때문에 주님보다 더 많은 훈련이 필요할 것이다.

그러나 훈련과 충만한 생명을 지닌 쉬운 멍에와의 관계는 인간의 본성에 좌우된다. 주님이 우리와 같은 성정을 지닌 인간이셨다는 사실은 우리도 그분과 동일한 훈련을 해야 한다는 것을 의미한다. 그것은 주님이 우리처럼 죄인으로서 구원받아야 할 존재이셨기 때문이 아니라 우리처럼 육신을 입으신 존재이셨기 때문이다. 그분은 아버지의 뜻을 깊이 이해하고 있었다: "하나님이 제사와 예물을 원치 아니하시고 오직 나를 위하여 한 몸을 예비하셨도다"(히 10:5). 주님은 사람의 형상을 지니셨고, 다른 모든 사람들의 경우에서와 마찬가지로 주님의 육체는 주님의 삶의 중심이 되었다.

오늘날 유력한 기독교 구원관에서 간과하고 있는 중요한 사실은 육체 및 육체와 신학과의 관계에 대한 인식이 결여되어 있다는 것이다. 인간의 육체는 인간 생존의 중심이다. 예수님은 육체를 입으셨고, 우리도 육체를 가지고 있다. 육체에 대해 적절한 이해가 없으면 그리스도 안에 있는 새 생명에 대한 여러 문제가 명확하게 해명되지 않고, 주님을 진실로 따르고 주님을 닮는 것이 실질적으로 불가능해진다.

오늘날 일반 기독교인들은 이 개념, 곧 이 실천의 불가능성을 그대로 받아들인다. 이런 사상은 어디에서 유래하는가? 나는 이것이 그리스도 자신이 실제로 우리 자신과 동일한 성정을 지닌 육체를 입으신 분이심을 인식하지 못하는 데서 온다고 생각한다. 사실상 많은 신자들은 주님이 우리와 육신적으로 똑같은 능력과 성품을 지니고 계셨다는 생각을 신성 모독이라고 여긴다.

가현설(Docetism)은 그리스도는 실제로 육체를 가지신 것이 아니라 단지 육체를 가지신 것처럼 보였을 뿐이라고 주장하는 고대의 이단이다. 그런데 오늘날에도 많은 사람들의 마음속에 이러한 사고방식이 남아 있다. 그런 사람들은 입으로는 주님이 신성과 인성을 공유하신 분이라고 말하지만 실제로는 완전한 인간의 육체를 지니고 계셨다고 믿지 못하며 그렇게 생각조차 하지 못한다. 우리는 육체와 육체의 기능은 우리의 구원이나 하나님의 통치에 참여하는 데 있어서 전혀 긍정적인 역할을 하지 못하기 때문에 도리어 영적 소명을 이루는 데는 방해가 된다고 생각하는 경향이 있기에 그러한 태도를 취하는 것이다.

그러나 우리가 육체에 대해 그러한 관념을 갖는 한, 쉬운 멍에는 한갓 아름다운 꿈으로 남을 수밖에 없고, 제자도는 한때의 훈련으로 사라지고 말 것이다. 그러므로 여기서 우리가 깨달아야 할 가장 중요한 임무 중 하나는 확실한 영적 목적을 위해 우리 육체를 사용하는 것이 구속의 과정에 있어서 우리가 담당해야 할 중요한 부분이 되는 이유와 그 방법을 분명히 하는 것이다.

결과: 참된 생명의 영역에서 벗어난 신앙

물론 기독교의 근본적인 진리와 가르침이 본질적으로 인간의 육체에 관심을 두고 있다는 사실을 부인하는 사람은 없다. 그리스도의 성육신, 십자가 수난 그리고 부활은 육체에 대해 일어난 사건들이다. 주님의 백성들은 모일 때에 주님의 상하신 육체와 흘리신 피를 영원히 기념한다. 우리에게 주어진 주님의 은사는 그분이 이 땅에 육체적으로 임하시어 십자가에서 죽으신 사실과 분리할 수 없다.

그러나 우리의 기초에 적용되는 것이 상부 구조에도 적용된다고 생각하는 것은 무리가 있는 듯하다. 우리 자신을 주님께 복종시키는 것은 요한복음 14:23, 고린도전서 6:15-20 그리고 에베소서 2:22에서 증거하는 것처럼, 내 몸을 주님에게 바침으로서 내 몸이 주님과 나의 공동 거처가 되게 하는 것과 불가분의 관계에 있다. 우리가 지적이고 의식적인 선택과 일관된 의도에 의해 우리의 몸으로 하여금 영적 훈련을 실천하게 하지 못하면 기독교의 생명력과 능력은 상실되고 만다. 우리가 주님의 나라에 들어갈 때에 우리는 육체에 새 생명을 받는다.

다른 길은 있을 수 없다. 구원은 우리의 육체에 영향을 줌으로서만 우리의 삶에 영향을 줄 수 있다. 우리는 자신의 행동에 의해서만 하나님의 통치에 참여할 수 있다. 우리의 행위는 육체적인 것이다. 우리는 다만 육체의 과정을 따라 살아간다. 종교에서 우리의 육체를 제외시키는 것은 우리의 삶에서 종교를 배제하는 것과 같다. 우리의 삶은 하나님과의 연합 안에서만 성취될 수 있지만, 어디까지나 육체적인 삶이다.

인간에게 있어서 영성은 특별하거나 탁월한 실존 양식이 아니다. 또한 그것은 독립된 실재의 감추어진 흐름, 곧 우리의 육체적 생존과 병행하여 진행되는 독립된 생명이 아니다. 물론 그것은 내면적인 양상을 가지고 있지만, 특별한 내적 행위로만 구성된 것은 아니다. 그것은 오히려 육신을 지닌 우리의 자아와 하나님과의 관계로서, 우리로 하여금 지금 이 세상에서 하나님의 사랑에 대해 살아있게 만드는 억제할 수 없는 자연적인 효과를 지닌다.

우리가 복음을 선포할 때에 인간성의 본질에 관한 이러한 기본 진리를 올바르게 전하지 못한다면, 기독교는 우리의 일상적인 실제 생존과 상관없는 종교가 되고 만다. 이런 기독교에 담겨 있는 것은 단지 아주 드물게 사용되는 몇몇 '특수한' 행위일 것이다. 따라서 교회는 어쩔 수 없이 이 특수한 행위와 행사에만 참여할 것이다. 이 때 교회는 신앙이 크게 결여되어 있기 때문에 삶의 본질로부터 자신을 분리시키고 만다. 그리하여 삶을 지배할 능력이 없는 교회는 일방적인 방향으로 나아가고, 하나님은 자신이 의도한 방식으로 효과적으로 세상을 다스릴 수 있는 거처를 박탈당하고 만다.

일반적인 인간 존재가 이와 같이 구체적, 구현적 실존으로부터 벗어났기 때문에, 요한복음 1:4에 기록된 것처럼 "그 안에 생명이 있었으니 이 생명은 사람들의 빛이라"고 표현된 존재의 분명한 본질을 기독교 내에서 거의 발견하지 못하는 것이다. 거기에는 결함이 있기 때문에 그것은 성공적으로 설명될 수 없다. 진실로 그리스도의 능력과 영을 소유하고 있는 것처럼 보이는 사람들이 드물다는 것에 주의를 기울이며 거듭 외치고 있음을 생각해 보라. 그에 대한 놀라운 예외가 눈에 뜨이는데, 그것은 교회 스스로가 생각하기에도 자신이 부여한 지침이 마땅히 만들어내야 하는 부류의 사람들을 만들어내지 못한다는 것을 증명해 준다.

신실한 성도들이 그리스도 안에서 장성하지 않을 때에 우리는 때로 불평을 하기도 하지만 놀라는 사람은 아무도 없다. 우리는 복음이 분명히 약속하는 풍성한 삶을 깨닫지 못한다. 안타깝지만 이것은 사실이다. 우리가 과감하게 그것을 무시하려 해도, 그것은 경험을 통해 확인된다.

이처럼 복음이 약속하는 풍성한 삶을 깨닫지 못하는 것은 개신교와 가톨릭, 자유주의자와 보수주의, 또는 은사주의자와 비은사주의자의 분열과 같은 기독교인들 간의 일반적인 분열 양상과는 아무 관련이 없다. 왜냐하면 그것은 모든 국면에서 야기되는 것이기 때문이다. 그것은 다양한 교파들이 공통적으로 지니고 있는 것으로부터 연원(淵源)한다. 각 교파들은 구체적인 인간 실존을 완전한 것으로 만들어 줄 육체적인 믿음의 행위들을 촉진하며 그것들을 하나님 나라에서의 총체적인 삶의 일부분으로 취하지 못하고 있다. 본 장의 첫 부분에서 언급한 것처럼, 우리는 어느 정도 신앙과 일상생활을 분리하고 있다. 우리는 우리 안에 있는 하나님의 생명을 특별한 순간이나 장소, 또는 어떤 마음의 상태에만 속하는 것으로 분류하고 말았다. 우리는 이러한 삶의 양식에 아주 익숙해져서 그것을 거의 인식하지도 못한다. 우리가 "공장에서도 그리스도를 섬기는 것" 또는 "가정에서도 그리스도를 따르는 것"에 대해 생각할 때, 우리는 믿음을 일련의 특수한 행동으로 귀결 짓는다. 이런 행위의 '특별함'은 기독교인, 곧 그리스도의 사람이 된다는 것을 일상적인 삶의 영역으로 생각하지 않게 만든다.

이것은 특수한 노력을 행하는 것이 배척되어야 한다는 뜻이 아니다. 그러한 노력들은 많은 선한 결과를 낳을 수 있다. 그러나 우리는, 하나님 안에 있는 우리의 삶에서는 정상적인 행동들이 배제된다는 유해한 억측의 뿌리를 제거해야 한다. 우리가 이 일을 행할 수 있는 방법은 무엇인가? 우리는 자신의 삶을 구성하는 모든 잡다한 사건들로부터 우리와 하나님과의 구속의 관계를 제거할 만큼 기독교인의 생각과 관습 속에 폭넓고 강력하게 박혀 있는 경향과 맞붙을 수 있는 방법은 무엇인가?

구원은 단순히 용서가 아니라 새로운 생명의 질서이다

우리는 구원이라는 개념에 대해 근본적으로 다시 생각할 필요가 있다. 구원을 받는다는 것은 무엇을 의미하는가? 구원, 구속 그리고 신약 성경에서 사람들을 세상에서 그들에게 정해진 위치로 회복시키는 하나님의 활동들을 가리키는 데 사용된 용어들을 들을 때 우리가 염두에 두는 생각은 무엇일까? 우리가 그 단어들의 참되고 본질적인 개념을 박탈당했다는 것이 가능한 일인가? 역사적 과정 및 특수한 신학적 관심사들을 반영하기 위한 언어 사용의 추세로 말미암아 그리스도의 제자도의 과정에 관련하여 은혜와 인간의 인격을 아주 적절하게 만들어 줄 개념들의 근본 의미를 파악하지 못하는 일이 있을 수 있을까? 나는 그런 일이 이미 일어났다고 생각한다.

우리는 컴퓨터 분석가나 다리 설계가 또는 뇌 전문가가 하는 부류의 피상적 사유와 잘못된 개념화를 단호하게 거부한다. 그러나 몇 가지 특이한 이유로 인해 종교에 있어서, 우리가 믿음에 대해서도 다른 주제를 다룰 때와 마찬가지로의 관심을 가지고 접근하게 될 때, 우리의 정신을 격려하기는 쉽다. 그러나 실제로 우리는 종교 교사들과 신학자들에게 보다 큰 관심을 기울일 필요가 있다. 종교 교사의 관심 주제는 다른 전문가들의 관심 주제만큼이나 접근하기 어려운 영역이고, 아울러 훨씬 더 중요한 주제이다.

한 가지 구체적인 잘못된 개념이 교회 그리고 우리를 향하신 하나님의 목적에 엄청난 해악을 끼쳤다. 그것은 바로 기독교의 구원 개념을 단순한 죄 사함 정도로 제한시켜 버린 개념이다. 그러나 기독교의 구원 개념은 그 이상의 의미를 함축하고 있다. 오늘날 사람들이 인식하고 있는 구원 개념은 초대 시대의 개념과는 너무 거리가 멀다. 우리는 이 현대적 구원 개념을 교정함으로써 구원 속에 나타난 하나님의 은혜를 쉬운 멍에를 지고 예수님을 따라 걸어가는 사람들의 구체적, 구현적 실존에 돌아가게 할 수 있다.

그러나 구원이 단순한 죄 사함으로 전락해 버린다면, 구원의 본질에 대한 논의는 그리스도의 죽음에 관한 논쟁, 그리스도의 죽음을 포함한 계획들이 죄 사함을 가능하게 하고 현실화시킬 수 있느냐는 문제로 제한되고 만다. 이러한 논쟁들은 '대속의 이론들'을 낳는다. 더욱이 이런 이론들로 말미암아 구원과 생명—주님의 생명과 우리의 생명—의 관계를 이해할 수 없게 된다. 그리고 오직 이러한 이론들만을 가지고 구원을 이해하려고 시도하는 사람들은 누구나 지적 혼란에 빠지고 만다. 왜 그럴까? 그것은 사도 바울이 로마서 5:10에서 "우리가 원수되었을 때에 그 아들의 죽으심으로 말미암아 하나님으로 더불어 화목되었은즉 화목된 자로서는 더욱 그의 살으심을 인하여 구원을 얻을 것이라"고 말한 것처럼, 그것들이 우리를 돕는 일에는 전혀 소용이 없기 때문이다. 구원은 그의 죽으심에서만 오는 것이라고 믿는데 어찌 그의 생명(살으심)에 의해 구원 받을 수 있는가? 그러므로 만약 우리가 이러한 이론들에만 집착한다면, 우리의 몸과 우리가 소유하고 있는 구체적인 생명은 구속 과정의 영향을 받지 못할 것이다. 그렇게 된다면 우리가 어떻게 영성 생활을 위한 훈련을 그저 역사적으로 기이한 관습, 곧 미개한 옛 시대의 사람이 행하던 기이하고 미혹된 관습들 정도로만 볼 수 있을까?

십자가 상징이 뒤늦게 출현한 이유는?

이 혼란에 대한 흥미로운, 아니 어쩌면 식견있는 요점은 신약성경 자체의 가르침과는 상관없이 용서를 구원의 전부로 이해하는 것이 초대 기독교인들의 시각이 아니라는 분명한 역사적 지적이 있다는 사실이다. 예를 들면 십자가가 뒤늦게 기독교의 상징으로서 출현한 것은 아주 흥미로운 역사적 사실이다. 케네스

클락(Kenneth Clark)은 『문명』(Civilization)이라는 책에서 기독교 신앙과 예술 그리고 문화에 있어서 십자가가 하나의 중요한 상징으로서 뒤늦게 등장한 경위를 다음과 같이 언급하고 있다.

> "우리는 주님이 십자가에 달리신 것이 기독교의 최고의 상징이라는 사상에 익숙해 있기 때문에, 기독교 예술사에서 그 사실의 능력이 늦게 인식되었다는 것을 깨닫고 충격을 받는다. 초기 기독교 예술사에서는 십자가 수난이 거의 나타나지 않았다. 그것이 최초로 등장한 것은 로마에 있는 산타 사비나 성당(A. D 430 건립)의 현관이었는데, 그것도 한쪽 구석에 걸려 있어서 시야에는 거의 들어오지 않았다. 초대 교회는 개종자들을 필요로 했으며, 그런 관점에서 볼 때 십자가 수난은 그다지 고무적인 주제가 되지 못했다. 따라서 초대 교회의 예술은 주로 이적, 치유 그리고 승천이나 부활과 같은 소망을 주는 믿음의 국면들에 관심을 집중했다."[1]

그러나 이것은 초대 기독교인들의 정신 상태를 이상하고 기이하게 해석하고 있다! 대부분의 개종자들이 혹독한 핍박을 받아야 했던 그 시대에 관해 우리가 알고 있는 것을 종합해 보면, 십자가와 죽음이라는 주제를 피하려고 노력했다고 믿기는 극히 어렵다.

『변증』(Apology)이라는 저서의 결론 부분에 나와 있는 터툴리안의 유명한 말은 초대 교회 성도들의 관습을 지극히 잘 나타내 주는 것이라 생각된다. 그는 로마 제국의 지방 군주들에게 다음과 같이 썼다.

> "여러분은 야만적인 행위를 계속하십시오. 그러나 그런다고 해

> 서 여러분이 미워하는 그 분파(기독교인들)를 소멸시키려는 목
> 적이 달성되리라고 상상하지는 마십시오. 우리는 베어내면 베
> 어낼수록 더 훌륭하게 자라는 풀과 같습니다. 기독교인들의 피
> 는 기독교의 씨앗입니다. 여러분이 거느리고 있는 철학자들은
> 말로써 고통과 죽음을 경멸하라고 사람들을 가르쳤습니다. 그
> 러나 직접 본을 보여 가르치는 기독교인들은 많은 개종자들을
> 만들어냈지만, 당신들의 철학자들은 거의 개종자들을 만들어
> 내지 못했습니다! 여러분이 우리를 아주 완악하게 비난하는 처
> 사는 도리어 우리의 교리를 널리 선전해 주는 역할을 합니다. 그
> 것을 목격하는 사람들은 이러한 초자연적 용기를 불어넣어주는
> 신앙의 본질에 대해 알려 하지 않습니까? 누구든지 그 신앙에
> 대해 조사해 보는 사람은 그 신앙을 받아들이며, 충만한 하나님
> 의 은혜에 참예하는 것을 보장받기 위하여 스스로 동일한 고난
> 을 당하기를 원할 것입니다."[2]

따라서 십자가 상징이 뒤늦게 일반 문화 속에 출현한 것에 대한 클락의 해석은 사실상 초대 기독교인들의 죽음에 대한 참된 태도를 반영하지 못한다. 초대 교회 성도들에게는 빌립보서 1:21이 증거하는 것처럼 "죽는 것도 유익"했다. 클락은 이처럼 담대한 초대 교회를 일으킨 것은 그리스도의 죽음이 아니라 생명이었다는 단순한 사실을 깨닫지 못하고 있는데 이것은 참으로 중요한 일이다.

복음서에 충분히 나타나 있듯이, 예수께서 죽음을 당하시기 전에 현재적인 하나님 나라 안에서의 그리스도의 초월적인 삶이 제자들을 예수의 주위에 모이게 만들었다. 그래서 부활과 부활 이후의 사건들은 그 생명이 결코 소멸되지 않는 것임을 증명했

다. 그것들은 하나님 나라에서의 삶에 관한 예수님의 모든 가르침이 진리라는 것을 증명했다. 언제나 제자들의 생각과 경험 속에 표현되었던 십자가는 중심적인 것이 되었다. 왜냐하면 세월이 흘러가면서 보다 고귀한 생명력이 약화되었기 때문이다. 자신이 보고 느낀 초월적인 생명을 직접 전하고 이야기해 줄 목격자들이 더 이상 존재하지 않게 된 것이다. 그처럼 직접 '전하는' 관점이 다른 것으로 대체되고 말았다. 따라서 점차 구원에 대한 교회의 이해는 단순히 죄의 용서로 축소되었고, 그 결과 이 세상을 초월한 하늘만 바라보고 살게 되었다. 그리고 그리스도의 죽음은 그리스도의 생명이 지극히 충분하게 나타나 영원히 구체적인 인간 실존을 장악하고 있던 죄의 세력을 깨뜨리고 승리하는 지점이 아니라, 단지 용서를 받기 위해 공로를 공급하는 수단으로 간주되었다.

그리하여 십자가 상징의 출현은 오늘날 그리스도의 인격과 사역을 이해하는 데 있어서의 "보기(paradigm)의 변화"[3]라고 부를 수 있는 것을 의미한다. 즉 우리와 하나님 간의 구속적 관계의 기본 틀이 이전의 신약 성경의 개념과는 근본적으로 다르게 묘사되었다는 것이다. 십자가 행위는 처음에는 단순한 대리 수난으로 좁게 해석되었고, 그리하여 하나님의 전반적인 대속 행위로 오인되었다. 나아가 그리스도의 삶과 가르침은 대속 사역에 있어서 중요치 않은 것이요 통렬하게 그의 십자가를 장식하는 것에 불과한 것으로 간주되었다. 왜냐하면 주님이 지닌 유일하게 유익한 기능은 우리의 죄 사함을 위한 희생 제물로서의 기능뿐이라고 생각했기 때문이다.

이러한 변화는 교회의 역사와 기독교인들이 세상에서 실제로 살아가는 태도에 말할 수 없이 방대하고 심오한 영향을 끼치고 있다. 그것은 로마 가톨릭 교회의 위대한 사상가들 중 한 사람인 토마스 아퀴나스에 관한 이야기에서 잘 예증된다. 그 이야기의 내용은 다음과 같다. 어느 친구가 찬란한 로마의 거리를 걸으면서 아퀴나스에게 "우리 기독교인들은 더 이상 세상을 향해 '은과 금은 우리에게 없다' 고 말할 필요가 없습니다"라고 말했다. 그 말을 듣고 아퀴나스는 "그러나 절름발이에게 '나사렛 예수의 이름으로 일어나 걸으라' 고 말할 수도 없습니다"라고 대답했다. 토마스 아퀴나스는 변화가 시작되면서 능력도 사라졌다는 것을 깨달았던 것이다. 그 당시의 교회는 죄의 용서에 대해서만 고백할 수가 있었지 치유의 생명력에 대해서는 언급하지 못했다.

예수님의 제자들에게 있어서의 부활의 의미

예수님 자신과 초기의 제자들의 메시지는 단순히 죄 사함의 메시지만이 아니라 새로운 생명에 관한 메시지였다. 물론 이 메시지에는 우리 죄로 인해 주께서 돌아가심 및 죄 사함도 내포되어 있었다. 새로운 생명은 또한 그 이상의 것을 함축하고 있었다. '구원 받는다' 는 것은 골로새서 1:13에 기록되어 있는 것처럼 "흑암의 권세에서 건져내사 그의 사랑의 아들의 나라로 옮기는 것"이었다. 구원받은 우리는 구원받지 못한 사람들과는 다른 생명의 질서를 소유하고 있다. 우리는 다른 '세상'에서 살아야 한다.

그리스도의 죽음이 아니라 그리스도의 부활이 초대 기독교인들의 복음의 중심적 사실이었던 이유는 그들이 이루어야 했던 구원이 바로 이런 종류의 구원이었기 때문이다. 앞에서 살펴본 것처럼, 예수님의 인격 안에서 초대 교회 성도들 가운데 이미 임재해 있었던 새 생명은 육체를 죽임에 의해서 소멸되는 것이 아니라는 사실을 부활이 입증했기 때문에 부활은 초대 교회 신자들에게 의미 있는 것이었다.

부활은 예수님이 죽기 전에 실제로 선포하시고 행하셨던 것—하나님 나라가 영원히 실재하며 개방되어 있다는 것—이 사실이며 결코 사라지지 않는다는 것을 증명했기 때문에 우주적 사건이었다. 그것은 그의 제자들이 알게 되었고 그 안에 있기를 소망하게 된 단체로서의 형태를 지닌 그 나라가 영원히 계속될 것을 의미했다. 마태복음 16:18에 기록된 것처럼 음부의 권세가 그것을 이기지 못할 것이다. 예수님은 결국 죽지 않으셨다는 사실—그러므로 우리가 죽으나 사실은 죽은 것이 아니라는 것—때문에 부활은 큰 변동과 변화를 가져오는 복음이 된다.

이 모든 것을 분명하게 고려해 보면, 신약 성경에서 구원에 대해 사용하는 가장 단순하고 적절한 단어가 '생명'인 이유를 이해하게 된다. 요한복음 10:10은 "내가 온 것은 양으로 생명을 얻게 하고 더 풍성히 얻게 하려는 것이라"고 기록하고 있다. 요한 1서 5:12은 "아들이 있는 자에게는 생명이 있다"고 진술하고 있다. 또 에베소서 2:5은 "허물로 죽은 우리를 그리스도와 함께 살리셨다"고 말하고 있다.

우리가 구원(또는 구속이나 중생)이 갖는 이러한 의미를 포기하거나 간과하고, 그 대신에 단순한 속죄나 죄 사함이라는 의미를 취한다면, 우리는 결코 구체적인 인간 실존으로의 시종 일관한 복귀를 이룰 수 없을 것이다. 또한 우리의 삶이 구원과 관계가 있다는 말의 의미를 정확하게 이해할 수 없을 것이다. 수 백 년 동안 신자들이 순종—행위 또는 율법—을 은혜에 덧붙이거나, 혹은 그리스도는 우리의 주님이 되지 않으면 우리의 구주가 될 수 없다고 주장했지만 아무 효과도 거두지 못했다는 사실이 이 점에 대한 역사적 증거이다.[4]

그러나 생명의 전수로서의 구속의 개념은 완전히 다른 이해 구조를 제공한다. 우리를 향하신 하나님의 최초의 구속 행위는 씨앗이 딱딱한 땅에 새 생명을 심는 것처럼, 새로운 종류의 생명의 전달이다. 그리스도 안에서 믿음과 소망을 가지고 구습을 버리는 것은 우리에게 주어진 새 생명이 최초로 자연스럽게 표현된 것을 상징한다.[5] 그것은 그리스도의 생명이기 때문에, 그리스도의 생명과 똑같은 특질을 지닌 생명으로 변화될 태세를 갖추게 될 것이다. 그분이 실제로 우리 안에서 사시는 것이다. 성육신은 지금도 계속되고 있다.

순종, 행위, 효과적인 주권은 이러한 구원, 곧 이러한 종류의 생명에 자연스럽게 속하는 것들이다. 그것들은 우리가 하나님과 상호 작용하는 관계를 지속할 때에 하나님의 계속적인 은혜로서 임하는 것이다. 씨앗에서 싹이 나고 꽃이 피는 것처럼, 그것들은 생명 자체로부터 발아해 나오는 것이다. 17세기의 청교도 저술가인 월터 마샬(Walter Marshall)은 "거룩이란…(하나님과 인류에 대한 사랑으로서) 수단이 아니라 하나의 본질적인 부분, 즉 고귀한 부분으로 간주된다. 아니 오히려 모든 은혜의 수단과 모든 종교 의식들을 귀결시키는 중심 지점으로 간주된다"⁶⁾고 기록했다.

신앙과 행위는 어떻게 상호작용하는가?

구원에 필수적인 부분과 단순히 부수적인 것일 수 있는 부분을 구분하는 것은 종교 개혁 이후의 많은 신자들로 하여금 혼란을 일으키게 한 구절 가운데 하나인 야고보서의 "행함이 없는 믿음은 죽은 믿음"이라고 하는 성경 구절을 이해하는 데 도움을 준다. '행위'는 당연히 신앙의 필수 부분에 속한다. 야고보의 진술은 신앙의 고유의 본질, 곧 신앙의 구성 부분에 관한 진술이다. 그것은 사람이 무엇을 믿는다는 것이 실제로 어떤 것인지를 다루고 있다. 그것은 자신이 신앙을 갖고 있음을 증명하라거나 자신의 신앙을 살려두기 위해서 일하라는 권고가 아니다.

마틴 루터(Martin Luther)가 야고보서의 문제점을 심각하게 지적했고 심지어 그것을 신약 성경에서 제외시킬 것을 제안했다는 것은 잘 알려진 사실이다. 그러나 아이러니컬하게도 그는 분명히 신앙의 본질에 관한 야고보의 관점을 이해했고, 그것을 직접 강력하게 천명했다. 그는 로마서 주석 서문에서 적절한 비유를 통하여, 타는 불길과 불빛을 분리할 수 없듯이 행위와 믿음을 분리시키는 것은 불가능하다고 주장했다. 그 이유는 믿음은 본질상 능력이요 생명이기 때문이다. 여기서 루터의 설명을 살펴보자.

> "오, 신앙은 활력 있고 활동적이고 적극적이고 능력 있는 것이다! 신앙은 선한 일을 끊임없이 행하지 않고는 견디지 못한다.

> 신앙은 선행을 반드시 해야 하느냐는 질문을 하지 않으며, 그러한 질문을 하기 전에 이미 선한 일들을 마치며, 항상 선을 행하는 일에 몰두한다. 그렇게 행하지 않는 사람은 믿음이 없는 사람이다. 그는 신앙과 선행이 무엇인지 알지 못하기 때문에 그것들을 발견하기 위해 자기 주위를 탐색하며 두루 살핀다. 그러면서도 신앙과 선한 행위에 관한 말들을 부질없이 주절거린다."

루터는 계속해서 다음과 같이 신앙의 내적 특성에 대해 설명한다.

> "신앙은 하나님의 은혜에 대한 활기 있고 근거가 충분한 확신이다. 그것은 지극히 확실한 확신이기 때문에 그 확신을 버리느니 차라리 천 번 죽는 편을 택하려 할 것이다. 개인적으로 신적 은혜에 대한 이러한 확신과 지식을 소유한 사람은 기쁘고 담대하며 하나님과 모든 피조물을 향한 사랑으로 충만하게 되는데, 이 모든 것은 성령께서 믿음 안에서 이루시는 것이다. 따라서 이러한 사람은 자기에게 그러한 은혜를 나타내신 하나님을 기쁘시게 하고 영화롭게 하기 위하여 기꺼이 모든 사람에게 선을 행하고, 모든 사람을 섬기며, 온갖 종류의 불행을 인내하게 된다."[7]

루터가 주장한 이신칭의(以信稱義)의 개념을 역사가 어떻게 왜곡시켜 왔는지를 날카롭게 지적한 키에르케고르의 견해는 오늘날 우리의 상황을 깊이 통찰하고 있다. 그는 언제나 가능한 한 고생을 하지 않고 기독교인답게 보이기를 원하는 세속성이 항상 존재하고 있음을 알았다. 그러한 세속성은 루터를 주목하여 그의 말에 귀를 기울였으며 훌륭하게 이용할 수 있는 것을 발견해 냈다. "모든 것은 오직 신앙으로 말미암아 임한다!" 얼마나 멋있는 일인가! "우리는 모든 행위로부터 자유를 얻었다. 루터 만세! '여자와 술과 노래를 사랑하지 않는 자는 평생 동안 어리석은 자로 살 것이다!' 이것이 기독교를 개혁한 하나님의 사람 루터의 삶의 의미이다."[8]

신앙은 루터가 묘사한 강력한 생명력이라는 것을 이해하게 되면, 우리는 신약 성서에서 그것이 대체로 세 가지 영역으로 표현되고 있음을 인식할 수 있다.

(1) 회개하고 죄로부터 해방됨으로 말미암아 과거와 단절을 만들어내는 새 능력이 사람의 내면에 임재하게 된다. 가지에서 새 잎사귀가 돋아 나오면 옛 잎사귀는 자동적으로 떨어진다. 그리하여 시편 80:3, 85:4; 사도행전 5:31; 로마서 2:4 그리고 디모데후서 2:25에서는 용서는 물론이요, 회개도 하나님께서 우리에게 주시는 것이라고 표현하고 있다.

(2) 개인의 성격과 인격의 직접적이고도 발전적인 변화가 이루어진다(고후 5:17; 롬 5:1-5; 벧후 1:4-11).

(3) 개인과 교회가 이 세대와 세상의 악을 지배하는 중요한 초인적 능력을 발휘하게 된다: "하늘과 땅의 모든 권세를 내게 주셨으니 그러므로 너희는 가서…"(마 28:18).

이와 같은 세 가지 차원의 삶을 향유하는 것이 골로새서 1:13에서 표현한 것처럼 "하나님의 사랑의 아들의 나라로 옮기는 것", 또는 빌립보서 3:20에서 표현한 것처럼 "우리의 시민권을 하늘에 두는 것"이다.

"낮은(비천한)" 육체

앞에서 우리는 쉬운 멍에라는 것을 영성훈련의 실천과 연결했었다. 따라서 우리는 구속에 있어서 육체가 차지하는 역할을 강조했다. 비록 우리가 이 훈련을 "영적인 것"이라고 부르며, 그것은 결코 하나님 및 그분의 나라와의 끊임없는 내면적인 상호 작용을 떠나서는 있을 수 없는 것이기는 하지만, 우리가 훈련을 할 때에는 육체의 특별한 행동들과 성향들이 필요하다. 우리는 유한하며, 육체의 제한을 받는다. 그러므로 정확한 방법과 분명한 행동에 의해 우리의 육체와 그에 속한 부분들을 하나님께 굴복시키지 않는 한, 영성훈련은 실행될 수 없다.

우리는 영성 생활의 발전을 위한 육체의 용도를 선택하면서, 구속의 과정에서 육체가 차지하는 긍정적 역할을 발견하게 된다. 우리가 정확하게 그 역할을 인식해야만 신약 성경에 나타난 생명으로서의 구원관을 이해할 수 있다. 왜냐하면 생명은 물론 우리가 실생활로 실현하는 것이고, 우리는 육체의 활동과 성향 속에서만 살아가기 때문이다.

이것은 믿음이란 단지 용서만을 보장하고, 정상적인 인간의 생존의 과정인 행위의 세계와 전혀 관계가 없는 내적인 정신적 행위라고 간주하는 신앙관과 정반대가 된다. 신약 성경에는 이처럼 순수하게 정신적인 신앙이라는 것이 전혀 등장하지 않는다. 신약 성경의 신앙은 로마서 10:17에서 보는 것처럼 하나님의 말씀이 영혼에 영향을 줌으로써 생기는 분명한 생명력이며 우리의 육체 및 그것의 사회적, 정치적 환경을 포함한 우리의 모든 실존의 국면들에 결정적인 영향력을 행사한다.

이 개념은 신약 성경에 묘사된 그리스도와 교제하는 생활과 믿음에 대한 가장 설득력 있는 해석이다. 그것은 또한 신약 성경을 기독교적 체험과 열망을 갖게 해 주는 실질적인 인도자로서 사용하게 해준다. 그것은 이러한 개념을 강력하게 추천하고 있으며, 구원을 "단순한 용서"로만 보는 견해에 의해 나누어지지 않는 것이다. 그러나 나는 그것이 설득력 있다고 생각하는 사람들이라도 육체가 우리의 구속을 방해하는 것에 불과하다는 압도적인 느낌을 받을 수도 있음을 인정한다. 육체와 관련된 우리의 실제의 경험을 바탕으로 생각하건대, 우리가 바랄 수 있는 최선의 것은 육체에 대한 무관심에 도달하는 것이며 우리가 육체를 벗어나기 전까지는 하나님의 은혜로 말미암아 간신히 육체가 영적으로 우리를 패배시키는 것을 막아 준다고 볼 수 있다.

결국 성경에서는 육체에 대해 "낮은 몸"(빌 3:21), 흙에 속한 것과 썩은 것(고전 15:48-50)이라고 말하지 않는가? 그리스도께서도 마가복음 7:20-23에서 육체에서 나오는 악한 것들이 사람을 더럽게 한다고 말씀하시지 않는가? 로마서 3장은 육체를 설명하기를 "저희 목구멍은 열린 무덤이요 그 혀로는 속임을 베풀며 그 입술에는 독사의 독이 있고 그 입에는 저주와 악독이 가득하고 그 발은 피 흘리는 데 빠르다"고 지적하고 있지 않은가? 육체는 멸망과 불행의 길을 뒤에 남기지 않는가?

우리의 육체는 충동적이며 취약하다. 우리가 먹을 것과 마실 것, 안전과 안일, 권세와 사랑 등을 갈구하는 욕망과 욕구를 거슬러서 무슨 일을 할 수 있는가? 우리는 욥의 환난에 대해 말한다. 그가 겪어야 했던 사건들, 그를 영적인 절망으로 몰아갔던 사건들은 모두 육체적인 사건—그의 육체에 임한 사건이거나 그가 사랑하는 사람들의 육체에 임한 사건—들이었다. 이렇게 비천하고 위험한 육체가 우리의 구원을 이루는 데 유익이 될 수 있을까?

물론 우리가 육체를 생각할 때에 하나님을 대적하는 이 세상에서 발견하는 육체로만 생각한다면 그에 대한 대답은 부정이다. 그것만으로는 구속의 원천이 될 수 없다. 그러나 하나님께서는 육체를 만드실 때에 오늘 우리가 발견하듯이 하나님으로부터 소외된 상태에 있게 만드신 것이 아니다.

육체가 처해 있는 서글픈 상태는 그것이 지금 본래의 모습으로 존재하지 않는다는 것을 분명히 말해준다. 우리는 폐차장에 처박혀 있는 차를 가지고 자동차의 품질을 판단하거나, 양분을 공급받지 못해 축 늘어져 있는 나무를 염두에 두고서 식물의 성장 가능성을 점쳐 보지는 않는다.

인간의 육체는 그 능력을 통하여 하나님을 위해 땅을 다스리는 인격의 매개물이 되어야 한다. 육체는 하나님과의 관계를 상실함으로써 그 기능을 잃어버렸기 때문에 우리가 현재 발견하는 것처럼 타락한 상태가 되었던 것이다. 우리 육체의 가능성과 우리 육체가 경험할 수 있는 영성 생활에 대한 우리의 견해에 새로이 정립하기 위해서 앞으로 세장에 걸쳐 성경적 관점에 따라 우리가 누구이고, 영적 생활이 무엇인지에 대해 자세한 설명을 시도하겠다(영성훈련에 관한 신학적 기초에 대해 별로 관심이 없는 사람들은 먼저 7장을 읽고, 4장부터 6장은 마지막에 읽어도 될 것이다).

주(註)

1) Kenneth Clark, *Civilization: A Personal View*(New York: Harper & Row, 1969), 29.
2) John, Bishop of Bristol, *The Ecclesiastical History of the second and Third Centuries*(London: Griffith Farran Browne, n. d.), 66 인용.
3) "보기의 변화"라는 개념에 대해서는 Thomas S. Kuhn, *The Structure of Scientific Revolutions*, 2d ed. (Chicago: University of Chicago Press, 1973), chap. 5, "The Priority of Paradigms"을 보라.
4) Daniel P. Fuller의 Gospel and Law: Contrast or Continuum?(Grand Rapids, MI: Eerdmans, 1980)은 최근의 복음주의 신학의 관점에서 본 신앙과 율법의 관계를 올바르게 이해하는 데 많은 도움이 된다.
5) Horatius Bonar, *God's Way of Holiness*(Chicago: Moody, n. d.), chap. 2를 보라.
6) Walter Marshall, *The Gospel Mystery of Sanctification*(1692; reprint, Grand Rapids, MI: Zondervan, 1954), 258.
7) *Great voices of the Reformation: An Anthology Martin Luther*, quoted in Harry Emerson Fosdick, ed.(New York: Modern Library, 1954), 121-22.
8) Søren Kierkegaard. *For Self-examination: Recommended for the Times*, trans. Edna and Howard Hong (Minneapolis, MN: Augsburg, 1940), 10. 이 문제에 관해서는 John Owen의 *The Forgiveness of Sins, Illustrated in Psalm 130*, 특히 제6장을 보라.

4

신神 못지 않은 존재

주의 손가락으로 만드신 주의 하늘과 주께서 베풀어 두신 달과 별들을 내가 보오니 사람이 무엇이기에 주께서 그를 생각하시며 인자가 무엇이기에 주께서 그를 돌보시나이까 그를 하나님보다 조금 못하게 하시고 영화와 존귀로 관을 씌우셨나이다 주의 손으로 만드신 것을 다스리게 하시고 만물을 그의 발 아래 두셨으니

| 시편 8:3–6

하나님이 이르시되 우리의 형상을 따라 우리의 모양대로 우리가 사람을 만들고 그들로 바다의 물고기와 하늘의 새와 가축과 온 땅과 땅에 기는 모든 것을 다스리게 하자 하시고 하나님이 자기 형상 곧 하나님의 형상대로 사람을 창조하시되 남자와 여자를 창조하시고

| 창세기 1:26, 27

우리 인간은 누구인가? 우리는 과연 무엇을 해야 할 존재인가? 삶이란 단순히 생존하는 것이나 자연과 다른 인간을 지배하는 것 이상의 것을 위한 것이다. 우리는 왜 이 세상에 존재하는가?

이런 질문들에 대답할 수 없다는 것은 인간의 가장 심각하고도 곤혹스러운 난제 가운데 하나이다. 우리가 강력한 가족, 종족, 국가, 그 밖의 사회적 단위의 생활에 빠져 있는 한 이런 질문에 사로잡히지 않는다. 이러한 집단 속에서 우리는 자신이 누구이며, 무엇을 해야 하는지를 확실히 느낀다. 최소한 우리는 자신이 그것을 확신하고 있다고 생각한다. 그러나 이러한 인연들은 교육, 사회적 혼란, 정서적 소외 그리고 오늘날 파생되는 허다한 다른 이유들로 인해 파괴될 수 있다. 그리하여 개개의 사람들은 자신이 스미스씨인지 존스씨인지, 법률가인지 기술자인지, 독일인인지 영국인인지를 아는 것만으로는 충분하지 못하다는 것을 발견한다. 여기서 질문들이 시작된다. 인간이 존재하는 목적은 무엇인가? 우리는 생명체로서의 자신을 어떻게 보아야 할까?

우리 중에 어떤 사람은 스포츠 팀, 연예인, 또는 이런 저런 사회적 운동에 대해 일체감을 느낌으로써 불안(Angst)에서 벗어날 수 있을지 모른다. 또 정치, 과학, 종교 등의 독단론을 의지하는 사람도 있을 수 있다. 우리는 이 지구 상에 존재한다는 사상에 대해 자신이 어떻게 느끼며 무슨 일을 하고 있으며 어떤 존재인지를 확실히 알고 있다는 것을 자신은 물론이요 다른 사람들에게 알려 주기 위해 고안된 상징이나 표어를 자신의 자동차 범퍼나 셔츠에 새겨 넣을 수도 있다. 그러나 그것은 모두 공허한 허세에 불과하고, 우리의 참된 본성과 참된 인생의 목적에 대한 무지와 불확실성의 심연에서 쏟아내는 신경질적인 소리에 지나지 않는다.

물론 우리가 누구이고 무엇 때문에 이 세상에 존재하는가라는 문제는 쉬운 문제가 아니다. 정확하게 세속적인 관점에만 의지하여 통찰하는 사람들에게 있어서 이러한 문제는 특별히 다루기 힘든 문제이다. 그 이유는 무엇인가? 그것은 우리가 실제로 황폐한 세상에서 살고 있기 때문이다. 우리는 지금 우리가 지음 받은 본래의 목적대로 존재하고 있지 못하다. 이 진리에 입각해서 볼 때, 그저 관찰만으로 우리의 본성을 규명하는 것은 본질적으로 불가능하다. 왜냐하면 우리는 끊임없이 비본질적인 태도로 관찰되기 때문이다. 물론 우리는 인간 생존의 통상적인 과정을 관찰함으로서 많은 흥미로운 사실들을 배울 수 있지만 우리가 참으로 알기를 원하는 사실—곧 우리의 본성은 무엇이고 우리 생명의 가능성은 무엇인가 등—은 아니다.

우리의 본성과 목적을 이해하지 못하고서는 구속을 제대로 이해할 수 없다. 이 모든 것이 실제로 얼마나 우리의 구원과 무슨 관계가 있는지 여러분은 의아해 할 것이다. 우리의 본성이 구원을 통하여 변화되는 방법을 이해하기에 앞서 우리가 본성에 관해 실제로 그렇게 많이 알아야 할 필요가 있는가? 그렇다. 우리는 알아야 한다. '구원'의 특성은 구원받는 것에 의존한다. 파멸이라는 위험에 처해 있어야만 구원이라는 행동이 있을 수 있다. 그래서 본질적으로 구원을 받는 대상의 본질이 그것이 어떤 위험과 손해에 처할 수 있는지를 결정한다. 예를 들어 곤경에 처한 사업을 구한다는 것은 생명, 명예, 또는 상처 입은 강아지를 구하는 것과는 전혀 다른 일이다. 왜냐하면 투자, 생명, 명성 그리고 애완동물은 전혀 다른 종류의 사실들이기 때문이다. 따라서 인간을 구원한다는 것, 즉 인간의 영혼이나 인격을 구속한다는 것이 무엇인지를 알기 원한다면, 하나님이 우리를 지으실 때 무엇으로 만드셨고, 우리와 같은 피조물이 어떻게 위험과 상실의 상태에 빠지게 되었는지를 질문함으로써 시작하는 것이 제일 좋은 방법일 것이다.

땅덩어리와 하늘 사이

우리의 본성에 대한 바른 이해를 제공해 줄 첫 번째 단서는 우리의 육체적 존재와 날카롭고 분명하게 대조되는 우리의 열망 속에서 발견된다. 성경의 저자들과 시인들은 이 대조를 아주 생생하게 의식했다. 인간은 미와 능력, 순결과 권위, 지식과 무한한 사랑을 열망한다. 그러나 우리는 배회하는 원형질 덩어리—시인 스티븐 스펜더(Stephen Spender)가 말한 것처럼 "운반할 수 있는 추" 조각—에 불과하다. 독단적 자연주의자는 때때로 최신의 '과학적 사상'의 가면을 쓰고 인간은 인간일 뿐 그 이상도 그 이하도 아니라고 주장할 것이다. 플라톤은 비꼬아서 말하기를, 인간은 새들과는 달리 날개가 없는 두 발 동물이라고 정의했다. 진정한 진리는 비록 우리가 하늘의 것들을 강력하게 열망하고 있기는 하나 우리는 흙으로 지음 받았다는 사실이다. 그리고 한창 젊은 시절에는 그 진리를 망각하지만 시간이 흐르면 우리 모두는, 시인 예이츠(Yeats)가 『비잔티움으로의 항해』에서 노래한 것처럼 "노인은 단지 누더기를 걸치고 지팡이를 든 하찮은 존재일 뿐…"이라는 현실을 실감할 것이다.

욥이 하나님께서 보내신 자신의 운명에 대해 불평할 때, 데만 사람 엘리바스는 "하나님은 그의 종이라도 그대로 믿지 아니하시며 그의 천사라도 미련하다 하시나니 하물며 흙 집에 살며 티끌로 터를 삼고 하루살이 앞에서라도 무너질 자이겠느냐"고 그의 주제넘음을 꾸짖었다(욥 4:18-20).

흙, 티끌, 하루살이. 이것이 인간이다. 그러나 인간에게는 이와는 다른 면이 존재한다. 얼마나 놀라운 일이가! 세익스피어는 햄릿(Hamlet)으로 하여금 다음과 같이 외치게 했다.

> "인간이란 참으로 걸작이다! 그 이성은 고귀하며, 능력은 무한하다! 그 모습과 동작은 분명하고 훌륭하다! 그 행동은 천사와 같다! 그 지혜는 신과 같다! 아, 아름다움의 극치여! 만물의 영장이여!"

그러나 햄릿은 결국 이렇게 결론을 짓는다.

> "그러나 나에게 이 흙의 진수가 무엇이란 말인가? 사람들은 결코 나를 기쁘게 하지 못한다."

인간의 열망과 육체적 현실 사이의 간격은 어리석은 것, 냉소적인 것 그리고 비극적인 것인 동시에 사랑, 성실성, 영웅적 행위 그리고 창조성으로 가득 채울 수도 있다. 간단히 말해서, 그 거리는 우리가 알고 있는 삶이다.

그러나 우리는 피조물이기는 하지만 특이한 피조물이다. 우리는 보다 고귀한 존재로 지음을 받았다. 우리가 지니고 있는 열망이 이러한 진실을 암시한다. 옛 부터 전해 내려온 몸(체격)과 인격(영혼, 영, 정신)을 구별하는 것은 때로 우리를 놀라게 하거나 부끄럽게 하는 우리의 삶의 무의식적인 육체적 사실들과 우리의 경험, 관심, 의미, 사상, 의도, 가치 등과 같은 우리의 의식적 삶의 차이에 뿌리를 두고 있다. 그것이 우리를 다른 피조물들과 구분해 주는 의식적 삶(conscious life)의 본질로서 우리의 심층적 존재와 흙덩어리인 존재를 구분해 준다.

하나님은 인간을 지으실 때에 엄청난 추측을 할 수 있는 피조물로 만드셨다. 인간은 자신이 흙이라는 사실을 거의 망각해 버릴 수 있다. 아마 우리가 살아가기 위해서는 어느 정도 그 사실을 잊어버려야 할 것이다. 우리는 숨을 쉬고, 밥을 먹고, 잠을 자는 존재이지만 동시에 생각하고 의욕하는 존재이다. 이것은 아주 놀라운 사실이다. 이러한 역설 속에서, 즉 부분들이 하나로 조화를 이루지 않는 난제 속에서, 우리는 이 희귀하고도 놀라운 성취로 인해 스스로를 찬미하거나, 우리 자신을 초월하는 능력에 접촉할 수 있음을 이해하기 시작할 수 있다. 인간은 다양한 가능성을 부여 받아 소유하고 있는데, 그것들은 우리를 천국이나 지옥으로 인도할 수 있다.

인간에 관한 성경적 관점

티끌 같은 존재임에도 불구하고 하나님이 인간을 주목하시고, 만나주시며, 할 일을 부여하신다는 사실 속에서 인간의 위대성이 발견된다. 만약 사실이 그러하다면, 명백하지는 않지만 인간에게는 무언가 중요한 것이 있음이 분명하다. 시편 기자는 다음과 같이 인간을 찬미했다.

> "사람이 무엇이기에 주께서 그를 생각하시며 인자가 무엇이기에 주께서 그를 돌보시나이까 그를 하나님보다 조금 못하게 하시고 영화와 존귀로 관을 씌우셨나이다"(시 8:4-5).

앞에서 살펴보았듯이 세속적인 시인이나 신앙이 있는 시인 모두 인간의 본성과 능력이 거룩한 것과 우스꽝스러울 정도로 조야하고 저급한 것 사이에 놓여 있음을 노래한다. 그러나 인간의 창조에 대한 유대-기독교적 관점은 창조 때에 우리에게 부과된 일 안에서 인간의 다재다능한 본성의 통일성과 목적을 아는 단서를 마련해 준다. 본래 우리는 이 세상에서 어떤 일을 하기로 되어 있었는가?

정교회 영성의 고전인 『순례자의 길』(*The Way of a Pilgrim*)에서는 어느 거룩한 순례자가 거룩한 묵주로 이리를 물리치는 것에 대해 말하고 있다. 다음의 설명은 거룩한 것을 통해 사람들이 어떻게 동물들을 제압하는 권세를 소유하게 되었는지를 잘 보여 준다.

> "우리의 조상 아담이 타락하기 전에는 모든 동물들이 그에게 복종했던 것을 잘 아실 것입니다. 동물들은 아담에게 두려운 마음으로 접근했고 아담은 그것들의 이름을 지어 주었습니다. 이 묵주를 가진 노인은 성인이었습니다. 그렇다면 거룩이라는 말의 의미가 무엇입니까? 그것은 죄인이 수고와 훈련을 통해 첫 사람이 지니고 있던 무흠 상태로 복귀하는 것입니다. 영혼이 거룩해지면 육체도 함께 거룩해지는 것입니다. 그 거룩한 사람은 항상 손에 묵주를 들고 있었습니다. 그의 두 손과의 접촉 및 육체의 호

> 기(呼氣)는 그 묵주에 거룩한 능력, 즉 첫 사람이 지니고 있던 무흠의 능력을 주입했습니다. 그것이 영적 본성의 신비입니다. 자연적으로 계승되어 오늘날까지 이른 모든 동물들이 이 능력을 향유했습니다."[1]

이것이 너무나 환상적인 이야기인가? 창세기에 기록된 인간 창조 기사에 진지하게 접근하는 기독교인은 이것은 그렇게 공상적인 것으로 여기지 않을 것이다.

인간이 위대한 존재인 동시에 하찮은 존재라는 성경적인 인식은 인간의 기원에 대한 성경의 기사를 확고하고 단호하게 신뢰하게 된다. 육체라는 한계를 지니고 있기는 하지만 인간은 하나님의 모양을 따라 창조되었으며, 그렇기 때문에 모든 동물들을 지배하고 돌보고 감시하는 존재로 지음 받았다. 창세기 1:26은 이 점을 명석하게 보여준다.

> "하나님이 이르시되 우리의 형상을 따라 우리의 모양대로 우리가 사람을 만들고 그들로 바다의 물고기와 하늘의 새와 가축과 온 땅과 땅에 기는 모든 것을 다스리게 하자 하시고"

이렇게 인간이 행해야 할 과업은 분명하게 설정되었다. 우리는 창조주와 신비적인 교제 안에서 사는 존재로만 지음을 받은 것이 아니다.[2]

우리는 땅과 거기 있는 모든 생물들을 다스리는 존재로 창조되었다. 바로 이 특수한 목적을 위해 우리는 하나님의 형상과 모양으로 지음을 받았다.

아마 우리는 당분간 성경 창세기의 첫 부분에 관련된 허다한 논쟁들을 침묵시킬 수 있고, 우리의 놀라운 가능성들의 기초를 어렴풋이 깨달을 수 있다. 만약 우리가 그렇게 할 수만 있다면, 태초에 우리의 것으로 예정되었으며 이제 되찾아야 할 본성과 가능성을 볼 것이다.

창세기 창조 설화를 보면, 생명은 제3일에 식물의 형태로 처음 나타난다. 창세기 1:11을 보면, 하나님이 말씀하시니 그보다 앞서 피조된 물질인 땅에서 식물이 나타났다. 해와 달과 별들을 지으신 다음날인 제5일에 하나님은 물에게 "움직이는 모든 생물", 곧 물고기와 새들을 번성케 하라고 명하셨다(1:20). 그리고 창조의 마지막 날인 제6일에는 땅에게 "땅의 모든 짐승들을 그 종류대로, 육축을 그 종류대로, 땅 위를 기는 것을 그 종류대로" 내라고 다시 명령하셨다.

창조의 제6일에는 인간이 창조되었다. 그러나 인간 창조의 과정은 다른 피조물의 창조와는 사뭇 다르다. 창세기 1:26에서 처음으로 하나님의 창조 사역의 목적이 나타난다. 그 전까지는 하나님이 그런 창조 역사를 행하신 이유가 명시되지 않았었다. 그런데 여기에서 성경은 하나의 이유를 제시한다. 하나님이 만물을 다스리듯이, 인간은 동물계를 다스리도록 창조되었다. 따라서 "이마고 데이"(*Imago Dei*) 곧 하나님의 형상은 이러한 종류의 일, 곧 우리에게 맡겨진 동물계를 다스리는 데 필요한 전반적인 능력과 활동들을 구성한다. 물론 거기에는 통치 자체도 포함된다.

그러나 이것은 오늘날 우리의 생활과는 전혀 관계가 없다. 이것은 단지 첫 사람 아담이 해야 할 일에 대한 규정에 불과하지 않은가? 아니다. 결코 그렇지 않다. "인간" 또는 "아담"이라는 단어는 집합 명사이다. 따라서 이 말은 아담이라는 특정의 인간을 언급할 수도 있고, 식물 이상의 고등생물을 다스리는 "지배자들"의 공동체인 인간 전체를 언급할 수도 있다. 인간에게는 이 임무 수행에 적절한 능력—지각 능력, 개념화 능력, 가치 판단 능력, 행동 능력 등—이 주어져 있다. 예컨대 동물들이 이름을 지음받기 위해 아담 앞에 나아오는 창세기 2:19-20의 장면은 단순히 동물들에게 신원 파악을 위한 번호 등 식별 표를 붙이는 작업이 아니었다. 그것은—고대 시대에 "이름"이 의미했던 것처럼—다양한 피조물들에 대한 아담의 통찰력, 곧 피조물들을 온전히 다스리는 데 요구되는 그의 통찰력을 표상한다.

그러나 하나님께서는 이처럼 막대한 과업을 감안하여 인간에게 또 하나의 매우 중요한 능력, 곧 인간이 하나님 및 다른 인간과 올바른 관계를 이루고 살 수 있는 능력을 허락하셨다. 우리는 오직 이러한 관계 속에서만, 오직 이러한 관계를 건전하고 풍성하게 유지하는 데 필요한 교제 속에서만, 우리에게 맡겨진 사역을 성공적으로 수행하는 데 필요한 모든 것을 발견할 수 있을 것이다.

인간이 동물을 다스리는 가장 탁월하고 훌륭한 능력은 동물을 죽이거나 혹사하는 사람들에게서 발견되는 것이 아니라 대화를 통해 동물들의 행동을 다스릴 수 있는 사람들에게서 발견된다. '펜'은 칼보다 강하다. 그 까닭은 펜은 우리들이나 세상에 대해 보다 중요한 것을 가르치기 때문이다. 총을 가진 사람은 코브라를 죽일 수 있으나 그것은 피리를 불어 코브라를 다스리는 것과는 전혀 다른 것이다. 복음서에 기록된 이야기들, 창세기의 기사 등 성경의 기록들은 하나님은 말씀으로 다스리신다는 사실을 가르치기 때문에 우리는 다시 한 번 "이마고 데이"의 존재가 우리가 해야 할 작업에 어떻게 작용하고 있는지를 보게 된다. 우리는 하나님과 동일한 방식으로, 즉 대화에 의해서, 교제함에 의해서 우리의 "신하"들을 다스려야 한다. 다른 사람들에 대해서도 우리는 똑같은 방식을 통해 관계를 이루어 나간다. 다스림의 대상이 사람이든 동물이든 인격에 의한 지배는 그 결과가 조화와 이해와 사랑일 때 최상의 경지에 이르는 것이며, 또한 다스림을 받는 자들이 그 다스림을 단지 어차피 그들이 원할 일을 행하는 것이라고 여길 때 최상의 것이 된다. 고대 중국의 현인인 노자는 이렇게 피력했다: "최상의 지도자가 임무를 마치고 나면 그 백성들은 말하기를 '우리가 그 일을 이루었다' 고 말하는 법이다."[3)]

땅을 다스리기 위한 인간과 하나님의 연합

우리는 창세기 기사에서 인간에게 위임된 임무의 영역이 어마어마하다는 사실을 인정해야 한다. 현대의 지구 과학의 가설, 즉 원래 물로 둘러싸인 오직 하나의 통일된 땅 덩어리가 있었다는 사실을 믿는다고 해도, 우리는 여전히 온 땅의 동물 왕국을 다스린다는 것이 무엇을 의미하는지는 거의 이해할 수 없다. 그러나 아담은 다음과 같은 과정을 시작하라는 명령을 받았다는 사실에 유의해야 한다.

"생육하고 번성하여 땅에 충만하라, 땅을 정복하라, 바다의 물고기와 하늘의 새와 땅에 움직이는 모든 생물을 다스리라 하시니라"(창1:28).

우리는 그 임무가 최고의 환경 속에서 대대로 수행되도록 계획된 것이라는 것을 여러 가지로 확신할 수 있다.

비록 악 및 그 영향이 부재했기 때문에 우리가 알고 있는 인간의 역사와는 달랐겠지만, 본래 의도되었던 과정은 우리가 알고 있는 인간의 역사와 완전히 다르지는 않았을 것이다. 아마 현대인들이 애완동물을 기르고 동물원을 갖추는 것, 생물을 좋아하고 길들이는 것 그리고 지구상에 있는 그 밖의 다른 피조물들을 훈련하며 통제하는 놀라운 능력이야말로 하나님께서 인간을 지으실 때에 의도하셨던 뜻을 희미하게나마 반영하고 있다고 볼 수 있을 것이다.

종(種)의 멸종에 대한 우리의 염려, 동물과 식물의 운명, 심지어는 지구의 운명에 대해 우리가 느끼는 책임감과 관심은 하나님의 의도를 말해 준다. 과학자들은 우리의 책임이 대양과 산림 그리고 야생동물에까지 확대되어야 한다고 역설한다. 나는 이처럼 책임을 역설하는 것은 본래 인류 안에 심어졌으며 아직 완전히 파괴되지는 않은 "이마고 데이"의 표명이라고 생각된다.

그러나 동물의 세계의 평화를 위해서는 동물들을 재배하는 인간 사회에 완전한 조화와 이해가 있어야 한다. 그렇지 않으면 전쟁을 일으키기 위해 동물들이 사용될 것이다. 물론 우리는 천년 왕국을 위해 그러한 일을 행해 왔다. 또한 모든 생명 있는 것들이 궁극적으로 의존하는 하나님과의 연합이 있어야 한다. 나는 인간은 하나님께서 의도하셨던 대로 동물들과 대화를 나누었고, 인간의 안식 및 하나님의 주권적 행위와의 협력 속에서 그것들의 삶을 감독했다고 생각한다. 그리고 이러한 감독은 때로는 자연법을 통하여, 때로는 하나님과의 협력이라는 행위를 통하여 수행되었을 것이다. 오늘날 인간이 이따금 꿈꾸는 평화와 협력의 세계는 실제로 존재했었을 것이다.

그러나 우리는 그 낙원을 상실했음을 알고 있다. 하나님과 인간 그리고 인간과 인간 사이의 조화를 상실한 것은 인간으로 하여금 자신에게 배정된 통치를 수행할 수 없게 만든 파괴적이고 우주적인 사건이었다.

로마서 8:20에서 보는 것처럼 "피조물이 허무한 데 굴복하는" 것은 단순히 그것이 자신 및 하나님과 애정이 깃들고 지혜로운 조화의 관계를 이룬 인간의 다스림을 받지 못했기 때문이다. 피조물이 현재와 같은 상태에 처하게 된 것은 인간이 피조물 및 하나님과 대립 상태에 있기 때문이다. 종교적 의식에서 동물을 제물로 드리는 것은 우리가 행하기로 되어 있었던 일을 행하는 일에 실패한 결과를 알려 준다. 연약한 동물이 인간의 죄를 위해 자신의 생명을 "지불한다" 이것은 역사적으로 볼 때, 우리가 지정된 방식으로 하나님을 섬기는 데 실패했다는 사실을 잘 묘사해 준다.

하나님의 형상의 일부인 인간의 몸

그러나 인간 창조에 대한 창세기의 기사는 자연계에서의 인간의 위치에 대한 하나님의 의도 이상의 것을 말해 준다. 인간은 다른 피조물들과 다른 데에는 그것들을 지배한다는 것 외에 또 다른 이유가 있다. 인간 창조의 방법도 다른 피조물의 창조와 아주 다르다. 하나님께서는 인간을 창조하기 전 이미 존재하고 있던 본질에게 생명이라는 양식을 낳으라고 명하셨다. 그러나 인간을 창조하실 때에는 흙으로 만든 형상에게 하나님 자신의 것을 나누어 주셨다. 이에 대해 창세기 2:7은 "여호와 하나님이 흙으로 사람을 지으시고 생기를 그 코에 불어 넣으시니 사람이 생령이 된지라"라고 했다.

이 말씀에 따르면, 흙으로 만든 인간의 몸은 하나님의 호흡, 즉 '영'을 주신 것과 관련해서 '살아 있게' 되었다. 창세기 1:29과 2:19에 나타나는 생물들은 공기, 물, 또는 땅에 있는 것으로서 움직일 수 있는 피조물을 가리킨다. 이러한 초기의 생물은 하나님의 명령에 따라 흙이나 물로부터 왔다. 그러나 인간의 경우에 있어서 '생령'은 흙으로 만든 형상에 하나님의 영을 불어 넣음으로써 나타난 결과이다.

우리는 그 과정의 상세한 내용들을 이행할 때에 하나님의 본질을 모독하게 될 가능성이 있는 방법으로 행하지 않도록 조심해야 한다. 그 과정의 자세한 내용이 무엇이든지 간에 인간도 역시 동물의 본성을 지녔지만 아주 차이가 본성을 소유한 '생령'이 되었다. 우리는 하나님의 형상의 매체로 사용하기 위해 적절하게 수정된 본성을 소유하고 있다.

인간이 지니고 있는 커다란 모순의 양면, 즉 흙으로 만들어졌다는 것과 신성(神性)은 각기 제 위치를 가지고 있다. 다른 모든 살아 있는 피조물과 마찬가지로 인간 역시 고유의 생명을 가지고 있다. 그 생명은 유한하며 결국 죽어 사라질 것이기는 하지만,

오직 인간만이 그 생명 안에서 하나님을 대적할 수 있다. 그러나 그것은 하나님과의 일치를 선택하기 위한 대적이다.

만약 이 능력이 없다면 우리는 꼭두각시에 불과하기 때문에 하나님의 계획 안에서 자신이 맡은 역할을 이행할 수 없을 것이다. 꼭두각시는 하나님의 형상을 지닐 수 없으며 하나님의 자녀가 될 수도 없다. 인간의 육신은 하나님의 형상의 일부분이다. 왜냐하면 그것은 우리가 참으로 하나님의 형상과 모양이 되기 위해 반드시 소유해야 하는 제한된 자존적 능력을 효과적으로 획득할 수 있는 수단이 되기 때문이다.

여기에 우리가 구속에 관한 이야기를 시작할 때 이해해야 하는 것, 즉 우리 본성에 관한 주된 개념이 담겨 있다. 실천 신학에 있어서 모든 것이 여기에 달려 있으므로 우리는 이 점을 가능한 한 명확히 해야 한다.

하나님은 인간이 하나님의 방식으로 다스릴 수 있게 하기 위해서 자신의 형상을 따라 그들을 만드시면서 자존적 능력을 주셨다. 이 능력이 없었다면, 인간은 절대로 하나님이 의도하신 방식대로 하나님을 닮을 수도 없고, 하나님의 동역자가 될 수도 없을 것이다. 이러한 필수적인 능력의 소재지, 또는 저장소가 바로 인간의 육체이다. 이것이 신학적 의미에서 볼 때, 우리가 육체를 가지고 있는 이유이다. 그러므로 육체는 능력과 자유, 그러므로 책임감의 중심 부분을 구성한다.

엄격하게 물리적인 관점에서 보면, 육체는 엄청난 에너지의 저장소라는 것을 알 수 있다. 앨버트 아인슈타인의 "$E=MC^2$"라는 공식(소량의 물질 속에 잠재적으로 내재되어 있는 에너지는 빛의 속도의 제곱을 무수히 곱한 것과 같다는 것)은 물질의 본질에 관한 놀라운 계시이다. 물론 물질은 우리의 육체를 구성하고 있으며 그 본질은 힘이다. 우라늄 원자가 분열하면 분열하기 전에 그 주변에 미치는 힘보다 무려 육백만 배나 되는 힘을 방출한다. 나무 한 더미가 타면서 그 안에 담고 있는 에너지를 방출할 때에 발휘되는 힘은 불타기 전에 발휘하는 힘보다 엄청나게 크다는 것은 나무에 불이 붙으면 그 주변에 있는 것들까지 태운다는 사실에서 분명히 드러난다.

우리의 육체 속에 있는 잠재 능력의 극히 작은 부분만이 우리의 의식적 사유, 의도 그리고 선택에 따라 활용된다. 본질적으로 개인의 품성이란 단지 그 사람이 지니고 있는 평소의 육체적 태도이다. 이것은 개인의 의식적 의도에 순응하는 것과는 상관이 없다.

이러한 설명을 바탕으로 우리는 우리가 구속의 심리학을 이해하는 데 핵심이 되는 용어, 즉 '육체'라는 말을 정확하게 이해할 수 있다. 이 본질적인 성경적 용어는 사람의 본성적이고 육체적인 본질(이에 대해서는 앞으로 자세히 다룰 것이다)에 적용된다. 그리고 그것은 다른 생물들 사이에서 살아가는 존재로서의 인간의 육체는 인간이 본래부터 가지고 있는 유한하고 독립적 능력들의 저장소라는 것을 가리킨다. 에덴동산에서는 이 특별한 인간 능력들 중에 대기와 땅과 물 등에 사는 피조물인 유기적 생물이나 비유기적이고 생명이 없는 물질뿐 아니라 하나님 및 하나님의 능력과도 상호 작용할 수 있는 능력이 있었다. 그러나 아담과 하와가 최초로 범죄하는 순간에 그들에게 임한 사망은 하나님과 상호 작용하는 관계의 단절, 곧 그들의 삶 속에서 항존하는 요소였던 이 핵심적인 친밀성의 상실을 가져왔다(창 3장). 아울러 하나님의 대리자로서 땅을 다스리는 역할을 수행하는 데 필요한 능력도 잃게 되었다.

태초에 정해진 인간이 해야 할 일에 대한 규정은 오늘날 하나님 나라의 질서와는 상관없이 독자적으로 인간이 소유하고 있는 능력보다 훨씬 탁월한 능력이 있었음을 암시해 준다. 하나님께서는 인간의 육체 안에 있는 상대적으로 작은 능력과 무한한 하나님의 통치, 혹은 하나님의 나라의 능력을 조화시킴으로서 하나님의 통치를 수행해내도록 인간의 성품을 지으셨다고 생각한다.

우리는 오늘날 전지의 전력이 소진될 때까지 정해진 작업 공간에서 일하는 로봇을 개발해냈다. 이 로봇은 전기가 떨어졌을 때에는 내면적으로 그것을 감지하여 스스로 콘센트에 플러그를 끼워 전지를 재충전시킨다. 마찬가지로 사람들이 하나님과 계속 접촉하고 조화를 이루는 한, 그들은 그 자신에게 배정된 방대하고 불가능한 일을 수행하기 위해 하나님의 능력의 저장소를 드릴 수 있었다. 그들의 능력이 하나님의 능력과 제휴하여 사용되기 때문에 그들의 통치는 하나님께서 의도하신 범주 안에서 완전하고 효과적으로 수행되었을 것이다. 그들의 통치는 진정으로 그들의 통치였다. 즉 그들의 이해와 갈망과 선택에 의한 통치였다. 그러나 그것은 그들의 육체가 동원할 수 있는 능력보다 훨씬 더 탁월한 능력, 곧 만물의 창조주와 인격적 관계를 가짐으로써 주어지는 능력에 의해 수행되었다.

그러나 유한한 육체적 존재라는 한계를 지닌 우리가 어떻게 이러한 능력을 소유할 수 있는지를 이해하려면, 우리는 보다 심층적으로 생명의 본질, 특별히 육체 자체를 초월하는 육체의 놀라운 본질을 보다 심층적으로 조사하며, 육체를 초월하는 본질에 의해 그 과정을 수행해야 한다. 우리의 생명은 하나님의 무한한 자원을 이용할 수 있는 본질을 가지고 있기 때문에 우리는 신(a god)에 못지 않은 존재이다.

주(註)

1) *The Way of the Pilgrim and the Pilgrim Continues His Way*, trans. R. M. French(New York: Seabury, 1965), 45.
2) 인간 존재의 목적이 영원히 하나님을 사랑하며 향유하는 것으로 나타나 있는 *Westminster Confession*을 보라. *The Spiritual Exercises of St. Ignatius*(Garden City, NY: Doubleday, Image Books, 1964), 47; Evelyn Underhill, *Mysticism*(New York: New American Library, 1974), 81ff. 도 보라.
3) Lin Yutang, ed., *The Wisdom of China and India*(New York: Modern Library, 1942), 591-92.

5
생명의 본질

누구든지 제 목숨을 구원하고자 하면 잃을 것이요 누구든지 나를
위하여 제 목숨을 잃으면 구원하리라 사람이 만일 온 천하를 얻고도
자기를 잃든지 빼앗기든지 하면 무엇이 유익하리요

| 누가복음 9:24-25

내가 진실로 진실로 너희에게 이르노니 한 알의 밀이 땅에 떨어져 죽지
아니하면 한 알 그대로 있고 죽으면 많은 열매를 맺느니라

| 요한복음 12:24

앞에 인용된 예수님의 말씀은 특별히 경건한 사람들에게 해당되는 영원한 진리를 표현한 것으로 취급되는 경우가 있다. 그렇지만 이 말씀들은 단지 생명이 실제로 활동하는 방법에 대한 의견에 불과하다. 예수님의 말씀이 종종 그러한 것처럼, 이 말씀들은 사람이 마땅히 행해야 할 바에 대해서는 아무것도 말하지 않는다. 그들은 단순히 사실이 어떠한지에 대해서만 말한다. 생명을 가지고 있는 존재는 자기를 초월해 있는 것에게 자기를 내맡길 때에만 번영할 수 있으며, 경우에 따라서는 다른 존재들과 관계를 가지면서 계속 살아가지만 궁극적으로는 하나의 독립된 존재로서 버림을 받게 된다. 생명이란 자신을 초월한 능력에 도달하여 살아가는 내적 능력이다.

만약 우리가 자신을 독립된 존재로 생각하며, 특히 그런 식으로 자신을 보존하려고 노력한다면, 인간의 삶은 하나님께서 의도하셨던 대로 하나님의 감화와 지지를 받고 하나님과 협력하여 이 지구를 다스리는 일에 성공할 수 없다. 우리가 하나님으로부터 격리되어 있으며 다른 사람들과 적절한 사회적 관계를 이루지 못한다면, 땅을 선하게 다스릴 수 없다. 그럴 경우 그러한 생각은 어리석은 것에 불과하다. 우리가 다른 사람들보다 우세해지기 위해 투쟁하기 시작하면, 누가 다스릴 것이며 마땅히 해야 할 바를 누가 말해 줄 것인지에 대한 문제를 국가적인 차원에서 다루는 것은 거의 불가능해진다. 대부분의 국가들은 대단한 노력에 의해서 그리고 많은 피 흘림과 금전을 대가로 치루면서 안정된 정부를 유지한다. 그러나 국제적인 차원에서 본다면, 지구 전체가 하나님의 통치에서 귀환하지 않는 한—이것을 인간이 통치하

는 세계 정부와 혼동하지 말라—이 문제에 대한 흡족한 해결책
이 없다. 구체적인 인간 실존의 본질에 따라 가족이나 공동체 생
활을 관찰해 보면, 한 구성원의 의지가 다른 구성원들에게 강요
될 때 생겨나는 분노, 미움 그리고 폭력 등을 볼 수 있다.

결코 이런 식으로 상황이 전개되어서는 안 된다. 그러나 그 점
을 분명히 하기 위해서는 일반적으로 생명의 본질, 나아가서는
인간 생명과 영적 생명을 깊이 묵상해야 한다. 사람들은 자신의
본성을 충족시키며 땅을 공동으로 다스리는 것을 자신의 존재의
자연스러운 표현으로 삼는 협력적 관계를 유지하면서 하나님 밑
에서 및 다른 인간들 사이에서 사는 편을 선택할 수 있다. 이러한
가능성은 특히 생명 자체와 인간 생명의 놀라운 본질 속에 근거
를 두고 있다.

물론 생명의 궁극적 본질을 파악하는 것은 의식(意識)의 본질
이나 물질의 궁극적 본질을 포착하는 것만큼이나 어려운 일이다.
어쩌면 그것은 절대적으로 불가능한 일일 것이다. 다행히도 여기
에서는 그렇게 할 필요가 없다. 생명의 기본 현상에 대한 정확한
묘사는 우리로 하여금 그것의 존재를 인식하게 하며, 또 식물이
나 동물, 혹은 영적 생명 등 여러 종류의 생명을 구분하게 해 줄
것이다.

생명은 관계를 갖고 동화하는 능력이다

생명은 언제 어디서나 특수한 방법으로 다른 사물들과 관계를
갖는 내적 능력이다. 생물은 자신을 초월하는 존재에 접촉하며
그 초월적 존재로부터 자신의 존재와 영향력을 확장하고 강화할

수 있는 것을 끌어낼 수 있는 고유의 능력을 소유하고 있다. 예를 들면 씨앗은 뿌리를 낸다. 갓난아이는 어머니를 향해 움직인다. 지식이나 경험의 축적은 더 많은 지식이나 경험의 축적을 가능하게 하기 때문에 정신은 자신이 배운 것에 의해 발전하여 보다 위대한 것들을 성취한다. 사랑 안에서 사람들과 접촉하는 사람은 그러한 생활을 지속하기 위한 힘과 사랑과 지혜를 발견한다. 누가복음 6:38에 기록된 주는 자가 곧 받는 자라는 것은 예수님이 말씀하신 또 하나의 "사물의 존재 법칙"이다.

이런 경우에 우리는 생명—궁극적인 형이상학적 본질과 해명이 무엇이든지 간에—이란 자신의 주변 환경으로부터 자신의 생존과 확대와 증강에 도움이 되는 모든 것과 접촉하고 선택적으로 받아들이는 능력이라고 본다. 실제로 인도 유럽어족에서 '생명'이란 단어의 어원은 이 점을 반영하고 있다. 이에 따르면, 이 말은 일반적으로 상호 작용하는 특수한 변화의 과정을 계속하고 인내하며 지속하는 것을 의미한다. 땅 속에 있는 한 알의 밀은 열에너지와 수분을 흡수하며, 그 과정 및 자체의 특별한 내적 힘에 의해서 주위의 토양에 있는 양분을 발견하기 위해 뿌리를 뻗는다. 뿌리가 양분을 발견하면, 그것은 특수한 성장 과정을 계속하여 옥수수나 귀리가 아닌 밀을 생산할 것이다. 그리하여 그것은 "종류대로" 자신을 재생산하는 수단을 마련할 것이며(창 1:12), 더 많은 밀이 생산될 것이다.

동물의 생명에는 공간적인 이동 능력과 사물을 지각하는 능력이 추가된다. 동물은 식물과 공유하는 저차원의 능력들에 그 능력들을 외적 부착물로서 더하는 것이 아니고, 바로 양육과 생식 능력들 그 자체가 의존하는 본질로서 추가된 것이다. 따라서 동작(움직임)은 인간이 다스리도록 되어 있는 '생물들'에 관한 창세기 기사에서 가장 두드러진 특징이다(1:20-25).

물론 인간에게는 동물들의 동작 능력과 지각 의식 외에 사유와 가치 판단과 선택의 능력들이 덧붙여진다. 이러한 능력은 우리가 소유한 지각, 동작, 양육, 생식과 같은 보다 '저차원의' 능력들을 형성하며, 그것들이 유지되고 성공적으로 활동할 수 있도록 조절한다.

생명의 본질에 관한 물리학자와 철학자의 견해

우리가 이러한 주제에 대해 논의하는 이유는 무엇인가? 우리가 영성 및 영성 생활을 바로 이해하려면 생명의 본질 전체를 분명히 파악해야 한다. 그리고 이러한 생명 현상에 대한 우리의 상식적인 통찰이 과학자나 철학자의 심오한 성찰과 일치하는지를 고찰해 보는 것도 도움이 될 것이다. 노벨 물리학상을 수상한 어윈 슈로딩거(Erwin Schrodinger)는 다음과 같이 쓰고 있다.

> "생명의 특징은 무엇인가? 어떤 경우에 하나의 사물을 살아있다고 말할 수 있는가? 사물이 계속적으로 물질을 주변 환경과 상호 교환하고 움직이는 등 '어떤 일을 하고 있을' 때 그리고 우리가 예상할 때에 생명이 없는 하나의 물질이 동일한 환경에서 존속하리라고 예상 것보다 훨씬 오랫동안 그러한 활동을 계속할 때에 우리는 그것을 살아 있다고 말한다. 생명이 없는 물체가 균일한 환경에서 이탈되거나 고립된다면 다양한 마찰이 일어나기 때문에 일반적으로 모든 동작이 정지된다."[1]

다른 저서에서 그는 또 이렇게 말하고 있다.

"살아있는 유기체는 어떻게 부패함을 면하는가? 분명한 대답은 바로 이것이다. 즉 먹고, 마시고, 동화작용(식물의 경우)을 하는 것이다. 전문적인 용어로 말한다면 신진대사(metabolism)를 함으로써 부패함을 면한다. 메타발레인(metaballein)이라는 그리스어는 변화, 또는 교환이라는 뜻을 가지고 있다."[2]

슈로딩거가 이런 말을 하기 반세기 전에 영국의 철학자요 비평가인 존 러스킨(John Ruskin)은 인간에 관해 다음과 같이 피력했다.

"인간의 참된 생명은 외적 대상을 좌우하고 지배하는 독립된 힘이라는 점에서 하등 유기체의 생명과 흡사하다. 그것은 자기 주변의 모든 것을 식물(食物)이나 도구로 변화시키는 동화(同化)의 힘이다. 그것은 비록 탁월한 지성의 안내를 정중하게, 혹은 겸손하게 경청하거나 따르지만, 순종이나 반역을 행할 수 있는 의지와 판단 원리인 자신의 권위를 결코 상실하지 않는다."[3]

러스킨은 계속해서 이 '참된' 생명과 인간이 소유할 수 있으며 실제로 소유하기도 하는 '거짓된' 생명을 서로 대조시킨다. 거짓 생명은 "우리가 목적하지 않았던 일을 행하고, 의도하지 않은 것을 말하고, 이해하지 못한 것에 동조하는 습관적이고 우발적인 것이요, 나아가 외적 대상들의 무게에 짓눌려 버리고 그것들을 동화시키기보다는 도리어 자신이 동화되어 버리는 것이다."[4]

오늘날 우리는 일상생활 속에서 단지 주위의 세상과 어울리기 위해서 자신이 의도하지 않는 것들을 말하고 행동하면서 종종 이러한 느낌을 받지 않는가?

개체와 생명

얼마 전에 나는 백화점에서 근무하는 아가씨와 상담을 한 적이 있었다. 그녀는 무척 민감하고 지성적인 사람이었으나 자신의 직업에 대해 커다란 불만을 가지고 있었다. 그녀는 주말이 되면 마치 한 주일 동안 무덤 속에 갇혀 있다가 도망치는 느낌이 든다고 고백했다. 이것은 그녀의 직장에서의 활동이 사실은 그녀 자신의 일이 아니었다는 사실을 표현하는 것이다. 그러므로 그녀는 직장에서 일하는 동안에는 죽어 있었고, 그녀의 마음에서 우러나는 활동들을 하는 주말에만 살아 있었다는 것을 그대로 묘사한 것이다.

생물을 고귀한 존재로 만드는 개성을 구성하는 것은 무엇일까? 그것은 그들의 내면에 있는 활동의 원천이다. 벽돌 조각이나 널판지에는 내적 생명이 없기 때문에 다른 것으로 대신할 수가 있다. 그러나 한 사람을 다른 사람으로 대체할 수 있다고 취급하는 것은 사람을 인격으로 다루는 것이 아니다. 그렇게 하는 것은 내적인 원천, 독창적인 능력, 즉 인간의 생명을 부인한다. 그렇기 때문에 이렇게 행동하는 것은 비인간화라고 간주된다.

실제로 어떤 사람들은 자신의 생명을 포기하고, 자신의 자발성을 부인하며, 외적 대상을 따름으로써 안일을 도모할 수도 있다. 그러나 그들은 실제로 생명이나 생명에 대한 책임을 모면하지는 못하며, 단지 생명력 없는 나무처럼 보이게 할 뿐이다. 우리는 그들에게서 무엇을 기대할 것인지를 알 수도 있겠지만, 그들이 자신을 거의 즐기지 못하듯이, 우리도 역시 그들에게서 즐거움을 느끼지 못한다.

우리는 왜 갓난아이의 순진함과 천진함을 사랑스럽게 생각할까? 그것은 갓난아이는 자신의 근원을 숨김없이 드러내고, 나아가 개성까지 적나라하게 표현하기 때문일 것이다. 그것은 우리가 강아지의 장난이나 판다의 재롱을 보며 즐거워하는 것과 마찬가지이다. 이러한 일들은 철저히 무상의 행동이므로, 우리는 그것들이 완전히 분방한 내면적 생명의 증거일 수 있다고 생각한다. 그래서 우리는 그것들을 사랑하는 것이다.

"있는 자가 받을 것이요"

개체의 성장은 내적 성숙, 곧 내적 복합성을 함축한다. 하나의 생명이 태동하면 그 생명은 자신의 본질적인 능력들의 효과를 증대시키는 외적 영역뿐 아니라 이 내적 복합성을 계발시킨다. 로스킨은 이 문제에 대한 자신의 의견을 다음과 같이 발표했다.

> "식물의 여러 다른 부분들이 서로 돕도록 하는 원인이 되는 힘을 우리는 생명이라고 부른다. 이것은 동물의 경우에 더욱 두드러진다. 우리가 나무에서 가지를 잘라내도 나무는 그다지 큰 해를 입지 않는다. 그러나 동물의 사지를 베어내는 경우는 사정이 다르다. 그러므로 생명의 강도는 유용함의 강도, 즉 각 부분이 다른 부분에 얼마나 완전하게 의존하고 있는지의 여부에 따라 좌우된다. 이처럼 상호 돕는 작용이 멈추는 것을 가리켜 부패라고 부른다."[5]

따라서 생물의 본질에 부합하며 유익한 방법으로 내면의 본질적 부분들과 능력들을 확대하는 것은 그 능력들을 표면적 주변 환경에까지 미치게 하는 기초가 된다. 생명의 법칙은 다음과 같다.

"있는 자는 받을 것이요 없는 자는 그 있는 것까지 빼앗기리라"
(막 4:25).

거대하고 힘이 강한 식물이나 동물은 다른 식물이나 동물들을 몰아내고 자원들을 독점하여 더욱 강하게 되며, 자신의 생활환경에 의해서만 제한을 받는다. 그렇다면 이 사실은 인간에 대해서 무엇을 말해주는가?

인간 생명의 범주

자신을 초월하는 것을 활용할 줄 아는 인간의 놀라운 능력은 우리가 누구이고 어떤 존재인가를 알려주는 중요한 단서들 중의 하나다. 우리는 지성과 사회 기구를 통해 땅 및 땅에 거하는 존재들에게 우리의 능력들을 발휘하면서 인간 역사의 고뇌를 치료하겠다고 약속하거나 혹은 지구를 완전히 멸하겠다고 위협하거나 경외케 하며 놀라게 하기도 한다. 우리가 능력을 많이 가질수록 선한 것이든 악한 것이든 우리가 확보할 수 있는 능력의 범주 역시 커지기 마련이다. 이것이 현재의 인간 생활 상태이다. 우리에게 영적 분열이 생기면 우리는 땅을 다스릴 수가 없다. 그러나 우리는 현재 땅을 몇 번이라도 철저하게 멸망시킬 능력을 구비하고 있다.

우리는 우리의 능력과 생명을 확대시키는 '도구들'을 만들 뿐 아니라, 자신 및 우주에게 단순한 수단의 범주를 초월할 만큼 방대하고 광범위한 영향을 주는 관계 속에서 살고 있다. 이러한 관계들은 우리 삶의 본질의 일부가 된다. 그것들은 우리에게 있어서 가장 강력한 문화적, 사회적 관계와 구조들—예술적, 상업적, 과학적 그리고 군사적인 것—이고, 인간 사회와 역사의 주요 국면에서 그 활동을 볼 수 있다.

이러한 능력들의 영역은 너무나 광범위하기 때문에 창세기에서 인용된바 태초에 인간에게 주어진 과업을 뒷받침하는 듯하다. 우리는 모든 피조물의 무한한 능력들을 일깨울 수 있는 가능성을 가지고 있는 듯하다. 예를 들면 좋은 신체 조건을 구비하고 있는 사람은 자신의 독자적인 에너지에 의해 자신의 키만큼 높은 장애물을 넘을 수 있다. 그러나 만일 그가 훈련을 받았으며 적절한 장대를 가지고 있으면 그 수준에서 세 배 정도 더 도약할 수도 있다. 그는 혼자 힘으로 넓은 강을 헤엄쳐 건널 수 있다. 그러나 과학 기술이 발달된 사회에서는 노력을 하지 않아도 대양을 횡단하거나 높은 산 위를 날아다닐 수 있다. 적절한 도구가 없으면 한 무리의 양의 수를 헤아리는 것도 쉽지 않다. 그러나 컴퓨터가 있으면 다른 혹성을 향해 발사할 로켓의 궤도를 분명하게 계획할 수도 있고, 상상할 수 없을 만큼 복잡한 경제 자료들도 분석해 낼 수 있을 것이다.

우리가 "인간이란 무엇인가"라고 질문할 때 고려해야 하는 것은 우리의 외부에 있는 힘을 유용하게 사용하는 엄청난 능력이다. 우리 안에 있는 것이 아닌 능력들—물론 영적인 능력도 포함하여—을 활용하는 능력, 우리 자신을 초월하는 능력의 한계는 이미 충분히 알려져 있다. 과거의 철학자들은 하나님은 인간이 교만함에 빠지지 않게 하시기 위해 인간으로 하여금 자신의 영혼이 지닌 영광을 보지 못하게 하셨다고 선언하곤 했다.

사도 요한은 그리스도 안에서 하나님의 영적 통치에 의해 개심한 사람들을 바라보면서 다음과 같이 말한다.

> "사랑하는 자들아 우리가 지금은 하나님의 자녀라 장래에 어떻게 될지는 아직 나타나지 아니했으나 그가 나타나시면 우리가 그와 같을 줄을 아는 것은 그의 참모습 그대로 볼 것이기 때문이니"(요일 3:2).

사도 요한은 그리스도 안에서 자기에게 임한 영적 능력을 체험했기 때문에 상상할 수 없는 인간 운명의 위대함을 깊이 깨달았던 것이다.

훼손된 생명

비록 인간은 독력으로 자기 주위에 있는 자연의 능력들—원자력이나 사회적 과정 등—교묘히 다루기는 하지만, 참으로 무서운 현상이라고 할 수 있다. 오늘날의 인간은 철저하게 조정력을 상실함으로써 우주의 벼랑 끝을 향하여 미친 듯이 달려가고 있는 것을 쉽게 느낄 수 있다. 진지한 관찰자라면 인간의 삶에는 몇 가지 기본적이고 포괄적인 미비점이 존재하고 있다는 결론에 쉽게 도달할 수 있을 것이다.

일반적으로 생명은 비록 몇 가지 특수한 필요성이 제대로 충족되지 않아도 일정한 범위 내에서 영위될 수 있다. 식물이나 동물은 적당한 양식, 빛, 또는 공간이 없으면 약해지거나 기형적인 존재가 되지만 그럼에도 불구하고 그것 역시 생명이다. 하지만 인간의 생명은 지금 여기에 존재하고 있다고 해서 계속 존재할 수 있는 것은 아니다. 그러나 문제는 이와 같이 서글프고 고갈된 상태 속에 버려진 인간의 생명이 도대체 무엇인가 하는 점이다.

능력들의 계층 질서 안에서는 보다 높은 차원의 힘이 분열되거나 역기능을 보이면 그보다 낮은 차원의 힘도 훼손되고 약화된다. 동물 최고의 능력인 지각 능력이나 이동 능력을 상실한 동물은 양분 섭취 등의 다른 능력들이 약화되고 왜곡된다. 인간에게 있어서는 인격의 파탄은 종종 육체적 증상을 낳기도 한다. 어떤 사람의 사고나 감정 등의 기능이 제대로 발휘되지 못한다면, 그의 나머지 생명력들도 훼손된다. 마태복음 6:23에서 진술하고 있는 것처럼 "눈이 나쁘면 온 몸이 어두울 것이다."

그러나 인간의 본성 속에 있는 '생령'은 자연적 사고나 감정보다 훨씬 고귀한 삶을 위해서 지음을 받은 것이다. 그것이 바로 영적 삶이다. 이 고귀한 생명이 분열되면 사고나 가치 판단이 훼손되며, 그리하여 우리의 모든 역사와 존재가 타락하여 지극히 육체적인 수준에 이르게 된다. 성경이 죄(죄들은 아니고)라고 일컫는 것—타락한 인간의 일반적 성향—은 인간의 전 실존에 두루 작용하는 포괄적인 분열과 와해이다. 인간은 단순히 그릇된 것이 아니라 자신의 고유의 형상과 균형에서 이탈하여 왜곡되었다.

철학자인 제이콥 니들맨(Jacob Needleman)은 "인간의 본성 속에는 생득의 요소가 있다…그것은 특수한 영양 에너지처럼 유기체 안에 받아들여진 진리의 인상들(impressions)을 통하여 성장할 수도 있고 계발될 수도 있다"[6]고 지적했다. 달리 말하면 모든 식물은 필수 양분을 빼앗기면 시들고 만다. 영적 진리와 실재—영적인 하나님 나라와의 온전한 관계—를 박탈당하면 인간의 사회적, 심리적 그리고 심지어는 육체적 생명까지도 병들게 되고, 러스킨의 표현을 따르자면 죽는다.

우리가 현재 상태 속에서 행하는 악은 영적 기근에 의해 초래된 연약함의 반영이다. 예수님은 십자가상에서 "아버지여 저희를 사하여 주옵소서 자기의 하는 것을 알지 못함이니이다"라고 기도하셨는데, 주님은 단지 자신을 죽이는 자들에게만 관대하셨던 것이 아니다. 주님은 그 상황에 대한 사실들을 표현하신 것이다. 그들은 실제로 자기들이 무슨 일을 하고 있는지를 알지 못했다. 어거스틴(St. Augustine)이 명확하게 천명한 것처럼, 인간이 처한 혼란 상태는 기본적으로 실제의 사실이 아닌 결핍 상태이다. 물론 그 결핍 상태는 방대하고 실질적인 죄악을 낳기는 하지만, 부패함이란 부족에서 오는 것이기 때문에 크게 두려운 것이며 사람들은 그것과 그 결과에 대해 큰 책임이 있다.

이처럼 근본적인 결핍과 분열의 상태에 있는 우리는 사도 바울이 에베소서 2:1에서 "허물과 죄로 죽었던 너희"라고 묘사하고 있는 것처럼, 이미 죽은 존재이다. 우리가 하나님과의 새로운 관계에 의해 하나님에 대해 산 자가 될 때에만 그 상태에서 벗어날 수 있다. 아무런 이상이 없는 전구라도 전원에 연결되어 있지 않으면 불을 밝힐 수 없다. 그러나 전원에 연결되어 있는 전구는 그 안에 있는 전력과 본질을 가지고 주변을 환히 밝혀준다. 그러나 그 힘과 본질은 전구 자체의 것이 아니다.

영이란 무엇인가?

만약 현재 인간 사회에 영적 요소가 빠져 있다면, 영이란 도대체 무엇일까? 아주 간단하게 말해서 영이란 구현(구체화)되지 않은 인격적 능력이다.[7] 궁극적으로 그것은 하나님이요, 하나님은 영이시다(요 4:24). 반면에 전력, 자력(磁力), 중력은 구체화된 비인격적 능력이다.

영을 비육체적 능력으로 보는 개념은—비록 육체와 상호 작용을 하고, 육체에 영향을 미치며, 어떤 면에서는 육체 안에 거하고 있지만—인류 공동의 유산이다. 레오나르도 다빈치(1452-1519)는 그 유산을 근거로 하여, 육체적 대상들과 결합된 힘을—눈에 보이지 않으며 감지할 수도 없다는 근거에서—영적 능력이라고 묘사할 수 있었다.[8] 그러나 그는 영적 요소에서 인격적 요소를 배제했다. 특히 과학 이론에서는 육체를 가지지 않은 존재는 질문의 대상으로 제기된다. 다빈치가 이러한 주장을 개진하고 나서 몇 십 년 후, 뉴턴(Sir Isaac Newton)이 중력을 과학적으로 정의했다. 그러나 그것은 물리적인 접촉이 없이 이루어지고 나아가 '비구체적인 형식으로' 물체들에게 영향을 미치지만 그 물체들은 결코 중력에 굴복하지 않는다고 주장되었기 때문에 그 당시의 많은 사람들은 그것을 "마술"로 간주하고 배척했다.

육체적인 것과 영적인 것을 분명하고도 철학적으로 건전한 방식으로 구분한다는 것은 쉬운 일이 아니다. 따라서 우리는 그것에 관한 일반적인 개념에 지나치게 큰 비중을 두어서는 안 된다.

그러나 우리는 최소한 영적인 것에 관한 성경적 개념은 공간적으로 제약을 받는 물리적인 육체가 아니라 영이신 하나님 안에서 발견되는 인격적 능력의 정돈된 영역에 관한 개념이라고 확신할 수 있다.

또한 성경적 세계관은 영적인 것을 모든 자연적이거나 육체적 실재의 생존과 행위에 근본이 되는 영역으로 간주하고 있다(요 1:1-14; 골 1:17; 히 1:2, 11:3 참조). 그리고 그것은 히브리서 11:3, 27에서 확인할 수 있는 것처럼, 사람들은 믿음이라고 불리는 적극적인 삶의 성향을 통해 그것을 활용함으로써 그것에 참예할 수 있다. 우리의 마음속에 있는 그것의 고결함은 "너를 위하여 새긴 우상을 만들지 말고 또 위로 하늘에 있는 것이나 아래로 땅에 있는 것이나 땅 아래 물속에 있는 것의 아무 형상이든지 만들지 말라"(출 20:4)고 한 십계명 가운데 두 번째 계명에 의해 엄격하게 보호되고 있다.

인간의 타락한 상태에 결여된 부분은 무엇일까? 성경적 관점에 따르면, 인간에게는 영적인 하나님의 나라와의 적절한 관계라는 필수 요소가 빠져 있다. 그것이 없는 인생은 여러 단계의 분열과 부패함을 거쳐 손상되고 훼손되고 성장이 저지되고 연약한 상태에 머물게 된다.

온전한 하나님의 샘에서 물을 마심

사람들에게 이 빠져 있는 영적 필수 요소를 채워 넣으면 어떤 일이 일어날까? 다시 한 번 슈로딩거의 말을 들어보자.

> "하나의 유기체는 끊임없이 주위 환경으로부터 질서정연함을 받아들임으로써 무척 질서정연한 상태에 정주하게 된다."[9]

인간의 경우에 이것은 그의 영적 능력들에게까지 적용된다. 인간 유기체가 영적인 자원을 하여 하나님 나라에 대해 자발적이고 인격적인 관계를 이룸으로써 인간 환경 중 아주 특별한 부분으로부터 "질서정연함을 받아들일" 때, 그것은 마치 가뭄으로 시든 옥수수 줄기가 비가 쏟아지면 생생하게 되듯이, 즉 식물에 수분을 공급하면 먼저 내적으로 변화되고 그 다음에 외적으로 변화되듯이, 포괄적으로 변화된다.

마찬가지로 사람들은 하나님과 접촉할 때 변화된다. 창조 때에 인간 유기체는 개인적, 사회적, 역사적 성장을 통하여 영적 실체를 포함한 주위의 실체들과 상호 작용할 수 있는 능력을 부여받았다. 물론 사람들은 지식의 영역과 사회적 관계와 예술적 창조성을 망각한 채 단순히 물질적 차원의 삶만 살아갈 수도 있다. 그런데 지식의 영역과 사회적 관계 외에 예술적 창조성 등은 사람들이 소유권을 주장하려 하며, 또 그렇게 주장할 때에 자기의 것으로 만들 수 있는 것들이다. 또는 사람들은 이러한 것들을 요구하면서도 하나님과 영적 세계에 대해서 죽은 채 그리고 태초에 창조될 때 받은 우주적 소명을 망각한 채 살아갈 수도 있다.

인간의 기원에 관한 창세기 기사를 보면, 하나님은 아담과 하와를 '기쁨', 또는 '즐거움'을 뜻하는 에덴동산에서 살게 하시고서 "선악을 알게 하는 나무의 실과를 먹으면 정녕 죽을 것이라"고 말씀하셨다(2:17). 하와가 하나님을 신뢰하지 않고(3:6) 치명적인 발걸음을 내딛었을 때, 그녀와 아담은 "살아 있는 존재"가

되기를 멈춘 것은 아니었다. 그럼에도 불구하고 그들은 하나님이 말씀하신 것처럼 죽었다. 그들은 만물의 근원이 되고 우주가 그 영광을 선포하는 영적 실재와 조화를 이루며 활동하며 관계를 유지하기를 멈추었다. 그들은 하나님에 대해 죽었다.

그들의 육체 속에 있는 보잘 것 없는 독자적인 능력의 저장소는 '살아있는 존재' 안에서처럼 계속 그 기능을 발휘했지만, 그 능력들을 적절히 정돈하고 이행하기 위해 필요한 하나님과의 관계가 파괴되고 말았다. 사람들은 태초에 지음을 받을 때에 의도되었던 생명을 가지고 있지 않았다. 이전에는 그들을 위해서 행해졌던 일, 혹은 하나님의 대리인으로서의 그들의 말에 의해 행해졌던 일이 이제는 수고하고 고통하며 피를 흘리며 행하게 되었다(3:16-21). 그리하여 영과 육 사이에는 끊임없는 갈등이 있었다(6:3). 자신의 최상의 통합 원리—하나님과의 관계—를 박탈당해 버린 인간은 고결함과 일관된 완전성을 소유한 존재가 아니었다. 그들의 저급한 육체의 능력들은 성령을 대적하고 성령은 그것들을 대적했다.

> "이 둘이 서로 대적함으로 너희가 원하는 것을 하지 못하게 하려 함이니라"(갈 5:17).

인간에게 있어서 영성 생활이라는 개념 자체가 상실되었으며, 그것은 하나님께서 인간을 창조하실 때에 지니셨던 본래의 목적을 결코 포기하지 아니하시는 수많은 고행의 역사를 통해서만 되찾을 수 있었다.

영성생활과 그 훈련—정의

우리는 이러한 기본 개념을 이해하면서, 이제 이 책에서 가장 중요하게 다루고 있고 하나님 나라에서의 삶에 대한 그리스도의 복음을 이해하는 데 가장 핵심적인 용어를 설명하는 시점에 이르렀다. "영성 생활"은 사람들이 하나님—그리고 하나님의 인격과 행위로부터 나오는 영적 질서와 협력하여 상호 작용하는 활동의 영역 속에 존재한다. 그러면 그 결과는 무엇일까? 그것은 새 능력들에 상응하는 새롭고 전면적인 특성을 지닌 인간 실존이다.

인간의 생활이 하나님 나라의 지배를 받으며 하나님 나라에 통합되는 정도에 비례하여 신령한 사람이라고 할 수 있다. 그러므로 구스타보 구티에레즈(Gustavo Gutierrez)는 "엄밀하고도 심오한 의미에서 볼 때, 영성이란 영의 지배이다"[10]라고 설명한다. 고린도전서 3:1에 나오는 "그리스도 안에 있는 어린 아이"는 영성 생활을 소유하고는 있지만 아직은 걸음마 단계에 있는 사람을 가리킨다. 구현되고 구체적으로 사회화된 그의 인격의 많은 부분이 성령의 효과적인 인도하심 아래 있지 않고, 하나님 아래서의 자아의 재통합이 아직 이루어지지 않은 것이다.

영성이란 다른 본성을 지닌 것이다. 비록 '헌신'과 '삶의 방식'이 영성으로부터 오는 것이기는 해도 영성이 곧 헌신이나 삶의 방식은 아니라는 사실을 우리가 명심하는 것이 절대로 필요하다. 무엇보다도 영성은 사회적, 또는 정치적 자세를 말하는 것이 아니다. 오늘날 영성은 '정치화'라는 커다란 위험에 직면해 있다. 어떤 면에서 그것이 정치화되는 것은 당연하다. 왜냐하면 '이 다른 실재' 속에는 이 세상 질서의 죽음을 내포하고 있기 때문이다. 예수님 주위의 사람들은 예수님의 능력을 보고서 주님을 '왕'으로 삼는 정부를 세우려고 시도했다.

그러나 영성의 본질과 목적은 사회적, 정치적 불의를 타파하는 것이 아니다. 그것은 영성의 결과—우리가 선재하는 정치적 관심을 가지고 영성에 접근하면서 생각하는 것과 완전히 동일한 방법으로는 아니지만—일 것이다. 영성은 그러한 방법을 사용하지 않는다. 그것을 사용하려는 생각은 영성의 본질에 반하는 것이다.

우리가 권력 구조를 대적하지 않는 한 우리의 영성은 아무것도 이루지 못할 것이라고 염려하는 사람들은 영성의 개념을 제대로 파악하지 못한 사람이다. 반면에 권세자들은 언제나 예수님과 그분을 따르는 자들의 영성을 다루기가 불가능하다는 사실을 발견할 것이다. 왜냐하면 그 영성은 그들의 조정과 통제를 벗어나 있기 때문이다.

이제 영성 생활이 무엇인지를 알았으니, '영성훈련'이 무엇인지 살펴보기로 하자. 영성훈련이란 우리의 인격과 전 존재를 신적 질서에 효과적으로 연합시키기 위해 의도적으로 정신과 몸을 연마하는 활동이다. 훈련은 우리로 하여금 우리 자신을 초월하는 능력, 영적 영역에서 파생되어 나온 능력 안에서 살 수 있게 해준다. 로마서 6:13에서는 "오직 너희 자신을 죽은 자 가운데서 다시 산 자 같이 하나님께 드리며 너희 지체를 의의 병기로 하나님께 드리라"고 말했다.

이러한 훈련의 필요성은 하나님의 형상으로 지음을 받은 인간의 본질 자체로부터 온다. 한 사람이 하나님의 주도 하에 하나님과 하나님의 나라에 대해 살아 있게 되면, 그가 자기의 전 존재를 얼마나 하나님 나라에 통합시키는지는 그의 주도권에 의해 좌우된다.

물론 우리 모두는 인간의 인격이 육체적, 사회적, 심리적 그리고 (기독교인의 경우에는) 영적인 영역을 지닌 무척 복합적이고 역동적인 구조라는 것을 잘 알고 있다. 우리의 의식적 이해와 선한 의도는 우리에게 있어서 핵심적이고 중대한 부분을 이루는 영적 생활의 출발에 초점을 맞추고 있다. 그러나 우리는 곧 우리 안에는 의식적으로 통솔할 수 없는 부분이 많다는 서글픈 체험을 하게 된다. 우리는 자신의 자아 전체를 식별하고, 또 그것을 하나님의 뜻과 인격에 조화시키는 것이 얼마나 어려운 일인지를 발견한다. 비록 우리가 이 목적을 위해 보다 많은 은혜를 소유하려고 애를 쓸 때에도, 우리는 자신의 전 자아를 하나님의 뜻에 일치시키는 일은 우리 자신이 해야만 하는 일이라는 것을 경험을 통해 배우게 된다. 그것은 반드시 우리가 해야 하는 일이다.

방법의 문제

우리가 해야 할 일은 무엇인가? 자아의 심층적인 지점을 어떻게 구별하고 어떻게 다루어야 하는가? 우리는 자신의 종교적 배경에 의존하여 규칙적으로 예배에 참석하는 것, 종교적 의무라고 인정된 것을 성실하게 지키는 것, 개인적인 체험이나 사회적 체험, 여러 종류의 헌신이나 결정 등이 자아를 근본적으로 변화시키는 수단이라고 생각할 수도 있을 것이다. 종종 이러한 것들로부터 선한 결과가 오기도 한다. 우리는 이러한 일들을 무시하지 말고 활용해야 한다. 그러나 개개인이 그리스도를 닮아가는 실제적 변화의 수단으로서의 그것들의 실적은 그다지 인상적인 것이 아닙니다.

현대 세계는 일반적으로 이런 문제에 답변하는 데 있어서 '영성훈련' 대신에 심리학적 상담이나 정신 요법을 생각할 것이다. 예를 들면 칼 융(Carl Jung)은 "자아는 의식적 인격과는 차원이 다르고, 오직 자신의 꿈을 분석함으로써만 이해될 수 있는 주도적 내적 요소라고 정의할 수 있다"[11]고 말한다.

나는 꿈의 분석이나 심리 요법을 통해 얻어지는 통찰이 자아의 변화에 도움이 될 수 있으며, 어떤 경우에는 필수적이라는 것을 부인하지는 않는다. 그렇다고 이러한 유익성을 인정하기 위해 정신 분석학적 세계관을 받아들일 필요는 없다. 정신 요법을 다루는 사람들이 출현하기 이전에는 꿈은 천년 왕국을 사모하는 선지자들의 전유물이었다. 그러나 전 인격의 심층을 직접 조명해 주며(이것은 완전한 구원의 궁극적인 주제이다), 우리의 행동을 변화시키는 지침들을 마련해 주는 것으로서 우리에게 유용한 것들이 많이 있다. 물론 이러한 원천들 중에서 성경이 차지하는 위치는 적지 않다. 성경은 변화된 삶과 그 안에 포함된 본질적 활동들에 대한 본보기를 많이 가지고 있다.

이러한 성경 기사가 어떻게 도움이 될까? 자신의 경험에 충실하려는 자세를 갖추고 있는 사람들이 현실적이고 비판적이고 성숙한 안목에서 성경을 보면, 성경은 인간의 마음의 깊고 어두운 곳을 적나라하게 표현하고 있다. 그런 까닭에 성경은 인간의 역사와 문화에서 결정적인 역할을 행하며, 나아가 디모데후서

3:16-17에서 지적하고 있는 것처럼 인간의 변화를 위한 하나님의 성령의 영구적인 도구로서 적합하다.

또한 성경은 우리가 삶의 경건의 수준을 높이기 위해 은혜와 협력하여 수행할 수 있는 일련의 실천적 활동들—독거, 기도, 금식, 찬양 등—이 존재함을 알려 준다. 물론 인간 영혼의 감추어진 상태를 잘 알고 있었던 모든 시대의 성인들과 도덕가들의 작품을 통해서도 마찬가지의 도움을 얻을 수 있다. 그리고 특별히 영적으로 활발한 교회에서 이러한 모든 원천들이 잘 활용되면, 이것들은 상식을 강화하여 그것만이 영적인 일에 대해 직접적이고 신뢰할만한 유일한 지침 역할을 할 수 있게 만든다.

즉효약은 없다

그러나 유용한 모든 원천으로부터 우리가 배워야할 한 가지 교훈은 인간의 상태를 치료할 즉효약은 없다는 것이다. 인간이 온전함에 접근하는 것은 기나 긴 경험의 과정에 자신의 모든 능력을 동원해야 하는 길고 어려운 일이다. 우리는 이런 말을 귀담아 들으려 하지 않는다. 어쨌든 우리는 많은 위대한 영적 지도자들의 체험 기록에 의해 잘못 인도되고, 그들이 여러 해 동안 발전이 더딘 것을 인내했다는 사실은 망각하고서 그들에게 주어진 위대한 순간들만 중요하게 여긴다. 프란시스 드 살(Francis de Sales)은 비록 하나님이 순식간에 우리를 변화시킬 수 있다 하더라도 우리는 그것을 기대해서는 안 된다는 적절한 조언을 한다.

"몸이든 마음이든 통상적인 정화(淨化)와 치유는 수고하고 인내하며 한 단계씩 나아감으로써 아주 조금씩 이루어진다. 야곱의 사다리 위에 있었던 천사들은 날개를 가지고 있었지만 날지 않았다. 그들은 사닥다리를 하나씩 하나씩 오르내렸다. 죄로부터 벗어나 헌신하는 영혼은 하루 중 새벽에 비유할 수 있다. 새벽은 어둠을 순간적으로 물리치는 것이 아니라 조금씩 물리쳐간다."
12)

따라서 기독교계에서 이해하고 있는 것처럼, 회심이 자아의 변화와 동일한 것이 아니라고 말할 필요가 있다. 변화를 위해서는 길고 긴 경험 과정이 요구된다고 하는 사실은 우리가 위로부터 주어지는 새 생명에 접했을 때에도 해당된다. 예수님의 수제자인 시몬 베드로—그는 반석이었지만 가끔은 반석이라기보다 유사(流砂) 더미 같았다—의 생애에 있었던 몇 가지 잘 알려진 장면들은 이 사실을 증명한다.

영적여정의 단계: 시몬 베드로의 경우

십자가 죽음이 얼마 남지 않았을 때에 예수님은 사랑하는 제자들에게 자신이 잡혀 죽게 될 것임을 알려 주셨다. 주님은 그들의 마음 깊은 곳을 꿰뚫어 보시고서 장차 죽음이 임할 때에 그들이 자신을 버리고 도망할 것이라고 말씀하셨다. 이것은 그들을 꾸짖는 말씀이 아니라, 자신이 장차 그들에게 일어날 일들을 완전히 알고 계시며 그러한 그들의 태도에도 불구하고 그들을 용납해 주신다는 것을 그들에게 알리심으로써 그들이 실수를 범하는 순간 및 그 후에 그들을 도와주시기 위해 하신 말씀이었다고 생각된다. 물론 시몬 베드로는 모든 사람이 예수를 버리고 떠날지라도 자기는 예수를 버리지 않겠다고 장담했다. 주님은 자신이 장차 일어날 일을 정확하게 알고 있었다는 것을 베드로로 하여금 예비하게 하기 위해서, 주님은 그가 닭이 울기 전에 세 번 주님을 부인할 것이라고 말씀하셨다. 베드로는 아주 단호하게 자신의 신념을 피력했다.

> "내가 주와 함께 죽을지언정 주를 부인하지 않겠나이다 하고 모든 제자도 그와 같이 말하니라"(마 26:35).

시간이 흘렀다. 베드로는 주님의 말씀과 행위 그리고 실제로 분명히 벌어지고 있는 사건들의 추이로 인해 마음이 혼란스럽고 걱정스러웠다. 제자들은 모두 다락방을 나와 겟세마네 동산으로 향했다. 예수님은 베드로와 다른 제자들에게 "나와 함께 깨어 있으라"고 요청하셨으나 그들이 "슬픔을 인하여 잠든 것"을 발견하셨다(눅 22:45). 그때 예수님은 제자들의 상황을 정확하게 진단하시고서 "마음에는 원이로되 육신이 약하도다"라고 말씀하셨다(마 26:41). 주님은 그들의 마음속에 있었던 진실로 하나님을 향했던 요소, 곧 "영"을 올바르게 평가하신 것이다. 그러나 그들의 몸의 자연적 능력들, 곧 "육"(flesh)의 능력들은 그들의 영과 연합하지 못했고, 그런 까닭에 육은 그들의 영이 진정으로 그리고 올바르게 지향하는 것에 대해서는 연약했다.

병사들이 배반자 유다와 함께 주님을 잡으러 왔을 때 베드로는 잠에서 깨어 칼을 손에 들고 있었다. 그때 그의 육이 강하게 활동하여 그는 대제사장의 종의 귀를 칼로 베어버렸다. 예수님은 이 상황 속에서 그런 일이 일어날 것이라고 이미 알고 계셨지만,

그 행동을 꾸짖으셨다. 그리하여 베드로와 다른 제자들은 정확하게 예수님이 예언하신 대로 행했다.

"이에 제자들이 예수를 버리고 도망하니라"(마 26:56).

그러나 베드로는 그리 멀리 도망가지는 않았다. 그는 실제로 다른 제자들보다는 강했던 것으로 보인다. 왜냐하면 그는 "그 결국을 보려고" 멀찍이 예수를 좇아 대제사장의 집 뜰 안으로 들어갔기 때문이다(마 26:58). 그러나 그때에 성령이 그의 입술보다는 다리를 더 통제하고 있었음이 곧 드러났다. 무리들이 둘러앉아 장차 벌어질 일을 기다리고 있을 때, 베드로는 세 번에 걸쳐 예수와 함께 한 자라는 심문을 받았다. 그때마다 그는 그 사실을 부인했으며, 맹세까지 하며 부인했다.

"그가 저주하며 맹세하여 이르되 나는 그 사람을 알지 못하노라 하니"(마 26:74).

그러자 곧 닭이 울었다.

"이에 베드로가 예수의 말씀에 닭 울기 전에 네가 세 번 나를 부인하리라 하심이 생각나서 밖에 나가서 심히 통곡하니라"(마 26:75).

불과 몇 시간 전에 예수께서 구체적으로 예언하시고 경고하셨지만, 베드로의 지극히 성실하고도 선한 의도는 자신의 육신 속에 깊이 뿌리박혀서 상황에 따라 자동적으로 표출되는 성향을 어찌할 수가 없었다. 그날 밤 베드로는 "우리 지체 중에 역사하여 우리로 사망을 위하여 열매를 맺게 하는 죄의 정욕"(롬 7:5)을 직접적으로 깨달아 알았을 것이다!

그러나 하나님은 시몬 베드로를 그대로 버리지 아니하셨다. 하나님은 여전히 그를 "반석"으로 만들 작정이셨다. 그로부터 며칠 동안에 베드로는 몇 년 동안 예수님과 동행하면서 깨달은 것들을 종합하여 그의 육체의 주도적 성향들 속 깊이 밀어 넣어 주는 체험을 했다.

그는 자신이 메시아라고 고백했던 위대한 선생의 죽음과 죽어 가는 모습을 목격했다. 그러나 그는 죽음을 초월하여 여전히 살아계신 그리스도를 만났다. 그리고 그는 부활하신 주님과 40일 동안 교제하면서 새로이 "내 양을 치라", "나를 따르라"는 지상 명령을 받았다(요 21:17, 19, 22). 그는 이제 자신과 교회가 인간적인 의미의 나라나 정부를 소유하는 것을 의존하지 않는 탁월한 능력을 발휘해야 한다는 것을 이해하게 되었다. 왜냐하면 그들은 실제로 하나님의 통치에 참여하는 자였기 때문이다(행 1:6-8).

제자들이 예루살렘에서 기다리고 있을 때 그 능력은 특별한 방법으로, 예수님이 저희 보는 데서 올라가신 '하늘로부터' 그들에게 임했다. 그들은 다른 사도들, 예수님을 신실하게 따르던 여자들, 예수의 모친 마리아와 예수의 아우들과 함께 '다락방'에서 열흘 동안 기다렸다(행 1:13-14).

만약 이 일련의 사건들에 대해 충분히 생각을 해본다면, 우리는 베드로와 다른 제자들의 전 인격에 그것이 미친 영향이 얼마나 컸으리라는 것을 감지할 수 있을 것이다. 이와 비견할 만한 과정이 지금 여러분이나 나의 인생에 얼마나 영향을 미치는가를 생각해 보라.

자동적으로 칼을 잡았던 과거의 손, 도망하는 데 재빨랐던 다리, 예수님을 메시아라고 고백했던 일을 망각해 버리고 삶 속에서의 예수님과의 모든 관계를 부인하며 하나님을 저주하던 혐오스러운 혀 등 모든 것들이 이제는 완전히 다르게 변했다.

"베드로는 그 형제 가운데 일어서서"(행 1:15) 지도력을 행사했다. "하늘로부터" 임한 약속된 능력이 온 집에 가득했고(행 2:2), 경건한 자들이 예루살렘으로 모여들어(2:6) 성령의 역사가 베드로의 다리와 입을 강하게 하심을 목격했다. 그는 "열 한 사도와 같이 서서 소리를 높였고"(2:14), 예수께서 예고하셨던 것처럼(요 14:12) 예수께서 친히 그곳에서 행하셨던 그 어떤 일보다 더 위대한 일을 행했다.

> "그 말을 받은 사람들은 세례를 받으매 이 날에 신도의 수가 삼천이나 더하더라 그들이 사도의 가르침을 받아 서로 교제하고 떡을 떼며 오로지 기도하기를 힘쓰니라 사람마다 두려워하는데 사도들로 말미암아 기사와 표적이 많이 나타나니 믿는 사람이 다 함께 있어 모든 물건을 서로 통용하고 또 재산과 소유를 팔아 각 사람의 필요를 따라 나눠 주며 날마다 마음을 같이하여 성전에 모이기를 힘쓰고 집에서 떡을 떼며 기쁨과 순전한 마음으로 음식을 먹고 하나님을 찬미하며 또 온 백성에게 칭송을 받으니 주께서 구원 받는 사람을 날마다 더하게 하시니라"(행 2:41-47).

이제 그는 '반석'이다. 그것은 예수께서 그에게 주신 새 이름이다. 성령으로 말미암아 하나님 및 그의 나라와 역동적으로 상호 작용하면서 살아가는 새 교회는 스스로 세상을 책임져야 한다고 생각하는 사람들과 충돌할 수밖에 없었다. 당연히 핍박이 일어났고 거리에는 피흘림이 있었다. 그리하여 사도들을 제외하고는 모두가 유대와 사마리아 모든 땅으로 흩어졌다(행 8:1).

공개적 박해, 돌로 침, 투옥, 죽음의 위협도 베드로를 그 길에서 돌이키지 못했다. 갈라디아서 2:11-14에서 유추해 볼 수 있듯이, 그는 아직도 신앙의 길에 있어서 완전한 평온을 찾은 것은 아니었으나 극히 몇몇 경우를 제외하고 대체로 그의 육신은 성령에 의해 강하고 담대했다. 로마에서 십자가 처형을 당하게 되었을 때 그는 십자가에 거꾸로 매달려 죽기를 간청했다고 전해진다. 아마 자신은 주 예수 그리스도와 똑같은 자세로 죽을 가치가 없다고 생각했기 때문일 것이다. 우리는 베드로 및 그와 비슷한 부류의 사람들 속에서 우리 인생에서 실제로 일어날 가능성이 있는 것을 어렴풋이 볼 수 있다. 우리는 인간의 삶을 영적 생활 안에 있는 본연의 자리로 회복시키는 것은 곧 땅의 유익 및 하나님의 기쁨과 영광을 위해 영광스러운 땅을 다스리라는 신적 소명을 의미할 수도 있다는 사실을 깨달을 수 있다.

주(註)

1) Erwin Schrodinger, *What Is Life? and Other Scientific Essays*(Garden City, NY: Doubleday, Anchor Books, 1965), 69.
2) Ibid., 73.
3) John Ruskin, *The Seven Lamps of Architecture*(London: Dent, 1969), 152. See also chap. 3 of Ruskin's Ethics of the Dust, numerous editions.
4) Ruskin, *Seven Lamps*, 152-53.

5) Ruskin, *Modern Painters*, vol. 7 of The Complete Works of John Ruskin(London: Allen, 1905), 205.
6) Jacob Needleman, *Lost Christianity*(New York: Bantam, 1982), 57.
7) *Edgar Sheffield Brightman's The Spiritual Life*(New York: Abingdon-Cokesbury, 1942). Henry Churchill King, The Seeming Unreality of the Spiritual Life(New York: Macmillan, 1908)와 B. H. Streeter, ed., The Spirit(London: Macmillan, 1919) 도 참고하라.
8) Will Durant, *The Renaissance*, vol. 5 in *The History of Civilization*(New York: Simon & Schuster, 1958), 223.
9) Schrodinger, *What is Life?*, 73, 75.
10) Gustavo Gutierrez. *A Theology of Liberation*, trans. Caridad Inda and John Eagleson(New York: Orbis, 1973), 203.
11) Carl G. Jung, *Man and His Symbols*(New York: Dell, 1975), 163: Josef Glodbrunner, *Holiness Is Wholeness and Other Essays*(Notre Dame, IN: University of Notre Dame Press, 1964), 12-21.
12) Fancis de Sales, *Introduction to the Devout Life*, trans. John K. Ryan(Garden City, NY: Doubleday, Image Books, 1957), 43-44.

6

영적 생활: 육체의 완성

> 두근거리는 가슴, 풍요한 두뇌는 낮은 곳에 숨어 있네, 그것들은 하나님으로부터 보냄을 받을 때 비로소 하나님에게로 다시 오를 것이네.
>
> | 헨리 몬테규 버틀러

> 영은 물론이요 육체도 이제는 갈보리로 이어지는 구속의 길을 가기를 갈망한다. 또한 육체는 하나님의 거룩이라는 뜨거운 태양에 자신을 드러내기를 원한다. 과거에는 영화(靈化)가 인간 생활의 목표였으나 지금은 인간 생활 전체를 도야하는 틀이 된다. 세상에서의 기독교적 삶에 대한 그리스도의 성육신의 의미는 새로운 각도에서 이해되고 있다.
>
> | 조셉 골드브루너

역사와 문화의 맥락에서 보면, 영성 생활은 육체를 대적하는 것이요, 심지어는 그것의 최선의 상태는 완전히 육체에서 이탈된 실존 양식일 수도 있다고 생각하기 쉽다. 따라서 우리는 죽은 후에야 참으로 영적인 존재가 될 수 있을 것이라는 사상이 널리 퍼져 있다. 사람들은 영성이란 늙은이들과 죽은 자들에게 해당되는 것이라고 말해 왔다. 여기서 오늘날 유행하고 있는 영적인 것들 육체를 쳐부수거나 손상시킬 수 있다는 사상이 파생되어 나오며, 이러한 견해는 서양의 역사 속에서 두루 발견된다. 그러나 지금까지 우리는 영성 생활과 영적 인간에 대해서 다루면서도 육체의 억압에 대해서는 전혀 다루지 않았다. 그것은 우연히 그렇게 된 것이 아니다. 육체의 억압은 복음의 의미 및 복음과 인간 본성의 관계에 있어서 절대적으로 중요한 개념이다.

영성에 관해 부정적인 입장을 취하는 사람들은 인간의 인격과 기독교의 관습에 대해 악의적인 내용을 담은 책들을 저술하기도 했다. 인간 생활에서 영적인 것과 육체적인 것은 결코 적대적인 개념이 아니다.

그것들은 서로 상호 보완적인 관계에 있다. 여기서 우리는 이와 반대되는 주장은 분명하게 부인하고 단호하게 배척한다. 왜냐하면 육체적 실존, 나아가 인간 실존의 완성을 가능하게 하는 것은 영성 생활뿐이기 때문이다.

그렇다면 이러한 완성은 어떻게 일어날까? 그것은 육체적 존재로서의 우리의 능력이 하나님 및 그의 나라와 상호 작용함을 통해서 이루어진다.

우리의 육체는 특히 이러한 상호 작용을 할 수 있도록 만들어져 있다. 우리가 사유, 예배 그리고 행동을 통하여 다른 피조물들은 물론이요 육체를 포괄하고 그 기초가 되는 영적 세계에 접근할 때에, 육체는 적절한 건강과 완전함을 소유하게 된다.

따라서 사도 바울은 "몸은 오직 주를 위하고 주는 몸을 위하며"(고전 6:13), 우리 몸은 "그리스도의 지체"(고전 6: 15)라고 담대하게 천명한다. 고린도전서 6장 이후에서는 구속 과정의 주체요 도구인 육체에 대한 바울의 견해를 설명하고 있다.

우리는 육체가 영성 생활 안에서 완성된다는 진리를 간략하게나마 숙고해야 한다. 인격과 육체 사이에는 본질적인 연속성과 통일성이 존재한다. 앞으로 설명되어야 하겠지만 중요한 의미에서 인격이란 그 사람의 육체이다.

심리학에서 공유되는 영적인 것과 생물학적인 것

최근에 전문적인 심리학의 영역 내의 특수 분야인바 인간성을 연구하는 심리학에서는 영적인 것과 생물학적인 것을 통합하려는 시도를 해오고 있다. 나로서는 인간성 연구학자인 에이브라함 마슬로우(Abraham Maslow)가 주장하는 '영적' 생명에 관한 견해를 전폭적으로 인정할 수는 없지만(특히 인간이 독자적인 노력으로 그것을 얻을 수 있다는 그의 견해에는 더욱 동조할 수가 없다), 그의 주장을 완전히 성경적인 방법으로 이해할 수는 있다.

> "…소위 영적 생명, 혹은 "상위의" 생명은 육체(몸)의 생명, 즉 동물의 생명, "하위의" 생명과 동일한 자질을 지닌 연속체이다. 영적 생명은 생물학적 생명의 "최상위" 부분이지만 생물학적

생명의 일부분이다. 영적 생명은 인간의 본질의 일부분이다. 그것은 인간의 본성을 규정하는 특성으로서, 그것이 없는 인간의 본성은 완전한 것이 못된다. 영적 생명은 참 자아, 정체성, 내적 인자, 종(種), 완전한 인간성의 일부이다."[1]

물론 그렇다. 자연주의적 환원주의(naturalistic reductionism)―이것은 인간에 관한 모든 것이 물리학이나 화학이나 생물학과 같은 자연 과학의 법칙에 의해 설명될 수 있어야 한다고 주장한다―에 일치하는 해석을 대적하여 이러한 주장들을 기독교적 관점에서 조심스럽게 보호해야 한다. 한편, 만일 우리가 그것으로 하여금 참되고 또 참이 될 수 있게 해주는 의미를 이해할 수만 있다면 우리는 '실제' 생활에서 영성을 배척하는 일은 피할 수 있을 것이다. 영성을 배척하게 되면 그리스도의 완전한 인간성을 거부하게 되며 우리의 삶이 구속에서 크게 벗어날 것이다.

이러한 이해에 이르는 열쇠는 우리가 인간 창조에 관한 논의에서 다루었던 사실―곧 피조된 인간의 육체 구조는 영적 세계와의 상호 작용을 목표로 한 것이고, 이러한 상호 작용은 하나님의 주도권에 따라 되찾을 수 있다는 것―을 인식하는 것이다. 그 상호 작용은 영성훈련을 통하여 성령의 역동적인 역사 안에서 하나님과 인간이 합력하여 노력함으로써 계발될 수 있다. 이것을 이해하게 되면, 마슬로우가 말한 모든 것을 받아들일 수 있으며, 그것은 당연히 받아들여야 한다.

"참된 영성"

우리가 그것을 받아들이기만 하면 하나님을 모르는 사람들 속에 실질적인 영성이 있을 수 있다는 사상에 현혹될 염려가 없다. 그러나 영성을 '완전히 내면적인' 것, 또는 개인과 하나님 사이에서만 보존되어야 하는 것으로 생각하는 개념도 경계해야 한다.

영성은 단지 인간 생활 전체에 걸친 특성으로서 그 중심에 인간과 하나님의 관계가 있다. 프랜시스 쉐퍼(Francis Schaeffer)는 '참된 영성'에 대해 다음과 같이 예리하게 고찰하고 있다:

> "내적인 적극적 실재로부터 벗어나 외적으로 적극적인 표명이 있어야 한다. 우리가 특정의 사물들에 대해 죽는 것만으로는 부족하다. 우리는 지금 이 순간에 하나님을 사랑하고, 그분에 대해 밝히 알아야 하며, 그분과 교제해야 한다. 지금 이 순간에 우리는 사람들을 사랑해야 하고, 사람들에 대해 밝히 알아야 하며, 사람들과 참된 인격적 차원에서 교제해야 한다."[2]

그러나 만일 우리가 '내적 적극적 실재'와 '외적 적극적 표명'이 각기 독립된 것이 아니라 하나의 연합된 과정으로서 하나님 안에서 사는 사람들은 그 과정 속에서 자신의 구체화되고 사회화된 전체 속에 수용된다는 것을 이해한다면, 이 말 속에서 "…해야 한다"는 표현은 권고가 아니라 사실의 설명이요 예언이라고 여기게 될 것이다. 영적인 것이 인간 본성의 생물학적인(그러므로 사회적인) 국면이나 부분과 동질의 것으로 이해되지 않는 한, 쉐퍼가 주장한 영성에 대한 긍정적 견해는 사려 깊은 사람들 사이에서는 온전히 유지될 수 없다.

생물학에 있어서 "바이오스"(bios)가 단순히 생명을 의미하는 일반 용어로서 이 말 속에는 생명에 대한 육체적, 또는 물질적 설명이 함축되어 있지 않다는 사실을 감추기 위해서, 현재 광범하게 퍼져 있는 세속적 인문주의 등과 같이 편견적이고 무신론적 이데올로기를 받아들여서는 안 된다.

"생명이란 무엇인가?"는 우주 및 우주에 대한 우리의 이해가 진보할 때에만 규정될 수 있다. 특수한 유형의 살아 있는 유기체의 경우에 있어서, 물질과 생명의 중요성과 능력은 편견에 치우치지 않고 담대하고 착상이 대담한 실험과 관찰을 함으로써 확인될 수 있다. 사람들이 일상생활 속에서 영이신 하나님과 지속적인 연합을 이루면서 살아갈 수 없다는 신념은, 금속체가 물 위에 뜰 수 없거나 공중을 날아다닐 수 없다는 신념처럼, 언젠가는 모순으로 드러날 것이다. 우리가 살아 있는 주체를 깊이 이해하기 위해서는 모든 가능한 조건들을 상정하고 관찰해야 한다. 그것은 우리 인간은 하나님 앞에서 우리의 삶을 개방적이고 모험적이고 사려 깊은 방법으로 영위해야 한다는 것을 가리킨다. 그렇게 행할 때에만 우리는 육체적 유기체인 우리에게 실제로 가능한 것이 무엇인지를 발견할 것이다. 윌리엄 템플(William Temple) 대주교는 다음과 같이 지혜로운 말을 했다: "우리는 오직 물질 안에 영이 거할 때에만 그 물질이 무엇인지를 알 수 있다. 마찬가지로 우리는 하나님이 사람 안에 거하실 때에만 사람이 어떤 존재인지를 알 수 있다."[3]

영성과 놀이

영성과 육체적 생명의 관계가 무척 오해되어 왔다는 것은 두 말 할 필요가 없다. 최근 그리스도의 생애를 다룬 영화에서 그리스도가 많은 사람들과 공놀이를 하고 있는 장면을 삽입함으로써 큰 논란을 불러 일으켰다. 그 영화에서 주님은 실제로 사람들과 어울려 몸을 부딪치며 공을 잡고 뛰고 있었다.

"신령한 사람은 놀지 않는다"는 것이 일반적인 견해이다. 신령한 사람들은 매우 진지하기 때문에 놀지 못한다. 그들이 특별한 영적 활동을 멈추지 않는다는 것이 그들의 영성을 시험하는 시금석이다. 놀이는 쾌락을 줄 수 있다. 신령한 사람은 즐거움을 소유할 수는 있지만, 쾌락 그 자체는 멀리해야 한다. 쾌락이 본질적으로 악이 아니지만 그들을 시험에 빠뜨릴 수도 있을 것이다. 우리는 그렇게 생각하는 듯하다.

이처럼 세상에서는 영성을 아득히 멀고 미개한 지역 또는 시대에 사는 이상한 사람들이 행하는 무익한 자학 행위로 간주해 왔다. 따라서 풍성한 생명을 주신 분을 하나의 우주적인 유력자로서 그의 과도한 영성이 그에게 육체적 기능들을 허락하지 않으며 그로 하여금 축구 경기에서 공을 던지거나 태클을 하는 것을 허락하지 않을 것이라고 간주하기에 이르렀다.

그러나 하나님은 즐거움과 고통으로 점철된 자연적 삶을 반대하지 않으시며, 심지어 그것을 호의적으로 여기시기까지 한다. 많은 기독교 지도자들이 그 점을 크게 강조하고 있지만 우리는 그것을 쉽게 받아들이지 않는다. 루이스 체이퍼(Lewis Sperry Chafer)는 『신령한 사람』(*He That Is Spiritual*)이라는 저서에서,

인간의 병적인 의식 때문에 우리는 놀이와 오락, 유익한 유희를 피해야만 신령한 사람이 된다는 잘못된 견해를 갖게 되었다고 지적한다. 그러나 이러한 견해는 성서의 가르침에 반대될 뿐 아니라, 육체적 정력이 흘러넘치는 젊은이들로 하여금 하나님 안에 있는 복된 삶을 혐오하게 만드는 사단의 도구이기도 하다. 체이퍼는 부정적인 측면을 지나치게 강조하게 되면 영성이 쾌락, 자유, 자율적 표현과 상반되는 것이라는 느낌을 준다고 역설한다.

> "영성은 경건한 태도만을 말하는 것이 아니다. 그것은 '너희는…하지 말지니라'가 아니라 '너희는…해야 할지니라' 이다. 그것은 하나님의 영원한 축복과 능력과 자원으로 들어가는 문을 활짝 연다. 어떤 삶에서든 오락과 유희의 요소를 제거하는 것은 심각한 일이다. 인간 생활에서 이러한 활력적인 요소를 무시한다면, 우리는 육체적으로든, 정신적으로든, 아니면 영적으로든 정상적일 수가 없다. 하나님은 우리의 기쁨이 충만하도록 섭리하셨다."

여기서 체이퍼는 영적 영역이 그 우선성을 단언하는 방법을 예리하게 관찰함으로써 다음과 같이 결론짓는다.

> "참된 영성의 특성 중 하나는 그것이 덜 강한 욕구와 소산을 대신한다는 점에 유의해야 한다. 기독교인들의 세속성을 치료하는 성경적이고 실질적인 방법은 마음과 생활을 하나님의 축복으로 가득 채워 즐겁게 전념하며 비영적인 일에 대해서는 마음을 비우는 것이다…새싹이 돋아나기 시작하면 죽은 잎은 더 이상 나무에 붙어 있지 못하며, 성령의 축복이 흐르는 동안에는 세속성이 남아있지 못한다."[4]

"비영적"(unspiritual)이라는 말은 단순히 육체적, 또는 물질적인 것을 의미한다고 보아서는 안 된다. 비영적인 것이란 하나님의 창조를 통한 하나님의 영적 통치 안에서의 위치와 상관없이 취해진 모든 것을 의미한다. 앞에서 설명한 것처럼 만물은 결국 영적 영역에 의존하므로, 본질상 비영적인 것은 하나도 없다. 이것은 우리로 하여금 "깨끗한 자들에게는 모든 것이 깨끗하나 더럽고 믿지 아니하는 자들에게는 아무것도 깨끗한 것이 없고 오직 저희 마음과 양심이 더러운지라"(딛 1:15)는 말씀의 근거와 어떻게 해서 그렇게 되는지를 이해하게 해준다.

우리는 자신의 '약한' 욕구들을 규제할 수 있다고 해서, 그 욕구들이 억압되거나 무시되는 것은 아니다. 그 욕구들은 하나님 안에서 총체적으로 절제있는 삶이 이루어지도록 규제되는 것을 의미한다. 이것은 어떤 경우에는 반대되거나 불만족스러운 상태로 그 욕구들을 인도할 것이다. 그렇다고 해서 우리 생명에 활력적인 것이 상실되거나 우리가 아주 심각한 손해를 입는 태도를 낳지는 않을 것이다. 체이퍼가 말하는 '즐거운 전념'과 방심 상태는 그것에 유의하는 것이다.

어두운 면의 중심성

우리가 여기서 논하는 것은 단순히 세련된 철학적 사변이나 심리학적 이론의 문제가 아니다. 우리는 기독교적 관습과 다른 것들에게 미치는 영향에 깊은 관심을 갖는다. 무감각하고 완강하고 무기력하고 접근할 수 없으며 강박 관념에 사로잡혀 있고 만족치 못하는 기독교인들은 많은 사람들을 참 길에서 영원히 그리고 근본적으로 몰아낸다. 이런 기독교인들은 도처에 는데, 그들은 하나님의 사랑의 통치의 자유 안에 있는 균형 잡힌 생명력으로부터 분출해 나오는 온전한 활력을 포착하지 못하고 있다.

이처럼 만족스러운 삶을 살지 못하게 되면 죄악된 행동들을 선한 것으로 보게 된다. 여기에 유혹의 세력이 도사리고 있다. 만약 그 실패가 우리가 '영적'이라고 여기는 존재가 되려는 우리의 노력으로 인해 야기된 것이라면, 그것은 진실이다. 만약 우리가 기본적으로 행복하게 살고 있다면, 통상적으로 유혹을 물리치는 일은 보다 쉬울 것이다. 비영적인 우리의 육체적, 사회적 실존과 연결되어 있는 즐거움과 쾌락을 제거하게 되면, 의로운 일을 행하려는 우리의 노력을 약화시키는 결과를 가져올 수 있다. 그것은 우리로 하여금 의(義)의 선(善)함을 자각하고, 그로부터 힘을 얻는 것을 불가능하게 만든다.

숱한 죄인들 중에서 성(性)과 사랑의 문제에 있어서 실패하는 기독교인들을 흔히 접할 수 있다. 목사가 교회의 반주자나 다른 성도와 불륜의 관계에 빠져 분노한 교회와 당황한 교인들을 뒤로 하고 떠나는 일도 종종 있다. 아그네스 샌포드(Agnes Sanford)가 말한 것처럼, 이런 경우에 그 목사는 "자기는 흙에 지나지 않는다는 것을 기억하지 못한다…그러나 자비하신 하나님은 그것을 기억하신다." 그 목사는 샌포드가 말한 '어두운 면'을 고려하지 못했다. 그의 어두운 면은 한동안 "골프를 치면서 하나님에 관한 모든 것을 잊기를 원했다." 이 어두운 면 역시 하나님의 시각에서 보면 거룩한 것이고, "거룩한 생명과 인간적 생명이라는 밧줄을 타는 동안 균형을 잃지 않고 온전하게 살아가게 하기 위해"⁵⁾ 하나님이 인간에게 주신 것이다.

지혜자가 "지나치게 의인이 되지도 말며 지나치게 지혜자도 되지 말라 어찌하여 스스로 패망하게 하겠느냐"(전 7:16)라고 권고한 것도 바로 이런 맥락에서이다. 잘못 이해되고 그릇 추구된 '영성'은 인간의 불행과 하나님에 대한 반역의 근본 원인이다.

어떻게 한 인간이 그의 육체와 동일한가?

우리의 영혼은 육체와 분리시킬 수 없고, 그것이 속해 있는 육체와 상관없이 순수해질 수는 없다.

> "어느 사제가 마이스터 엑하르트(Meister Eckhart)에게 이렇게 말했다. '나는 당신의 영혼이 내 몸 안에 있기를 소원합니다.' 그러자 그는 대답하기를 '당신은 참으로 어리석군요. 그렇다고 해서 당신에게 조금도 유익이 되지 못할 것입니다. 당신의 영혼이 내 육체 속에 있어서 내게 유익을 줄 수 없듯이 내 영혼도 당신의 육체 속에서 조금도 유익을 주지 못할 것입니다. 영혼은 현재 접하고 있는 육체를 통하지 않고서는 아무것도 할 수가 없습니다'라고 했다."⁶⁾

영성과 충만한 인간 생활과의 연합은 사람의 육체를 그 사람 자신과 동일시하는 데 깊은 근거를 가지고 있다. 이것은 통상적인 방법으로 다루기 어려운 주제로서 여러 잘못된 해석을 야기한다. 그러나 만일 우리가 그것을 어느 정도 이해할 수 있다면, 우리의 구속에서 육체가 차지하는 위치를 확고하게 파악할 수 있을 것이다. 사람의 육체를 그 사람 자신과 동일시하는 유물론자나 행동주의자는 물리적, 또는 화학적 분석이 인간의 육체에 대해 보여 주는 "물리적 사실들" 이상의 것이 인간에게 있다는 사실을 부정하려 한다. 이러한 부정적 견해는 기독교적 시각으로는 받아들일 수 없다. 기독교적 관점에서는 인간의 영적 영역을 강조하기 때문이다.

그러나 최근의 현상학적, 실존주의적 학자들은 이처럼 동일시하는 것을 순수하게 영적인 정신이나 자아와 우연히 연루된 기계적 장치로 여김으로써 몸이 '극히 물리적'인 것이라는 사실을 부정하는 근거로 사용한다. 즉 그들은 인간의 육체에 대한 유물론적 견해를 반박하는 데 이 동일시함을 사용한다. 따라서 인간 본성에 대한 기독교적인 이해에 대해 우호적인 그들의 견해가 지니고 있는 가능성은 아주 크다. 이것은 특히 그들이 인간 본성의 육체적 성격을 옹호하는 최근의 성경적 학문과 연계성을 가질 때 사실로 나타난다. 이러한 성경적 학문은 사후의 영혼이 순수하게 영적으로 불멸한다는 개념을 인간성에 대한 성경적 견해에 플라톤적인 요소가 부과된 것으로 간주하여 부정하며, 부활을 죽음 너머에 있는 인간 실존의 참된 양식으로 주장한다. 휠러 로빈슨(H. Wheeler Robinson)과 오스카 쿨만(Oscar Cullmann)의 저서는 이 점을 확고하게 천명하고 있다.[7]

그러나 사람의 육체가 곧 그 사람이라고 말하는 것의 참뜻은 무엇일까? 이것은 역설적인 말로 들릴 수 있다. 그러나 그것이 누구나 겪는 경험이라는 것을 고려하면 그 이해의 기초는 명확해질 수 있다.

예를 들면 우리는 육체와 완전히 단절된 지식이나 경험은 전혀 갖지 못한다. 다른 사람들과 자신에 대한 우리의 경험은 언제나 부분적으로 구현된 상황을 가리킨다. 내가 식탁을 바라볼 때에, 식탁과 관련하여 내 육체의 위치는 그것이 어떻게 내게 투영되는지를 결정짓는다. 나의 머리는 식탁 위에 있기 때문에 나는 식탁의 바닥을 볼 수 없다. 그러므로 나는 다만 특정의 주어진 순간에 사물이 내게 어떻게 보이는가에 따라 내 몸의 상대적 위치를 추론할 수 있다. 나의 지각 의식은 언제나 내 몸의 특수한 상태에 따라 결정된다. 그것은 모든 인간이 마찬가지이다—그것은 우리의 본질의 한 부분이다.

덜 명확할 수 있지만 우리의 추상적 사유도 비록 모든 육체적 장치들, 상념들 그리고 상징들로부터 분리되는 경우가 있다 해도 우리의 육체와 제휴하는 일은 매우 드물다. 우리의 열 손가락은 10이라는 숫자에 기초된 산수에 추상적으로 반영되고, 어떤 종류의 육체적인 행동 없이는 간단한 계산도 불가능하다.

정서와 감정 역시 신체의 여러 부분, 곧 얼굴, 위, 생식기, 다리, 팔, 심장, 어깨 등에 자리 잡고 있다. 심리학 개론으로 소개된 유명한 『제임스/랑게의 정서 이론』(*James/Range Theory of the Emotions*)은 우리가 느끼는 정서는 적절하게 흥분된 육체의 상태의 자각에 불과하다고 주장함으로써 이러한 사실을 올바르게 평가한다.[8]

심지어 우리의 결단, 선택 그리고 행동들까지도 물리적, 사회적 세계의 범주 안에서의 우리의 육체의 위치와 자세에 대한 지각에서 비롯된다. 균형을 잃거나 현기증을 느끼는 것은 본질적으로 주변의 물리적 환경에 접촉하는 우리의 자세가 지배력을 상실한 결과이다. '방향 감각 상실'이란 우리가 경험하는 물리적, 사회적 환경 속에서 우리의 위치를 이해하지 못하는 것을 일컫는 전문 용어이다.

　이것은 우리 자신에 관한 경험에만 적용되는 것이 아님이 강조되어야 한다. 다른 사람들에 대한 우리의 경험 역시 그들의 구체적 실존에 대한 경험이다.

　소설가 펄 벅(Pearl Buck)은 중국 선교사의 딸이었다. 그녀는 자신의 어린 동생이 열병으로 죽은 일을 상기한다. 그 당시 선교사의 자녀들이 열병으로 죽는 일은 흔히 있었다. 친구들이 어머니에게 "가버린 것은 다만 육체일 뿐이야"라며 위로했을 때, 그녀의 어머니는 자신이 이 어린 아이를 잉태하고 낳고 키우고 보살폈으며 그 육체를 사랑했었다고 소리치며 오열했다.

　구체적 인간 실존의 확실한 의식으로부터 단절된 적이 없는 사람은 슬픔에 울부짖는 이 어머니의 심정을 이해할 수 없다. 그녀의 아기는 유형화되지 못한 영이 아니었다. 아무리 설명을 한다고 해도 인간은 통상적인 의식 상태에서 어떤 사람을 사랑한다고 하면서 그의 육체를 사랑하지 않을 수 없으며, 또한 그 육체를 진정으로 사랑하거나 관심을 기울이면서 그 사람을 사랑하지 않을 수 없다.

　이로 보건대 우리가 인간적인 경험과 인격이라고 인식할 수 있는 것들은 특정 인간의 육체 안에 새겨져 있는 의미와 소재식(所在識)과 습관으로부터 분리할 수 없다. 어떤 사람의 삶을 이해하고자 할 때 우리는 "당신은 어디 출신이지요? 당신은 언제 태어났나요? 당신의 부모는 누구입니까? 당신의 키는 얼마나 됩니까? 당신은 어느 학교에 다녔습니까?" 등의 질문을 하게 된다. 이런 질문들은 모두 육체에 관한 것들이다.

우리의 의식 속에서 인간의 인격은 육체로부터 분리할 수 없다. 그 사실은 인간의 주체(identity)는 육체적 존재라는 주장으로 표현할 수 있다. 이 사실은 구속의 과정에서 우리가 영성훈련을 통하여 노력해야 할 초점을 우리의 육체에 두게 만든다. 단순히 육체란 물질적 메커니즘에 불과한 것이 아니라는 사실을 지적하는 화학적, 기계적 원리들만을 사용해서는 인간의 행위나 사회와 문화를 이해할 수 없다. 물리학자 슈로딩거는 "살아 있는 물질의 구조에 관해 배운 모든 사실을 통해 우리는 그것을 통상적인 물리학의 법칙들로 격하시킬 수 없다는 사실을 확인해야 한다"[9]고 거듭 강조했다.

이 사실들에 관한 보다 궁극적 질문은 여기에서는 다루지 않겠다.[10]

전쟁터로서의 육체

인간이라는 존재는 그 육체와 동일시되기는 하지만, 구체적으로 유형화된 자아 안에는 개인의 인격을 전쟁터로 만드는 다양하고도 강력한 세력들이 도사리고 있다. 때때로 시몬 베드로가 그랬던 것처럼 육체는 어느 정도 우리의 의식적 사고와 의도로부터 독립하거나 그것들과 충돌하면서 행동할 수 있는 고유의 삶을 소유하고 있는 것처럼 보인다.

물론 누구나 육체의 생명을 유지하기 위해 절대적으로 필요한 기능들—심장의 고동, 호흡, 소화, 신진 대사 등—은 통상적으로

의식의 직접적 통제를 벗어나 있다는 것을 알고 있다. 우리 모두는 식욕, 수면욕, 성욕과 같은 기본 욕구와 특정의 방법으로 행동하려는 자신의 의도 사이에서 갈등을 경험한다. 이것은 기본적이고 보편적인 현상이다. 극단적인 경우에 유형화된 자아 안에 있는 세력들이 서로 벌이는 투쟁이 정신적 질병으로 나타날 수 있다. 자아는 수용 불가능한 요소들이나 경험들을 육체에 투사하고, 육체가 그것들을 수용하기를 거부하면 인격은 실제 세계와의 접촉을 상실하게 된다.

유명한 정신의학자인 알렉산더 로웬(Alexander Lowen)은 다음과 같이 쓰고 있다:

> "육체적 접촉이 완전히 상실되면 정신 분열 상태를 초래한다. 포괄적으로 말하면 정신 분열증 환자는 자신이 누구인지 알지 못하며, 실재와의 접촉을 크게 벗어나 있기 때문에 그 문제를 제대로 포착하지도 못한다. 한편 정신 분열증 환자는 자신이 육체를 가진 자로서 시공(時空)의 제한을 받는 존재임을 알고 있다. 그러나 그의 자아(ego)가 육체와 동일시되지 않고, 생생하게 육체를 감지하지 못하기 때문에, 그는 세상과 사람들에 대해 무관하다고 느낀다. 마찬가지로 그의 자신의 주체성에 대한 의식은 그가 자신에 대해 느끼는 방법과 관계가 없다. 이런 갈등은 자아가 육체와 동일시되고 자신의 주체성에 대한 지식이 육체에 대한 의식으로부터 나오는 건강한 사람에게서는 발견되지 않는다."[11]

나는 이것이 정신 의학적 연구의 결과들이 종교적 진리를 현저하게 조명해 주는 사실들 가운데 하나라고 생각한다. 그리스도로 말미암는 생명의 충만한 구속 안에서 유형화된 인간의 인격은 수용되고 온전하게 된다.

물론 기독교적 관점에서 보면, 인간의 본성 속에 내재하는 주요한 투쟁은 먼저 개인과 하나님 사이의 갈등으로 나타난다. 이것은 하나님께서 인간을 창조하실 때에 의도하셨던 목적과 인간의 본성의 관계를 이해할 때에 완전하게 파악된다. 우리는 자유로이 하나님을 섬길 수 있는 존재로 창조되었다. 그러나 우리는 하나님께 반역했고, 그러면서 하나님을 대적하는 우리의 독자적인 능력(육체 속에 있는)을 사용했다.

그러나 회심할 때에 우리는 하나님과 더불어 화평을 누리게 된다(롬 5:1). 그러나 화해의 문제는 자아 그리고 신약 성경에서 '육'과 '영'이라고 언급되는 두 가지 요소로 향하게 된다. 어떻게 그런가? 회심 이후 우리의 의지와 의식적 의향은 시몬 베드로에게서 보는 것처럼 하나님을 향하거나 영을 향한다. 그러나 세상에 태어나 자라가는 살아 있는 유기체들이 하나님을 대항하거나 하나님 없이 살아가듯이, 우리 육체 속에 심어져 쌓인 삶의 경험들은 우리의 의지의 전환을 직접적으로 그리고 즉각적으로 따르지는 않는다. 그것은 대체로 오랫동안 지녀온 성향들을 그대로 보유한다.

"육체의 소욕은 성령을 거스르고 성령은 육체를 거스르나니 이 둘이 서로 대적함으로 너희가 원하는 것을 하지 못하게 하려 함이니라"(갈 5:17)는 말씀도 이러한 상황 속에서 이해된다. 여기서 우리는 사도 바울이 베드로가 경험한 상황을 정확하게 분석하여 묘사한 것을 볼 수 있다. 즉 바울은 자신이 회심한 사람으로서 참으로 자기가 원하는 것을 할 수 있는 수준에 이르기까지 자기의 육체가 영과 연합되어야 한다고 말하고 있다. 육과 영의 싸움은 생명을 주시는 하나님의 말씀이 들어옴으로써 영적 생활을 시작하는 모든 사람이 경험하는 것이다. 그 싸움은 때로는 길고 때로는 짧다. 여기가 영성훈련이 시작되는 지점이다. 영성훈련이란 우리의 영이 항상 구체적 자아를 지배하도록 하기 위해서 새 사람이 된 우리가 의식적으로 취하는바 오랫동안 사용되어 온 활동이다. 영성훈련은 하나님 나라의 방식의 도움을 받아 우리의 육체 안에 심겨진 죄의 습관들을 제거하는 일을 돕는다.

하나님을 향한 디딤돌로서의 육체를 찬미함

이제 잘못 이해되고 부정적인 의미로 사용되고 있는 육체라는 말의 긍정적 의미를 살펴보려 한다. 성경에서 '육체'라는 말이 몸의 기관들을 구성하는 신체적 본질만을 가리키는 일은 극히 드물다. 이 단어는 때때로 잘라놓거나 먹을 수 있도록 준비한 죽은 사물을 지칭하는 '고기'에 해당되는 말로 사용된다(출 12, 16; 레 7; 시 78:20-21; 미 3:2-3; 롬 14:21; 고전 8:13을 보라). 그러나 일반적으로 성경에서 육체란 활동적인 것, 즉 특정 형태의 육체 안에 심겨져 있는 특수한 능력이나 능력의 영역으로서 특정 종류의 일들만 행할 수 있는 것을 말한다.

성경에는 "모든 기식이 있는 육체가 둘씩 노아에게 나아와 방주로 들어갔고"(창 7:15), "들어간 것들은 모든 것의 암수라 하나님이 그에게 명하신대로 들어가매 여호와께서 그를 닫아 넣으시니라"(창 7:16)고 기록되어 있다. 또 시편 기자는 "나는 하나님을 의지했은즉 혈육 있는 사람이 내게 하는 일에 대해 두려워하지 않는다"고 찬양한다(시 56:4). 또한 "애굽(사람)은 사람이요 신이 아니며 그 말들은 육체요 영이 아니라"(사 31:3), "계집 종에게서는 육체를 따라 났다"(갈 4:23)고 한다.

많은 말씀들 중에서도 위에 언급한 구절들은 '육체'라는 말의 성경적 기본 의미를 잘 보여준다. 윗 구절들에 나타난 내용은 육체란 하나님의 직접적 도움으로부터 어느 정도 독립한 유한한 능력이기는 해도, 본질적으로 악한 것이라고 전제하지는 않는다. 니콜라스 베르자예프(Nicolas Berdyaev)는 육체를 아주 정확하게 묘사했다:

> "이 저급한 본성은 우주의 계층 질서 안에서 적절한 지위를 확보하기만 하면, 본질적으로 악은 아니다. 왜냐하면 그것은 신적 세계에 속한 것이기 때문이다. 그것이 그 자체에 대해 진실하지 않고 악으로 화하게 되는 것은 보다 고귀한 것의 위치를 찬탈할 때 뿐이다. 동물의 본성은 가치 체계와 영원한 운명 속에 그 위치를 가지고 있다. 그러나 그것이 인간을 소유하게 되면, 또는 인간이 저급한 요소의 통제에 그의 영을 복종시키게 되면, 그것은 악한 것이 되고 만다. 악은 영이 추구하는 방향의 문제이지, 본성 자체의 구조의 문제는 아니다."[12]

여기에서 육체에 대해 강조해야 할 점은 행동을 지향하는 그것의 특수한 경향들 및 육체가 지닌 독립적인 능력들의 한계, 즉 그것이 무엇을 할 수 있고, 또는 할 수 없는지에 대한 문제이다. 물론 그 경향과 한계는 한 종류의 "생물"을 다른 종류의 생물로 변화시킨다. 인간의 육체는 하나님을 위한 능력뿐 아니라 놀라운 사회적, 지성적 가능성의 영역을 특성으로 하고 있다. 그것은 뿌리 깊은 악의 거처가 될 수도 있고, 또는 뿌리 깊은 의의 자리가 될 수도 있다(겔 11:19-20).

그것은 전적으로 몸의 총체적인 조직(구성) 속에 있는 다른 종류의 본질에게 전적으로 자리를 내어 그 사람에게 '하늘의' 몸을 제공할 수도 있다. 그리하여 썩을 육체를 지닌 인간이 썩지 않을 것을 입을 수 있다. 이것이 신약 성경의 가르침이다(고전 15장).

썩지 않는 육체

사도 바울은 그의 서신에서 창세기 1장 이하에 나타난 구분을 따르고 있다. 구속의 과정의 마지막 단계에 대한 논의에서 그는 다음과 같이 피력하고 있다.

> "육체는 다 같은 육체가 아니니 하나는 사람의 육체요 하나는 짐승의 육체요 하나는 새의 육체요 하나는 물고기의 육체라"(고전 15:39).

그러나 바울은 '육체들'의 구분에 또 하나의 구분을 추가한다. 그것은 신구약 성경에서 하나님과 동행하는 인간의 경험에 깊이 뿌리를 박고 있는 동시에 그리스-로마 문화를 배경으로 한 과학적, 또는 아리스토텔레스적 개념에 뿌리를 두고 있다.

그는 육체를 다음과 같이 구분했다: "하늘에 속한 형체도 있고 땅에 속한 형체도 있다"(고전 15:40). 여기에는 아리스토텔레스적 학문의 상투어가 나타나 있다. 그러나 그리스도의 변용 사건과 부활 후의 그리스도의 출현으로 말미암아 기독교 공동체를 위한 새로운 중요한 의미들이 부여되었다. 아울러 그것은 일부 구약 성경의 특수한 사건들을 그리스도의 표명으로 보는 흥미로운 재해석을 가능하게 했다(고전 10:1-4).

'첫 사람 아담'이 소유한 육체의 본질은 가장 고귀하고 유효한 형태의 육체였다. 그러므로 그는 '흙의 정수'(精髓)[13]였다. 흙으로 만든 것 중에 최고 존재 형태인 그는 또한 바울의 환상 속에서 땅에 속한 형체로부터 하늘에 속한 형체—부활하신 예수님의 영광의 몸—로 변형될 수 있는 존재임을 입증하는 존재이기도 했다(빌 3:21).

결론적으로 혈과 육은 하나님 나라를 상속받을 수 없다(고전 15:50). 그러나 혈과 육을 가진 사람은 하나님 나라를 상속받을 수 있다. 하나님의 신령한 말씀의 인도와 안내를 받으면, 사람의 유한한 에너지는 하나님의 에너지와 제휴하여 점차—그리고 결국 전적으로—썩지 아니함을 입을 수 있다(고전 15:54; 벧전 1:4; 빌 3:11 참조).

물론 혈과 육을 가진 사람이 육적인 사고와 행동만 행함으로써 죽음으로 낙착될 수 있다. 그 사람은 자신의 사유와 소망을 하나님에게 두지 아니하고 오로지 인간 육체 속에 있는 자연적인 능력에 둠으로써 '썩어짐을 수확'하게 될 것이다. 여기에 우리가 해야 될 선택이 있고, 좇아야 할 훈련이 있는 것이다.

성령을 위하여 심으라

사도 바울은 다음과 같은 잘 알려진 말씀에서 이 사실을 공식화한다.

> "육신을 따르는 자는 육신의 일을, 영을 따르는 자는 영의 일을 생각하나니 육신의 생각은 사망이요 영의 생각은 생명과 평안이니라 육신의 생각은 하나님과 원수가 되나니 이는 하나님의 법에 굴복하지 아니할 뿐 아니라 할 수도 없음이라 육신에 있는 자들은 하나님을 기쁘시게 할 수 없느니라"(롬 8:5-8).
>
> "스스로 속이지 말라 하나님은 업신여김을 받지 아니하시나니 사람이 무엇으로 심든지 그대로 거두리라 자기의 육체를 위하여 심는 자는 육체로부터 썩어질 것을 거두고 성령을 위하여 심는 자는 성령으로부터 영생을 거두리라 우리가 선을 행하되 낙심하지 말지니 포기하지 아니하면 때가 이르매 거두리라"(갈 6:7-9).

어떠한 선택을 하느냐에 따라 결과가 좌우된다. 그러므로 우리는 가능한 한 우리가 선택할 수 있는 이 두 가지 대안의 의미를 신중하게 파악해야 한다. 나의 목적은 우리의 선택이 영적 성장이나 영적 파멸이라는 특수한 삶의 과정에 관련된다는 사실 그리고 우리도 예외 없이 이 과정의 법칙을 따라야 한다는 사실을 인식하도록 돕는 데 있다.

특별히 나는 이러한 논의를 통해 육체를 본질적으로 타락하거나 악하거나 죄악된 것으로 생각하는 것이 크게 잘못된 것임을 분명히 하기를 바란다. 즉 인간의 본성과 은혜에 대한 성경적인 관점은 결코 육신을 죄의 편린으로 보지 않는다는 것이다. 우리가 "우리의 지체를 의에게 종으로 드려 거룩함에 이르는" 임무를 성실하게 수행하면 이러한 실수는 피할 수 있다(롬 6:19, 6:12-22 참조). 그렇지 아니하면 우리는 육신을 경멸하게 되고, 육신을 하나님이 의도하신 대로 영적 삶을 이루는 원천으로 삼을 수 없을 것이다.

육체는 "타락한" 인간 본성이 아니다

우리는 그 밖에도 육체에 관한 몇 가지 다른 사실들을 이해해야 한다. 만약 우리가 육체를 타락한 인간 본성과 동일시한다면, 몸은 원래 의도된 영적 생활의 원천이 될 수 없다. 육체를 단순히 첫 사람의 타락으로 말미암아 왜곡되고, 불구가 되고, 합리적인 통제가 불가능해진 인간 본성과 동일시하고, 그리하여 그 이후의 육체를 반역의 원천, 즉 인간 의지의 도움이 없으면 지배할 수 없는 것으로 보는 것은 옳지 않다. 타락한 인간 본성 자체는 죄의 원천이다.[14]

구속받지 못한 육체가 몸의 물질적 자원으로서 그리고 그 자원이 드러내는 본성적 능력으로서 죄의 주인 노릇을 한다는 것은 사실이다. 그러나 '타락한 인간 본성'이란 육체 자체가 아니라 그것의 훼손된 상태라고 보아야 한다. 이 상태에서 육체는 영을 대적하고 악한 일을 저지르므로 우리는 육체의 욕심을 십자가에 못 박아야 한다(갈 5:16, 19f.). 유감스럽게도 교회사를 살펴보아도 육체를 타락한 인간 본성과 동일시하는 것이 잘못임을 깨달은 사람은 그리 많지 않다. 퀘이커 운동을 창시한 조지 폭스(George Fox)가 그 소수의 사람들 중의 한 사람이었는데, 그의 통찰로 말미암아 그는 종종 동료들과 충돌했다. 그는 이런 충돌 중 하나에 대해 다음과 같이 말했다:

> "이 신앙 고백자들은 표면적 몸은 죄와 사망의 몸이라고 말했다. 나는 그 점에 잘못이 있음을 지적했다. 왜냐하면 아담과 하와는 각기 죄와 죽음의 몸이 그들에게 임하기 전에 표면적 몸을 가지고 있었기 때문이다. 사람들은 죄와 죽음의 몸을 벗어날 때 원래의 몸을 가지게 될 것이다. 예수 그리스도를 통해 새롭게 되어 다시 하나님의 형상을 입을 때 그들은 타락 이전의 상태로 회복될 것이다."[15]

폭스는 우리에게 벗어 버리라고 명령된 "육적 몸"(골 2:11)과 "옛 사람"(엡 4:22)이란 우리의 육적 생존의 자연적 몸일 수 없다는 것을 분명히 깨달았다. 왜냐하면 우리는 그것을 벗어버릴 수 없기 때문에, 즉 자살을 할 수 없기 때문이다.

첫 사람 아담과 하와는 범죄하기 전에 이미 육적 몸을 가지고 있었다. 그런 까닭에 육은 타락한 인간 본성과 똑같은 것이 아니다. 그러므로 타락한 인간 본성에 관해 성경적으로 더 정확한 개념은 요한1서 2:16에서 기록된 "세상"이라고 할 수 있다: "이는 세상에 있는 모든 것이 육신의 정욕과 안목의 정욕과 이생의 자랑이니 다 아버지께로 좇아 온 것이 아니요 세상으로 좇아 온 것이라." 타락한 인간 본성은 창조 때에 인간의 육체 속에 주어진 선한 능력이 하나님을 반역하여 왜곡되고 조직화되어진 특징이다. 이것은 개인적인 과정뿐 아니라 사회적, 역사적 과정을 통해서도 일어난다.

타락으로 말미암아 우리는 마음에 하나님 두기를 싫어하고(롬 1:28) 오직 육체만을 신뢰하게 되었다. 우리는 살아가면서 의지할 하나님이 없으므로 사물을 우리 수중에 붙잡아야 한다고 생각한다. 육적인 마음을 갖는다는 것이 바로 이런 것이다. 우리로 하여금 하나님과 불화하고 하나님의 법에 순종할 수 없도록 하는 것은 육체가 아니라 육적인 마음이다.

"영이 모든 육체 위에 부어지리라"는 옛 약속이 있다(욜 2:28; 행 2:17). 육체는 "주님을 앙모할" 수 있고(시 63:1), "주께 나아올" 수 있고(시 65:2), "하나님께 부르짖을" 수 있고(시 84:2), "하나님의 성호를 송축할"(시 145:21) 수 있을 뿐 아니라 앞에서 언급한 것처럼 "썩음을 당하지도 아니한다"(행 2:31). 물론 '세상'에 관해 말한 구절은 하나도 없다.

인격의 완전한 구속에 미치는 훈련의 역할

깊이 숙고해 보면 그리스도의 쉬운 멍에가 영성훈련과 뗄 수 없는 관계에 있음을 알 수 있다. 신약 성경에 묘사된 구속의 의미는 구현된 인간 본성 및 하나님께서 우리를 지으신 목적과 연관해야 파악될 수 있다.

하나님은 태초에 육적인 인간 유기체의 능력을 우리의 소명을 이루는 수단으로—땅의 동물계를 다스리면서 영적인 하나님 나라와의 자발적인 교통을 가질 수 있는 능력을 포함하여—활용하도록 만드셨다. 인간의 육체는 하나님에 의해 주어진 독립적 능력과 자유의 중심이다. 간단히 말해서 육체가 없으면 능력도 없다. 사람들은 한 가지 이유 때문에 육체를 소유한다. 즉 우리에게 허락된 자원들을 우리 임의대로 처분하여 우리가 인격적인 하나님과 교제하고 연합할 수 있는 인격이 되도록 하기 위해서이다.

우리의 몸은 하나의 특별한 성품을 지니며 우리가 자발적으로 수행하는 경험들을 통해 이루어진 특별한 재능과 성향들을 지니게 된다. 우리의 성품은 어느 정도까지는 우리 자신에 의해 형성된다. 하나님은 생명을 부여하는 말씀을 통해 거듭남 속에서 하나님과 상호 교통할 수 있는 우리의 원래의 능력을 새롭게 하신다. 그러나 우리 육체의 본질은 우리가 날마다 선택하여 행하는 행동과 사건들에 의해서만 완전히 변화된다. 다른 말로 말하면, 은혜만으로 우리가 그런 삶을 살기에 적절한 행동을 수행한다는 보장은 하지 못한다. 우리도 몸의 변화에 일익을 담당한다. 하나님이 우리에게 주신 몸은 다양하게 형성될 수 있는 유연성과 능력을 가지고 있다는 의미에서 '신축적'이다. 생리학자, 심리학자이며 철학자인 윌리엄 제임스(William James)의 말을 들어보자.

> "신축성이란…하나의 영향력에 굴복할 만큼 약하지만 갑자기 굴복하지는 않을 만큼 강한 구조를 가지고 있음을 의미한다. 이러한 구조 속에서 이루어지는 각각의 비교적 안정적인 평형 상태(equilibrium)는 일련의 새로운 습관들이라고 부를 수 있는 것으로 나타난다. 조직 물질, 특히 신경 조직은 이러한 종류의 신축성을 특별히 많이 부여받은 것이라고 생각된다. 그러므로 우리는 생물 속에 있는 습관이라는 현상은 그의 몸을 구성하는 조직물질의 신축성에 의존한다고 주장할 수 있다."[16]

우리 육체의 본질은 은혜에 의해서는 물론이요 우리의 행동에 의해 선악의 통로로 구체화된다.

주(註)

1) Abraham H. Maslow, "The Good Life of the Self-Actualizing Person," *The Humanist*(July-August, 1967):139. Alasdair MacIntyre, "Theology, Ethics, and the Ethics, and the Ethics of Medicine and Health Care," The Journal of Medicine and Philosophy, vol. 4 (1979):435-43.
2) Fancis A. Schaeffer, *True Spirituality*(Wheaton, IL: Tyndale, 1971), 17.
3) William Temple, "The Divinity of Christ," in B. H. Streeter, ed., *Foundations*(London: Macmillan, 1920), 259.
4) Lewis Sperry Chafer, *He That Is Spiritual*(Findlay, OH: Dunham, 1918), 69-71.
5) Agnes Sanford, *The Healing Gifts of the Spirit*(New York: Lippincott, 1966), 154
6) Eckhart, *Meister Eckhart*, trans. Raymond Blakney(New York: Harper, 1941), 253.
7) See chap. 1 of H. Wheeler Robinson, *The Christian Doctrine of Man* 3rd edition(Edinburgh: T & T Clark, 1926), and Oscar Cullmann, "Immortality of the Soul or Resurrection of the Dead," in Krister stendhal, ed., Immortality and Resurrection(New York: Macmillan, 1965), 9-53. The literature is reviewed in John A. T. Robinson, The Body: A Study in Pauline Theology(London: SCM, 1952).
8) William James, *The Principles of Psychology*(New York: Holt, 1890), chap. 25을 보라.
9) Erwin Schrodinger, *What Is Life? and Other Scientific Essays*(Garden City, NY: Doubleday, Anchor Books, 1965), 74.
10) 육체의 본질에 관한 실존주의적이고 현상학적인 관점에 대해 알기 위해서는 Richard Zaner, *The Problem of Embodiment*, 2d ed (The Hague: Nijhoff, 1971)을 보라.
11) Alexander Lowen, *The Betrayal of the Body*(New York: Collier, 1971), 2-3.
12) Nicolas Berdyaev, *Freedom and the Spirit*(London: Bles, 1935), 169.
13) See Aristotle's book on the nature of the soul, *De Anima*, p. 418b, lines 7-9 of the Bekker pagination.
14) Philip Hughes, *A History of the Church*, 2 vlos.(New York: Sheed and

Ward, 1935), 1:170.

15) George Fox, *Journal of George Fox*, ed. Norman penney(London: Dent, 1948), 91. See also James Gilchrist Lawson's discussion of Fox in his *Deeper Experiences of Famous Christians*(Anderson, IN: Warner, 1970), 100; Robert Jewett, *Paul's Anthropological Terms: A Study of Their Use in Conflict Settings*(Leiden: Brill, 1971) and Ernest De Witt Burton, *A Critical and Exegetical Commentary on the Epistle to the Galatians*(Edinburgh: Clark, 1952), 492-95).

16) James, *The Principles of Psychology*, chap. 4.

7

사도 바울의 구속의 심리학—모범

> 운동장에서 달음질하는 자들이 다 달릴지라도 오직 상을 받는 사람은 한 사람인 줄을 너희가 알지 못하느냐 너희도 상을 받도록 이와 같이 달음질하라 이기기를 다투는 자마다 모든 일에 절제하나니 그들은 썩을 승리자의 관을 얻고자 하되 우리는 썩지 아니할 것을 얻고자 하노라 그러므로 나는 달음질하기를 향방 없는 것 같이 아니하고 싸우기를 허공을 치는 것 같이 아니하며 내가 내 몸을 쳐 복종하게 함은 내가 남에게 전파한 후에 자신이 도리어 버림을 당할까 두려워함이로다
>
> | 고린도전서 9:24–27

> 아리스토텔레스 이후 얼마 동안 그리스 철학은 바울의 철학에서 참된 발전 과정을 이루었다.
>
> | 윌리엄 램지

우리에게 훈련된 생활에 대한 통찰을 제공해 줄 삶이 과연 존재하는가?

영성훈련은 "경건에 이르기를 연습하는" 데 그 참된 의미가 있다. 이것은 사도 바울이 자신의 삶과 믿음의 근본 주제를 표현한 것이다(딤전 4:7). 그리스도의 쉬운 멍에를 지는 삶에 관한 필수적인 시금석은 이방인에게 복음을 전한 이 위대한 사도가 그리스도와 동행한 방법에 있을 것이다. "경건에 이르기를 연습하는 것"은 사도 바울이 분명한 의미를 밝히지 않은 고상한 개념이었는가? 아니면 그것은 그가 분명하게 이해하고 있었고, 그 자신이 신중하게 따랐으며, 다른 사람들에게도 동참하라고 요청한 정확한 행동의 과정을 가리키는가?

물론 후자이다. 바울은 자기 자신과 그 시대의 독자들을 위해 자신의 생각을 체계적으로 설명한 영성훈련 지침서를 저술할 필요를 느끼지는 않았을 것이다.

그러나 세월이 조금 흐르면서 영성훈련이라는 이름으로 많은 폐단들이 나타나게 되었다. 다음 장에서 거론하겠지만, 오늘날 우리는 바울이 몸소 실천했던 바 '육체의 고행'에 관한 그의 가르침이나 실천을 쉽게 이해할 수 없다. 기독교인으로서의 바울의 삶을 면밀히 고찰해 보자.

수수께끼의 인물 바울

사도 바울은 세계 역사를 형성하고 인간의 지성과 영혼을 선도한 역사상 극소수의 위인 가운데 한 사람이다. 그러나 현대적 시각에서만 그를 보는 사람들에게 있어서 바울은 불가해한 인물이다. 어쩌면 바울을 영적 생활의 지도자로 보는 사람들에게 있어서도 마찬가지이다.

프리드리히 니체(Friederich Nietzsche)는 극단적이기는 하지만 바울에 대해 오늘날의 많은 세속 사상가들처럼 경멸적인 태도를 취한다. 니체는 바울을 "가장 야심적인 사람들 가운데 한 사람이었다. 그는 미신적인 동시에 교활한 사람이며, 많은 고난을 받은 사람이요, 사람들의 동정을 많이 받은 사람이요, 자신에게나 다른 사람에게나 기분 나쁜 사람이었다"[1]라고 한다. 니체의 이러한 주장이 그 자신에게 적절한 것인지 바울에게 적절한 것인지의 판단은 여러분에게 일임하는 바이다.

한편, 바울이 조직 신학자인지, 교회 행정가인지, 윤리 사상가인지, 신비적 환상가인지, 아니면 고행적 성자인지에 대해서 기독교 학자들의 의견은 일치하지 않는다. 그는 흔히 기독교의 교리 체계의 수립자라고 여겨지고 있는데, 제임스 스튜어트(James S. Stewart)는 이것을 "역사상 최고의 성자에 대한 최고로 부당한 평가"[2]라고 주장한다.

그러나 바울에 관한 스튜어트의 유명한 저서 『그리스도 안에 있는 사람』(A Man in Christ)은 바울의 심령과 그의 메시지가 하나의 지평 속에 있다는 것, 곧 성도의 체험적인 삶 속에 그리스도의 '실제적인 임재'가 연속적으로 이루어지고 있다는 사실을 분명히 하고 있다. 스튜어트의 책은 그런대로 유익하다. 그러나 그 책은 기본적인 요점을 간과하고 있는데, 이것은 최근 바울에 관한 주요 논쟁에 공통적으로 나타나는 현상이다. 그것은 바울의 생명이신 그리스도라는 체험을 무시하고 있다. 따라서 스튜어트는 그 본질과 결과를 잘 설명하고 있기는 해도, 고린도전서 4:16과 11:1에서 지적하고 있듯이, 바울이 그리스도를 따른 것처럼 바울을 따르기를 원하는 사람들에게는 실천적인 접근이 거의 불가능하다는 결론을 주고 있다.

제2장에서는 현대 교회가 얼마나 과거의 교회나 성경으로부터 주요 구주가 되시는 예수 그리스도의 은혜와 지식 안에서 바르게 자라가는 법을 배울 수 없는 것처럼 보이는지에 대해서 말했다. 우리는 예수께서 실제로 행하셨던 일에 별로 주목하지 않는 듯하다. 또한 누가복음 16:16과 마태복음 11:12에 묘사된 대로 "천국을 침노하여 빼앗으라"는 초청을 받은 사람들이 행한 일에도 주목하지 않는 것 같다. 우리는 우리를 인도해 주어야 할 지식에 대해 눈이 멀어 있다. 그 지식은 불가시적인 것이요 우리의 정신적 지평 안에 있는 것이 아니다. 이 특별한 맹목성은 우리로 하여금 예수님과 바울이 실제로 행하신 것, 곧 그분들이 선택하여 헤쳐 나가고 경험했던 것들을 우리의 삶에서 거부하게 만든다.

'거부'란 그다지 강력한 표현은 아니지만 정확한 표현도 아니다. 무엇을 거부하려면 먼저 그것을 고려하거나 분석해야 한다. 그러나 우리는 예수님과 바울의 교훈이나 명령과는 반대로 그분들의 일상생활의 세부적인 사실들을 심각하게 고려하지 않기 때문에 그것들을 수용하거나 거부하라는 요청에 직면해 있음을 느끼지 못한다. 그러한 세부적인 사실들은 우리가 행해야 하는 실제적 선택과는 무관하다. 그래서 우리는 이렇게 말한다: "예수님이 세례받으신 후에 오랫동안 금식하고 홀로 고독하게 보낸 것이 도대체 우리와 무슨 관계가 있느냐? 우리는 예수님이 아니다.

또 바울이 자신의 몸을 쳐서 복종시킨 것이 그의 사역에 필수적일 수 있다. 그러나 여러분도 알다시피 나는 꼭 그렇게 하지 않고서도 잘 하고 있지 않은가?"

이렇게 되면 예수님을 따르라는 명령이나 주님을 따른 바울의 모범에 대한 말들은 모조리 실질적 의미가 없는 공허한 말이 되고 만다. 그것은 우리의 일상적 생존의 실제적 전략을 표현하는 것이 아니며, 기껏해야 어떤 특수한 신앙의 순간이나 항목에 관심을 갖는다. 따라서 우리는 그분들의 경험을 공유하지 못하게 되고, 그분들의 행동을 닮은 행동을 지속적으로 하지 못하게 된다. 결국 그분들의 행동은 그분들의 경험에 의거할 따름이기 때문이다. 그 경험들은 그분들이 자신의 삶을 어떻게 영위했느냐로부터 연원한다. 우리는 그분들의 행동들을 공유하지 않기 때문에 그분들에 관한 말만 늘어놓게 되고 그분들의 말씀을 우리 경험 속에 적용시키는 경우는 아주 드물게 된다. 이처럼 그분들의 삶의 방식과의 분리를 극복하는 유일한 방법은 예수님과 바울이 실제로 행하신 일들을 그리스도 안에 있는 우리의 생명에 반드시 필요한 것으로 여겨 그것들과 깊은 관계를 가지는 것이다.

바울시대에는 영성훈련이 필요하다고 여겼다

'경건에 이르는 연습'이라는 말이 들어 있는 구절은 단연코 실천적인 문맥이다. 바울은 여기서 믿음의 아들인 디모데에게 하나님의 자녀들을 성공적으로 인도하는 방법에 대해 말하고 있다. 그는 연습이나 훈련에 대해 말하면서 우리가 '짐나지움(체육관)'이라는 말의 어원인 '굼나제'(gumnaze)라는 말을 사용했다. 바울은 이 젊은 동역자에게 망령되고 허탄한 신화를 버리고 '영적 체육관'에서 수고라고 권고한다.

> "망령되고 허탄한 신화를 버리고 경건에 이르도록 네 자신을 연단하라 육체의 연단은 약간의 유익이 있으나 경건은 범사에 유익하니 금생과 내생에 약속이 있느니라"(딤전 4:7-8).

육체의 연습은 바울을 비롯하여 에게 해 지역의 사람들이 익히 알고 있는 것이었다. 디모데가 에베소 교회의 목자가 되기 오래 전부터 사람들은 육체적 훈련의 책임을 맡고 있는 사람들을 눈에 보이는 친구로 여겼다. 누구나 육체적 힘을 키우는 훈련을 하는 데 요구되는 것을 알고 있었다. 바울은 디모데에게 권고하면서 영적 영역에도 그와 동일한 현상이 있음을 지적하고 그 현상을 참고로 하여 자신의 주장을 펼친다. 그것은 아주 유익한 유추이다. 육체의 능력을 확립하고 유지하고 증대하기 위해 특별한 행동들을 해야 하듯이, 영적인 능력을 확립하고 유지하고 증대하기 위해 행해야 할 구체적인 활동의 범주가 있다. 사람은 연습뿐만 아니라 훈련도 해야 한다. 운동선수가 열심을 다해야 훌륭한 경기에 대해서 말할 수 있다. 그러나 말만으로는 경기에 승리할 수 없다. 지식 없는 열심이나 실천이 없는 열심만으로는 충분하지 않다. 우리는 지혜롭게 그리고 강력하게 영적 성취를 위해서 훈련해야 한다.

바울은 이러한 전제를 설명하거나 증명할 필요가 없었다. 그것은 발전하는 기독교회에서나 주변 문화, 즉 유대 문화, 헬라 문화, 또는 로마 문화에서 흔히 있을 수 있는 일이었기 때문이다. 그 점은 아무리 강조해도 지나치지 않는다.

　그 이유는 무엇인가? 바울의 시대에는 기독교인들이 영적 생활을 위한 정규 훈련 과정으로서 금식하고 홀로 거하며 성경을 공부하고 구제해야 한다는 것을 명백히 선포할 필요가 없었다는 것을 오늘날의 서구의 사상 풍토 속에서 자각하기란 불가능한 일이다. 물론 우리는 금욕 고행적 관습을 단지 이교 국가인 인도에서나 성행하는, 아니면 서구 유럽의 영적 타락기인 '암흑시대'에나 있었던 기행 정도로만 생각하는 경향이 있다. 그러나 이러한 생각은 진실과는 거리가 멀다. 그것은 부분적으로는 우리의 억제되지 않은 본성적 충동이 본질상 선한 것이고, 우리는 "다른 사람에게 손해를 입히지 않는 범주 안에서" 우리의 본성적 충동을 충족시킬 권리를 가지고 있다는 신념으로 말미암아 생겨난 환상에 불과하다.

　그러나 갠지스 강에서 티베르 강에 이르는 고전 헬라 세계에 살았던 사려 깊고 경건한 사람들은 인간의 정신과 육체가 고상한 개인적, 사회적 실존에 도달하려면 엄격하게 훈련해야 한다고 생각했다. 이것은 사도 바울이 독자들에게 증명하거나 분명히 진술해야만 했던 것은 아니다. 그렇다고 해서 그는 그것을 암흑시대에 광신적인 수도사들이 생각해 낸 것으로 규정하여 간과하지도 않았다. 그것은 오히려 집단적인 인간 경험의 집적에 의해 창출된 지혜이다. 역사적 의미가 있는 종교들은 모두 그것을 이런 저런 방식으로 수용하고 가르치기는 했지만, 그것이 특별히 종교적인 것은 아니다. 그것은 종교에 특별히 중요하기는 하지만 어디까지나 인간 본성에 관한 상식일 뿐이다.

우리는 어디에서 이같이 "좋다고 느끼는 것을 행함"에 관한 개념을 얻는가? 억제되지 않은 현대의 쾌락주의는 역사적으로 18세기에 행복을 이상화함에 의해 시작되어 쾌락을 사람들을 위한 선으로 보는 19세기의 영국의 이데올로기를 거쳐 전해졌다. 결국 그것은 우리가 '좋다고 느끼는' 현 사회의 틀 안에 나타났는데, 안타깝게도 그것은 대중문화와 대중 종교와 영합하고 있다.

그것에 대해 생각해 보자. 사람들이 그것을 좋다고 느끼든 느끼지 않든 그리고 그것을 따르든 안 따르든, 그것은 일반적으로 인식된 종교 의식의 가장 성공적 표준이 아닌가? 오늘날 세계에서 두드러지게 나타나고 있는 '좋다고 느끼는' 정신 때문에 오늘날 많은 사람들은 바울과 그 시대 사람들이 받아들인 것을 움직이기 어려운 하나의 현실로 받아들이지 못한다. 오늘날의 공동체와 교회는 자신의 느낌에 충실하며 그것의 속박을 받기 때문에 정신이 마비되고 신경과민이 되어버린 사람들로 북적대고 있다.

초대 교회에서의 영성훈련 실천

만약 바울이 독자들을 위해 사람의 욕구와 감정을 훈련해야 할 필요성에 관해 일찍이 일반적으로 받아들여졌던 이 전제를 보다 자세히 설명할 필요가 있었다면, 그 자신이 실천한 본보기나 초대 교회 내의 다른 지도자들의 본보기를 사용하여 충분히 설명할 수 있었을 것이다. 게다가 그들은 영을 튼튼하게 하려는 목적을 지닌 활동들을 풍성하게 실천한 세례 요한과 예수님의 인격과 사역을 눈앞에 두고 볼 수 있었다. 따라서 초대 기독교인들은 어디에서나 고독, 금식, 기도, 개인적 성경 읽기, 예배 그리고 희생적 봉사와 구제의 본보기들을 보았다.

초대 기독교인들은 비기독교도인 이웃들 그리고 오늘날 기독교인이라고 불리는 대부분의 사람들과는 아주 다른 삶을 살았다. 그들이 핍박 받으면서 행했던 것만이 아니라 그들의 총체적인 삶의 방식이 달랐다. 이것은 하나의 사실로서 성경 문헌 및 그 당시의 다른 문서들에 의해 확증될 수 있다. 예를 들어 에베소서나 빌립보서 같은 바울 서신서의 내용을 문자 그대로 취한다면, 그 서신의 저자가 다른 질서의 범주 안에서 살았다는 느낌을 받을 수밖에 없다. 유세비우스(Eusebius, A. D. 263-339)의 『그리스도로부터 콘스탄틴까지의 교회사』(History of the Church from Christ to Constantine)와 같은 저술들은 이 점을 강력하게 천명하고 있다.

독거獨居의 활용

초대 교회 교인들이 훈련을 얼마나 지속적으로 실천했는지를 예증하려면 예수님과 그의 제자들이 독거를 얼마나 폭넓게 실천했는지를 고찰해 보아야 한다. 뒷장에서 살펴보겠지만 독거는 가장 근본적인 영성훈련이다. 형벌 제도에서 독방에 감금하는 벌은 가장 난폭한 의지를 꺾으려 할 때 사용된다. 그것은 타락한 인간 본성이 전적으로 의존하고 있는 타인과의 상호 관계를 차단하기 때문에 효과가 있다. 하나님으로부터 단절된 생명은 죄악된 세상으로부터의 도움을 박탈당하면 죽는다. 그러나 하나님과 조화를 이루는 생명은 홀로 있음으로써 성장한다.

세례 요한은 이전의 많은 선지자들처럼 광야에서 홀로 많은 시간을 보냈다. 예수님은 세례 받을 때부터 겟세마네 동산에서 함께 깨어 기도하기를 원했던 제자들과 따로 떨어져 있을 때까지(마 26:38-42) 끊임없이 홀로 있는 시간을 가지셨다. 독거만이 하나님과 주님의 근본적인 관계의 가능성을 열어 주었다. 그러한 관계가 그로 하여금 죽음에 이르기까지 모든 외적 사건들을 견디낼 수 있게 해주었다.

> "은거(隱居)는 영혼의 실험실이요, 내적 고독과 침묵은 영혼의 두 날개이다. 세상의 구원을 포함한 모든 위대한 사역들은 광야에서 예비 되었다. 주님의 선구자들, 추종자들 그리고 주님까지도 오직 한 가지 법칙에 순종했고, 순종해야 했다. 선지자들, 사도들, 설교자들, 순교자들, 지식의 선구자들, 영감을 받은 모든 예술가들, 평범한 사람들 그리고 신인(神人)이신 주님 등 모두가 고독, 침묵의 삶과 적막한 밤의 시간을 소중히 여겼다."[3]

독거를 통해 강건해진 예수님

오늘날에는 사회를 떠나 독거하는 것이 강함, 기쁨, 능력을 가리키기보다는 오히려 약함, 고난, 도피 또는 실패를 가리키는 것처럼 보인다. 그렇기 때문에 예를 들어 예수님이 세례 받으신 후에 시험받으신 문맥(마 4장)을 완전히 잘못 이해하게 된다. 기록상으로는 성령이 주님을 마귀에게 시험받도록 하기 위해서 광야로 인도하셨다고 되어 있다. 이것은 광야에서 홀로 거하여 굶주리신 예수, 참으로 연약한 모습으로 사단 앞에 서있는 주님의 모습이 아닌가? 이 문제에 대해 내 말을 들은 대부분의 사람들은 독거와 격리의 장소인 '광야'가 실제로 주님에게는 강함과 힘을 축적시키는 장소였고, 그리스도께서 사단의 시험을 가장 강한 상태에서 맞이할 수 있게 하기 위해서 성령이 그분을 그곳으로 인도했다는 말에 충격을 받았다.

예수님은 광야에 홀로 거하시면서 한 달 이상을 금식하셨다. 사단은 빵과 명예와 권세에 관한 그럴 듯한 유혹을 가지고 주님에게 접근했다. 그때 예수님의 능력은 최고 수준에 있었다. 광야는 그분의 요새요 능력의 장소였다. 주님은 평생 동안 자신의 육체를 의에 복종시키기 위해서 고독한 장소를 찾으셨다(막 1:35, 3:13, 6:31, 46). 즉 주님은 하나의 행동으로서가 아니라 선의 능력을 확보하기 위해 그곳을 찾으셨던 것이다. 예수님을 따른 사람들은 예수님이 독거를 실천하신 것을 알았고, 주님이 죽으신 이후 대대로 그것을 모방했다.

바울의 영성훈련 실천: 고독, 금식, 기도

> "너희는 내게 배우고 받고 듣고 본 바를 행하라 그리하면 평강의 하나님이 너희와 함께 계시리라"(빌 4:9).

물론 바울도 그러한 추종자들 가운데 한 사람이었다. 그러나 바울은 회심할 때 이미 "유대교를 지나치게 믿어 조상의 유전에 대하여 더욱 열심이 있었다"고 고백할 만큼 종교적으로 특심한 사람이었다(갈 1:14). 다른 서신서에서 말하는 것처럼 그는 "율법의 의로는 흠이 없는" 사람이었다(빌 3:6). 누가복음에 나타난 바리새인의 의를 기억하는가? 그가 한 주일에 두 번씩 금식하고 가진 모든 것의 십일조를 바쳤을진대, 열심있는 바울의 금욕 고행적이요 훈련적 행동은 그 이상이었다고 말할 수 있을 것이다.

따라서 그리스도를 따르기 전부터 바울은 큰 자제력과 훈련을 겸비한 인물이었음에 틀림없고, 그것은 회심 이후에도 사라지지 않았다. 회심 후 그의 훈련에는 새로운 의미가 주어졌으니, 더 이상 하나님 앞에서 자기의 의를 과시하려는 것이 아니었다(빌 3:7-8). 바울의 생애와 저작 속에서는 폭넓은 훈련에 의해 획득되는 자제력이 끊임없이 강조되었다. 그것은 디도서 1-2장에서만도 다섯 번이나 언급된다.

바울이 그리스도를 만난 상황을 생각해 보라. 다메섹 도상의 사건 직후 그는 사흘 동안 식음을 전폐하고 기도했다(행 9:9, 11). 얼마 후 "혈육과 의논하지 아니하고" 아라비아 사막으로 가서 오랫동안 지냈다. 그는 시내 반도4)의 외딴 광야에서 주님과 계속 교제하면서 다메섹, 예루살렘 그리고 결국에는 고향인 소아시아의 다소로 돌아올 준비를 했다.

존 폴록(John Pollock)은 바울이 다소와 다소 주변에 숨어 살던 시기의 모습을 흥미롭게 설명했다. 폴록은 바울이 유대인에게 사십에 하나 감한 매를 다섯 번 맞은 것(고후 11:24)이 지방 공의회가 잘못을 범하고 있는 자기들의 형제 바울을 구하고 그를 파문하지 않으려고 노력하던 이 시기의 일이라고 보았다. 그러나 그가 자신의 친구요 메시아인 부활하신 그리스도를 변함없이 증거하는 것을 보면, 그것은 아무 소용이 없는 핍박이었다. 폴록은 그후 바울에게 일어난 일을 다음과 같이 기록했다.

"바울은 가정과 안전과 지위를 모두 포기하고 다소 언덕에 있는 광야로 사라졌다. A. D. 41년 혹은 42년 경, 그는 '사도 바울의 굴'이라고 여겨지는 굴에서 '주님의 환상과 계시'를 받은 것으로 보인다. 그것은 너무나 거룩한 것이었기 때문에, 그는 14년 동안 그 사실을 전혀 언급하지 않다가 후에 조심스럽게 삼인칭으로 '내가 그리스도 안에 있는 한 사람을 아노니 14년 전에 그가 세째 하늘에 이끌려 올라간 자라 그가 몸 안에 있었는지 몸 밖에 있었는지 나는 모르거니와 하나님은 아시느니라'고 말했다."[5]

다메섹 도상에서 그리스도를 만나고 나서 약 15년 후 그리고 안디옥 교회에서 얼마 동안 봉사한 후, 이 교회의 지도자들은 바울과 바나바를 따로 세워 복음 전도 사역에 특별히 전념하게 하라는 성령의 지시를 받았다(행 13:2).

그로부터 몇 달 동안에 소아시아의 많은 도시들은 바울과 바나바의 사역으로 말미암아 허다한 개종자를 배출했다. 전도 여행을 마치고 안디옥 교회로 돌아온 그들은 기도하고 금식하면서 각 교회의 장로들을 임명했다(행 14:23). 바울의 능력은 금식과 독거와 기도가 없이는 상상도 할 수 없는 것이었다.

이웃을 섬김

바울의 생애와 사역은 위대한 자기희생과 단순성과 검소함이라는 특징을 지닌다. 그는 많은 기독교 공동체를 세우고 확장하는 데 많은 시간을 보내면서도 스스로 일하여 생계를 유지했다. 그는 자신이 사도로서 지니고 있는 모든 특권들(고전 9:12), 베드로와 주님의 형제들은 풍성하게 누리고 있었던 특권들(고전

9:5)을 거절했다.

우리가 육체적 훈련과 영적 훈련 사이의 평행 관계를 바로 보기만 하면, 바울이 이렇게 생활한 목적을 분명히 파악할 수 있다. 그 목적은 자기의 육체를 다룬 방법에 대한 그의 증언에서 분명하게 나타난다. 바울이 그리스도를 따르는 것처럼 바울을 따르려는 사람들은 바울의 생활 속에서 "내가 내 몸을 쳐 복종하게 함"(고전 9:27)이라는 말의 의미를 보게 될 것이다. 그들은 또한 이러한 관점에서 자기들도 바울이 한 것처럼 행해야 한다는 것을 알게 될 것이다.

바울이 자신에게 있어서 지극히 중요하고 결실을 많이 거둔 사역 현장 중의 하나인 에베소를 떠나면서 행한 증언을 살펴보라.

> "오매 그들에게 말하되 아시아에 들어온 첫날부터 지금까지 내가 항상 여러분 가운데서 어떻게 행했는지를 여러분도 아는 바니 곧 모든 겸손과 눈물이며 유대인의 간계로 말미암아 당한 시험을 참고 주를 섬긴 것과…내가 아무의 은이나 금이나 의복을 탐하지 아니하였고 여러분이 아는 바와 같이 이 손으로 나와 내 동행들이 쓰는 것을 충당하여 범사에 여러분에게 모본을 보여준 바와 같이 수고하여 약한 사람들을 돕고 또 주 예수께서 친히 말씀하신 바 주는 것이 받는 것보다 복이 있다 하심을 기억하여야 할지니라"(행 20:18-19, 33-35).

하나님의 택함을 받아 이방에 교회를 세운 바울은 하나님의 복음을 전하는 일을 하는 동안에도 스스로 일하여 생계를 유지하고 다른 사람들을 부양했다(살전 2:8-9; 살후 3:8-9). 바울은 이렇게 행하면 갈등을 겪는 것이 아니라 능력을 부여 받는다는 것을 깨닫고 있었다. 그는 크고자 하는 자는 모든 사람의 종이 되어야 한다는 주님 말씀의 비밀을 알고 있었기 때문에 그것을 원리로 알고 실천했다(마 20:26-27; 고전 9:19). 바울의 전 생애는 예수님처럼 모든 사람의 종으로서의 삶이었다. 그렇기 때문에 그처럼 위대한 사역이 다른 사람이 아닌 그에게 맡겨진 것이다.

언행일치의 삶

바울의 경험과 행위 그리고 우리가 행해야 할 바에 관한 바울의 진술은 바울의 실제의 행위, 곧 그가 살아온 삶의 방식에 비추어 해석해야 한다. 우리는 "영으로써 몸의 행실을 죽이라"(롬 8:13), 또는 "땅에 있는 지체를 죽이라"(골 3:5)는 그의 명령을 그의 행위에 비추어 해석해야 한다. 그러한 관점에서 보면, 그는 본성적 욕구들을 훈련하여 경건에 이르게 하기 위한 표준적 활동들, 곧 종교 역사를 조금이라도 아는 사람들이라면 누구나 쉽게 깨달을 수 있는 행동을 하라고 지시하고 있음이 분명하다.

이러한 활동들로는 독거, 금식, 철야, 침묵, 정례적인 기도와 성경 읽기, 다양한 종류의 봉사에 시간과 정력과 재산을 바칠 것, 예배, 근검절약, 영적 교제를 나누며 지도자들에게 복종할 것 등이 있다.

오늘 우리는 예수님이나 바울을 평범한 목사나 사제들과 흡사하다고 생각하는 경향이 있다. 그러므로 우리는 그분들이 이처럼 엄격한 생활 방식으로 생활했으며 제자들에게도 똑같이 행하라고 요청했다는 주장에 큰 저항감을 느낀다. "이것은 기독교를 교회라기보다 군대처럼 만드는 것은 아닌가?"라고 물을 수 있을 것이다. "만약 그것이 바울이 몸을 의에 복종시키라고 말할 때에 의미하던 바라면, 왜 노골적으로 그렇게 말하지 않았겠는가?" 사실상 그는 그것을 노골적으로 말했다. 이것이 앞에서 인용하고 상기한 구절에서 그가 말한 바이다.

바울은 "내가 그리스도를 본받는 자 된 것같이 너희는 나를 본받는 자가 되라"고 말한다(고전 11:1). 그는 "너희는 내게 배우고 받고 듣고 본 바를 행하라 그리하면 평강의 하나님이 너희와 함께 계시리라"고 말한다(빌 4:9). 우리는 현대적인 인생관 안에서 어떻게 바울이 주님을 따른 것처럼 우리가 바울을 따를 것인지에 대해 부지런히 설명하는 수고를 부질없이 하고 있다. 우리는 바울이 행한 대로 믿고 말하는가? 그러나 우리의 삶은 그의 삶과는 전혀 같지 않다. 우리는 그가 행한 대로 행하지 않는다. 바울이 그리스도의 쉬운 멍에를 메고 승리의 삶을 살아간 것을 설명할 수 있는 유일한 기준은 그의 실천에 있다. 그는 믿음으로 주님의 총체적인 삶의 방식을 자신의 것으로 받아들였고, 그리함으로써 그 안에서 하나님의 은혜의 도우심을 경험했다. 이것이 바울의 삶과 가르침 그리고 그가 역사에 미친 영향을 이해하는 열쇠이다.

풀린 수수께끼

"내가 그리스도와 그 부활의 권능과 그 고난에 참예함을 알려 하여 그의 죽으심을 본받아 어찌하든지 죽은 자 가운데서 부활에 이르려 하노니"(빌 3:10-11).

바울이 연약함과 실수와 인격적인 결함에도 불구하고 주님처럼 되는 일에 전력했다고 생각하는 것이 바울을 이해하는 열쇠가 된다. 그는 날마다 주님이 가르치시고 실천하신 것을 행하며 살았다. 그는 포기의 삶을 살았다. 그로 하여금 다른 사람들에게도 자기와 같은 생활을 하라고 외칠 수 있게 만든 것은 그 길에 대한 확신 그리고 그것으로 말미암아 생기는 그리스도와의 풍성한 연합에서 흘러나오는 능력에 대한 확신이었다. 그의 행동, 성품, 동기 그리고 그의 겸손한 생활 방식에서 생겨난 놀라운 세계 변혁의 능력 등은 "바울은 예수님의 삶의 방식대로 살아감으로써 예수님을 따랐다"는 사실을 고려해야 이해될 수 있다. 그는 어떻게 그러한 생활을 할 수 있었는가? 그리스도가 아버지에게 의탁하기 위해 자신을 훈련하셨던 것처럼, 바울 자신의 전 인격을 부활하신 그리스도에게 의탁하도록 연단해 줄 다양한 활동들과 삶의 방식을 통해서였다.

다른 말로 하면, 바울과 주님은 세상이 당연하게 생각하는 무분별한 길을 직시한 무한한 능력의 사람들이었다. 그들은 심오한 질서에 대한 탁월한 예지와 명확한 비전을 가지고 있었기 때문에 언제나 복음서에서 반복적으로 언급된 바 "나중된 자가 처음 될 것"이라는 분명한 입장에 서있었다. 그들은 하나님의 나라의 심오한 질서에 뿌리를 두고 있었기 때문에 철저한 자기희생과 자기 포기의 삶 속에서 인간이 도달할 수 있는 최고의 경지를 보고 그러한 생활을 한 것이다.

또한 하나님께서는 그러한 생활 방법을 통하여 그들에게 맡겨진 사역을 성취하고 죽음의 권세를 물리치고 다시 살 수 있는

"무궁한 생명의 능력"(히 7:16)을 그들에게 주셨다. 그들은 이 세상에 사는 동안에는 세상의 주목을 받던 찬란하고 웅대한 세상 지도자들과 비교해 볼 때 너무나 낮고 평범한 사람들이셨다. 따라서 그들과 같은 시대에 살았던 사람들은 대부분 그들이 어떤 인물이셨는지를 알지 못했을 것이다. 우리도 실제로 믿음으로 그들이 사신 대로 살아가기 시작해야만 비로소 그들이 어떤 분인지를 알 수 있다.

삶의 참된 변화를 방해하는 괴리

그러나 오늘날 우리는 이러한 생각으로부터 괴리되어 있다. 현대 종교의 맥락에서 보면, 예수님과 바울에게서 보는 것과 같은 과감한 행동이 오늘날의 기독교에서는 필수적인 것이 아니라는—심지어는 유익하지도 않다는, 아니 도리어 해가 된다는—인식이 널리 퍼져 있다. 어쨌든 그것은 그처럼 과격한 방법으로 자신들의 삶을 변화시키려는 의도가 전혀 없는 우리 주변의 사람들, 특별히 종교인들을 당황하게 할 것이다. 그래서 우리는 바울의 지극히 실질적인 명령이나 모범을 다만 태도에 관한 것으로 간주하며 얼버무린다. 혹 그 속에서 우리를 향하신 하나님의 태도에 관한 훌륭한 신학적 관점을 발견할 수도 있을 것이다. 어떤 문화적 배경에서는 바울의 저작이 세속적 유희나 육체적 쾌락을 향유하지 못하게 하는 것으로, 아니면 현대적인 예의범절을 갖추라고 명하는 것으로 이해된다. 오늘날 우리는 현대적 개념들을 담은 상자에서 어떤 개념을 꺼내서 그것이 바로 그분이 말씀하신 것이라고 주장한다. 그러나 그러한 사고(思考)에서는 점차 그리스도를 닮아가는 실천적 과정을 이루어내는 건전하고 실질적인 일련의 행동이 나타나지 않는다.

에블린 크리센슨(Evelyn Christenson)은 이런 현상에 대해 이렇게 언급한다.

> "때때로 우리는 성경으로부터 완전하게 유익한 말('징계', '고난', '순종', '치유', '하나님의 공의'와 같은 것)만 한 후에 '나의 생각'이라는 풀장에 뛰어든다. 그리하여 나의 생각이 그 말 주위를 교묘하고 안전하게 누비고 다니게 함으로써 그 말에 관한 모든 "나의 생각"이 그 말의 성경적 의미를 포함하고 있다는 감상에 사로잡힌다."[6]

주님이 자신을 따르는 조건에 대해 말씀하신 기사(예, 눅 14장)를 읽을 때, 또는 영적 진보를 이루기 위해 몸과 육을 다루는 방법에 대해 말하는 바울의 진술(롬 6:13, 19, 8:13; 고전 9:27; 고후 4:10; 갈 2:20, 5:24; 빌 1:20-22; 골 3:5)을 읽을 때에 우리는 가장 강력하게 이런 유혹을 받는다. 오늘날 우리가 살고 있는 세계의 세속적 배경과 종교적 배경은 이러한 말씀들을 해석할 때에 어쩔 수 없이 바울과 주님의 삶보다는 우리 주위의 고상한 사람들의 삶을 더 선호하는 해석에 기울어진다. 우리는 다른 종류의 삶을 영위하는 것에 대해 말하지만, 실제로는 다르지 않은 종류의 삶을 선호하는 설명을 할 준비를 하고 있다. 우리는 이런 설명을 함으로써 우리를 다른 세계의 시민으로 만들 수 있는 유일한 길인 실천에의 길에서 벗어난다.

바울의 사실주의적 표현

바울의 엄격한 사실주의적 표현도 또한 이 점을 강조하는 데 도움이 된다. 수세기에 걸쳐 바울 및 여러 성경 저자들의 말들이 환상적, 감성적, 또는 "영적"인 방법으로 해석되어왔다. 예컨대 "나는 매일 죽노라"는 바울의 말은 자기희생과 겸손의 태도나 정신을 표현하는 것으로 해석되었다. 그러나 이 구절의 문맥은 그에게 있어서 이것은 태도가 아니라 움직이기 어려운 인생의 현실—고린도전서 15:30-32에서 우리가 보는 것처럼, 그가 매일 죽음을 대면하여 응시하며 그것을 받아들였다는 현실—이었음을 분명히 밝히고 있다.

바울은 자신의 삶이나 그리스도의 제자의 삶을 묘사할 때, 언제나 사실적인 언어를 사용하는데, 물론 문자 그대로의 의미는 아니다. 예컨대 "그리스도 예수의 사람들은 육체와 함께 그 정과 욕심을 십자가에 못 박았느니라"(갈 5:24)는 말은 육체가 문자 그대로 십자가에 못 박힌다는 의미는 아니다. 그는 성도들의 정상적인 정과 욕심에 대한 추구가 중지되고 그들의 삶을 지배하지 못하게 만드는 사실적이고 명확한 행동이나 행동 양식을 가리켰다. 그것은 "자기를 부인하고 자기 십자가를 지고 나를 따르라"고 말씀하신 예수님의 말씀과 동일한 의미이다.

따라서 이러한 사건들은 신자들이 실제로 경험을 통해서 발견할 수 있는 특정의 지속적이고 분명한 속성을 지닌 실제적인 사건들이다. 그 사건들은 그리스도 안에 살려는 우리의 계획의 일부가 될 수 있다. 바울은 교회의 친교 내의 구체적인 생존의 경험을 사실적으로 표현했다. 바울은 자기 부인의 학교를 수석으로 졸업했고, 자신이 경험한 것들을 이야기했다. 바울이 육체를 십자가에 못 박은 것과 우리의 육체를 십자가에 못 박는 것은 독거, 금식, 검소, 봉사 등의 활동을 통해서 이루어지는데, 이러한 활동들은 마가복음 8:34-36과 누가복음 17:33에서 보는 것처럼, 자기부인을 배우는 학교의 교과 과목으로서 우리를 영적 전투의 최전방에 세운다.

바울이 여러 차례 되풀이하여 사용하는 구절들은 어떤가? 우리는 종교적 맥락에서는 그 구절들에 아주 친숙하지만, 그 참된 의미―그것들의 엄격한 사실성―에 대해서는 잘 모르고 있다. 혹 오늘날 그와 동일하거나 유사한 말을 우리가 사용한다 해도, 그 말은 바울이 분명하게 행했던 행동 및 경험들을 표시해주지 못한다. 영적 죽음과 생명, 십자가 고난, 옛 사람을 벗어버리고 새 사람을 입음, 그리스도와의 연합, 하나님의 영의 사역, 육체의 행위를 죽임, 그리스도와 함께 십자가에 못 박히고 부활함, 우리 몸의 지체를 의의 병기로 사용함, 우리 육체를 산제사로 드림 등에 관한 바울의 견해들은 오늘날 우리들의 행위나 경험과 거의, 아니 전혀 상응하지 않는다. 따라서 그것들은 설득력이 없고 무의미하다. 우리는 그것들을 더 이상 예수님을 닮아가는 현실적인 계획의 기초로 삼을 수 없다.

이것은 바울의 삶과 저작에 해당되는 문제만은 아니다. 사도 요한의 경우에도 마찬가지이다. 요한복음 14:10-20, 15:1-10, 17:20-26 등에 나타나는 대 '연합'에 관한 구절들은 분명히 참된 상호 작용, 인격적 조건과 그 구체적 결과에 대한 말씀들이다. 그러나 우리는 대체로 "우리는 그리스도 안에 거하고 그의 말씀은 우리 안에 거한다"는 것을 우리 일상사 속의 친밀한 사건으로 해석하는 것을 어렵게 여긴다. 그러나 우리는 반드시 그렇게 해석해야 한다. 그것은 복음 사역자로서 우리를 인도하려 하는 사람들의 중심 임무이다. 우리가 여기서 다루는 것은 위로부터 오는 새 생명의 본질이지, 단순히 바울과 요한의 말을 다루는 것이 아닙니다. 오늘날 우리가 범하는 가장 심각한 실수는 예수님의 삶을 사는 방법에 관해 효과적이고 실질적인 안내를 하지 못한다는 데 있다. 나는 그것이 우리의 삶에 대한 성경의 현실적 적용성을 상실해 버린 결과라고 생각한다.

성경의 사실성, 심리학 그리고 현대 기독교인의 사고

인간의 자아에 관한 성경의 표현의 사실성에 둔감하거나 완전히 눈을 감아 버리는 경향은 종교 개혁 이래 기독교인들이 저술한 많은 탁월한 작품들에 의해서 뿐만 아니라 최근 몇 십 년 동안 전문적인 심리학에서 지배적인 지위를 차지하는 이데올로기에 의해 더 심화되고 있다. 심리학은 과학적인 학문이 되려고 노력하면서 종교적 체험과 행동을 다른 심리학적 현상과 동등하게 탐구할 실체로 받아들이지 않는 경향이 있다.

프로이드(Sigmund Freud)로부터 연원하는 정신의학적 전통을 좇는 많은 의사들은 하나님을 믿는 환자는 치료할 수 없다고 생각한다. 많은 기독교 심리학자들도 자연주의적인

심리학적 전제를 어느 정도 용인한다. 그렇기 때문에 그들은 기독교적 행동과 체험을 자신의 최고의 실험적, 이론적 바탕으로 삼아 탐구해야 할 실체로 받아들이지 못한다.

프로이드의 전통은 비록 많은 반론자를 가지고 있지만 심리학을 심리학 자체로 파악하는 근거에 많은 영향력을 행사하고 있다. 종교 체험이 심리학 연구의 중요한 주제가 되지 못하고 있는 원인은 거기에 있다. 1983년 종교 심리학 부문에서 윌리엄 제임스 상을 수상한 머튼 스트롬맨(Merton P. Strommen)은 다음과 같이 관찰한다.

> "대부분의 미국인들은 종교를 중요한 것으로 보지만, 학자들은 그것이 개인이나 국가의 복지에 중요한 공헌을 하고 있다는 점을 크게 무시한다. 그리고 대부분의 심리학자들은 이러한 인간 행동의 국면을 모순적이거나 피해야 할 것으로 취급한다."[7]

종교 체험에 대한 이러한 태도는 부지불식간에, 심지어는 헌신적인 기독교인에 의해 성경 연구에 스며들게 되었다. 그것은 구속에 대한 바울의 이해를 온전히 파악하지 못하게 한다. 왜냐하면 바울은 구속을 육체와 정신의 변화를 낳는 일련의 점진적인 인간적, 신적 행동과 사건들로 이해했기 때문이다. 그에게 이것들은 우리 인간이 소유하는 참된 경험이요 우리의 삶의 참된 부분들, 곧 행동들—사건들—이었기 때문에 결코 무시할 수 없는 것들이었다. 그러나 그것들을 이런 식으로 보지 않는 태도는 현대 심리학의 영향만은 아니다. 교회는 바울의 그리스도에 관한 경험의 실체를 점차 상실함으로써 여러 세기에 걸쳐 이러한 우리의 문화적 태도에 영향을 미쳐왔다. 그래서 제자의 영의 본질을 제시하는 바울 서신의 의미 역시 퇴색했다.

그러나 영어권에서 가장 위대한 문학 작품도 역시 성경의 사실성을 상실하게 하는 요인이 되었다. 밀턴(Milton), 번연(Bunyan)과 같은 위대한 작가들의 작품들은 선과 악 사이의 갈등과 그리스도를 따르는 기독교인의 고투를 풍유화 했다. 이 작품들을 읽은 여러 세대의 독자들의 머리에는 심상들이 가득하지만, 그들 자신의 천로역정(순례의 행로)이나 복락원 속에서 무엇을 행하여야 하는지에 대한 개념은 전혀 없다. 설상가상으로 순례자가 특정의 신념들을 굳게 붙들기만 한다면, 그 과정은 정상적인 인생행로 속에서 자동적으로 발생할 것이라는 인상을 준다.

나는 이 작품들의 문학으로서의 본질을 공박하는 것은 아니다. 그러나 그것들은 고행적 또는 훈련적 관습들에 대한 개신교의 과잉 반응과 결합하고 말았다. 유쾌한 심상과 상상의 유희와 이론에 대한 정신적 동의라는 '지적 여행'이 조용히 참된 인격 변화를 가져올 엄격한 제자 훈련의 실천을 대신하고 말았다.

그러나 그리스도 안에 있는 새 생명은 영적으로 영감을 받은 것이지만, 단순히 신념과 상상에 의한 내적 생명은 아니다. 그것은 사회적 배경 속에 구현된 전 인격적 생명이다. "주는 그리스도"라고 한 베드로의 위대한 신앙고백은 진리였다. 그러나 그 뒤에 일어난 사건들은 단지 그것만으로 그분의 삶이 변화된 것이 아님을 입증했다. "받으신 고난으로 순종함을 배운"(히 5:8-9) 주님의 경우에서와 마찬가지로 그의 삶을 변화시킨 것은 그가 헤쳐 나간 인생행로였다. 올바른 구속 심리학은 이 점을 소중히 해야 하고, 그 점에 비추어 사도 바울의 서신을 비롯한 모든 성경을 읽지 않으면 안 된다.

초대 교회의 성경적 심리학

사실상 초대 교회의 성도들은 사도 바울의 서신서를 그 관점에 따라 읽었다. 100여 년 전에 프란츠 델리취(Franz Delitzsch)는 성경적 심리학은 "가장 오래된 교회 학문의 하나"[8]라고 지적했다. 2세기경에 기독교 저술가인 사르디스의 멜리토(Melito of Sardis)는 『영혼, 육체, 정신에 관한 논의』(*Concerning the Soul, the body and the Mind*)란 책을 썼는데, 이 책은 훗날 유세비우스, 제롬과 같은 기독교 지도자들에 의해 인용되었다. 3세기 초에는 터툴리안이 『영혼론』(*De Anima*)이란 책을 썼다. 이 책은 기독교의 심리학적 개념들이 플라톤이나 아리스토텔레스의 기념비적인 작품의 내용들을 능가한다는 사실을 염두에 두고 집필되었다.

인간 자아 및 그 구속의 근본적인 영역과 과정들을 이해하기 위한 이러한 관심—성경적 심리학—은 개신교의 종교 개혁 이후까지 기독교 공동체에서 끊임없이 계속되었다. 그러나 초대 교회와 그 이후 성도들의 경험에 대한 실험과 분석은 바울의 영감된 사상과 서신서 속에서 발견되는 것과 동일선상에 있다.

우리는 습관적으로 바울을 위대한 신학자로 여기지만 심리학의 대가로는 여기지 않는다. 그러나 바울은 인간의 자아의 행복과 타락과 구속에 관계된 근본적 구조와 과정을 명확하게 인식하고 설명했다. 로마서는 사회 심리학과 개인 심리학에 관한 논문으로 읽어야 충분히 이해할 수 있다. 바울이 구원론을 자아의 변화론으로 보았다는 사실로 보아 그를 심리학자로 보는 것은 당연하다. 위대한 신학자가 동시에 위대한 심리학자, 곧 인간의 생명에 관한 심오한 이론가였을 것이라고 생각하지 못하는 것은 오늘날 우리의 사고가 얼마나 경직되어 있는지를 잘 보여준다. 오늘날 현대인의 사고 속에는 구원과 삶을 결정적으로 구분하는 경향이 있는데, 그것이 결국은 신학과 심리학을 구분하게 만들었다.

오늘 우리는 구원에 관한 바울의 가르침이 심리학적이며 그렇기 때문에 역시 신학적이라는 사실을 이해하지 못하고 있다. 그 결과 현대인들은 로마서 6-8장, 골로새서 2-3장 그리고 갈라디아서 2, 3, 5장과 같은 탁월하고도 심오한 구절들을 실천적 인도력이 없는 단순한 신학적 사변이나 영감 없는 권면으로 변화시키고 말았다. 그리하여 우리는 어쩔 수 없이 바울의 사상과 경험을 단지 우리를 향하신 하나님의 태도나 천국에 예비해 두신 것에 대한 지극히 추상적인 개념으로 이해하게 된다. 하지만 바울의 말은 실제로 이 세상을 장악하고 있는 악의 세력을 대적하고 물리치는 개인적 투쟁을 불사하도록 이끄는 길잡이가 된다. 그리스도의 생명이 우리 안에 들어온 이후, 우리 영혼 속에 들어와 계시는 하나님의 은혜와 진리로 말미암아 이 악은 우리 육체에 영향력을 행사하지 못하게 된다.

초대 교부들은 바울의 사상들의 참된 의미를 이해했다. 교부들의 작품을 바울의 말과 비교해 보면, 그들의 작품의 많은 부분에서 바울을 포함한 성경 저자들의 기록 속에서 발견되는 것과 동일한 개념들을 찾아볼 수 있다. 교부들은 마음, 뜻, 영혼, 육체 등을 언급한 성경을 해석할 때, 성경 저자들이 실제로 구현된 인간 인격성을 언급하고 있는 듯이 그리고 그들이 그리스도 안에 있는 삶을 이해하는 데에 본질적으로 중요하고 명확한 의미를 가지고 있었던 것처럼 생각했다.

영성과 습관: 우리 지체 안에 있는 법

바울의 근본적인 심리적-신학적 통찰력은 적극적인 악의 성향과 선의 성향을 지니고 있는 인간 육체의 본성과 관계를 맺고 있다. 다른 말로 하면 그의 통찰력은 영성과 습관에 관계된다. 루이스(C. S. Lewis)의 『마귀의 지령』(*Screwtape Letters*)을 보면, 삼촌인 스크루테잎은 어리숙한 악마인 웜우드가 그의 '환자'를 기독교인이 되도록 내버려둔 것을 책망한다. 그럼에도 불구하고 그는 "절망할 필요는 없다. 어른이 되어 개종한 뒤 잠시 원수의 진영에서 머무르다 마음을 바꾸어 지금은 우리와 함께 하는 사람들이 무척 많다. 네 환자의 정신적인 습관과 육체적인 습관은 여전히 우리에게 유리하다"고 말한다.[9] 스크루테잎은 구속의 심리학에 관한 깊은 안목을 갖고 있다. 만약 개종자의 습관이 전과 동일하다면, 그 습관은 그리스도 안에 있는 삶을 거의 실현하지 못할 것이다.

바울은 이 점을 익히 알고 있었다. 기독교 심리학자로서의 그의 혜안은 로마서 6-7장에서 잘 드러난다. 거기에서 그는 우리의 몸과 그 지체들이 죄의 습관을 의의 습관으로 바꿈으로써 하나님의 종으로 변화되어야 한다고 주장한다.

물론 우리는 하나님과 상호 교통에 의해, 그리하여 하나님의 은혜에 의해 우리의 습관들을 변화시켜야 한다. 그러면 이 상호 교통은 어떤 형태를 취하며, 그 안에서 우리가 감당해야 할 역할은 무엇인가? 로마서 6:13에 그 대답이 주어진다.

> "또한 너희 지체를 불의의 무기로 죄에게 내주지 말고 오직 너희 자신을 죽은 자 가운데서 다시 살아난 자 같이 하나님께 드리며 너희 지체를 의의 무기로 하나님께 드리라."

이 말씀은 무엇을 말하는가? 이 말씀을 이해하면 우리의 습관을 변화시키는 데 있어서 우리가 해야 할 역할을 깨달을 수 있다. 이 문맥은 개인의 구속의 세 단계를 현실적, 심리학적 과정에 입각하여 지적하고 있다.

제1단계: 그리스도로 세례를 받음

바울은 로마서 1-5장을 통해 죄와 은혜에 관한 진술을 읽은 독자들이라면 누구나 할 수 있는 질문, "그런즉 우리가 무슨 말하리요 은혜를 더하게 하려고 죄에 거하겠느뇨"라는 질문과 더불어 로마서 6장을 시작한다. 바울은 우리는 죄에 대해 죽었기 때문에 죄를 더할 수 없다는 놀라운 주장을 한다. 뻔한 기계적인 비유를 사용한다면, 우리는 엔진의 연료를 다른 연료, 아주 탁월한 연료로 바꾸었기 때문에 더 이상 죄에 거할 수 없다는 말이다. 그 연료와 다른 연료를 동시에 사용할 수 없다. 우리는 그리스도와 함께 살면서 동시에 죄에 거할 수는 없다.

우리는 그리스도로 세례를 받았고, 그분과 '체험적인 연합'을 이루었다. 우리는 그분이 체험하신 것을 지금 여기서 그분과의 교제를 통해 체험한다. 이것은 또한 세상을 장악하고 있는 죄의 세력에 대해서 죽으신 그분의 죽음에 우리가 동참한다는 것을 의미한다. 죄의 세력은 그분을 지배하지 못했듯이, 우리를 지배하지도 못한다. 우리는 새 생명의 양식(樣式), 곧 예수님 안에 있고, 육체적 죽음을 극복할 수 있을 만큼 강력한 생명 양식에 참여한다. 이것이 우리의 의식적 체험 안에서 발견되는 것임을 기억해야 한다. 이러한 새 생명은 우리의 자아에 새 능력을 부여할 뿐 아니라, 우리가 성장하는 동안 육체적 자아의 본성적인 충동들을 위한 지침과 구조의 새로운 중심을 제공한다.

이런 옛 본성은 앞서 거론한 것처럼 본질적으로 죄는 아니다. 죄는 옛 본성에 들어와 그것을 타락시켰다. 그리스도와 함께 죄에 대해 죽는다는 것은 이러한 자연적인 욕망이 제거된 상태를 말하는 것이 아니라, 우리의 본성적인 충동의 지침과 동기가 되는 죄 및 세상의 죄의 체계에 대항하는 현실적 대안을 가지고 있다는 것을 말한다. 우리가 새 생명 속에 들어가면 우리의 선택에 따라 죄의 속박에서 벗어날 수 있으며 죄에 대해 애착을 느끼지 않는다는 의미에서 죄에 대해 죽은 존재가 된다. 이론적으로 우리는 여전히 범죄할 가능성이 있다. 그러나 그것에 흥미를 느끼지 못하며 혐오스러운 것임을 깨닫는다. 그리스도의 생명에 참여함으로써 우리가 견지하는 심리적 상태—심리적 실체—는 우리가 육체적 실존의 동기, 조직 그리고 관리를 위해 옛 사람을 초월하는 것을 허용한다.

비록 우리가 '옛 사람'으로 되돌아가거나 갈피를 못 잡는 경우가 있지만, 여전히 그와는 다른 것을 행할 수 있는 능력을 가지고 있다. 새 생명을 소유하지 못한 사람들에게는 이러한 선택의 능력이 없다. 그러나 우리는 우리 안에 선택할 수 있는 새 능력을 구비하고 있다. 이런 의미에서 우리는 죄에 대해 자유하지는 않지만 죄로부터는 자유하다. 우리 안에서 은혜가 자라감에 따라 선과 의를 행하는 것이 점차 쉽고, 자연스럽고, 상식적인 일이 되어간다.

제2단계: 헤아림—새로운 태도

개인의 완전한 구속 과정의 제2단계는 특수한 행위가 발전하여 지속적인 태도가 되는 것이다. 우리는 자신에게 주어진 새로운 자유 안에서 '헤아려야' 한다. 즉 의식적으로 단호하게 자신을 "예수 그리스도와 함께 연합하여 하나님에 대하여는 살고 죄에 대하여는 죽은"(롬 6:11) 것으로 간주해야 한다. 심리학적 사실을 조심스럽게 주목해 보자. 이것 앞에 오는 것이 무엇이든, 이것은 우리가 '행하는' 일이지 다른 사람이 우리를 대신하여 행해 주는 일이 아니다. 우리는 삶 속에서 자유롭게 이러한 현실적인 사건 속에 들어간다. 오스왈드 챔버스가 말한 것처럼 "우리는 성장하여 거룩하게 될 수는 없으나 거룩 안에서 자라가야 한다."[10]

따라서 우리는 '옛 사람'을 우리의 마음 앞에 세우고 단호한 의식을 가지고 그 옛사람과 결별해야 한다. 우리는 하나님과 새 생명에 대한 확신을 가지고서 "이 옛 사람은 내가 아니며 앞으로도 내가 아닐 것이다"라고 말한다. 그리고 여전히 내 안에 거하는 죄의 잔재들—곧 악을 행하고 악하게 느끼는 '자동적' 성향들, 즉 "내 지체 속에 있는 죄의 법"(롬 7:23)—에 관해서, "그것을 행하는 자가 내가 아니라 내 속에 거하는 죄"(롬 7:17)임을 인식한다. 바울은 인간의 자아 속에 역사하는 모든 세력들이 전적으로 의식적 의지의 표현은 아니라는 것, 우리는 효과적으로 죄의 성향으로부터 자신을 차단시켜야 한다는 것, 나아가 순결함과 온전함에 대한 소망을 건전하게 규제해야 한다는 것을 충분히 인식한 위대한 심리학자였다.

그러므로 바울은 '헤아림'에 관한 교리를 가지고 "그리스도의 영광의 복음의 광채"가 우리의 인격에 미친 최초의 결과를 이용했다. 이 최초의 결과란 우리가 이제 생생하게 보며 죄가 아닌 다른 것에 사로잡히는 것이다. 이러한 비전에 따라 주어지는 생명을 가지고서 우리는 보는 것을 사랑하고 그것에 관심을 갖는다. 그것이 제공하는 비전과 능력 속에는 우리가 장차 어떤 존재가 될 것인지를 결정할 자유가 있다.

이것이 우리의 몸과 삶을 지배하는 죄의 권세를 깨뜨릴 수 있는 관점이다. 우리는 특정의 방법으로 생각하는 능력 그리고 우리가 사물들에 대해 생각할 때 그것들을 우리의 방식으로 헤아릴 수 있는 단순한 능력, 복음에 의해 전수된 능력을 소유하고 있다. 바울은 그리스도 안에서 우리에게 제시된 새로운 생명에 대한 비전이 있으므로, 세상의 죄악된 동기 체계를 무가치하고 죽은 것으로 생각하라고 가르친다. 그렇게 생각할 때, 그리스도의 생명은 우리가 세상의 가치 체계와는 상관없이 살 수 있게 해준다. 이때 비로소 우리는 세상에 대해서 죽을 수 있다.

우리의 생각하는 방법을 지시하는 심리적 능력의 긍정적인 측면은 그리스도에 대한 우리의 활발한 의식 안에 있다. 그러나 그 능력은 주로 이러한 옛 생명의 동기 구조에서 파생되는 덧없는 생각들 중 하나이다. 우리는 구습을 벗어버리는 것이 얼마나 어려운 일인지 잘 안다. 하지만 어떤 일에 대해 생각을 할 것인지하지 않을 것인지를 결정하는 것은 우리가 그리스도를 바라봄으로써 확보된 자유이다.

아바 에바그리우스(Abba Evagrius, 399년 사망)는 다음과 같이 역설했다.

> "모든 생각들의 근원이 되는 여덟 가지 기본적 생각이 있다. 첫째는 탐식욕, 둘째는 음욕, 셋째는 금전욕, 넷째는 불만감, 다섯째는 분노감, 여섯째는 절망감, 일곱째는 허영심 그리고 여덟째는 교만이다. 이러한 생각들이 영혼을 혼란에 빠뜨리는지의 여부는 우리에게 의존하는 것이 아니지만 그것들이 우리 안에 오래 머무르거나 정욕들을 자극하는지의 여부는 우리에게 의존한다."[11]

14세기 중엽에 『무지의 구름』(*The Cloud of Unknowing*)을 쓴 익명의 기독교인은 독자들에게 독자들의 내면에서 각각의 생각과 동요가 일어나는 즉시 그것에 대해 깊이 생각하고 평가해 보라고 권면했다. 그들로 하여금 범죄하게 만들 가능성이 있는 생각이나 마음의 동요는 어떻게 해서든 시초에 없애야 한다.[12] 그것만이 생각이 행위로 이어지는 것을 피하는 유일한 방법이다.

루터는 "당신의 머리 위를 날아가는 새를 멈추게 할 수는 없지만 새가 당신의 머리에 둥지를 짓는 것은 막을 수 있다"고 말했다. '헤아림'에 대한 바울의 논리는 우리가 악한 생각들의 정체를 드러내고 물리치는 능력, 그 생각을 우리의 자아에게서 분리시키고, 그럼으로써 은혜로 그것들을 피할 수 있는 능력을 가지고 있다는 것을 상기시켜 준다.

제3단계: 우리의 지체를 의에 복종시킴

이것은 우리로 하여금 로마서 6:13을 다시 한 번 돌아보게 하고 우리의 육체적, 사회적인 자아를 완전히 구속하는 일에 있어서 우리가 해야 할 일이 무엇인지 완전히 이해할 수 있게 해준다. 6:11의 기록처럼 "우리 자신을 죄에 대하여는 죽은 자요 그리스도 예수 안에서 하나님을 대하여는 산 자로 여길" 때, 우리는 더 이상 왜곡된 본성 안에 심겨져 있는 죄의 법에 복종해서는 안 된다는 것을 발견한다. '옛 사람'을 죽이고 새 생명을 죽음을 초월하는 사실로 깨달은 후에는 우리도 몸과 몸의 각 지체를 의의 병기로 하나님께 드릴 수 있다.

따라서 현실적이며 심리학적 과정으로서의 개인적 구속의 제3단계에서, 우리는 과거에 자동적으로 죄를 섬겼던 육체를 자동적으로 의를 섬기게 만들어 줄 확실한 방법으로 다스린다. 제2단계에서와 마찬가지로, 이 단계에서도 우리가 수고함으로써 우리를 초월하는 은혜의 능력을 얻게 되기는 하지만, 우리 스스로 행해야 할 일에 직면하게 된다. 오스왈드 챔버스는 그것을 잘 언급하고 있다. 그는 만약 우리가 거듭남을 체험했다면 그것에 대해 말하는 것으로 그치지 말고 그것을 실천하되 하나님이 우리 안에 역사하시는 바를 실천해야 한다고 말했다. 우리는 그것을 "우리의 손가락 끝에, 우리의 혀로 그리고 다른 사람들과 만날 때" 보여 주어야 한다. 하나님께 순종할 때에 우리는 부요한 능력이 우리 내면에 있음을 알게 될 것이다. 그것은 당연히 우리의 일부가 되며, 그것을 여는 열쇠는 실천이다.

"하나님의 은혜를 기초로 하여 습관을 형성시키는 것은 매우 중요한 문제이다. 그것을 무시하는 것은 바리새인의 궤휼에 빠지는 것으로서 하나님의 은혜가 찬미되고 예수 그리스도가 예찬되고 구속이 찬양되지만, 실제의 일상생활은 그렇지 못하다. 우리가 실천을 거부할 경우, 위기가 닥칠 때 우리의 기대를 저버리는 것은 하나님의 은혜가 아니라 우리 자신의 본성이다. 위기가 닥치면 우리는 하나님에게 도움을 청한다. 그러나 우리가 본성을 우리의 연합자로 만들지 않는 한, 그분은 결코 도와줄 수 없다. 실천은 우리의 것이지 하나님의 영역이 아니기 때문이다. 하나님은 우리를 중생시켜서 자신의 모든 신적 능력을 활용할 수 있는 위치에 우리를 두신다. 하지만 그분은 자신의 의지에 따라서 행하라고 강요하시지 않는다."[13]

그는 계속해서 성령께 순종하고 우리의 육체 생활을 통해 하나님이 우리의 마음 속에 두신 모든 것을 실천하라고 강조한다. 그리하면 위기가 닥칠 때에 우리는 하나님의 은혜뿐 아니라 우리의 본성까지도 우리 곁에서 도와준다는 것을 발견할 것이다. 위기는 재난 없이 지나가고, 우리의 영혼은 타락치 않고 하나님을 향한 더 강력한 태도를 얻게 될 것이다. 하나님의 역할과 우리의 역할을 포괄하는 이 세 단계의 결과가 로마서 6:17-18에 표현되어 있다.

"하나님께 감사하리로다 너희가 본래 죄의 종이더니 너희에게 전하여 준 바 교훈의 본을 마음으로 순종하여 죄로부터 해방되어 의에게 종이 되었느니라."

우리가 육체를 의의 행위 및 의로운 행위를 위한 모든 합당한 준비에 드릴 때에 습관적으로 하나님을 의뢰하면, 우리는 죄는 없어도 되는 것, 재미없는 것, 불쾌한 것으로 여기게 된다. 이것은 우리의 행위가 죄의 법에 매여 있을 때 우리가 의를 불쾌하게 여겼던 것과 마찬가지이다. 우리의 행위와 태도가 하나님의 나라의 실체에 기초를 두기 때문에 우리의 소원과 즐거움도 변화된다.

더큰일을 위한 준비

우리로 하여금 의로운 삶을 예비하게 해주는 '실천'은 주님이 직접 명하신 활동들에 국한되는 것은 아니다. 그것은 또한 우리가 그분의 명령을 수행—그저 수행하는 것으로 그치지 않고 힘을 다하여, 효과적으로, 기쁨으로 수행하는 것—하기 위해 준비해야 할 여러 활동들을 포함한다. 이것이 잘 인식된 표준적 영성훈련이 포괄하고 있는 영역이다.

이러한 훈련에는 우리의 육체와 그 지체들을 의에 복종시키는 것이 간접적이기는 하지만 절대적으로 필요하다. 어떻게 해서 그렇게 되는가? 내 혀는 자동적으로 나에게 상처를 입힌 사람들을 때리고 상처를 입히려는 경향이 있다. 그러나 나를 저주한 사람을 축복하고 핍박하는 자들을 위해 기도할 때, 나는 혀를 복종시켜 의의 병기로 만든다. 내가 발로 차버리고 싶은 사람을 위해 2마일이나 짐을 지고 걸어가는 등 육체적으로 봉사할 때에 나는 나의 다리를 의의 병기로 하나님께 바친다. 내가 뽐내거나 환성을 지르고픈 충동을 느끼지만 은밀하게 선행을 할 때, 나는 내 몸을 의에 복종시킨다. 이렇게 행할 때마다 나는 내 몸을 하나님의 활동을 위한 처소로 제공한다. 창세기 15장에서 아브라함이 제단을 마련하고 하나님이 보내신 불이 아닌 다른 불은 닿지 못하게 했듯이, 나는 내 안에 하나님께서 활동하시도록 자신을 예비한다.

물론 우리는 구속을 얻기 위해서가 아니라 구속을 받았기 때문에 의롭게 행한다. 우리의 눈과 삶은 우리의 생명이시요 의의 행위를 포함하여 하나님보다 열등한 것들의 속박에서 우리를 해방시키시는 하나님에게 초점을 둔다. 이것을 바울의 말을 빌려 말한다면, 우리는 "특별히 기회 있는 대로 모든 이에게 착한 일을 하되 더욱 믿음의 가정들에게 행하는" 것을 통하여 "성령을 위하여 심는 자"이다(갈 6:9-19). 이 부끄럼 없는 선행자의 말 중에서 "견고하며 흔들리지 말며 항상 주의 일에 더욱 힘쓰는 자들이 되라 이는 너희 수고가 주 안에서 헛되지 않은 줄을 앎이라"는 말을 기억해야 한다(고전 15:58). 이러한 삶을 사는 사람은 하나님 나라에 있는 의의 정수(精髓)로부터 지속적으로 힘을 얻는다.

그러나 이러한 노력들은 훈련이기는 하지만 영성 생활을 위한 훈련이라기보다 영성 생활의 표현이다. 엄격히 말해서, 훈련은 훈련 자체가 아닌 다른 활동을 간접적으로 예비하기 위해 수행되는 활동이다. 우리가 피아노를 연습하는 것은 피아노 연습을 잘 하기 위해서가 아니라 연주를 잘 하기 위해서이다. 앞에서 의에 복종하는 것의 실례로 든 활동들은 영적 활동의 수행이지 연습이 아니다. 물론 수행은 연습의 결과이다.

그러나 우리가 행동을 할 때에 우리의 지체를 항상 확실하고 끈기 있게 의에 복종시킬 수 있는 것은 아니다. 이것은 특히 두뇌, 손, 혀, 다리, 눈 등이 세상에서 받은 기질들, 바울이 "우리 지체 안에 있는 죄"라고 언급한 것의 방해를 받는 사람, 마음으로는 원하지만 육신이 약하여 행치 못하는 사람들에게 해당되는 말이다. 이곳이야말로 영성 생활을 위한 순수한 훈련이 집중적으로 행해져야 하는 곳이다.

소란한 일상생활 속에서 우리가 항상 진리만을 말할 수는 없다. 그러나 하나의 훈련으로서 내가 속였던 사람들에게 돌아가 그들을 잘못 인도하고 속였음을 고백할 수 있을 것이다. 만일 그렇게 한다면, 진실을 말할 수 있는 능력이 놀라울 만큼 향상되어 다른 경우에도 진실을 말할 수 있게 될 것이다. 나는 음식에 크게 의존하기 때문에 음식을 먹지 않고서는 견디지 못한다. 혹 내가 음식을 먹지 않으려고 노력하는 경우에는 음식에 대한 생각이 나를 사로잡는다. 하지만 배가 고파 잠 못 이룰 때마다 특정의 사람이나 상황을 위해 기도하는 훈련을 함으로써 음식에 대한 집착에서 벗어날 수 있을 것이다.

하지만 나는 어쩌면 그것조차도 할 수 없을지 모른다. 그렇다면 나는 자유로이 하나님께 복종할 수 있는 곳을 발견하기 위해 보다 깊은 곳으로 들어가야 한다. 독거, 침묵, 금식, 성경 탐구, 희생 등 근본적이며 삶을 변화시키는 활동 속으로 더 깊이 들어가야 한다. 나는 내 자신을 자유롭게 하기 위해서 필요한 이러한 유형의 활동을 반드시 감당해야 한다. 은혜로 말미암아 새 생명이 우리에게 주어지지만, 구속의 과정에서 나의 역할은 이러한 유형의 활동을 하는 것이다. 하나님은 모세나 엘리야 그리고 독생자 예수나 사도 바울을 대신하여 그러한 활동을 행하지 않으셨듯이, 나를 대신하여 그러한 활동을 하지 않으실 것이다. 만약 내가 적절한 훈련을 통해 나의 행동을 복종시키지 않는다면, 나는 심리학적으로, 진정한 방법으로 능력 있고 고귀한 새 생명에 들어가지 못할 것이다.

오늘날 사방에는 손쉬운 방법으로 지혜와 선을 추구하려는 사람들이 가득 차 있다. 그러나 이것은 역사와 경험이 가르치는 바가 아니다.[14] 이러한 찰나적 지혜는 행복을 추구하려는 우리의 선천적인 권리가 선동하여 만들어내는 또 하나의 현대적, 쾌락적 이데올로기에 지나지 않는다. 어쨌든 우리는 덕이 쉽게 획득되는 것으로 생각한다. 그러나 반대로 경험은, 인간 생활에서 행할 가치가 있는 거의 모든 일은 초기 단계에서는 아주 어렵고, 우리가 목표로 하는 선은 우리가 그것을 가장 필요로 할 때인 처음 단계에서는 우리를 튼튼하게 하는 데 유용하지 못하다고 가르친다.

우리가 시작은 하지만 끝내지 못하는 모든 계획과 결심에 대해 생각해 보자. 시작은 쉬우나 그것을 끝까지 수행하기는 어렵다. 대부분의 활동들, 심지어 우리 모두가 탁월하게 행하기를 간절히 바라는 활동들에 있어서 성공하는 사람은 거의 없다. 이것은 예술과 스포츠에서 해당되는 사실이지만 사람들과의 교제, 돈을 버는 것 그리고 단체 활동, 양봉 등의 활동에도 적용된다. 우리가 은총의 나라에 들어갈 때에도 이 규칙에 해당된다. 그러므로 우리가 해야 할 일은 단지 인간성에 관한 이러한 심리학적 사실들을 받아들이고, 탁월한 삶을 위한 엄격한 훈련이 "귀히 쓰는 그릇이 되어 거룩하고 주인의 쓰심에 합당하며 모든 선한 일에 예비함"(딤후 2:21)이 되기 위해 우리 자신을 깨끗하게 할 수 있는 유일한 방법임을 깨닫는 것이다. 우리는 엄격한 훈련이 쉬운 멍에와 그리스도의 충만한 기쁨으로 이어진다는 사실을 깨닫고, 그 것을 받아들이며, 그것에 자신을 복종시켜야 한다.

능력의 저장소이자 매개체인 몸

훈련된 몸은 무엇을 할 수 있을까? 성경을 읽으면, 우리는 그리스도와 그의 제자들이 보여준 엄청난 능력에 경이를 느끼지 않을 수 없다. 우리는 "안수하는 것이 회개, 신앙, 죽은 자들의 부활 및 영원한 심판"과 함께 그리스도의 도의 초보로서 거론되는 것을 이상하게 생각할 수 있다(히 6:1-2). 그러나 우리가 성경 문체의 심리학적 사실성을 이해한다면 이러한 의혹은 사라질 것이다.

우리는 앞 장에서 신약 성경에 묘사된 구원에는 개인이나 교회가 악을 이기는 중요한 능력이 포함된다고 지적했다. 생명은 어디에서든 능력과 불가분의 것이다. 새 생명은 새 능력을 의미한다. 신약 성경의 개념에 따르면, 이 능력은 문자 그대로 구속을 받은 사람, 즉 영적으로 살아 있는 사람의 몸에 거한다. 신약 성경에서 그것은 그 사람이 교회, 즉 하나님의 부르심을 받은 공동체 안에서 다른 사람들과 함께 할 때 더 높은 수준으로 나타난다(마 18:18-20; 고전 5:4-5).

복음서 기사만큼 능력이 몸 안에 위치한다는 것을 분명하게 제시하는 곳은 없다. 예수님과 사도들은 육체적인 접촉(아니면 육체적으로 근접함)을 통하여 크게 일하셨다. 복음서에 기록된 예수님의 이적 중 14가지가 육체적 접촉을 통해 이루어진 것이다.

두드러진 실례를 든다면 마가복음 5:25-30에 기록된 12년간 혈

루증을 앓은 여인이다. 그녀는 전 재산을 많은 의원에게 허비했지만 병세는 더 중해졌다. 예수님의 소문을 들은 그녀는 "그의 옷에 손만 대도 내 병이 나으리라"고 생각했다. 그녀는 무리를 헤치고 예수님의 뒤로 와서 그의 옷에 손을 댔다. 그녀는 곧 "병이 나은 줄을 몸에 깨달았다." 한편, 이 거래의 상대방인 예수님은 곧 그 능력이 자기에게서 나간 줄을 아시고는 주변을 돌아보시면서 "누가 내 옷에 손을 대었느냐?"고 물었다. 예수님의 치유 사역의 특징은 신체적 접촉에 있었다. 이러한 신체적 접촉은 사도 시대의 교회의 사역에서도 큰 역할을 했다.

안수 행위 역시 능력을 소유한 몸과의 접촉이다. 바울은 디모데에게 "네 속에 있는 은사 곧 장로의 회에서 안수 받을 때에 예언으로 말미암아 받은 것을 조심없이 말라"고 권고했다(딤전 4:14). 그러나 그는 아울러 "아무에게나 경솔히 안수하지 말고 다른 사람의 죄에 간섭치 말고 네 자신을 지켜 정결케 하라"고 권고한다(딤전 5:22). 이 두 구절의 배후에 있는 사상은, 안수할 때에 안수하는 사람 안에 있는 어떤 것이 다른 사람에게로 이전된다는 것이다. 그 능력은 안수하는 사람들로 하여금 그 능력이 없으면 할 수 없는 일을 행할 수 있게 해주지만, 잘못 사용하거나 악용할 수도 있는 것이다.

바울은 자기 안에 이러한 능력이 있음을 자각했고, 고린도 교인들에게 자기가 그들을 방문하기 전에 나쁜 점들을 개선하여 자신의 능력을 그들에게 사용하지 않게 하라고 호소했다(고후 13:10). 바울은 자기가 그곳에 가면 태만한 사람들을 용서하지 않겠다고 말한 후에 이렇게 말했다(고후 13:2). 바울이 박수 엘루마에게 행한 일(행 13:8-12)을 상기시킨 것은 그의 위협을 한층 더 위협적인 것으로 만들어 주었다.

그는 또한 후메내오와 알렉산더와 관련하여 "내가 사단에게 내어준 것은 저희로 징계를 받아 훼방하지 말게 하려 함이니라" 고 말했다(딤전 1:20). 고린도 교회 안에서 의붓어머니와 불륜의 관계를 맺은 사건과 관련하여 바울은 "주 예수의 이름으로 너희가 내 영과 함께 모여서 우리 주 예수의 능력으로 이런 자를 사탄에게 내주었으니 이는 육신은 멸하고 영은 주 예수의 날에 구원을 받게 하려 함이라"고 교훈한다(고전 5:4-5).

아나니아와 삽비라는 하나님의 넘치는 능력을 거스름으로써 타락한 사람들이었다(행 5:1-11). 성령의 능력의 역사를 완전히 거역하는 교회 안에 있는 사람들에게는 질병이나 죽음이 임하는 것으로 이해되었던 듯하다(고전 11:30; 요일 5:16).

예수, 사도들 그리고 초대 교회가 개인적으로나 집단적으로 이러한 능력들을 표명한 것은 현대적 관점에서 보면 이해하기가 어렵다. 우리에게는 이런 일들에 관한 현명한 가르침이나 경험이 거의 없다. 그리고 세속주의가 여러 가지 가면을 쓰고 '보이는 교회'(가시적 교회)의 본질 속에 깊이 침투해 있고, 사실적 시각을 지닌 세계의 사람들은 어떻게 해서든 이런 능력의 표명들을 설명하려 하며, 최소한 그러한 현상들이 우리와 관계가 없는 이유라도 설명하려 한다.

이런 이유로 우리는 이러한 성경 기록을 신화로 취급해 버리고픈 유혹을 받을 수도 있다. 그러나 우리는 여기서 새로운 종류의 삶을 다루고 있다는 것 그리고 그것에 관련된 능력을 부정하는 것은 그 생명 자체를 부정하는 것임을 기억해야 한다. 신화는 새로운 능력의 표명이 없이 그리스도 안에 있는 새 생명을 소유하려는 사람들이 주장하는 개념이다. 그것은 아무리 현실적인 관점에서 보아도 이해하기 어려운 개념이다. 바울은 그러한 주장을 하는 사람들을 지적하여 "경건의 모양은 있으나 경건의 능력은 부인하니 이같은 자들에게서 네가 돌아서라"고 했다(딤후 3:5).

"그리스도의 몸"이 아닌 "몸"

바울의 문체가 심리학적 사실주의라는 사실을 망각한다면, 그의 서신서 중 대부분의 중요한 대목들은 이론과 실천에 있어서 매우 어려운 것이 되고 만다. 나아가 우리는 그의 견해를 전체적으로 왜곡시키게 될 것이다. 존 로빈슨(John A. T. Robinson)은 그의 저서 『몸: 바울 신학 연구』(*The Body: A Study of Pauline Theology*)에서 "몸은 바울 신학의 초석을 이룬다"[15]고 주장한다. 그는 인간의 자유와 자유 사회에 대한 현대의 이상들은 몸을 적절하게 다룰 때에만 실현될 수 있으며, 바울의 통찰이 그것에 이르는 길을 보여줄 수 있다고 말한다. 로빈슨은 그의 저서 제1장에서 "육"(flesh)과 "몸"(body)에 대해서 다루었는데, 그 내용은 이 주제를 다루고 있는 책들 중 가장 유익한 내용 중의 하나이다. 그러나 로빈슨의 책에서는 바울의 심리적 사실주의 대신에 그리스도의 '몸'인 교회로서의 몸이 강조된다.

로빈슨에게 있어서 구속의 문제는 개인을 새로운 연합체 곧 교회에 참여시킴으로써 그를 지배하고 있는 대중 사회의 파괴적인 속박을 깨뜨리는 것이다. 이것이 로빈슨의 책의 중심 주제이다. 그러나 그 책은 그 목적을 이루는 데 필요한 수단의 문제에 대해서는 침묵을 지키고 있다. 그런데 바울의 견해에 따르면, 개인과 그 자신의 몸—교회가 아닌—의 관계는 그리스도의 몸에 참여함을 통하여 인격의 구원을 가능하게 하는 핵심 요소가 된다. 죄와 구속의 과정에서 차지하는 몸의 역할에 대해 로빈슨이 참작하지 못한 것이 있다는 것을 이해하지 못한다면, 바울 자신의 몸과 각 신자가 자신의 몸과 관계를 갖는 방식에 관한 바울의 핵심적 진술은 이해되거나 적용될 수 없다.

로빈슨은 자신이 몸담고 있는 교파의 '신앙과 실천'이 그리스도의 몸에 참여함을 낳으며, 그 결과 바울이 친히 체험한 그리스도 안에서의 자유와 능력을 낳는 데 적합하다고 주장한다. 이것은 어느 교파를 막론하고 공통되는 전제이다. 그러나 성도들 중에서 바울 같은 인물이 배출되지 않는 것은 이러한 소망이 헛되다는 경고이다. 그러나 그리스도 안에 있는 자유와 능력을 낳기 위해서는 훨씬 많은 일이 필요한데, 그것은 바울이 친히 실천했던 영성훈련 계획에 의해 공급된다.

삶의 사회적 영역은 영성에 반드시 필요하다. 물론 사회악을 무시해서는 안 되며, 전략적으로 차별을 두는 것이 가능할 때에는 사회악을 대적해야 한다. 물론 그리스도의 연합된 몸을 무시해서는 안 된다. 나는 그것을 부양해야 하고, 그 안에서 그리고 그 위에서 자라가야 한다. 그렇다면 이 일을 성공적으로 행할 수 있는 방법은 무엇인가? 구체적으로 말한다면, 내가 "믿음의 선한 싸움을 싸워서 영생을 취할 수 있는"(딤전 6:12) 유일한 영역은 나의 몸을 관리할 때에 엄격하고도 지혜롭게 다루며 하나님의 도우심에 의탁하는 것이다.

　오늘날에는 바울이 잘 알고 있었던 이런 삶에 돌입하기 위해서 취해야 할 구체적 단계에 관한 적절한 권고가 거의 실종되어 버렸다. 오늘날 어떤 유력한 기독교 교파가 추천하는 실천적인 방법론이 실제로 죄로부터의 구원을 가져오는 효과가 있는지를 생각해 보면, 그 결과는 부정적이다. 더욱이 그것은 비신학적이고 비성경적이요, 근본적으로 잘못된 심리학을 내포한다. 이같이 왜곡된 사상은 인간의 변혁에 대한 우리의 가르침이 산출해 낸 보잘 것 없는 결과를 설명해 준다.

　결론적으로 브루스(A. B. Bruce)의 저서 『열 두 제자의 훈련』(*The Training of the Twelve*) 중에서 예수님이 첫 제자들을 인도하신 경험 과정의 결과를 설명한 부분을 인용해 본다.

> "…제자들은 훈련을 통해 영적이고 보편적인 종교의 사도들에게 필요한 능력들을 키웠다. 정신의 계발; 전 인류를 포용할 수 있을 큰 사랑의 부여; 모든 의무와 책임에 극히 예민한 양심의 소유; 모든 미신적인 것들로부터의 탈출; 관습, 전통, 사람의 유전의 속박으로부터의 해방; 그리고 교만, 방자함, 성급함, 성냄, 원념(怨念), 불화 등을 제거한 온유한 기질 등이 그것이다. 그들의 학습 속도는 대단히 느렸으며, 그들의 선생이 그들을 버려두고 떠나셨을 때에 그들이 전혀 완전하지 못했다는 점을 우리는 인정한다. 하지만 그들은 여전히 놀라운 능력의 사람들이었다. 그러므로 그들은 예수님과 오래 함께 있음으로써 위대한 운동의 지도자가 되어 자신의 사명을 다하라는 부름을 받아 세상에 나왔을 때, 특별히 선하고 탁월한 사람들임을 입증했다는 것은 쉽게 예상할 수 있는 일이다."[16]

위대한 지도자의 지도를 무시하는 것

위대한 지도자들을 따르는 자들이 어떻게 그들의 지도자들이나 선구자들이 필수적인 것으로 받아들인 실천들을 폐기 처분할 명분과 이유를 만들어 냈는지를 고찰하는 것은 비극적이기는 하지만 흥미로운 일이다. 우리가 자신보다 위대하다고 인정하는 사람들—신성을 지니신 예수님까지 포함해서—은 우리가 미련 없이 폐기 처분해 버린 훈련들과 활동들을 실천하고 행하는 것을 필수적인 것으로 받아들였다.

우리는 말로는 바울을 닮은 사람, 웨슬리를 닮은 사람, 존 낙스를 닮은 사람, 루터를 닮은 사람, 조지 폭스를 닮은 사람을 칭찬할지 모르나, 실제로는 그들이 조금은 광신적이거나 어리석은 사람들이라고 무시한다. 왜냐하면 우리 중에는 그들이 필수적인 것으로 받아들인 실천들에 대해 충분하게 생각하는 사람들이 거의 없기 때문이다.

그런데 이들 외에도 그리스도의 길을 충실하게 갔던 다른 많은 사람들은 비록 수행 과정에서 혼란을 일으키고 실수를 범하기는 했으나 그러한 조처들을 채택함에 있어서 영적 생활과 결함된 심리학적 법칙에 충실했다. 그러나 그들은 실천을 통해 하나님을 만났으며, 그것은 그들이 만난 하나님이 주신 은혜의 결과이다. 그리고 그 결과—결코 완전하지 않을 때에도—는 그 시대에 스스로 증거한다.

반면에 엄격하게 영성훈련을 실천하지 않은 결과 역시 스스로 증거한다. 영성훈련에 대한 심오하고도 포괄적인 자취를 간직하고 있지 않은 교회 역사에서 그리스도의 길을 가는 위대한 사람은 누구이고, 가치 있는 운동이란 무엇인가? 만약 아무것도 없다면, 우리는 그 법칙에 대해서 예외가 되며, 적당한 훈련이 없어도 천국의 생명의 능력을 알 것이라고 생각하게 만드는 것은 무엇인가? 예수 그리스도 자신 및 그분을 최고로 잘 따르던 자들이 필수적이라고 생각했던 훈련을 실천하고 가르치는 것보다 못한 일들을 우리가 행하고 있는 것을 어떻게 정당화시킬 수 있는가?

그들이 눈앞에 보이지 않기 때문에 그들이 구체적으로 실천한 사실들을 무시할 수 있고 아울러 고인이 된 위인들을 칭찬하기도 수월하다. 그러나 우리 곁에 있는 사람이 이와 같은 훈련들을 할 때에 우리는 마태복음 23장에서 예수님이 말씀하신 것처럼, 돌을 집어 던지려 할 것이다. 그들은 왜 그와 같이 반응했는가? 그들은 우리에게 우리가 누구인가를 보여주고 있다. 그들은 우리가 그리스도처럼 살지 않으면서 그리스도와 하나가 되었다고 고백하고 있다는 것을 폭로한다. 그들의 존재는 우리가 참으로 변화되어야 천국에 들어간다고 주장한다.

철학자 바울

그리스도의 복음은 인간의 실존을 근본적으로 변화시킨다. 이 장 서두에 인용한 윌리엄 램지의 말은 옳다. 바울은 그리스도의 왕국을 경험한 결과 하나님의 자녀들에 의해 다스려지는—하나님이 자신의 지상의 거처인 자녀들 안에 내재하는 빛과 권능을 통하여 다스리시는—세계에 관한 고대적이고 예언적인 환상에 사로잡혔다.

하나님의 축복이 국가적, 문화적 목표를 지향했기 때문에 원시 유대교에서는 환상이 중요한 역할을 했다. 그러나 인간 사회가 그리스도로 충만한 삶을 살아가는 사람들을 중심으로 조직되었을 때, 그 사회가 할 수 있는 일에 대한 바울의 총체적인 환상은 인간 정부가 언제나 실패할 수밖에 없는 문제들—사회 안의 어떤 사회적, 문화적 그룹들에 의해 다양하게 조정되지만 근본적으로는 죽음의 세력과 위협에 의존하는 정부의 문제들—을 해결했다. 인간의 힘에 의존하는 이러한 종류의 정부는 그리스도가 내주하는 사람들에 의해 구축되는 진리와 사랑의 나라에 의해 대체될 수 있음을 바울은 보았다. 인간의 삶에 대한 이러한 전체적인 환상은 개인적으로나 공동체적 차원에서 철학자 바울을 형성한 요인이 되었다.

그리스 철학은 실천적 능력과 지혜를 소유한 지배자나 피지배자를 산출하는 데는 실패했다. 그리스 철학은 이론이 어떻게 실천될 수 있는지에 대해서는 만족할 만한 해결책을 내놓지 못했다. 선한 정부의 기초로서 봉사할 능력을 소유한 사람들을 충분히 낳지 못한 고전 문명 때문에 로마 제국이 멸망했다. 인간의 초기 발전 단계를 살펴보면, 인간이라는 종족은 충분히 자신을 강하게 할 수 있는 미덕들을 고양시키기 위한 현실적 요청의 부담을 지고 있다. 그러나 일단 강해진 인간들은, 자기들의 사회를 지탱해 줄 덕을 계발시키는 자주적 원리를 소유하지 못한다. 그들에게는 시민들의 인격을 유지시킬 적절한 긴장이 없다. 그러므로 비록 그 사회가 번성하고 있다고 해도 안정된 사회를 오래 유지할 수는 없다. 거기에는 초월적 원리와 긴장이 결여되어 있다. 그러나 예수 그리스도의 복음과 그의 나라에서는 그것이 충분히 제공된다.

　사회의 중추로서 봉사할 수 있고, 자유롭고 고상한 정부를 가능케 할 수 있는 것으로 토머스 제퍼슨(Thomas Jefferson)의 "덕과 능력을 겸비한 귀족 정치" 운운하는 것은 아주 그럴듯한 말이다. 그러나 그것은 그런 사람들을 얼마나 충분하게 만들어낼 수 있느냐 하는 문제와는 별개의 문제이다. 오직 그리스도를 따름으로써 획득할 수 있는 하나님의 나라와 그의 훈련만이 그런 사람들을 양산할 수 있다. 그래서 바울은 "성도가 세상을 판단할"(고전 6:2) 것을 확신했고, 이 같은 그의 이해로 말미암아 우리는 바울을 아리스토텔레스보다 더 훌륭한 철학자로 인정하는 것이다. 이 주제에 대해서는 마지막 장에서 다시 살펴보겠다.

주(註)

1) Quoted in John Pollock, *The Man Who Shook the World*(Wheaton, IL: Victor, 1972), pref.
2) Stewart, *A Man in Christ*, 3.
3) A. G. Sertillanges, *The Intellectual Life*(Westminster, MD: Christian Classics, 1980), 48.
4) Gal. 1:16-17. 이 말씀과 관련하여 이 기간 동안 아리비아에서 행한 바울의 활동에 대해서는 Ernest De Witt Burton, *A Critical and Exegetical Commentary on the Epistle to the Galatians*(Edinburgh: Clark, 1952), 55-58과 David Smith, *The Life and Letters of St. Paul*(New York: Harper, n. d.), 56n.을 보라.
6) Evelyn Christenson, *Lord, Change Me!*(Wheaton, IL: Victor, 1979), 143.
7) Reported in the *Los Angeles Times*, September 3, 1983, part 2, 4.
8) Franz Delitzsch, *A System of Biblical Psychology*, trans. Robert E. Walles(Edinburgh: Clark, 1869), 3.
9) C. S. Lewis, *The Screwtape Letters and Screwtape Proposes a Toast* (New

York: Macmillan, 1962), 11.
10) Oswald Chambers, *The Psychology of Redemption*(London: Simpkin Marshall, 1947), 51.
11) E. Kadloubovsky and G. E. H. Palmer, ed., *Early Fathers from the Plilokalia*(London: Faber and Faber, 1963), 110. 우리의 사고를 통제함으로써 감정을 통제하고, 그리하여 우리의 행동을 통제 한다는 이 4세기 기독교 교사의 통찰은 오늘날 세속 심리학자들의 저서에 의 해 뒷받침된다. Machael H. Mahoney(*Cognition and Behavior Modification*[Cambridge, MA: Ballinger, 1974]) and David D. Burns(*Feeling Good: The New Mood Therapy*[New York: New American Library, 1981]).
12) *The Cloud of Unknowing*, ed. Dom Justin MeCann(London: Burns Oates and Washbourne, 1943), 21.
13) Chambers, *The Psychology of Redemption*, 26-27.
14) O. Hardman, *The Ideals of Asceticism: An Essay in the Comparative Study of Religion*(New York: Macmillan, 1924), 158-59을 보라.
15) John A. T. Robinson, *The Body: A Study in Pauline Theology* (London: SCM, 1952), 9. 몸에 대한 바울의 생각을 철저하게 알려면 Robert Jewett, *Paul's Anthropological Terms: A Study of Their Use in Conflict Settings*(Leiden: Brill, 1971), chap. 5을 보라.
16) Alexander Balmain Bruce, *The Training of the Twelve*(Garden City, NY: Doubleday, Doran, 1928), 545.

8
영성훈련의 역사와 그 의미

오늘날 신학적 강연에서 "고행주의"라는 말은 우리 자신과 역사적인 기독교 전통 속에서 우리가 거부하고자 하는 모든 것을 담고 있는 개념이 되어버렸다. 화육의 신학, 기도의 신학 그리고 성 평등화의 신학 등은 고행주의의 퇴장을 환영한다. 모든 역사적 고행주의를 하나로 묶어서 그것에 "매저키즘"이라는 낙인을 찍어버리는 것이 오늘날 우리의 평가이다. 그러나 이러한 태도는 역사적 진실을 지나치게 왜곡, 단편화함으로써 과거를 풍자만화 정도로 축소시켜 구성하는 것이다. 반면에 역사적 고행주의를 지나치게 미화시켜 다루기 때문에 나타나는 유감스러운 결과 역시 고행적 실천을 우리의 몸과 영혼의 현재 상태를 치유하고 개선하는 도구로 삼기에는 치명적이다.

| 마가렛 밀즈

우리가 처음으로 배우는 것은 고행주의는 종교 또는 다른 중요한 영역에서 필수적인 부분을 차지한다는 것이다.

| 엘톤 트루블라드

우리는 어디에서 영성훈련에 대한 부정적인 태도를 얻었을까? 역사의 흔적들은 우리의 두뇌와 몸속에, 우리의 가르침과 의식(儀式) 속에 깊이 자리 잡고 있다. 그것들은 우리가 사물을 존재로서 보다는 "당위"로 "보도록" 인도한다. 그러므로 영성 훈련의 역사를 이해하는 것은 영성훈련에 대한 현대적 태도와 접근을 파악하는 데 도움을 줄 것이다.

오늘날의 "좋은 인생"

현대의 서구인들은 모든 인간은 자신이 원할 때에 원하는 것을 행하며, 가능한 모든 방법을 동원하여 행복을 추구하고, 만족을 누리며, 특별히 자기만족과 물질적 풍요로움이라는 기준에 입각하여 설정된 "성공적이고 생산적인 삶"을 영위할 권리를 가지고 있다는 신념을 지닌다. 생활에 대한 이러한 비전은 통념적인 정신에 따르면 "좋은 생활", 심지어는 문명화된 생존과 동일시된다. 이러한 비전은 대중 매체, 정치 연설 그리고 교육 제도 등을 통해 당연한 생활 방식으로 가르쳐진다.

오늘날과 같은 상업화된 환경은 우리로 하여금 때때로 이 이념에 지나치게 집착하게 하고, 그럼으로써 종종 그 비전을 가장 수준 낮은 삶의 방식으로 전락시키기도 한다. 오랫동안 『LA타임즈』에 게재된 최고급 승용차 광고는 "행복은 이 차 안에서!"라는 문구로 사람들을 부추겼다. 1983년 10월호 『어틀랜틱』에 게재된 한 브랜디의 전면 광고에는 "좋은 인생을 맛 보세요!"라고 되어 있었다. 로스앤젤레스 서부에서는 *The Good Life*라는 이름의 신문이 발간되었다. 그 신문의 내용을 살펴보면 좋은 인생이란 체중을 줄이고, 먹고 마시고(역설적으로), 머리를 다듬고, 오락을 즐기고, 최고급 자동차를 타고, 파티를 즐기며, 사우나에 가는 것들과 밀접하게 관련되어 있다. 그것이 바로 좋은 인생이라는 것이다.

이러한 문화적 상황들은 우리의 공중 생활과 개인적 사고의 허다한 조건들에 큰 영향을 미친다. 만약 어떤 이유로 우리가 충분히 대중적으로 인식된 자유와 행복의 권리를 실천하거나 향유하지 못한다면, 우리는 자동적으로 어딘가 잘못되었다고 생각한다. 이때 우리는 실패했다고 생각하거나 환경이(또는 타인들이) 우리를 차별했다고 생각한다. 만약 우리가 이 같은 "행복하고 성공적인 삶"을 위해 일하기를 거부한다면, 우리는 즉각 정신이 이상하거나 합리성이 결여된 사람 취급을 받을 것이다.

따라서 이러한 현실 속에서는 오히려 이런 비전을 사회적으로 실천하는 것을 반박하고, 모든 것을 포기하되 "자기 목숨까지도 미워하라고"(눅 14:26) 요청받는 그리스도의 제자도가 도무지 이해되지 않을 것이다. 즉 현대적 이데올로기의 속박 속에 살면서 그리스도의 제자로 부르심을 받는 우리가 그 부르심을 우리의 경험이나 교육 그리고 실존 속에 구체적이고 실천적으로 적용시키거나 연관시키는 것은 거의 불가능하다. 우리는 우리 삶의 계획 속에 그 부르심을 어떻게 연결시켜야 하는지를 잘 알지 못한다. 이 상황 속에서 우리는 "자기 목숨을 구원하려면 그것을 잃어야 한다"(막 8:35-36)는 예수님의 심오한 지혜—이것은 종교와 윤리적 문화의 모든 위대한 전통들과 아주 완벽하게 조화를 이룬다—는 조금도 "감안하지 못한다." 오히려 우리는 영성 생활의 규칙으로 굳어진 옛 관습들이 결코 바람직한 것으로 간주될 수 없다는 현대적 진리관에 따라 "미신과 거짓된 종교의 기만적인 유혹이 없이 자연적이고 편견 없는 이성에 따라 사물을 판단하는 것"을 가장 신빙성 있는 진리로 받아들인다.

"계몽주의적" 인물

18세기 스코틀랜드 출신의 철학자이자 사상가인 데이비드 흄(David Hume)의 말은 "좋은 인생"에 대한 오늘날의 해석의 바탕이 될 만한 현대적 세계관을 잘 반영하고 있다.

> "독신 생활, 금식, 고행, 금욕, 자기 부인, 겸손, 침묵, 고독 그리고 수도사적 덕목에 대한 모든 훈련들—이것들이 어디에서나 식견 있는 사람들에 의해 배척받는 이유는 단순히 그것들이 아무 목적 없이 실천되기 때문일까? 또는 세상에서 사람의 행복에 아무런 기여를 하지 못하거나, 인간을 더 가치 있는 사회인으로 만들지 못하거나, 아니면 인간을 더 사교적으로 만들지 못하거나, 자기 향유의 능력을 더 키우지 못하도록 하기 때문일까? 반대로 우리는 이것들이 위에서 지적한 바람직한 목적들을 훼손시키는 결과, 즉 오성을 어리석게 하고, 마음을 강퍅하게 하고, 환상을 애매하게 하며, 기분을 상하게 하는 것과 같은 결과들을 보게 된다…우울한 비지성적 열정가는 사후에 달력 속에서 한 자리를 차지할 수 있을지 모르지만 생전에는 그 자신처럼 광란적이고 음울한 사람들에 의해 인정받을 뿐 사회적으로 거의 인정받지 못한다."[1]

이 말 속에는 현대적인 것에 대한 언급은 거의 없다. 오늘날

『더 굿 라이프』지와 같은 신문에 나오는 사우나와 같은 내용은 전혀 없다. 그런데 실제로 이 "이성적인 사람"—오늘날 비슷한 관점에서 말하는 사람들과 마찬가지로—은 자신의 말하고 있는 것에 대해 분명한 인식이 없었다. 수도적인 훈련 실천의 유용성에 대해 흄은 "편견가"에 지나지 않았다.

그가 자신의 태도를 채택하는 데 있어서 완전히 편견이 없었던 것으로 보이지는 않는다. 그는 역사적으로 조절된 깊은 선입견을 가지고 말했다. 이러한 선입견은 주로 과거 유럽 역사에서 펼쳐진 개신교와 가톨릭 간의 갈등에 뿌리를 두고 있지만, 또한 "암흑시대"와 근대 계몽 시대의 차이에서 연원되었다. 그는 순수 이성과 유용한 상식에 대한 비전을 자신의 안목으로 채택했던 것이다.

흄은 자신의 사고방식 때문에 사회적, 종교적 역사의 복합적인 현상 속에서 그러한 태도를 야기한 원인을 가려내지 못했다. 그 결과 그는 그리스도의 메시지와 본보기를 통해 제시된 영성훈련이, 지금 역사적으로 많은 폐혜와 연루되어 있는 악들에 본질적, 실제적으로 얼마나 반대되는지를 깨닫지 못했다.

그는 바로 그 악들이 영성훈련 자체에 대해서가 아니라 그것들을 실천하는 데, 또는 그것들을 올바르게 실천하지 못하는 데 작용하고 있다는 것을 알지 못했다. 그렇다면 그가 이 올바르게 실천된 훈련이 인간 생활의 필수 조건으로서 당연히 있어야 할 것임을 어떻게 깨달을 수 있었겠는가?

개신교 원리

그 편견은 200년 전인 흄의 시대보다 오늘날 더 심하다. 이것은 개신교 또는 계몽사상의 발전이 영성훈련을 요청하는 모든 기독교적 구원관을 거부했다는 사상의 발달에 의존한다. 철학자들과 신학자들만이 아니라 서구 세계 전체가 오늘날 종교 생활의 한 부분으로서의 훈련 활동을 반대하는 편견을 가지고 있다.

자기 부인이나 고난을 통하여 공로나 용서를 얻는 것이 아닐진대, 이러한 훈련의 요점은 무엇이겠는가? 우리는 개신교 운동의 근본 원리—즉 구원은 칭의로 말미암아 확보되는 것이지 죽은 행위를 통해 보장되는 것이 아니라는 것—는 일반적으로 수도원과 금욕주의를 뿌리 채 흔들었다고 나는 확신한다.[2]

맥클린톡(M'Clintock)과 스트롱(Strong) 백과사전 종교난의 "고행주의" 항목은 개신교 문화가 이러한 태도를 얼마나 잘 수용하고 있는지를 잘 표현하고 있다. 여기서 보면 '금욕'—자기 부인, 본성적 충동을 훈련하는 것—이 신약 성경의 핵심 가르침이라는 사실은 편의상 무시된다. 개신교 문화가 광범위하게 퍼져 있기 때문에, 지역 교회 생활의 실질적 차원에서 영성훈련에 대한 이러한 태도는 가톨릭에도 엄청난 영향을 미쳤다. 그 결과 우리는 거의 보편적으로 영성훈련이 무엇인지 이해하는 데 무력하게 되었다. '금욕'을 예증하거나 명령하는 성경 구절들은 이런저런 방법으로 무시되거나 규격화되거나 영성화되었고, 그 실질적 요점은 특수한 사회단체의 기호에 맞는 것으로 전용되었다. 물론 거의 모든 사람들이 자기들이 취한 '영적' 행동이나 실천의 몇 가지 특수한 형태들을 지적할 것이다. 예컨대 우리는 가난, 독신 생활, 지도자에 대한 복종 등을 생각할 것이다. 이것들은 가톨릭교회 내에 정해져 있는 질서들의 한 부분이고, 문헌이나 예술을 통해 일반 대중에게도 친숙한 것들이다. 또는 우리는 성경을 연구함으로써 금식, 구제, 또는 이와 관련하여 규칙적으로 기도문을 암송하는 것 등에 대해 생각할 것이다. 그러나 대부분의 기독교인들과 대화를 해 본 바에 의하면, 그들이 생활 속에서 그것들을 실천한 결과 아주 신비화되었다고 한다.

훈련의 역기능

세상에 널리 퍼져 있는 세속적 세계관 속에서, 실제로 그 세계관에 의해 지배되는 명목상의 종교인들에게 있어서 영성훈련이 거의 의미를 갖지 못하는 이유를 확인하기는 쉽다. 그러나 성경에 보다 정통한 사람들이라면, 이러한 훈련 활동들이 그릇된 동기나 이유에서 행해질 수 있음을 알고 있다. 어떤 상황 속에서 그 활동들은 영적 생활에 방해가 될 수도 있고, 유익하지 않을 수도 있다. 이것이 현대인들이 영성훈련을 경멸하는 태도를 지지하는 중요한 종교적 근거이다. 예컨대 금식과 예배 의식은 히브리 선지자들에 의해 무익한 것으로, 심지어는 해로운 것으로 공격을 받은 활동이다(사 59장; 마 23장). 그러나 우리가 그 기사들을 읽어보면 선지자들이 공격한 것은 관습들 자체가 아니라 그것들을 악용한 데 있음을 보게 된다. 물질세계에 대한 공포와 혐오의 표현으로서, 혹은 하나님과 다른 사람들을 조종하거나 감명을 주려는 의도에서 그러한 관습들을 행하는 것은 그 활동들을 악용하는 것이다. 따라서 이런 활동들은 하나님 나라와의 생명력 있는 교통의 삶을 사는 데 도움이 되기보다는 오히려 인간의 교활함과 미신을 촉진시켰고, 지금도 계속 촉진시키고 있다. 이러한 활동들은 우리 영혼이 경건하게 성숙하거나 세상에서 하나님의 뜻을 진전시키는 데 아무런 도움이 되지 못한다.

사도 바울은 고린도전서 13:3에서 이 문제를 마지막으로 언급하면서 "내가 내게 있는 모든 것으로 구제하고 또 내 몸을 불사르게 내어줄지라도 사랑이 없으면 내게 아무 유익이 없느니라"고 했다. 영성훈련은 단순히 외적으로 연결되어 있는 행동들과 동일시될 수는 없다. 그것은 유대인들의 할례와 같이 외적 조건과 내적 조건을 충족시키는 문제이다. 즉 외적 표상과 내적 동기가 모두 온전해야 한다. 영성훈련을 단순히 외적 활동으로만 생각하고 거부하는 것은 문제의 본질을 바로 취하는 것이 아니다.

고난에 관한 오해

흔히 영성훈련에 관한 오해 중 하나가 자학적인 고통의 개념, 또는 타인이 주는 고통을 수용하는 개념이다. 이에 대한 역사적 배경은 사실이다. 그것은 중세 시대의 실제의 관습에서 유래된다. 수 백 년 동안 "훈련"이라는 말은 참회의 행위를 하는 동안 몸을 응징하는 데 사용했던 채찍을 가리켰다. 초기에는 가시나무 가지, 쇠사슬, 또는 금속이나 뼈가 박혀 있는 가죽 띠가 이러한 채찍으로 사용되었고, 점차 끝에 매듭을 단 여러 개의 줄로 된 채찍으로 바뀌어졌다. 13세기에는 회개의 과정으로서의 채찍질이 종교 계층뿐 아니라 평신도 층에까지 확대되었다. 이것은 19세기까지 계속되었고, 어떤 면에서는 20세기에도 계속되고 있다. 이러한 관습은 그리스도를 따르는 것과는 전혀 관련이 없다. 주님은 결코 그러한 일들을 실천하신 적이 없다.

유대교는 고행의 종교인가?

현대를 제대로 이해하려면 과거를 통해 현대를 보아야 한다. 따라서 우리는 "유대교는 고행의 종교가 아니다"라고 말하는 실수를 분명히 규명하는 데서부터 시작해야 한다. 그러나 이 주제에 관한 책들이 일관성 있게 이런 견해를 입증해 줄 것이므로 굳이 이 점을 증명할 필요는 없을 것이다. 하지만 그리스도의 복음이 유대교 안에서 일어났으므로, 그것의 합법적 의미는 분명히 밝혀져야 한다.

아마 그 의미는 육신을 악으로, 육신에 가하는 자학적 고통을 징벌이나 공적을 쌓는 행위와 같은 '정당한 응보'로서의 낙인—우리가 지금까지 가르쳐 온 고행적 행위에 부착된 모든 부정적인 개념들—으로 보는 것이 히브리 전통에 속하지 않는다는 의미일 것이다. 물론 그렇다. 그러나 아브라함, 모세, 다윗, 다니엘, 세례 요한, 예수 그리고 사도 바울과 같은 히브리 종교의 모범적 인물들에게서 우리는 금욕 고행적 방법으로 인정되는 금식, 기도, 고독 추구 그리고 하나님과 타인에 대한 전적 헌신 등을 보게 된다. 그들은 이런 활동들을 실천한 모범적인 인물들이다.

철학적 삶에 관한 플라톤의 견해에 관해 네틀쉽(R. L. Nettleship)이 말한 내용은 그대로 이들 및 다른 유대교 지도자들에게도—오늘날 유대 지도자들 가운데 일부는 제외될 수 있다—일반적으로 적용될 수 있다.

> "만약 고행주의가 때로 바람직하다고 생각되는 많은 일들을 포기하지 않고서는 도달할 수 없는 목적을 위한 훈련적 수고를 가리킨다면, 철학적 삶(플라톤이 본 것처럼)은 고행적이다. 그러나 만약 그것이 포기를 위한 포기를 의미한다면, 플라톤의 견해에 고행주의란 없다."[3]

우리가 이미 인간 생활의 본질에 관해 보아온 것을 감안해 보면, 참으로 모든 종교는 어느 정도 고행적이어야 한다. 만약 그렇지 않다면, 그것이 의미하는 바는 종교적 삶의 본질을 이루는 이러한 조건들이 모두 자연적인 성장에 따라, 외적인 의무에 따라, 또는 의지의 직접적인 행위에 따라 도달할 수 있는 것들을 의미하고, 여기에 목표 지향적인 준비와 훈련 그리고 배움의 수고는 전적으로 불필요하다는 것을 의미한다.

아이러니컬하게도 이것은 금세기의 개신교 문화에서 숱하게 초래된 이신칭의 구원론을 잘못 생각하게 하는 요소이다. 그러나 그것은 영적 생활을 포함한 모든 삶의 경험들에 반대되고, 그 생활을 실천하는 행위를 불가능하게 한다. 실제로 유대교를 포함한 어떤 종교도 이러한 견해를 수용하지 않는다.

예수님은 고행자였는가?

앞에서 예수님이 고행적 관습을, 특히 고독, 금식 그리고 기도를 어떻게 활용하셨는가를 살펴보았다. 주님은 자신을 세례 요한과 공개적으로 비교하셨다.

> "요한이 와서 먹지도 않고 마시지도 아니하매 저희가 말하기를

귀신이 들렸다 하더니 인자는 와서 먹고 마시매 말하기를 보라 먹기를 탐하고 포도주를 즐기는 사람이요 세리와 죄인의 친구로다 하니 지혜는 그 행한 일로 인하여 옳다 함을 얻느니라"(마 11:18-19).

이 말씀을 바로 이해하려면 많은 사실들을 살펴보아야 한다. 첫째, 비교되는 점이 있었다. 당시의 사람들이 보기에 요한의 삶의 방식은 예수님의 방식보다 더 극단적이고 더 고행적인 것으로 인식될 수 있는 것처럼 보였다. 예수님의 생애는 비록 길고 규칙적인 고독, 금식, 기도, 자발적인 타향살이, 가난 그리고 순결 추구 등으로 점철되기는 했지만 외면상으로는 '정상적'인 생존이었다.

둘째, 예수님 자신과 세례 요한에 관한 진술하면서 인용하신 말씀들은 아마 예수님의 공격의 대상으로서 율법에 대한 특권의식을 가지고 있었던 바리새인들에게서 기원했을 것이다. 주님은 주정뱅이나 폭식가가 아니었다. 그러나 주님은 또한 바리새인들이 극히 소중하게 다루었던 먹고 마시는 율법에 관해서도 그렇게 까다롭지 않으셨다. 나아가 주님은 '배척받는 부류의 사람들'—세리들, 창기들, 부랑자들과 주정뱅이들—과 교분을 유지하셨다.

영성생활의 대주재 大主宰

그러나 영성훈련을 이해하려는 데 있어서 가장 중요한 것, 예수님이 우리의 영적 생활의 주인이심을 유념해야 한다. 주님은 우리에게 영적 능력이란 영성훈련을 광대하고도 포괄적으로 단번에 실천함으로써 발휘되는 것이 아니라, 꾸준히 조금씩 실천함으로써 지속적으로 충만한 영적 생활을 유지할 수 있음을 보여주셨다. 이 점을 오해했기 때문에 사막의 교부 시대 이후 종교 개혁 시대까지 서구 교회의 기독교 고행주의는 근본적이고 가공할 오류를 범하게 되었다. 그러나 우리가 긴밀하게 그리고 계속해서 예수님에 관해 살펴보면 한 가지 근본적이고도 중대한 요점—곧 훈련을 구성하는 활동들 자체가 본질적인 가치를 가진 것은 아니라는 사실—을 발견하게 된다. 영성 생활의 목표와 본질은 금식, 기도, 찬양, 청빈 등이 아니다. 그것은 우리의 처소에서, 일상의 통상적 실존 속에서 하나님과 인간에 대한 적극적 사랑을 효과적이고도 충분하게 향유하는 것이다. 많은 가르침과 벌을 받은 아이가 착한 아이가 아니듯이, 많은 훈련을 쌓은 사람이 영적으로 탁월한 사람은 아니다.

    금식이나 침묵 또는 검소 등의 훈련을 실천한다고 해서 자신이 영적으로 앞서 있다고 생각하는 사람들은 핵심을 전혀 모르고 있는 것이다. 주어진 훈련을 폭넓게 실천해야 할 필요가 있다는 것은 우리가 연약하다는 것을 나타내주는 표시이다. 어떤 훈련을 쉽게 행할 수 있게 되면 더 이상 그것을 연습할 필요가 없다는 것을 실제 경험을 통해 얻은 법칙으로 삼을 수도 있다. 연습을 필요로 하는 훈련이란 엄밀히 말해 우리가 능숙하지 못하여 즐기지 못하는 것들을 말한다.

    야구 선수인 피트 로즈(Pete Rose)는 운동선수로서의 성공담을 말해 달라는 요청을 받고서 이렇게 말했다: "나는 내가 잘하지 못하는 부분을 연습합니다. 그러나 대부분의 사람들은 자신이 잘하는 것을 연습하지요." 이 말은 영성 생활의 성공을 위해서도 적용되는 진리이다.

진지하게 예수님의 생활 방식을 주목하는 사람은 그것이 아주 엄격한 훈련의 하나였지만, 앞에서 설명한 것처럼 현저하게 고행주의적 양식에 입각한 것이었음을 알아야 한다. 이것은 예수님 당시나 그 이후에 그분을 따르는 모든 사람들에게 해당된다(마 8:18-22, 20:26-28; 요 13:4-17; 막 4:19; 눅 9:57-62, 10:3-8, 14:25-35).

만약 우리가 예수님이 승천하신 이후부터 오순절에 이르기까지 제자들이 머무르던 예루살렘의 "다락방"(행 1:13)을 들여다본다면, 무엇보다도 먼저 그들에게 엄청난 영적 진보가 있었음을 확인하게 될 것이다. 이전에는 한 시간도 주님과 함께 '깨어서 기도할' 수 없었던 그들이 열흘 동안 계속해서 기도하는 모임의 지도자들이 되어 있었다. 그들의 경우에 적절한 다채로운 훈련은 분명히 "위로부터 능력을 입혀질 때까지 이 성에 머물러 있었을 때"(눅 24:49) 비로소 그 효력을 충분히 발휘할 수 있게 되었다. 오순절 이후 그들의 그러한 삶의 양식은 신약 성경을 기록할 때까지 계속되었고, 그 이후로는 그 기록을 뛰어넘어 역사의 페이지 속에 수록되었다.

수도원운동의 등장

수도원 운동—서구 역사상 기독교적 삶의 한 양식으로서의 수도원 운동—의 출현으로 말미암아 의미 있고 필요한 일인 금욕주의에 대한 오늘날의 전망이 가장 큰 손상을 입었다. 그러나 수도원 운동의 동기는 순수했고, 많은 위대한 기독교인들은 수도원 규칙에 따라 생활한 사람들이었으며, 나아가 많은 위대한 일들이 이들에 의해 성취되었다. 예수님과 그의 첫 제자들이 행한 일을 이해할 능력이 있는 사람은 그들의 생애와 성 안토니와 성 베네딕트 같은 수도사들의 위대한 수도원 운동 사이의 본질적인 연속성을 놓치지 않을 것이다. 그러나 이러한 수도원 규칙에 포함되어 있던 영성훈련은 오랜 세월이 흐르면서 혼란에 빠져 초점을 잃게 되었고, 급기야는 치명적인 극단에 이르게 되었다는 것 역시 사실이다. 이러한 극단은 몸을 죄악시하는 태도 그리고 고난—스스로 부과하는 고난이나 종교적 장상(長上)이 부과하는 고난으로서 현재는 이것들 모두를 비난하고 있는데, 이것은 옳은 일이다—에 의해 획득될 수 있다고 믿는 신념에 의해 더욱 촉진되었다. 수도 단체에 대한 이러한 극단적인 반응으로 말미암아 많은 사람들이 영성훈련을 자신들의 행복에 반드시 필요한 것으로 간주하기 매우 어렵게 되었다.

수도원 운동의 기원

수도 생활의 개념은 어떻게 발달되었을까? 그 해답은 초대 교회의 역사 속에 있다. 성령의 충동과 핍박의 충격으로 초대 교회 성도들은 각처로 흩어졌다. 그들은 가는 곳마다 서로 연합하여 '부름 받은 자들'(*ecclesia*)의 모임을 만들었다. 어떤 역사가들은 기독교에 대한 지독한 핍박이 도리어 제자들의 일체감을 크게 촉진시켰고, 나아가 그들에게 주변 세계와 분리된 삶을 살아야 할 충분한 이유가 되었을 것이라고 주장한다. 그들은 자신들의 시민권이 천국에 있음을(빌 3:21), 자신들이 세상에 속하지 아니했으며(요 17:16), 이 세상에서 본향을 찾지 아니하고 땅에서는 외국인과 나그네라는(히 11:13-16) 사실을 망각한 적이 없었다.

그러나 로마 황제 콘스탄틴이 기독교로 개종하고 A. D. 311년에 밀라노 칙령을 발표하면서 갑자기 기독교는 법의 보호를 받게 되었고, 황제의 후원을 얻기도 했다. 이렇게 세상으로부터 보장된 지위와 안전을 확보하게 되면서, 교회와 대부분의 성도들은 세상과 그리스도의 제자도가 양립할 수 있다고 생각하기 시작했다. 하지만 곧 일부 특별한 기독교 공동체는 이러한 상황을 참을 수 없는 것으로 생각했고, 일부 개인들과 소규모의 공동체들은 보다 엄격한 영적 생존 양식의 필요성을 절감하고 자신들을 세상과 분리시키기 시작했다.[4] 동시에 알렉산드리아의 교부 오리겐(Origen, 254년 사망)의 가르침 속에 나타난 바, 헬레니즘과 유대교 그리고 기독교 사상을 종합해 놓은 이론이 광범하게 영향력을 행사하기 시작했다. 그는 그리스도의 제자들에게 일상적인 세속적 생활을 초월하거나 분리됨으로써 온전함과 하나님과의 연합에 이르라고 요청했다.

> "오리겐의 의도는 기독교적 체험을 건전한 철학적 원리에 기초한 질서 있고 합리적인 양식의 완전성으로 표현하는 것이었다. 오리겐은 인간이 하나님과의 연합의 산물인 성화의 과정에 협력한다고 보았다. 그는 나아가 거룩/연합에 도달하는 과정을 점진적 또는 단계적으로 이루어지는 상승 과정으로 생각했다. 그

런데 이 단계들은 인간에 의해 취해져야 했다. 그가 이런 발전의 단계로 나아가는 유일한 방법은 끊임없이 고행을 실천하는 것이었다."[5]

로마 제국의 엄청난 사회적, 정치적 질서가 몰락하면서, 하나님을 향한 열정에 사로잡힌 사람들은 하나님과의 연합과 거룩을 발견하기 위해 애굽의 사막으로 들어갔다. 그리하여 세상에 대한 혐오가 하나님과 순결함을 향한 열정 그리고 고상한 소명감이라는 아주 낭만적인 생각과 뒤섞여 세계사에서 가장 놀라운 현상 가운데 하나를 만들어냈다.

드디어 북쪽으로는 시리아로부터 남쪽으로는 이집트 중부에 이르는 지역에서 출현한 특수한 생활양식 곧 '은둔적 수도원주의'—개인적으로 광야에서 완전히 홀로 살아가는 것—가 특별히 그리스도의 제자가 선택할 수 있는 하나의 삶의 양식으로 인정되었다. 영적, 심리적 그리고 물질적 궁핍함은 물론이요, 인간과 동물 약탈자들이 성 안토니(St. Anthony, 396년 사망)와 같은 지도자들을 추종하여 사막에 은거하던 많은 기독교 은둔자들을 살상했다.

안토니와 동시대 인물이요 동향인이었던 파코미우스는 이러한 위험에 대비하여 은둔자들의 공동체(공동체의 근본 취지와는 모순되지만)를 만들어 '수도단' 즉 밀폐된 공동 생활체를 구성했다. 그들은 각기 자기의 은둔처를 가지고 있었으므로 각자가 하나의 은수사였다. 그 은둔처들은 하나의 보호벽으로 둘러싸여 있었고, 각 은수사들은 공동 노동, 종교 의식 그리고 가르침을 받을 때에만 최소한의 접촉을 가졌다. 그러나 그들은 각자 황량한 사막의 위협과 위험이 없이 하나님과의 연합을 안전하게 추구할 수 있었다. 이렇게 하여 오늘날 우리에게 수도원 운동이라 알려진 것이 태동하게 되었다.

잘못된 고행주의

4세기 이후부터 오늘날에 이르기까지 수도 단체들은 개인의 삶, 교회 그리고 문명에 무한한 기여를 했다.[6] 우리는 어떤 사람들에게는 과거에 그랬던 것처럼, 수도 생활양식이 오늘날 그리스도의 제자도의 합당한 양식일 수 있다는 사실을 인정해야 한다. 그러나 그것이 실제로 실천된 결과에서 보는 것처럼 그것은 아주 분명히 그리고 자주 예수님 자신과 그의 첫 제자들이 영위한 삶과는 전혀 딴판이 되었다는 것도 사실이다.

예수님과 제자들은 철저한 금욕주의자였다. "기독교는 금욕 고행의 종교가 아니라 믿음과 사랑의 종교이다"[7] (Otto Zockler가 쓴 기념비적인 고행주의 연구서에 나오는 말)라는 말은 단순히 금욕 고행적 관습과 그리스도와 제자들이 살아간 것처럼 믿음과 사랑 안에서 살아가는 능력 사이의 관계를 잘못 이해하는 것이다. 그러나 생활양식에서 볼 때 그들이 금욕 고행자였던 것은 분명하지만, 형태상으로나 양식상으로 수도사는 아니었다. 그들은 훈련에 의해 획득된 은혜의 삶이 주는 권능을 가지고 어떤 수도사들처럼 세상을 도피하지 않고 세상 속에 견고히 섰다.

그들은 예수님의 기도에서처럼 하나님의 보호하심을 받았고(요 17장), 다른 사람들에게 생명의 말씀을 전했다(빌 2:15-16).

예수님과 사도들의 삶을 진지하게 관찰해 본 사람이라면 누구나 그들이 알렉산드리아의 마카리우스나 세라피온이나 파코미우스 등이 기이한 행동들을 했다고 상상하지 못할 것이다: 7년간 생식(生食)을 했고, 6달간 습지에서 벌거벗은 채 잠을 자면서 독충들에게 그 몸을 그대로 노출시켰다. 40년이나 50년 동안 누워서 잠을 자지 않았고, 여러 해를 말 한 마디 없이 침묵으로 일관했고, 가는 곳마다 무거운 짐을 메고 다녔으며, 쇠사슬과 팔찌를 몸에 달고 다녔고, 최고의 엄격가가 되기 위하여 서로 경쟁했다.[8]

예컨대 주상(柱上) 성자 시므온(Simeon Stylites, A. D. 309-459)은 시리아 광야에 6피트 높이의 기둥을 세워놓고 그 위에서 살았다. 그러나 곧 그 높이가 너무 낮은 데 부끄러움을 느껴 높이 60피트, 폭 3피트 되는 기둥을 세우고는 잠자는 동안 떨어지지 않기 위해 난간을 세웠다.

> "시므온은 그 기둥 위에서 비가 오거나 날씨가 좋거나 춥거나 30년간 살았다. 그 기둥에는 제자들이 그에게 음식을 날라다주고, 그의 배설물을 가져갈 때 사용하는 사다리 하나가 놓여 있을 뿐이었다. 그는 줄로 자신을 기둥에 꽁꽁 묶어놓았다. 그 줄은 그의 육신을 파고들어, 결국 그의 육체는 썩어갔다. 그 주변에는 벌레들이 득실거렸다. 시므온은 자신의 상처에서 떨어져 나온 벌레들을 집어 다시 상처에 놓아주면서 '하나님이 너에게 준 것을 갚아먹으라'고 말했다."[9]

유럽에로의 파급

5, 6세기경에 수도적 고행주의는 애굽/시리아의 터키 지역으

로부터 서쪽과 북쪽으로 퍼져 유럽을 가로질러 영국 제도(諸島)에까지 파급되었다. 아일랜드의 성도들의 기이한 엄격성은 동방 수도사들도 마찬가지였다. 성 핀추아(Finnchua)는 자신이 세상에서 포기한 것만큼 천국에서 누릴 수 있다고 생각했기 때문에 철 족쇄를 겨드랑이에 찬 채 7년이나 생활했다고 전해진다. 그 역시 성 아이테(Ite)처럼 벌레들이 자신의 육체를 갉아 먹도록 놔두었다고 한다. 성 시아란(Ciaran)은 음식에 모래를 섞어서 먹었다. 성 케빈(Kevin)은 7년 동안 선 자세로 살았다고 한다. 이러한 실례들은 이전의 실례들보다 더 환상적이다.

파코미우스(Pachomius)와 베네딕트(Benedict, 한 다발의 회초리를 옆에 두고 산 것으로 묘사되는 인물)의 규칙에 따르면, 수도원 규칙을 위반한 사람들은 때로는 피를 흘릴 때까지 회초리로 맞았다고 한다. 그러나 12세기경에는 채찍질이 개인적 고행의 수단으로 새롭게 등장했다. 피터 다미안(Peter Damian, 1072년 사망)은 채찍질을 수도적 훈련으로 채택하여 '그리스도를 닮아 가는' 수단으로서 수도사들에게 권장했다. 어떤 수도회에서는 스스로 채찍질을 했고, 또 어떤 수도회에서는 수도회의 장상이 그것을 관리했다.

그러나 초기의 수도원 운동은 후기의 것보다 이 점에 대해서는 덜 엄격했다는 점이 지적되어야 한다. 하지만 아마 생활의 전체적인 엄격성에서는 초기의 사막의 은둔자들을 능가할 자들이 없을 것이다. 모든 수도회의 모범이었던 베네딕트 수도회의 규칙에는 회개를 위한 보다 거친 수단과 자기 편태(鞭笞), 삭발, 인쿠루시오(inclusio: 아주 좁은 방이나 굴, 또는 움막에서 오랫동안 감금된 상태로 거처하는 것)와 같은 훈련은 없었다. 그러나 12세기 이후부터 고행적 관습이 양적으로나 질적으로 증가하면서, 이런 과도한 관습은 자발적으로 참여하는 자들뿐 아니라 전체 교회로까지 확대될 정도로 갖은 방법이 모두 동원되었다. 자기 편태, 강제적인 춤추기, 낙인찍기 등의 병폐가 있었다. 낙인찍기는 라이벌 관계에 있던 프란시스코 수도회와 도미니코 수도회에서 성행했다.

고행주의를 위한 고행주의

어떤 사람이 영성 생활을 위해 강력한 활동들을 실천하는 것을 관찰하면, 그가 어느 정도 본질에서 벗어나 있다는 생각을 하게 된다. 다이어트나 보디빌딩을 하는 사람을 보는 것처럼, 그것은 더 이상 건강이나 힘의 표시가 아니라 자기 찬미, 독선, 자기 몰두처럼 보인다.

이러한 보디빌딩을 하는 사람들에게서 우리는 '근육을 위한 근육'을 보게 된다. 마찬가지로 영적 '고행주의'를 연습하는 곳에서 우리는 '고행을 위한 고행'을 보게 된다. 이런 사람들은 더 이상 참된 고행가가 아니다. 그들은 하나님의 모든 피조물과 자기 자신을 사랑하시는 건전하고 신실하고 사교적인 그리스도와의 건전하고 신실한 연합의 목적을 위해 수고하는 일에는 관심이 없다.

과거의 기독교 고행주의와 고행주의적 수도원 운동의 실천가들 역시 이같이 왜곡된 것에 집착함으로써 본연의 목적을 잃어버렸다. 이것은 마치 조깅을 하는 사람이 건강과 전체적인 삶의 균형을 유지하기 위하여 뛰기보다는 자신의 힘이 넘치는 모습을 자랑하기 위하여 달리는 것과 같다. '수도적 덕'에 대한 흄의 조롱이 기독교 복음에 대한 이해의 범주 안에서 정당한 기초를 가질 수 있는 것은 바로 이것 때문이다. 이것은 다름 아닌 수고를 위한 수고의 문제이다. 이것은 사실상 일종의 자기 집착—나르시즘—으로서 하나님을 향한 경배와 봉사와는 가장 거리가 멀다. 이것은 실제로 생명을 얻고자 애씀으로써 도리어 생명을 잃어버리는 것이다.

개신교로의 이전

예상되었던 것처럼 수도적 고행주의는 단조로운 규칙과 함께 쇠퇴하고 말았다. 영성 생활에 대한 수도적 모델은 수도사들의 전적인 헌신과 열정에도 불구하고 그리스도 예수 안에 있는 생명에 충실치 못한 것이 되었다. 9세기 이후부터 새로운 수도원 운동을 포함한 일련의 개혁 운동이 전개되었다.[10] 그러나 고행적 관습에 대한 본질적 오해—그것을 '경건을 연습하는 것'이라기보다는 오히려 용서와 벌 그리고 공로에 귀착시키는 태도—로 말미암아 그것은 언제나 악용되었고, 지역적 상황에 따라 몰락하게 되었다.

여기에 개신교가 고행주의에 거부 반응을 보인 기본적인 원인이 있다. 즉 개신교는 영성훈련이 구속의 과정에서 갖는 본질적인 역할을 무시하는 반응을 보여 왔다. 참으로 개신교 종교 개혁은 수도적 고행주의를 외부에서부터 억압함으로써, 수도적 고행주의를 영속시키려는 모든 내적인 개혁의 시도들 이상의 일을 할 수 있었다. 젊은 시절에 자신이 배운 고행주의에 대한 루터의 공격과 같은 외적 공격이나 거부 이상으로 한 집단이나 기관에게 훈련과 일치를 주는 것은 없다. 로랜드 베인톤(Roland Bainton)은 마틴 루터의 생애를 기록한 『여기에 내가 서 있다』(*Here I Stand*)라는 책에 이렇게 적고 있다.

> "그는 때로 빵 한 조각 먹지 않고 사흘씩 계속해서 금식했다. 금식 기간은 축제 기간보다 그에게 더 큰 위로가 되었다. 그는 규칙에 따라 금식하는 사람들보다 더 많은 시간을 철야 기도에 매달렸다. 그는 걸쳤던 옷을 벗어버리고 자신을 거의 얼어 죽을 지경까지 몰고 갔다. 때로 그는 자신의 성결함을 자랑하면서 '나는 오늘 잘못한 것이 하나도 없다' 고 말하기도 했다. 그래서 이런 불안이 일기도 했다. '너는 충분히 금식했는가? 너는 충분히 가난한가?' 그는 성결에 필요한 것이라면 모든 것을 투자했다. 그는 자신의 엄격한 절제가 건강에 나쁜 영향을 줄수록 내세를 확신했다."[11]

후일 루터는 만일 이런 활동들을 조금이라도 더 오래 지속했다면, 철야기도, 독서 등의 활동으로 인해 결국 죽고 말았을 것이라고 생각했다.

개신교의 계속된 망상

죄 사함과 상급을 기독교인의 유일하고도 본질적인 관심사로 귀착시키는 이와 같은 강박 관념 때문에, 기독교의 수도원 조직은 성경적, 심리학적 그리고 영적으로 건전한 영성훈련의 양식으로 발전하지 못했다. 그러나 기이하게도 개신교는 계속해서 이

같은 망상에 사로잡혀 있었다. 개신교는 '행위'를 배척했고, 결국 가톨릭식의 교회 성례를 구원의 필수 요소에서 제거했다. 하지만 개신교는 인간이 하나님의 은혜로 말미암아 마땅히 되어야 할 존재, 곧 예수께서 사람들에게 기대하셨던 변화된 존재가 어떤 모습이어야 하는지에 대한 적절한 해답을 갖고 있지 못했다.

칼빈과 같은 막강한 지도자를 가진 개신교의 개혁파 교회에서는 훈련을 교회가 자파의 교인들을 통제하기 위해 사용했다. 칼빈주의보다 300년 후에 등장한 감리교는 『훈련』(*Disciplines*)이라는 제목으로 감리교 신앙과 관습의 본질 요소를 담고 있으며 앞에서 언급한 훈련들을 '은혜의 수단들'로 수록한 책을 내놓게 되었다. 예컨대 1924년 판 『훈련』에서는 은혜의 수단들이 기관파(the Instituted)와 신중파(the Prudential)의 것으로 분리되고 있다. 기관파는 은혜의 수단에 기도, 성경 읽기, 주의 만찬, 금식, '기독교인의 공동체'를 포함시키고 있고, 신중파는 철야기도, 자기 부인, 자기 십자가 지기, 하나님의 임재 연습 등을 포함시키고 있다.[12] 이 목록에서 논리적인 원칙을 찾기란 어렵다.

물론 감리교도들은 원래 방법적인 '경건 연습'을 영적 성숙의 필수 단계로 확신했다. 존 웨슬리의 작품들과 생애는 감리교도들의 '방법'을 명확하게 말해준다. 그러나 오늘날의 관습에는 그것들이 거의 남아 있지 않다. 감리교에서는 웨슬리를 위대한 기독교 지도자로 말로는 찬양하지만 그가 하나님 나라의 사역을 행하기 위해 행한 일에 대해서는 전혀 생각하지 않는 경향을 볼 수 있다.

루터와 그의 추종자들은 성례의 집행과 더불어 복음의 가르침과 전파가 영성 생활의 근간이 된다고 생각한 것처럼 보인다. "아우그스부르그 신앙 고백"은 다음과 같이 선언했다.

> "교회는 성도들의 모임으로서, 그 안에서 순수하게 복음을 가르치고 성례를 올바르게 집행한다. 교회가 일치하려면 복음의 가르침과 성례의 집행에 관해 동의하는 것으로 충분하다."

다양한 침례교와 오순절 교파들은 한 걸음 더 나아가 성례를 필수적인 것에서 제외시키는 데 견해가 일치한다. 이 문제에 대한 루터의 견해의 본질은 거의 전적으로 서구 개신교의 모든 종파들을 지배했다. 어느 종교 사전은 이 점을 "그 시대에는 올바른 교리적 견해들 및 교인들이 인정하는 종교적 관습들이 공식적으로 보존되었으나, 지금은 도덕적 권고와 영적 영향력을 잃어버렸다"[13]고 잘 서술하고 있다. 다른 말로 하면, 매달, 또는 매년 몇 시간 동안 예배에 참석할 때 외에는 이러한 사고방식이 필요하지 않았다.

이것은 과장일 수도 있다. 몇 년 전 엘톤 트루블라드(Elton Trueblood)는 다음과 같이 지적했다.

> "개신교회의 일반 교인들의 실천 생활의 특성이라고 규정할 수 있는 독특한 특징은 없다. 마찬가지로 가톨릭교회의 일반 교인의 실천 생활의 특성이라고 규정할 수 있는 독특한 특징도 없다. 그들이 예배에 빠지지 않고 참석하거나 십일조를 성실하게 내는 것은 기정의 결론이 아니다. 우리는 논란이 되고 있는 사회문제와 관련하여 그들이 무엇을 믿고 있는지 전혀 알지 못한다."[14]

계속되는 실수

따라서 구원(그리스도 안에 있는 새 생명)을 구원의 결과나 요소 가운데 하나(죄의 용서)로 대체하는 것은 기독교의 수도적 체계와 오늘날 우리가 지니고 있는 바 수도적 체계에 대한 반작용에서 두드러진다. 수도적 체계는 세상에서 죄와 접촉하는 것을 피하려 한다. 그것은 여러 종류의 노력을 통해 용서를 얻을 자격을 갖추려 했다. 그것은 세상에 속하는 것을 피하기 위하여 세상 밖에 거하려 했다.

오래 전에 바울은 하나님의 가족이 아닌 사람들을 피하는 것이 반드시 필요한 것은 아니라고 고린도 교회 성도들에게 편지했다. 그는 이 서신에서 "만일 그리하려면 세상 밖으로 나가야 할 것이니라"(고전 5:10)고 했는데, 여기에는 분명히 그렇게 해서는 안 된다는 의미가 함축되어 있다. 예수님은 "저희를 세상에서 데려 가시기를 위함이 아니요 오직 악에 빠지지 않게 보전하시기를" 위해서 기도하셨다(요 17:15).

사실 수도원 제도는 우리가 '세상에서 벗어나' 있으면서도 여전히 세상에 속할 수 있음을 입증했다. 수도원의 팽창은 오직 이 사실에 대한 논란이 무익하다는 것을 증명할 뿐이었다. 더욱이 그것은 결코 실제로는 세상에서 벗어날 수도 없다는 것(죽음 외에는) 그리고 그렇게 하려는 노력은 우리가 근본적으로 세상에 속해 있으며 기본적으로는 여전히 '세상의' 원리와 동기에 좌우되고 있다는 사실을 증명할 뿐임을 보여주었다. 이러한 증명에 자극받은 개신교는, 그리스도 안에 있는 새 생명의 요소에서 훈련을 제외하는 실수를 저질렀다. 그 결과 개신교는 그리스도의 제자에게 주는 신약 성경의 명백한 명령이나 인간의 심리적 사실들을 공정히 평가할 견해, 구원에 있어서 인간이 해야 할 일에 대한 일관성 있는 견해를 전개시킬 수 없게 되었다.

고행주의에 대한 새로운 시각

영성훈련을 정확하게 판정하기 위해서 우리는 서구 세계에 출현한 고행주의의 용어와 역사를 보다 면밀하게 살펴 볼 필요가 있다. 사도행전 24:16에서 사도 바울은 "이것을 인하여 나도 하나님과 사람을 대하여 항상 양심에 거리낌이 없기를 힘쓰노라(asko)"고 진술한다. 이것은 '아스코'(asko)라는 헬라어를 유일하게 사용하고 있는 신약 성경의 본문이며, 우리가 알고 있는 영어 단어 "asceticism"은 여기서 파생되었다. '힘쓰다'라는 말에 해당하는 보다 일반적인 신약 성경의 용어는 '쿰나조'(qumnazo)로서, 이 말은 디모데전서 4:7, 베드로후서 2:14 그리고 히브리서 5:14과 12:11에 나타난다. 이 단어에서 바울이 영적 생활을 묘사하는 상징으로 애용하던 경주나 전투와 아주 밀접한 연관을 가진 영어 단어 'gymnasium'이 유래되었다.

'고행적'(ascetic)이라는 용어는 헬라어 형용사 'askateos'에 해당되는 말로서, 여기에서 '연습하다' '힘쓰다' '수고하다' '일하다' '노동하다' '제공하다' '주다' '꾸미다'라는 의미를 가진 동사 'askein'이 파생되었다. 이 말의 명사형은 실천, 연습, 탐구, 습관, 관리, 또는 훈련이라는 뜻을 담고 있다. 이 단어의 또 다른 형은 실천된 것, 또는 시도된 것의 상태, 연구나 연습을 위한 학교나 장소, 또는 어떤 활동을 가르치는 선생이나 교사를 가리킨다.

『일리아드』, 『오딧세이』의 저자인 호머(Homer)는 이 말을 단지 전문적인 장식과 예술적인 노력을 지칭하는 데 사용했다. 그러나 헤로도투스(Herodotus)와 핀다르(Pindar)의 시대에는 인간의 정신적, 영적 노력을 가리키는 데 이 말을 사용했다.[15] 또 소피스트들(Sophists)로부터 필로(Philo)와 에픽테투스(Epictetus)까지의 그리스 철학자들은 모든 인간의 적절한 교육이나 발전에 대한 견해 안에 '고행적 실천'이라는 말을 포함시켰다. 그 말은 결코 부정적인 의미로 사용된 적이 없었고, 오히려 매우 긍정적이고 적극적인 의미를 담고 있었다.

고전적 고행주의

고전적인 언어학적 배경에는 육체를 미워하고, 벌을 위한 벌로써 육체를 학대하고, 또는 의지력과 자기 억제를 통해 공적을 쌓는 것들, 곧 오늘날 우리가 고행주의와 영성훈련의 본질이라고 믿고 있는 것들이 전혀 없었다. 고행주의란 단지 명백하게 가치 있는 목적에 기여할 적당한 수단을 채택하는 문제일 뿐이다. 고행자는 육체, 정신, 또는 영의 숙달된 경주자(athlasis)가 되는 데 적절한 훈련을 시작하는 사람이다. 만일 어떤 사람이 말을 잘 하거나, 경주를 잘 하거나, 조각을 잘하거나, 노래를 잘 하기를 원한다면, 무엇보다 연습을 통해 정신과 몸의 관련된 부분들을 단련해야만 한다. 그는 '수고'하지 않으면 안 된다. 즉 적절한 방법으로 최선을 다해야 한다. 이것은 영성 생활에도 그대로 적용되고, 신구약 성경의 가르침 중에서도 본질적이고 지속적인 주제에 속한다.

예컨대 율법을 지키는 것이 구약 성경에서는 고행주의의 주요한 요소 가운데 하나이다. 여호수아 1:8에서 우리는 "이 율법 책을 네 입에서 떠나지 말게 하며 주야로 그것을 묵상하여 그 안에 기록된 대로 다 지켜 행하라 그리하면 네 길이 평탄하게 될 것이며 네가 형통하리라"는 말씀을 보게 된다. 다시 한 번 지적하지만, 사람은 삶의 영적, 물질적 조건을 위한 육체적 기초에 주목해야 한다. 율법을 입에서 떠나게 해서는 안 된다. 백성들은 종일 어디로 가든지 율법을 암송하고 그것을 크게 외쳐야 한다.

시편 119편은 "주의 말씀을 마음에 둔"(11절) 결과 등장하는 삶에 대한 끊임없는 찬가이다. 시편 1편은 세속의 길을 좇지 아니하고 "여호와의 율법을 즐거워하여 그 율법을 주야로 묵상하는 자"의 삶을 묘사한다. 마음에 율법을 두고 계속 그것을 묵상하는 것은—그렇게 해온 사람이라면 누구나 알고 있는 것처럼—몸을 단련하는 것과 분리되지 않는다. 이러한 경험 속에서 우리의 육체가 맡고 있는 역할은 분명히 통제가 가능하다. 그리고 율법을 직접 지킴으로써 오는 간접적인 결과는 우리를 "시냇가에 심은 나무가 시절을 좇아 과실을 맺으며 그 잎사귀가 마르지 아니함 같이 그 행사가 다 형통한"(시 1:3) 사람으로 만든다.

여기서 우리는 자신의 전 존재를 신적 질서에 효과적으로 연합시키기 위해 힘을 다하여 정신과 육체의 활동에 착수하게 된다. 목사로서, 교사로서 그리고 상담가로서 나는 단순히 성경을 암송하고 묵상하는 데서 오는 내적, 외적 삶의 변화를 계속해서 보아왔다. 나는 모든 시대의 사람들을 위한 최선의 성경 구절을 암송하는 지속적인 계획이 포함되지 않는 교회에서 목회하거나 기독교 교육 계획을 지도하지 않으려 한다.

하나님의 감동을 받아 앞의 인용한 말씀들을 기록한 저자들은 단지 영성 생활에서의 현저한 사실들, 곧 우리 자신과 우리의 영적 책임 하에 있는 사람들이 커다란 위험에 처해 있음에도 불구하고 무시하고 있다는 사실들을 기록했다. 비록 이 사실들이 단순히 '선천적' 능력 이상의 것을 포함하고는 있지만, 그렇다고 전화번호를 크게 소리 내어 말함으로써 전화번호를 더 잘 기억할 수 있게 되거나 음식을 먹으면 힘을 얻고 그렇지 아니하면 힘을 얻을 수 없다는 것 이상의 신비적인 사실은 결코 아니다. 올바르게 이해된 고행주의는 '신비적인 것'과는 매우 거리가 멀다. 그것은 삶, 궁극적으로 영적 삶에 관한 아주 유익한 상식이기 때문이다.

하드맨(O. Hardman)은 자신의 탁월한 연구서인『고행주의의 이상』(Ideals of Asceticism)에서 종교적 고행주의의 본질을 "영혼을 죄의 오염으로부터 구원하고 보호하기 위해, 고유의 도덕적, 영적 질서 개념에 입각하여 적절한 기능을 발휘함으로써 그 능력을 증가시키기 위해 그리고 결과적으로 그 충분한 목적을 달성하고 향유하기 위해" 자발적으로 행하는 활동들이라고 명확하게 요약하고 있다.[16] 정확하게 현대적 맥락에서 실천된 고행주의를 비난하는 사람들은, 그들이 하나님 나라에서의 삶을 효과적으로 누리기 위한 다른 방법을 가지고 있지 않는 한, 유익을 주기보다 오히려 해를 끼칠 것이다.

영성훈련의 참본질

영성훈련의 개념을 단지 외면적으로 특정의 행동들을 수행하는 것, 혹은 고난을 통해 공로를 얻는 것, 혹은 자기혐오의 표현으로 보는 것은 피해야 한다. 이제 최종적으로 영성훈련의 기본 성격을 명확히 하고, 그것을 인간 생활 및 하나님 안에 있는 영적인 삶에 관련시켜 보자. 예수님이 마지막 날 밤에 겟세마네 동산에서 제자들과 함께 있었던 장면을 상기해 보자. 제자들은 선한 의도로 충만해 있었지만, 예수님은 그들의 상태를 알고 계셨다. 그렇기 때문에 주님은 자신이 알고 있는바 제자들이 진정으로 원하는 일을 행할 수 있게 해줄 행동 과정을 말씀해 주셨다. 주님은 그들에게 "시험에 들지 않게 깨어 있어 기도하라 마음에는 원이로되 육신이 약하도다"라고 말씀하셨다(마 24:41).

근심에 싸여 졸고 있는 제자들에게 이렇게 충고하신 주님의 의도는 특정의 행동—철야기도—을 함으로써 어떤 수준의 영적 민감성과 능력의 차원에 이를 수 있다는 것이었다. 이 단순하지만 의미심장한 일화에서 우리는 영성훈련을 구성하는 활동들의 전반적인 본질과 원리를 발견하게 된다. 이런 활동들은 우리의 직접적 통제를 받지 않는 방법으로 하나님 및 우리의 환경과 상호 교통할 수 있는 준비성과 능력을 우리 안에, 곧 우리 능력의 매개체인 구현된 인격 속에 심어준다.

베드로를 비롯한 다른 제자들은 곤경에 처했을 때 그리스도의 원수들과 맞서 굳게 설 수 있는 능력이 없었다. 그러나 주님에게서 권고 받은 대로 그들이 깨어서 기도했더라면 필요한 능력이 필요한 순간에 그들에게 주어졌을 것이다. 그들의 몸과 마음은 예수님처럼 견고하게 서기 위해 아버지의 도우심을 확보할 수 있는 상태가 되었을 것이다. 항상 그렇듯이 자연적 삶에서든 영적 삶에서든, 연단되어진 사람의 표식은 행함이 요구될 때 필요한 행위를 행할 수 있다는 것이다.

영성에 있어서 육체의 본질적인 역할

훈련에 대한 전반적인 문제는, 우리의 뜻대로 행할 수 있는 행동들을 어떻게 적용해야만 적절한 일련의 행동들, 훈련 없는 직접적 노력만으로는 결코 성취될 수 없는 행동들을 필요한 때에 수행할 수 있는가이다.

영적 행동을 포함하여 모든 삶의 행동들을 위한 준비에는 본질적으로 신체적 행동들이 포함된다. 예를 들면 철야 기도는 육체적 활동이다. 물론 그것은 단순히 육체적 활동만은 아니다. 그러나 현대 문화 속에서 우리가 간과하고 있는 가장 큰 문제는 그것이 순수하게 '영적'이거나 '정신적'인 것만은 아니며, 순수하게 정신적인 것만으로는 절대로 자아를 변화시킬 수 없다는 것이다.

기독교의 관습에 있어서 가장 기만적인 것들 가운데 하나는 실제로 문제가 되는 모든 것은 우리의 내면적 감정, 이념, 신념 그리고 의도라고 생각하는 개념이다. 무엇보다도 구원을 삶에서 분리시킴으로써 우리에게서 하나님에 관한 생명력있는 진리들을 박탈해 버리고, 몸으로 하여금 죄를 방어할 수 없게 만드는 것은 바로 인간 심리에 관한 이 같은 실수에 기인한다.

스크루테잎은 종교 생활에 있어서 몸을 사용하지 못하는 데 따른 결과를 잘 설명하고 있다. 그는 웜우드에게 그가 맡고 있는 영혼을 다음과 같이 다루라고 충고한다.

> "그가 어렸을 때 앵무새처럼 기계적인 기도를 드렸던 것을 기억하고 있다고 생각해 보게. 그에 대한 반작용으로 완전히 자발적이고, 내면적이고, 비형식적이며, 비규칙적인 기도에 초점을 맞추도록 그를 설득할 수 있네. 이것은 초신자에게는 진정한 의지와 지성의 집중이 없이 애매하게 헌신의 분위기를 그의 내면에 만들어내려는 노력으로 나타날 것이네. 그러한 시인들 가운데 한 사람인 콜리지(Coleridge)는 자기는 '입술을 벌리고 무릎을 꿇고' 기도하지 않고, 단지 자신의 영을 사랑으로 충만케 하고 '탄원의 의식'으로 사로잡히게 했다고 기록했네. 그것이 바로 우리가 원하는 기도일세. 따라서 그것이 겉으로 보기에는 원수에 대한 사랑을 극진히 베풀었던 사람들이 실천한 침묵 기도와 비슷하기 때문에 약삭빠르고 게으른 환자들에 의해 오랫동안 채택될 수도 있네. 하지만 적어도 그들은 육체가 그들의 기도에 무관하지 않다는 충고를 받을 수 있겠지. 왜냐하면 그들은 자기들이 어디까지나 동물이고, 어쨌든 자기들의 육체가 영혼에 영향을 미친다는 사실을 항상 기억하야 한다는 것을 끊임없이 망각하기 때문일세."[17]

물론 우리가 추구하는 하나님 안에서의 삶을 단순히 기계적인 결과로 생각해서는 안 된다. 세심하고 철저한 준비가 자유, 자율성 그리고 인격적 상호 관계를 방해한다는 것은 크게 잘못된 궤변이다. 사실 어떤 목적을 위해 최선의 준비를 하는 사람은 그 안에서 최대의 자유와 자율성을 경험하는 법이다. 영성 생활은 인격적인 하나님과의 상호 관계의 생활인데, 그것이 성실성 없이도 성취될 수 있다고 전제하는 것은 환상에 지나지 않는다. 하나님의 뜻대로 행하려는 뜻은 우리가 모든 준비를 갖추고 우리의 행동 속에서 그분을 만나고 그분을 의탁할 때에만 실현될 수 있다.

우리가 할 수 있는 일은 무엇인가?

가장 단순한 말로 표현한다면, 영성훈련이란 적절한 조치들을 취하는 문제이다. 그것들을 무조건 거부하는 것은, 영적 성장이란 저절로 일어나는 일이라고 주장하는 것과 같다. 진지한 그리스도의 제자가 얼마나 영성훈련을 신뢰하는지를 확인하기란 쉽지 않다. 적어도 우리가 지금까지 논의해 온 표준적이고 전통적인 훈련을 거부하는 것, 곧 고독, 금식, 봉사 그리고 그 외의 다른 관습들이 영적 성장에 본질적인 것이 될 수 없다고 주장하는 것은 납득할 수 있다. 그러나 그것들을 거부하는 신자에게는 그 대신 다른 효과적인 활동을 제시해야 할 책임이 있다.

아마 그것은 가능할 것이며, 우리는 지금 기꺼이 그 문제를 개방하려 할 것이다. 그러나 그러한 대체 활동들이 영성훈련이 되기 위해서는 그것들은 정신과 육체 모두의 활동이 되어야 하고, 우리의 자아를 신적 질서에 연합시킬 수 있도록 이루어져야 한다. 그렇게 함으로써 우리는 자신을 초월한 환상과 능력을 더욱더 깊이 체험할 수 있다.

자연스러운 행동을 지향하는 작업

인간에게 최초로 심장을 이식하는 데 성공한 드 브리스

(William C. De Vries) 박사는 이를 위해 동물들을 대상으로 수없이 많은 실험을 했다고 고백했다. 그는 이 점에 대해 단순하면서도 깊은 소견을 피력하고 있다: "우리가 많이 연습하는 이유는 매번 똑같은 방식으로 자동적으로 행하게 되기 위해서이다."[18]

예수님이 선을 행할 때 오른 손이 하는 것을 왼손이 모르게 하라고 말씀하시면서 강조하시는 바는 바로 이 같은 '자동적', 또는 '무의식적' 준비성이다. 확실히 이것은 의식적으로 행할 수 있는 일이 아니다. 왜냐하면 오른손을 왼손으로부터 감추려고 노력하는 것은 엄밀히 말해서 이미 오른손이 하는 일에 주목하는 결과를 가져오기 때문이다. 오른손이 습관적으로 선을 행하게 되어야만, 오른손은 무의식적으로 선을 행할 준비를 간접적으로 갖추게 되는 것이다.

이와 같은 간접적 예비의 법칙은 플룻을 연습하는 일에서부터 중보의 기도를 드리는 일까지 인간 생활의 전 영역에 적용된다. 우리는 의식적인 의도를 완전히 무시해서는 안 되지만 그렇다고 그것만 의존할 수는 없다. 그 이유는 무엇인가? 이러한 무의식적 준비성을 터득하기 위한 단계들을 통과한 후에야 비로소 우리는 진정으로 선을 행하려는 의도를 가지기 때문이다. 이것은 우리가 일본어를 유창하게 구사하려면 준비 과정이 필요한 것과 마찬가지이다.

아마 지금이 죄의 용서에 대해 말하기에 적절한 시점인 듯하다. 용서는 자기 안에 새 생명을 소유한 사람들에게 임한다. 여기서 새 생명은 하나님을 기쁘게 하고 하나님을 닮으려는 의도와 분리될 수 없는 것, 하나님을 사랑으로 신뢰하는 것을 말한다. 하나님은 이런 사람들의 의도를 소중히 여기시고, 심리적으로 그들과 서로 사랑의 교제를 나누는 범주 안에서 그들이 의도한 대로 행할 수 있게 하신다. 예수님이 말씀하신 것처럼 "나의 계명을 가지고 지키는 자라야 나를 사랑하는 자"이다(요 14:21). 순종은 체험적인 믿음과 사랑이 자연적으로 흘러넘치는 것이다. 사랑은 그릇된 것을 피하려는 단호한 의지를 가져오고, 하나님의 용서를 우리에게 확신시킨다. 윌리엄 로우가 그 점을 잘 설명하고 있다.

하나님의 선하심과 그리스도 예수 안에 있는 그분의 풍성한 자비하심은, 하나님은 우리의 어쩔 수 없는 연약함과 나약함―즉 무지나 놀람의 결과인 결점들―에 대해 자비로우시다는 충분한 보증이 된다. 그러나 우리가 피하려는 의도의 결핍 때문에 죄 속에서 살았을 때에는 동일한 자비하심을 기대할 수 없다.[19]

주(註)

1) David Hume, *Enquiry into Morals*, ed. L. A. Selby-Bigge(Oxford: Oxford University Press, 1957), 270.
2) John M' Clintock and James Strong, preparers, *Cyclopaedia of Biblical, Theological, and Ecclesiastical Literature*(New York: Harper, 1895), 1:454.
3) Quoted in Ira Goldwin, Whitchurch, *The Philosophical Bases of Asceticism in the Platonic Writings and in Pre-platonic Tradition*(New York: Longmans, Green, 1923), 108.
4) See Owen Chadwick, *Western Asceticism:Selected Translations with Introductions and Notes*(Philadelphia: Westminister, 1958), 16: see also Anthony C., Meisel and M. L. del Mastro, eds., T*he Rule of St. Benedict*(Garden City, NY: Doubleday, 1975), Introduction, 12-13.
5) Meisel and del Mastro, eds., *The Rule of St. Benedict, Introduction*, 13.

6) Friedrich Heer, *The Medieval World*(New York: New American Library, 1963). 61ff.; also, O. Hardman, *The Ideals of Asceticism: An Essay in the Comparative Study of Religion*(New York: Macmillan, 1924), 191-200.
7) Otto Zockler, *Askese und Monchtum*(Frankfurt am Main: Heyder & Zimmer, 1897), 136.
8) Will Durant. *The Age of Faith*, vol. 4 of *The Story of Civilization* (New York: Simon and Schuster, 1950), 58ff.
9) Ibid., 60.
10) Heer, *The Medieval World*, 63.
11) Roland H. Bainton, *Here I Stand: A Life of Martin Luther*(New York: New American Library, 1953), 34.
12) David G. Downey, ed., *Doctrines and Discipline of the Methodist Episcopal Church*(New York: Methodist Book Concern, 1924), 132f. But see also the remarks on the practice of Wiberforce and Fletcher in Hardman, *The Ideals of Asceticism*, 152n.
13) Shailer Mathews and G. B. Smith, eds., *A Dictionary of Religion and Ethics*(London: Waverly, 1921), 133.
14) Trueblood, *Alternative to Futility*, 85.
15) Gerhard Kittel, ed., *Theological Dictionary of the New Testament*, trans. G. W. Bromiley(Grand Rapids, MI: Eerdmans, 1968), 494-96.
16) Hardman, *The Ideals of Asceticism*, 16.
17) C. S. Lewis, *The Screwtape Letters and Screwtape Proposes a Toast*(New York: Macmillan, 1962), 20.
18) 'NBC News,' December 3, 1983.
19) William Law, *The Power of the Spirit*(Ft. Washington, PA: Christian Literature Crusade, 1971), 27.

9

주요 영성훈련

그러므로 너희가 더욱 힘써 너희 믿음에 덕을, 덕에 지식을, 지식에 절제를, 절제에 인내를, 인내에 경건을, 경건에 형제 우애를, 형제 우애에 사랑을 더하라 이런 것이 너희에게 있어 흡족한즉 너희로 우리 주 예수 그리스도를 알기에 게으르지 않고 열매 없는 자가 되지 않게 하려니와 이런 것이 없는 자는 맹인이라 멀리 보지 못하고 그의 옛 죄가 깨끗하게 된 것을 잊었느니라

| 베드로후서 1:5-9

영성훈련은 역사의 흔적이 제거될 때에, 그리스도와 그의 나라에 보다 효과적으로 연합하도록 우리를 인도하는 활동이 된다. 은혜(*charis*)가 은사(*charisma*)라는 것을 이해할 때, 우리는 비로소 은혜 안에서 자라가는 것이 하나님에 관해, 하나님에 의해 우리에게 주어진 것 안에서 자라가는 것이라는 사실을 깨닫게 된다. 그러므로 분명하게 표현한다면 훈련은 은혜에 이르는 수단이요, 또한 그 은사들에 이르는 수단이다. 영성훈련 곧 "경건에 이르기를 연습하는 것"은 우리 자신이나 다른 사람들에게 전혀 해를 끼치지 않고 주님의 생명과 능력을 더 많이 받아들일 수 있게 해주는 활동이다.

비록 의식하고 있지는 못하지만, 우리는 '훈련'을 매일 경험한다. 이같이 일상적이고 자연적인 훈련 속에서 우리는 우리가 다른 방법으로는 소유하지 못할 보다 깊은 능력을 직접 지배하게 해주는 행동들을 수행한다. 만약 내가 전화번호를 큰 소리로 반복해서 외운 다음에 전화를 걸면 전화번호부를 보지 않고서도 그것을 기억할 수 있을 것이다. 그렇지 아니하면 나는 아마 그렇게 할 수 없을지도 모른다. 만약 내가 열심히 훈련한다면 나는 136 킬로그램의 역기를 들어 올릴 수 있으나, 훈련하지 않는다면 아주 힘들 것이다. 이러한 일반적 활동들은 우리의 육체적, 또는 "자연적" 삶을 돕는 훈련이다.

영성 생활을 돕는 훈련도 이와 마찬가지이다. 영성훈련을 통해 나를 저주하는 사람들을 충심으로 축복할 수 있고, 쉬지 않고 기도하고, 내가 행한 선을 알아주지 않아도 마음이 평안하게 되고, 나의 길을 가로막는 악을 물리칠 수 있게 되는데, 그것은 그 훈련 활동이 나를 내면적으로 살아 계신 하나님과 그의 나라의 능력과 더욱 깊이 관계할 수 있도록 무장시켜주기 때문이다. 이것은 우리가 훈련할 때 취하는 잠재적인 능력이다.

구체적 훈련 활동들

그렇다면 영성훈련으로 삼을 수 있는 구체적인 활동들은 무엇일까? 그리고 우리는 영적 성장을 위해 어떤 활동을 선택해야 하는가?

이러한 실질적인 질문에 대답함에 있어서 완벽한 훈련 목록을 작성하려고 애쓸 필요는 없다. 우리에게 적합한 훈련 목록이라고 해서 다른 사람에게도 적합하리라는 보장이 없기 때문이다. 일반적으로 잘 알려진 관습을 목록에 올리는 것이 타당할 것이다. 반면에 일반적으로는 훈련으로 생각되지 않는 유익한 활동들도 많이 있다. 과거 오랜 세월에 걸쳐 영성훈련으로 채택된 활동들이 지금은 크게 망각된 경우도 있다. 예를 들면 아일랜드 사람인 성 브렌덴(Brenden, 484년 출생)에 의해 소개되어 그 이후 여러 세기에 걸쳐 폭넓게 성행했던 순례 행각(*peregrinatio*), 즉 자발적인 도피가 있다.[1] 우리는 영적 문제에 집중하기 위해 잠을 자지 않고 드리는 철야 기도에 대해 여러 번 언급했다. 일지(日誌)나 영적 일기를 기록하는 것도, 비록 그것을 표준적인 훈련 목록으로 삼을 수는 없을지 모르지만, 몇몇 사람들에게는 활기찬 영성 생활을 유지하게 해주는 활동 가운데 하나이다. 구약 성서에 제정된 안식일을 지키는 것도 지극히 생산적인 훈련이 될 수 있다. 육체노동을 하는 것은 특별히 고독, 금식, 탐구, 기도를 깊이 실천하는 사람들에게는 유익한 영성훈련이 된다(살전 4:11-12).

"풍족한 생활"에 익숙해져 있는 사람들에게 효과적인 영성훈련이 될 수 있는 특별한 활동으로는 가난한 사람들이 사는 지역에서 작은 가게나 은행업, 또는 다른 사업을 해보는 것이다. 이것은 우리 이웃—가난한 사람이든 부자이든—을 향한 행동과 그들에 대한 사랑과 관심이 무엇인가를 이해하는 데 커다란 효과를 가지고 있다. 영성훈련의 목록을 작성하는 데 있어서 건전한 영성 생활과 활동을 위해 필수적이고 절대적인 훈련으로 간주될 수 있는 훈련은 극히 드물다는 사실을 명심해야 한다. 물론 어떤 훈련은 다른 훈련에 비해 더 중요하기는 하다. 여러 세기에 걸쳐 실적이 입증된 영역의 활동들을 실천하게 되면 시행착오를 덜 범할 것이다. 그 후에는 만약 우리의 성장을 크게 방해하지 않을 것이며 우리에게 필요한 것 이상의 다른 활동들이 있다면 우리는 그 활동들에도 참여하게 될 것이다.

그러므로 우리가 지극히 중요한 선택을 하는 데 도움이 되도록 그리스도의 제자들 사이에서 크게 성행했던 유익한 활동들의 목록을 작성해 보고, 기도하면서 그것들에 실험적인 자세로 접근해 보자. 아래에 열거되어 있는 목록은 '절제' 훈련과 '참여' 훈련으로 나누어진다. 이 훈련들이 각각 무엇인가를 다루고, 그것들이 각각 어떻게 영적 성장에 특별히 중요한 공헌을 할 수 있는가를 살펴보겠다.

절제의 훈련	참여의 훈련
독거	성경 탐구
침묵	예배

금식	찬양
검약	봉사
순결	기도
입이 무거움	친교
희생	죄 고백
	복종

절제의 훈련

"영혼을 거스려 싸우는 육체의 정욕을 제어하라"(벧전 2:11)

잉게(W. R. Inge)는 '금욕'이라는 말이 경주를 위한 '훈련'을 의미하는 헬라어와 상관어라는 것을 상기시키면서, 절제의 훈련은 누구에게나 필요하고, 모든 하나님의 은사를 건전하고 온전하게 활용하는 길로 이끈다고 강조한다.

> "만약 본질적으로는 무해한 일이나 습관이 우리를 하나님에게서 멀어져 세상 일에 더욱 몰두하게 만든다면, 또 다른 사람들은 무사히 할 수 있는 일이 우리에게는 타락의 기회로 작용한다면, 그것을 피하기 위해서 우리가 취해야 할 과정은 절제의 과정뿐이다. 절제만이 우리의 도움이 되었어야 하지만 도리어 타락의 유인이 되었던 진정한 가치를 회복시켜 준다…우리 자신과 하나님 사이를 가로막는 것은 무엇이든지 포기할 결단을 내릴 필요가 있다."[2]

잉게는 아일랜드 출신의 윌슨(Wilson) 주교의 말을 인용하는 것으로 결론을 맺는다.

> "자기를 부인하는 사람들은 자신의 힘이 신장되었다는 것을, 자
> 신의 사랑이 확대되었다는 것을 그리고 자신의 내면의 평화가
> 지속적으로 증가되었다는 것을 확신하게 될 것이다."[3]

절제 훈련을 할 때에는 일반적으로 정상적이요 합리적 욕구로 간주되는 것을 충족시키는 일을 어느 정도 그리고 얼마 동안은 삼가야 한다. '정상적' 욕구란 식욕, 수면욕, 육체 활동이나 교제를 원하는 욕망, 호기심, 성욕 등의 기초적 유인, 또는 동기를 말한다. 그러나 편리함, 안락, 물질적 안전, 명예나 명성을 추구하는 것과 같은 다양한 욕구들 역시 정상적 욕구에 속한다. 심리학자들은 방금 언급한 욕구들이 분명히 인간의 삶과 건강을 위해 어느 정도 충족되어야 한다고 주장하지만, 일반적으로 이러한 '정상적' 욕구들의 분류나 그것들의 엄격한 상호 관계에 대한 구분을 받아들이지는 않는다. 이런 욕구들이 본질적으로 잘못되었기 때문에 절제를 실천하는 것이 아님을 유념해야 한다. 그러나 오늘날에는 인간성이 크게 왜곡되어 있으므로 이러한 기본적 욕구들이 반역적이고 해로운 과정으로 흘러가 궁극적으로 우리의 인격 속에서 죄가 주도적 역할을 하게 하는 원인이 되고 있다. 주된 죄들의 본질을 살펴보면 이것을 분명히 알 수 있다. 교회 역사상 널리 인정되어 온 일곱 가지 대죄는 교만, 질투, 분노, 나태, 탐욕, 폭식 그리고 호색이다. 그레고리 대제(A. D. 540-604)는 이 일곱 가지 죄들이 "일상적인 삶의 조건 속에서 영혼을 통상적으로 파괴한다"고 설명했다.[4] 이 각각의 죄들은 하나, 또는 그 이상의 합리적인 욕구들이 잘못 나아간 결과들이다. 적절한 영성훈련 과정은 우리가 하나님과 동행하는 것을 훼방하는 이러한 성향들을

확고하게 제거할 것이다. 영성훈련은 우리의 환경과 행동들을 적절하게 규제함으로써 이런 기본 욕구들을 하나님 나라의 삶의 질서에 적합한 연합과 순종으로 이끌 것이다.

독거

우리는 이미 주님과 주의 길을 따른 위대한 성도들의 삶에서 고독이 얼마나 커다란 역할을 했는가를 보았다. 우리는 독거 속에서 의도적으로 타인들과의 상호 관계를 절제하고, 교우 관계 및 타인들과의 의식적인 관계에서 오는 모든 것을 부인한다. 우리는 자신을 외부와 단절하고 바다로, 사막으로, 광야로, 또는 인적이 없는 한적한 지역으로 간다. 이것은 단순히 자연으로부터 안식을 얻거나 기분 전환을 하기 위해서가 아니다. 물론 그것도 우리의 영적 행복에 기여할 수는 있다. 독거는 타인으로부터 고립하여 홀로 거하는 것을 선택하는 것이다. 실제로 독거는 우리를 자유하게 한다. 이것이 훈련들 중에서 독거가 가장 중요하고 우선적인 훈련이 되는 이유이다. 날마다 경험하는 인간과의 상호 관계라는 통상적 과정은 우리를 하나님을 대적하는 세상에 맞도록 조종된 감정, 사상 그리고 행동 양식 등 안에 가두어 둔다. 독거만이 우리가 하나님의 질서 속에 통합하지 못하도록 방해하는 뿌리 깊은 행위들로부터의 자유를 발전시킨다.

쥐들을 한 마리씩 죽일 때에는 집단적으로 죽일 때보다 20배의 암페타민(각성제)을 투여해야 한다. 실험가들은 또한 암페타민을 전혀 투여되지 않은 쥐를 투여된 쥐들 가운데 놓으면 10분 안에 죽는다는 사실을 확인했다. 무리들 속에 있는 쥐들은 팝콘이나 딱총처럼 되어 버린다. 서구인들은 특히 개인으로서의 존재를 중시한다. 그러나 사회 양식에 대한 우리의 적응성은 쥐들의 경우와 거의 다를 바가 없으며 치명적이다. 독거 속에서 우리는 심리적 거리, 즉 우리를 미혹하고, 근심케 하고, 억압하는 피조물을 영원에 비추어서 볼 수 있는 관점을 발견한다. 토마스 머튼(Thomas Merton)은 다음과 같이 쓰고 있다.

> "피조물들을 전혀 느끼지 않는 것, 그것들에 대해 죽고 그것들에 관한 지식에 대해 죽는 것—그것이 내가 독거를 선호하는 유일한 이유입니다. 왜냐하면 그것들은 나로 하여금 내가 당신에게서 멀리 떨어져 있음을 상기하게 해주기 때문입니다. 비록 당신이 그것들 안에 거하시지만 당신은 그것들로부터 너무나 멀리 계십니다. 당신은 그것들을 지으셨고, 당신의 임재로 말미암아 그것들의 존재는 유지됩니다. 그러나 그것들은 나에게서 당신을 숨기고 있습니다. 그래서 나는 그것들을 떠나 홀로 있고자 합니다. 오, 고독한 자는 복이 있나니!(O beata solitudo!)"[5]

그러나 모든 영성훈련이 그렇듯이, 독거 역시 위험성을 가지고 있다. 독거 속에서 우리 영혼은 타인들과 관계할 때에는 우리의 관심을 끌지 못했던 애매한 세력들과 갈등들에 직면한다. 따라서 "독거는 무서운 시련이 된다. 왜냐하면 그것은 우리의 피상적인 안전의 껍질을 벗겨버리고 우리를 적나라하게 드러내기 때문이다. 독거는 우리 모두가 내면에 지니고 있으면서도 알지 못하고 있었던 심연을 드러내준다…그리하여 우리가 이러한 심연에 사로잡혀 있다는 사실을 노출시킨다."[6] 그때에는 그리스도를 굳게 붙들어야만 독거를 지속할 수 있다. 우리가 독거 속에서 주님에 대해 발견한 것 때문에 우리는 자유로운 인간으로서 사회에 복귀할 수 있다.

독거는 또한 우리 가족들이나 친구들에게 아픔과 슬픔을 줄 수 있다. 작가 제사민 웨스트(Jessamyn West)는 "무정한 마음을 갖지 못하면 독거를 실천하기가 쉽지 않다. 독거란 누군가와 인연을 끊는 것이기 때문이다"라고 말하고 있다.[7] 사람들은 자신의 삶을 적절히 유지하기 위해 우리를 필요로 한다. 왜냐하면 우리가 은거하면 그들은 자신들의 영혼을 상대해야 하기 때문이다. 실제로 그들에게 필요한 것은 우리가 아니라 하나님이다. 그러나 그들은 이것을 이해하지 못할 것이다. 우리는 그들의 아픔을 존중하며 돈독한 사랑을 담은 기도를 통해 그들을 위해 지혜롭게 배려해야 한다. 또 우리가 행하려는 일이 무엇이며 그 이유가 무엇인지를 그들이 이해하는 일에 도움이 되도록 온갖 방법을 사용해야 한다.

독거는 일반적으로 영성 생활의 시초에 행해야 할 가장 기본적인 훈련이지만, 영성이 성장하면서 반복적으로 실시되어야 한다. 이와 같은 독거의 실제적인 우선성이 수도적 금욕주의의 건전한 요소라고 생각한다. 타락된 세상을 구성하고 있는 인간들과의 상호관계 안에 머물러 있으면, 은혜 안에서 성장할 수 없다. 은거 속에서 준비함이 없이 금식, 기도, 봉사, 자선, 찬양을 해보라. 당신은 곧 절망에 빠져 완전히 포기하고 말 것이다.

우리는 그리스도와 사도 바울의 경우에서와 마찬가지로 '광야'나 '골방'이 초신자들에게는 권능을 얻는 최고의 장소라는 사실을 다시 강조하지 않으면 안 된다. 그분들은 우리에게 우리가 해야 할 일을 몸소 모범으로 보여주셨다. 순전한 고독 속에서 침묵과 평정이 가능하고, 여호와가 참으로 하나님이심을 알 수 있고(시 46:10), 직장과 시장과 가정에서 떠날지라도 여호와를 의뢰하고 마음을 굳게 정하여 그 마음을 견고하게 하고 두려워하지 않게 된다(시 112:7-8).

토마스 아 켐피스(Thomas a Kempis)는 수도적 소명의 정당성을 강조하면서 다음과 같이 말했다.

> "위대한 성인들은 사람들과의 관계를 끊고 은밀한 처소에서 하나님을 위해 사는 삶을 택한다. 누군가 이렇게 말했다: 나는 때때로 사람들 사이에 있으면 덜 사람다워진다. 다시 말해 덜 거룩해진다…만약 당신이 초신자로서 골방을 가지고 있고 그 안에서 잘 거한다면, 그곳은 당신에게 가장 사랑스러운 친구가 되고 가장 유쾌한 안식처가 될 것이다. 경건한 영혼은 침묵과 고요 속에서 유익을 얻고 성경의 비밀을 깨닫는다…헛되고 헛된 일들에서 떠나라…당신으로 향하는 문을 닫으라 그리고 당신의 사랑이신 예수에게 외치라: 당신의 골방에서 그분과 함께 거하라. 왜냐하면 다른 곳에서는 그렇게 큰 평강을 누릴 수 없기 때문이다."[8]

헨리 데이빗 소로우(Henry David Thoreau)는 은밀한 생활이 결여되면 세속적 생활도 활력을 잃는다는 것을 깨달았다. 대화는 잡담으로 전락하고, 우리가 접하는 사람들은 단지 누군가에게서 들은 얘기만을 늘어놓을 수 있다. 우리와 이웃의 유일한 차이는 이웃은 세상의 소식을 알고 있고, 우리는 모르고 있다는 것이다. 소로우의 지적은 옳다. 우리의 내적 평정의 삶이 부족할 때 "우리는 더욱 필사적으로 더욱 끈질기게 우체국을 드나든다." 그러나 "많은 편지들을 가지고 다니며, 폭넓은 교제를 자랑하는 불쌍한 사람은 그러는 동안에 자기 자신의 음성을 듣지 못한다…타임지를 읽지 말고 영원을 읽으라"고 소로우는 결론짓는다.[9]

침묵

우리는 침묵할 때 '소리들'—소음이든, 음악이든, 말이든—로부터 우리 영혼을 차단시킨다. 완전한 침묵은 드물다. 오늘날 우리가 '고요'라고 부르는 것은 보통 소리가 거의 없는 상태를 가리킬 뿐이다. 많은 사람들이 한 번도 침묵을 경험하지 못했으며, 심지어는 그것을 제대로 알고 있지 못하다는 사실도 모른다. 우리의 가정과 사무실은 삶을 보다 편안하게 살기 위해 마련된 수많은 기구들의 윙윙거리는 소리, 휙휙 거리는 소리, 삐걱거리는 소리, 딱딱거리는 소리 등으로 가득하다. 그러한 소음들은 기이한 방법으로 우리를 위로해 준다. 사실상 우리는 완전한 침묵을 무섭다고 여긴다. 왜냐하면 그것은 아무 일도 일어나지 않고 있다는 인상을 주기 때문이다. 우리가 사는 현대적 세상에서 그보다 더 좋지 못한 일이 어디 있겠는가!

침묵은 독거를 능가한다. 침묵이 없는 독거는 거의 효과가 없다. 헨리 나우웬(Henri Nouwen)은 "침묵이란 독거를 하나의 실체로 만드는 길이다"라고 진단한다.[10] 그러나 침묵은 우리가 아무 일도 하지 않는다고 질책하여 우리의 삶의 실체 위에 내던져버리기 때문에 아주 무섭다. 침묵은 우리로 하여금 죽음, 우리를 이 세상에서 절단하여 하나님과 우리만 남겨둘 죽음을 기억하게 한다. 그러한 고요함이 "우리와 하나님"에게 거의 무가치한 것으로 들어난들 어떤가? 만약 우리가 항상 우리 주변에서 일어나는 일을 확인하기 위해 카세트나 라디오를 켜야 한다면, 우리 삶의 내적 공허함에 대해 그것이 무엇이라고 말하는지 생각해 보라.

청각은 임종할 때에 가장 최후에 사라지는 감각이라고 한다. 소리는 우리의 영혼을 깊이 그리고 혼란스럽게 자극한다. 따라서 우리의 영혼을 위해서는 TV, 라디오, 카세트 또는 전화를 꺼두는 시간이 필요하다. 우리는 가능한 한 거리의 소음으로부터 단절되어야 한다. 우리는 필요한 모든 조처를 취함으로써 우리의 세상을 얼마나 고요하게 만들 수 있는지 발견하려 해야 한다. 침묵과 독거는 일반적으로 서로 협조한다. 독거를 실현하는 데 있어서 침묵이 반드시 필요하듯이, 침묵의 훈련을 완전한 것으로 만드는 데에는 독거가 필요하다. 사람들과 함께 있으면서 침묵할 수 있는 자는 거의 없다.

그러나 우리는 대체로 사람들과 함께 살고 있는데, 이 훈련을 어떻게 실천할 수 있을까? 방법이 있다. 예를 들면, 많은 사람들이 한밤중에 일어나는 훈련을 한다. 그들은 이 침묵을 실천하기 위하여 한밤중에 잠을 깨는 것이다. 그렇게 함으로써 그들은 다른 사람들에게 부담을 주지 않고서 기도와 탐구에 몰두하는 풍요로운 침묵의 시간을 갖는다. 불가능한 일 같지만 독거를 하지 않고서도, 가정생활을 하면서도 침묵으로의 의미 있는 발전이 가능하다. 그리고 사랑하는 사람들과 함께 이런 훈련을 행하는 것이 필요하다.

모든 훈련이 다 그렇지만, 침묵을 실천할 때 우리는 경건하고 실험적인 자세로, 우리가 그것의 올바른 용도에 도달할 것이라는 확신을 가지고 해야 한다. 침묵은 강력하고도 본질적인 훈련이다. 침묵만이 우리가 하나님을 향하는 삶의 변화를 지속할 수 있도록 돕는다. 침묵은 우리로 하여금 온유하신 하나님의 음성을 듣도록 해 주는데, 하나님의 독생자는 "다투지도 아니하며 들레지도 아니하리니 아무도 길에서 그 소리를 듣지" 못할 것이다(마 12:19). 하나님은 우리에게 말씀하시기를 "너희가 잠잠하고 신뢰하여야 힘을 얻을 것이라"고 하셨다(사 30:15).

그러나 우리는 말하지 않는 침묵도 실천해야 한다. 야고보는 "누구든지 스스로 경건하다 생각하며 자기 혀를 재갈 먹이지 아니하고 자기 마음을 속이면 이 사람의 경건은 헛것이라"고 경고한다(약 1:26). 또 그는 "우리가 다 실수가 많으니 만일 말에 실수가 없는 자면 곧 온전한 사람이라 능히 온 몸을 어거하리라"고 강조한다(약 3:2).

말하지 않는 것을 실천하게 되면, 최소한 우리의 말을 제어하여 우리 혀가 자동적으로 식언(食言)하지 않게 된다. 이러한 훈련은 우리 자신의 말을 충분히 고려할 수 있는 시간 그리고 언제 무슨 말을 해야 하는지를 조정할 수 있는 마음의 준비가 주어지는 '내적 여유'를 제공한다.

이러한 훈련은 사람들의 말을 듣고, 관찰하고, 주목하는 데 도움이 된다. 이제까지 우리가 진정으로 사람들의 말을 경청한 일이 극히 드물며, 또 다른 사람들이 우리의 말을 들어주기를 얼마나 필요로 하고 있는가? 인간의 삶 속에 있는 많은 분노는 사람들이 자기의 말을 들어주지 않는 데서 기인한 결과이다. 야고보의 말을 다시 들어보자: "사람마다 듣기는 속히 하고 말하기는 더디하며 성내기도 더디하라"(1:19). 혀를 재빠르게 움직이면 의례히 그 뒤에는 분노가 따른다. 하나님은 우리에게 귀는 두개, 입은 하나를 주셨다. 그것은 말하기보다는 듣기를 두 배나 더하라는 뜻일 것이다. 그 비율도 말하기에 너무 많은 비중을 둔 것이라고 할 수 있다.

흔히 복음을 전할 때 말하는 것의 역할이 지나치게 강조된다. 이 말이 이상하게 들릴지 모르나 사실이다. 침묵 그리고 진정한 경청은 우리의 신앙의 강력한 증거가 되기도 한다. 기독교 복음 전도에 있어서 중요한 문제점은 사람들에게 말할 기회를 주지 않고, 끊임없는 잡담을 통해 하나님에 대한 확신이 결여된 사랑 없는 마음을 드러내는 사람들에게 침묵을 강요한다는 데 있다. 우나무노(Miguel de Unamuno)가 말한 것처럼, "우리는 사람들이 말하려 하는 것에는 덜 주목하고, 말할 의사가 없이 하는 말에 더 주목할 필요가 있다."[11]

우리는 왜 말을 많이 하려 하는가? 우리는 사람들이 자신을 어떻게 생각하는지 내적으로 불안해하기 때문에 계속 말을 한다. 아놀드(Eberhard Arnold)는 "서로 사랑하는 사람들은 함께 침묵을 지킬 수 있다"고 말했다.[12] 그러나 불편한 사람과 함께 있을 때 우리는 자신의 모습을 정비하고, 그들의 신임을 이끌어내기 위해 말을 사용한다. 그렇게 하지 않으면 우리의 장점이 제대로 인정받지 못하고 우리의 단점이 제대로 '이해받지' 못할 것이라는 염려를 갖게 된다. 말을 하지 않을 때 우리는 자신이 어떤 모습으로 나타날 것인지를 하나님께 맡긴다. 물론 그것은 어렵다. 하나님이 우리를 위하시고, 예수 그리스도가 하나님의 우편에서 우리를 위해 간구하시는데(롬 8:31-34) 어찌하여 우리는 우리에 관한 타인의 의견에 신경을 쓰는가?

우리 중에 고요한 내적 확신을 가지고 사는 사람은 극히 적으며, 그것을 원하는 사람은 무척 많다. 그러나 이러한 내적 평정은 우리가 말을 하지 않는 것을 실천할 때 받게 되는 큰 은혜이다. 우리가 그것을 소유하게 되면, 그것을 필요로 하는 다른 사람을 도울 수 있다. 우리가 그러한 확신을 알고 난 다음에는 다른 사람들이 재보증과 승인을 구할 때 그들에게 그들의 내면의 깊은 물 속에서 그것을 구하라고 조언할 수 있다.

독거와 침묵을 실천한 젊은이의 증언이 여기 있다.

> "이 훈련을 실천하면 할수록 나는 침묵의 능력을 느낄 수 있다. 내가 회의적이고 비판적인 태도를 버릴수록, 나는 내 마음에 들지 않는 다른 사람들의 태도들을 수용하며, 그들을 하나님의 형상으로 지음받은 존재로서 받아들이게 된다. 내가 말을 적게 할수록, 적절한 시기에 하는 말은 더 풍성해진다. 내가 다른 사람들을 귀하게 여길수록, 나는 작은 것으로 그들을 더 많이 섬기게 되고, 나의 삶은 더 풍요롭고 찬송이 넘치게 된다. 내가 찬송을 많이 할수록 하나님이 나의 삶 속에 놀라운 일을 행하심을 더 많이 깨닫게 되고, 장래에 대한 걱정은 덜 하게 된다. 나는 하나님이 끊임없이 주시는 것을 받아 누릴 것이다. 나는 이제야 진실로 하나님을 향유하기 시작한 것으로 생각된다."[13]

금식

금식할 때에는 몇 가지 중요한 이유로 음식은 물론이요 가능하면 물까지도 절제한다. 이 훈련은 신속하게 우리 자신에 대해 많은 것을 가르친다. 금식은 우리의 평강이 먹는 즐거움에 얼마나 크게 의존하는지를 보여줌으로써 우리를 겸손하게 한다. 또한 금식은 신앙이 없고 지혜롭지 못한 삶과 태도—자기 존중의 결여, 무의미한 수고, 목적 없는 생활, 휴식이나 운동의 부족—가 원인이 되어 우리 몸속에 생긴 불편함을 진정시키기 위해 우리가 얼마나 먹는 즐거움을 이용하는지 깨닫게 한다. 금식은 육체가 우리의 강력한 결심을 거슬러 강력하고 교묘하게 제멋대로 한다는 것을 확실하게 입증할 것이다.

금식에는 여러 가지 방법과 단계가 있다. 성 안토니와 같은 사막의 교부들은 가끔 오랜 기간을 빵—그들이 먹었던 '빵'은 오늘날 우리가 먹는 것보다 실속 있는 것으로 이해해야 한다—과 물로만 연명했다. 다니엘과 친구들은 왕이 먹는 음식과 마실 것을 먹지 않고 채소와 물만 먹었다(단 1:12). 또 한 번은 다니엘은 세 이레가 차기까지 "좋은 떡을 먹지 아니하며 고기와 포도주를 입에 넣지 아니하며 또 기름도 바르지 아니했다"(10:3). 예수님은 사단의 시험과 자신의 공생애를 준비하시는 기간에 한 달 이상 전혀 음식을 먹지 않으셨던 것으로 보인다(마 4장).

금식은 우리로 하여금 생명의 원천이 음식이 아니라 하나님이심을 발견하고서 하나님만을 의지하게 해준다. 금식을 통해 우리는 우리에게 주시는 하나님의 말씀이 생명의 원천이라는 것을 경험으로 알게 된다. 다시 말해 생명을 주는 것은 음식(빵)이 아니라 "하나님의 입에서 나오는 모든 말씀"이라는 것이다(마 4:4). 우리는 또한 우리가 "세상이 알지 못하는 양식"(요 4:32, 34)을 먹고 있다는 사실을 배우게 된다. 그러므로 주님에게 있어서 금식은 실제로는 축제, 마음껏 즐기며 그의 뜻대로 행하는 것이었다.

기독교인 시인인 빈센트 밀레이(Edna St. Vincent Millay)는 『축제』(Feast)라는 제목의 시에서 '다른' 양식의 발견에 대해 노래했다.

> 나는 온갖 포도주를 맛보았으나
> > 처음 것이나 마지막 것이나 같았다네
> 네게 포도주가 떨어지자
> > 얼마나 목은 마르던지
> 나는 뿌리를 갉아먹고
> > 모든 식물을 먹어치웠네
> 내게 열매가 없게 되니
> > 얼마나 곤궁하던지
> 포도와 콩은
> > 포도주 상인과 콩 장사에게 공급하라
> 나는 목마름과 굶주림 때문에
> > 지쳐 쓰러지리라[4]

따라서 주님이 "금식할 때 슬픈 기색이나 흉한 모습을 하지 말라"(마 6:16-18)고 말씀하신 것은 우리가 주위에 있는 사람들을 잘못 인도할까 염려해서 하신 말씀이 아니다. 주님은 여기서 우리가 어떻게 느껴야 할지를, 곧 우리가 실제로 슬픈 것이 아니라는 사실을 표현하신 것이다. 우리는 생명이 음식보다 훨씬 중요한 것임을 발견하게 된다(눅 12:33). 불신자들에게는 배(胃)가 신(神)이지만(빌 3:19; 롬 16:18). 우리에게는 배가 우리를 기쁘게 하는 종이다(고전 6:13).

실제로 금식은 그리스도를 따르려는 모든 사람에게 요청되는 자기 부인을 실천하는 중요한 방법이다(마 16:24). 금식할 때 우리는 하나님을 마음껏 즐기면서 행복하게 고난 받는 법을 배운다. 그것은 유익한 교훈이다. 왜냐하면 우리는 살아가는 동안 어떤 일이든 고난을 받을 것이기 때문이다. 토마스 아 켐피스는 "고난 받는 법을 가장 잘 알고 있는 사람이 최상의 평강을 누릴 것이다. 그 사람은 자신을 이기는 자요 세상의 주인이요 그리스도의 친구요 하늘의 상속자이다"[15]라고 피력한다.

금식을 체계적인 훈련으로 잘 활용하는 사람들은 하나님 안에 있는 자기들의 자원을 분명하게, 끊임없이 의식할 것이다. 그리고 금식은 모든 종류의 손실을 견딜 수 있도록 하는 데 도움이 될 것이다. 켐피스는 다시 역설하기를 "탐식을 삼가라. 그리하면 육신의 모든 성향을 보다 쉽게 절제하게 될 것이다"[16]라고 했다. 금식은 절제력과 자제력을 배양시키기 때문에, 우리의 모든 근본적 욕구들에 관해 절제와 자제를 제공한다. 음식은 우리의 삶에서 포괄적인 위치를 점하고 있기 때문에 금식의 효과는 우리의 인격 전반에 미치게 된다. 그리하여 우리는 가난과 궁핍함 속에서도 젖을 떼고 어미 품을 떠난 아이의 만족함을 경험한다(시 131:2). "지족하는 마음이 있으면 경건이 큰 유익이 된다"(딤전 6:6).

그러나 금식은 온 힘을 기울여 행하지 아니하면 실천하기 어려운 훈련이다. 그렇지만 우리가 금식을 기도나 예배의 일부분으로 활용하면 그렇게 어렵게 느껴지지는 않을 것이다. 어떤 사람이 금식을 영성훈련의 한 방법으로 채택한다면, 그는 그것을 충분히 실천하여 그것에 익숙해지도록 해야 한다. 왜냐하면 하나의 훈련으로써 체계적인 금식을 습관화시킨 사람은 그것을 하나님에 대한 직접적인 예배의 일부로서 효과적으로 활용할 수 있기 때문이다.

검약

지금 우리는 어떤 사람들의 경우에는 독거, 침묵, 금식처럼 구속 과정에 기본적인 것이 되지 못하는 몇 가지 절제 훈련을 다루고 있다. 그러나 그것들은 여전히 대단히 중요하다. 왜냐하면 그것들은 우리로 하여금 우리를 파멸시킬 수 있는 행동 성향과 서로 맞붙게 하거나, 적어도 그리스도를 섬기는 일에 있어서 비효과적으로 만들지는 않기 때문이다.

검약을 실천할 때 우리는 단지 자신의 욕망, 곧 우리의 지위욕, 사치욕, 허영심을 만족시키기 위하여 임의로 돈이나 재물을 사용하는 것을 절제한다. 검약을 실천한다는 것은 일반적인 선한 판단에 의해 하나님이 인도하시는 삶에 반드시 필요하다고 인정된 것의 범주 안에 머물러 있다는 것을 가리킨다.

'필수적인 것'에 대한 일반적 의식이 있다는 것은 고대에서나 현대에서나 세속 권세가들에 의해 시행된 '사치 금지' 법령을 보면 납득이 간다. 예컨대 고대의 스파르타에서는 도끼나 톱 이외의 정교한 도구로 만들어야 하는 집이나 가구를 소유하는 것이 금지되었다고 한다. 로마인들은 자주 오락에 쓰는 비용을 제한하는 법을 시행했다. 또 영국의 법은 다양한 사회 계급에 따라 지켜져야 할 식사와 의복에 관한 많은 내용을 포함했다.

오늘날 서구 세계에서는 이런 법들을 시행한다는 것은 거의 상상할 수 없다. 오늘날에는 사치가 결코 수치로 생각되지 않고 오히려 '행복 추구'의 권리를 행사하는 당연한 권리로 인식되어 있다. 그러나 신·구약 성경의 예언의 말씀은 아주 명확하다. 야고보서 5:1에는 "들으라 부한 자들아 너희에게 임할 고생을 인하여 울고 통곡하라"고 경고한다. 우리는 부자에 대한 야고보의 경고가 단순히 그들이 부자여서가 아니라 그들이 "땅에서 사치하고 연락하여 도살의 날에 자신들의 마음을 살찌게 했기"(5:5) 때문이었음을 유념해야 한다.

영적으로 지혜로운 사람은 낭비적 소비가 영혼을 타락하게 만들어 하나님에 대한 신뢰와 경배와 섬김을 떨어뜨리고, 아울러 이웃에게 상처를 준다는 것을 알고 있다. 하드맨은 이 점을 다음과 같이 강력하게 천명한다.

> "사람들이 자신의 육체를 풍성하고 고급스런 음식으로 채우고, 술이나 마약을 사용함으로써 정신적, 육체적 능력을 심각하게 훼손시키는 것은 하나님께 대한 범죄일 뿐 아니라 사회에 대해서도 손해를 끼치는 일이다…온갖 형태의 사치는 경제적으로 부정적이다. 사치는 그것을 과시하는 것을 바라보는 가난한 사람들을 자극하고, 그것에 몰두하는 사람들을 도덕적으로 타락시킨다. 사치하게 살 능력이 있는 기독교인들은 마땅히 모든 낭

비를 버리고 의식주를 비롯한 모든 삶의 방식에서 간소함을 실천함으로써 사회에 유익을 주게 된다."[17]

검약이 하나님과 인간에 대한 봉사이지만 여기서 우리의 관심사는 그것을 하나의 훈련으로 다루는 것이다. 검약 자체는 "공의를 행하며 인자를 사랑하며 겸손히 하나님과 함께 행하는"(미 6:8) 것을 가로막는 숱한 욕망들에 대한 관심과 집착에서 우리를 해방시킨다. 검약은 우리가 마리아가 택한 '한 가지 필요한 일', 곧 "좋은 편"(눅 10:42)에 집중할 수 있게 해준다.

현 세계에서 검약에서 오는 대부분의 자유는 경제적 빚으로 말미암은 영적 구속으로부터의 자유이다. 이러한 종류의 빚은 전혀 필수적이지 않은 물건들을 구입함으로써 야기되고, 그 결과는 우리의 가치 감각을 박탈하고, 미래에 대한 소망을 퇴색시키며, 타인들의 궁핍함 대한 민감성을 둔화시키는 것으로 나타난다. 그러므로 "피차 사랑의 빚 외에는 아무에게든지 아무 빚도 지지 말라"(롬 13:8)고 한 사도 바울의 권고는 지혜로운 경제적 충고이자 유익한 영적 조언이다.

조셉 수린(John Joseph Surin)은 많은 사람들이 하나님 보시기에 위대하기를 바라는 것처럼 보이는데 진정으로 경건한 사람들이 적은 이유를 물었다. 그는 "주된 이유는 그들이 삶 속에서 중요하지 않은 일에 지나치게 큰 비중을 두기 때문이다"[18]라고 대답했다. 삶의 한 양식으로 고정된 검약은 우리를 불필요한 일에서 해방시킨다. 검소(simplicity: 인간의 행복에 필수적이지 않은 것은 단호하게 물리치고 뚜렷한 목적을 지향하는 삶의 구조)와 가난(모든 소유를 거부하는 것)은 충분히 검약의 표현이라고 할 수 있다. 이 점에 대해서는 다음 장에서 보다 깊이 거론할 것이다.

순결

특별히 성적 욕구를 다루는 훈련을 지칭하는 데 있어서 우리는 적절한 용어 사용에 어려움을 느낀다. 비록 순결이라는 것이 '검소'란 말과 같이 훈련 자체를 가리키기보다는 은혜 아래서 주어지는 그 훈련의 결과를 가리키는 것이지만, 나는 '순결'(chastity)이라는 말을 사용하려 한다. 순결이라는 영성훈련을 실천하는 데 있어서 우리는 우리와 타인들과의 관계—심지어는 남편과 아내 사이의 관계까지도—중에서 성적인 부분을 적절하게 유지하고 사용하는 것을 배운다.

성(性)이란 인간의 본성 중에서 가장 강력하고 미묘한 세력들 가운데 하나로서 그것에 직접 연루된 인간의 고통의 범위는 놀라울 정도이다. 성에서 비롯되는 인간악은 결혼 이전이나 이후에 우리가 "거룩함과 존귀함으로 자기의 아내를 취하는 법"(살전 4:4)을 알아야 함을 보여준다. 그리고 이러한 깨달음의 핵심은 성, 성적 감정 및 생각을 자제하는 훈련을 실천하고, 그럼으로써 그것들에 의해 지배를 받지 않는 법을 배우는 데 있다.

바울은 결혼한 부부가 서로 합의해서 금욕을 실천하는 것이 기도와 금식에 도움이 되는 것으로 설명하고 있다(고전 7:5). 현대 사상과는 달리, 성욕의 충족을 중심으로 삼는 것은 건강한 결혼에 치명적이다. 자발적인 금욕은 배우자의 성을 그의 전인격의 한 부분으로 보고 감사함과 사랑으로 배우자를 대하게 하는 데 도움이 된다. 그것은 우리로 하여금 더욱 굳세게, 성적 갈등이 없이 사람들에게 친숙해지는 실천을 행하게 해준다. 순결은 결혼생활에서 아주 중요한 역할을 한다. 그러나 우리가 순결을 통해 추구하는 주요 효과는 우리의 전반적인 삶 속에서—결혼을 했든 안했든—성적 행위, 감정, 생각, 태도 등을 적절하게 다루는 것이다. 만약 우리가 하나님의 자녀요 예수 그리스도의 형제 자매로서 살아야 한다면, 성이 결코 우리의 삶을 지배하도록 해서는 안 될 것이다.

그렇다면 이 말은 성이란 우리가 피해야 할 것이라는 의미인가? 그렇지 않다. 우리는 성적 존재이다.

"사람을 창조하시되 남자와 여자를 창조하시고"(창1:27)

이 말씀은 하나님의 형상인 우리의 존재를 성과 연결시키고 있다. 성은 하나님을 섬기는 능력의 한 부분이다. 성 관계 안에서 두 사람이 연합하여 특별한 형태의 인격체의 구현을 예비한다. 그리고 그것을 아는 것과 그렇게 알려지는 것이 하나님의 근본 본성의 특성이다. 충분한 성적 연합이 이루어질 때, 부부는 육체에 의해 서로의 전인격을 파악한다. '우연한 성 관계' 같은 것은 있을 수가 없다. 사도 바울이 "음행하는 자는 자기 몸에게 죄를 범하는 것이라"(고전 6:18)고 말하듯이, 그것은 언어상으로도 모순이다.

그러므로 성은 우리의 존재의 본질을 이룬다. 따라서 순결은 성적 무관심(nonsexuality)을 의미하는 것이 아니다. 그러한 자세는 커다란 해를 가져온다. 이것이 아주 중요한 요점이다. 성적인 생각, 감정, 태도 그리고 관계 등에 과도하게 집착할 때 고통이 임하지만, 지나치게 금욕할 때에도 고통이 임한다.

소망이 더디 이루게 되면 그 사람의 마음을 상하게 하는 것은 물론이요, 많은 사람들의 마음을 상하게 한다는 것만큼 진리는 없다(잠 13:12). 예수님은 성 관계를 억제하는 것이 전체적인 성적 부도덕과 왜곡—주님이 "마음에 간음한 것"(마 5:28)이라고 부른 것—을 가져온다는 것 그리고 온전한 금욕은 특수한 경우에만 요구되는(마 19:11-12) 것임을 분명히 하셨다. 성에 대한 이러한 사실주의는 사도 바울에 의해서도 주장된다. 그는 "만일 절제할 수 없거든 혼인하라 정욕이 불같이 타는 것보다 혼인하는 것이 나으니라"(고전 7:9)고 말함으로써 잘못된 금욕이 주는 결과를 경고하고 있다.

물론 이 본문에서 '불같이 타는'이라는 표현이 사소한 '내면적' 문제가 아니라 아주 심각한 상태를 가리키는 것으로 이해하지 않으면 안 된다. 그것은 여러 가지로 인간의 삶 속에 반영된다: 생각과 감정의 심각한 왜곡, 정상적이고 적절한 성 관계를 갖지 못함, 좌절당한 사람들 사이의 혐오감과 증오심, 심지어는 어린이 학대, 성도착, 성폭행 등에까지 확대된다. 총체적으로 하나님과 동행하는 풍성한 삶의 한 부분으로서 올바르게 실천된 순결은 성을 억제함으로부터 오는 폐해를 막을 수 있고, 오늘날 세계에서 성적인 삶을 광란의 지경으로 몰아가는 마음과 정신의 질병을 예방할 수 있다.

디트리히 본회퍼(Dietrich Bonhoeffer)는 "순결의 본질은 정욕을 억압하는 것이 아니라 생활 전체가 하나의 목표를 지향하는 것이다"[19]라고 지적한다. 순결하고 건전한 금욕은 다른 성(性)의 사람들과의 사랑스럽고 적극적인 관계에 의해서만 유지될 수 있다. 상대편 성과의 단절은 오히려 해로운 정욕들을 유발할 수 있다. 그러므로 이 훈련은 긍휼, 교제, 유용함과 더불어 강조되어야 한다. 정상적인 가정에서의 남녀 사이의 친밀하고도 사랑스러운 관계는 어머니와 아들, 아버지와 딸 그리고 형제와 자매 등과 같은 사이의 자연스러운 흐름으로 나타날 것이다. 최근의 한 연구에 의하면, 자녀들을 어린 시절부터 깨끗하게 하고, 보호하고, 관심을 가져주고, 사랑하는 아버지들은 자녀들을 성적으로 학대하는 일이 거의 없다는 것을 보여준다. 그것은 그들이 자녀들을 사랑하기 때문이고, 이런 지극한 사랑이 서로 해치는 것을 막아주기 때문이다. 따라서 순결을 실천하기 위해서 우리는 먼저 사랑을 실천해야 하고, 그러기 위해서는 가정, 직장, 학교, 교회, 또는 이웃에서 만나는 다른 성(性)의 사람들의 유익을 먼저 추구해야 한다. 그리하면 우리는 적절한 순결의 훈련을 자유롭게 실천할 수 있고, 그것으로부터 아주 유익한 결과를 얻게 될 것이다.

은밀성

은밀성—이는 우리의 의도를 정확하게 함축하고 있는 말은 아니다—이란 우리 자신의 선한 행위와 행적을 알리기를 삼가하는 것이다. 만약 그것이 속이는 일이 아니라면, 우리는 그것이 알려지는 것을 막는 단계를 밟을 수도 있다. 명예욕, 합리화 욕구, 또는 단순한 다른 욕구를 죽이거나 길들이려면 종종 은혜의 도움이 필요하다. 그러나 우리가 이 은밀이라는 훈련을 실천하게 되면, 우리는 다른 사람들에게 알려지지 않거나 심지어 오해를 받아도 평화와 기쁨과 자신의 의도를 상실하지 않을 수 있게 된다.

우리의 신앙의 길을 견고하게 하는 데 있어서 이 훈련만큼 중요한 것은 없다. 은밀성 훈련에서, 우리는 타인의 의견과는 상관없이 하나님과의 지속적인 관계를 체험한다. 시편 31편에는 "주께서 그들을 주의 은밀한 곳에 숨기사 사람의 꾀에서 벗어나게 하시고 비밀히 장막에 감추사 말다툼에서 면하게 하시리이다"라고 기록되어 있다(시 31:20).

토마스 아 켐피스는 '칭찬과 비난'을 초월한 사람들에게 임하는 '큰 마음의 평정'에 대해 이렇게 말한다.

> "당신은 칭찬받는다고 해서 더 거룩해지지 않고, 비난이나 무시를 당한다고 해서 더 악해지지도 않는다. 당신은 그저 당신일 뿐이다. 당신이 어떤 존재인가는 하나님이 아시며, 그보다 더 위대하다고 말해질 수는 없다…항상 훌륭하게 행동하면서도 자신을 대수롭지 않게 생각하는 것이 곧 겸손한 영혼의 표시이다. 다른 피조물에 의해 위안을 얻으려 하지 않는 것이 위대한 순결과 내적 신뢰의 표시이다. 자신을 위한 외적 증거를 구하지 않는 사람은 자신을 하나님께 전적으로 드리는 사람이다."[20]

신앙의 가장 큰 오류 가운데 하나이자 실제로 가장 큰 불신앙의 행위 중 하나는 우리의 영적 행동과 덕성을 사람들에게 알리기 위해 광고해야 한다는 생각이다. 자신들을 광고하고 증명하려는 종교인들과 종교 단체들의 필사적인 노력은 그들의 본질과 신앙의 결핍을 드러낼 뿐이다. 예수님은 "산 위에 있는 동리가 숨기우지 못할 것"이라고 언급하셨다(마 5:14). 나는 예루살렘이나 파리, 볼티모어를 숨기는 것을 좋아하지 않는다. 복음서 기사는 예수님과 제자들이 무리를 피하려고 애썼지만 결국에는 실패했다는 사실을 알려준다. 솔직하게 말해서 만약 우리의 믿음과 행실을 감추는 것이 가능하다면, 아마 그것은 단지 그것들이 반드시 숨겨져야 하는 것들이기 때문일 것이다. 그 경우에 우리는 숨기는 것이 불가능한 신앙의 배양을 위해 노력하는 것에 대해 생각했을 것이다(막 7:24).

바르게 실천된 은밀성은 우리로 하여금 우리의 공적 관계의 장을 전적으로 하나님의 수중에 놓을 수 있게 해준다. 하나님께서 우리의 촛불에 불을 붙이신 것은 우리가 그 불을 말 아래 두지 아니하고 세상의 등불이 되게 하려 하심이다(마 5:14-16). 우리는 사람들이 우리의 행위를 알게 되며 우리의 빛에 주목하게 되는 때를 결정하는 일은 하나님께 일임해야 한다.

최고 수준의 은밀성은 하나님과 사람들 앞에서의 사랑과 겸손을 가르친다. 그 사랑과 겸손은 우리로 하여금 최고의 빛 속에서 동료들을 보게 하고, 심지어 그들이 우리보다 더 낫게 처신하고, 더 낫게 보이는 것을 소망하는 수준에까지 이르게 한다. 그것은 실제로 빌립보서 2:3에서 권고하듯이 "아무 일에든지 다툼이나 허영으로 하지 않고 오직 겸손한 마음으로 남을 나보다 낫게 여기는" 것을 가능하게 한다. 이 얼마나 위안이 되는 말인가! 만약 여러분이 전에는 맛보지 못했던 사랑의 홍수를 경험하기를 원한다면, 다음에는 서로 경쟁하고 있는 상황 속에서 다른 사람들이 여러분보다 더 탁월하고, 더 칭찬받으며, 하나님에게 쓰임받기 위해서 기도하라. 진실로 그들을 위해 수고하고, 그들의 성공을 즐거워하라. 전 세계적으로 기독교인들이 서로를 위해서 이같이 행한다면, 머지않아 온 땅은 하나님의 영광의 지식으로 가득찰 것이다. 은밀성 훈련은 이와 같은 놀라운 경험으로 우리를 인도할 수 있다.

그러나 은밀성은 영성훈련으로서 또 다른 중요한 국면을 지니고 있다. 우리가 하나님을 섬기기 위해 수고할 때에 필요한 것들은 다른 사람에게 말하지 않아도 오직 하나님만 의지하여 하나님께 그것들을 아룀으로써 충족될 수 있다. 영국 브리스톨의 조지 뮬러(George Mueller)는 자신의 사역과 궁핍함을 알리지 않고서도 수많은 고아원을 포함하여 자신이 행하는 많은 사역들에 필요한 지원을 받았다. 그는 부분적으로 1700년대 초 할레의 프란케(A. H. Franke)의 사역에서 이렇게 행하려는 영감을 받았다. 그러나 그의 목표는 하나님은 자신을 하나님을 신뢰하는 사람들을 위해 신실하게 예비해 주신다는 증거를 세상과 교회 앞에 세우는 것이었다. 그는 다음과 같이 말했다.

> "가난한 내가 단순히 기도와 믿음을 통해 어떤 개인에게 의존하지 않고 고아원을 세우고 운영하는 수단을 확보했다고 해보라. 그러면 그 주님의 축복은 하나님의 자녀의 믿음을 강화시키는 수단이 될 수 있을 것이고, 나아가서는 하나님의 일에 대한 실체를 불신자의 양심에 증거하는 역할도 할 것이다."[21]

만약 우리가 오직 하나님께만 구하여 자신의 필요를 충족시키게 된다면, 하나님의 임재와 보호를 믿는 우리의 신앙은 크게 성장할 것이다. 그러나 만약 우리가 항상 사람들에게 자신에게 필요한 것들을 말한다면, 우리에게는 하나님을 믿는 신앙이 거의 없는 것이고, 우리의 모든 영성 생활은 그로 인해 고난을 당할 것이다.

희생

희생이라는 훈련을 할 때에 우리는 자신의 삶에 필요한 것들을 소유하거나 누리는 것을 삼간다. 그러나 이것은 검약에서처럼 어느 정도 남아도는 것을 절제하는 것은 아니다. 희생의 훈련은 우리가 수중에 있는 것으로 자신의 욕구를 충족시키는 것을 포기하는 것이다. 하나님이 우리를 도와주실 것이라는 믿음과 소망 안에서 어둠의 심연 속이라도 들어갈 정도로 전적으로 포기하는 것이다. 아브라함은 이삭을 제물로 드릴 때 이러한 포기를 알고 있었다. 히브리서 11:19에 기록된 것처럼, 그는 하나님께서 후손에 대한 약속을 실천하시기 위해 이삭을 죽음에서 다시 살리실 것이라고 확신했다. 누가복음 21:2-4에 나오는 가난한 과부도 희생적으로 헌금함으로써 자신을 하나님의 보호에 전적으로 맡겼다. 그녀가 드린 두 렙돈의 헌금은 부자나 세리가 풍족하게 드린 헌금보다 더 많은 것이었다.

기이하게도 희생은 봉사에 속하는 것처럼 보이지만 훈련에 속한다. 하나님은 항상 풍족하게 구비하고 계시는 분이시므로 하나님이 받아야 할 필요성보다는 우리가 바쳐야 할 필요성이 더 크다. 그러나 우리의 믿음이 자라는 정도는 우리의 희생에 반응하시는 하나님의 보호의 척도이다.

위스콘신 대학을 졸업하고 취직을 하자 나의 아내와 나는 첫

월급에서 갚아야 할 돈을 갚고 남은 돈은 모두 하나님께 드리기로 결정했다. 그것은 별로 많은 액수가 아니었지만 우리는 그렇게 했다. 그리고 아무에게도 그 말을 하지 않았다. 그런데 일주일쯤 뒤에 자동차의 핸들에 20달러의 청구서가 끼워져 있는 것을 발견했다. 우리는 1파운드에 39센트짜리 햄버거를 가지고 그 다음 달까지 살면서도 왕의 기분을 만끽하면서 살았다. 우리는 희생이라는 훈련을 함으로서 믿음의 다른 측면을 동시에 실천하게 되며, 때로 그 결과에 놀라기도 한다.

참여훈련

"일어나 네 상을 가지고 집으로 가라"(막 2:11).

절제 훈련은 참여 훈련과 균형을 이루어야 하고, 또 그것에 의해 보완되어야 한다. 절제와 참여는 우리의 영적 생활의 들이쉬는 호흡과 내쉬는 호흡이라고 할 수 있으며, 우리에게는 이 두 가지 모두 필요하다. 요약해서 말하자면, 절제의 훈련은 작위(作爲)의 죄를 범하는 성향에 대응하는 것이고, 참여의 훈련은 부작위의 죄를 범하는 성향에 대응하는 것이다. 앞 장에서 살펴본 것처럼 생명이 지닌 성장력과 발전력은 후퇴로부터 오는 것이 아니라 활동, 곧 참여로부터 오는 것이다.

따라서 절제는 참여에게 양보한다. 만약 산소를 운반하게 되어 있는 피 속에 일산화탄소가 채워진다면, 우리는 산소 부족으로 죽게 될 것이다. 만약 하나님이 거주하시며 하나님 섬김이 가득차 있어야 할 우리의 영혼이 먹을 것과 성욕과 사회에 대한 것으로 가득 채워진다면 우리는 하나님과 그의 피조물과의 온전한 관계가 결핍되어 죽거나 시들고 말 것이다. 실제로 적당한 절제는 부적절한 참여에 집착하는 것을 막아줌으로써 영혼이 하나님 안에서, 하나님에 의해 적절하게 사용될 수 있게 해준다.

성경 연구

성경 연구라는 영성훈련은 기록되고 구전된 하나님의 말씀을 가지고 하는 것이다. 성경 연구는 독거의 가장 적극적인 상대자이다. 독거가 영성 생활 초기의 중요한 절제 훈련이라면, 성경 공부는 주요 참여 훈련이다.

영성 생활의 초기에 체험에 지나치게 의존하면 성경 연구를 소홀히 할 수 있다. 그러나 하나님과의 관계는 사람들과의 관계처럼 우리의 기여를 필요로 하는데, 그것은 주로 성경 연구로 이루어진다. 캘빈 밀러(Calvin Miller)는 "성경을 공부하지 않는 신비가는 노력함이 없이 관계를 원하는 영적 낭만주의자들에 지나지 않는다"[22]고 말했다.

우리는 이미 성경 연구를 하나의 훈련으로 삼는 것에 대해 여러 번에 걸쳐서 논해왔다. 데이비드 왓슨(David Watson)은 결국 그의 목숨을 앗아간 암 수술을 받기 전날 이렇게 말했다.

> "성경에서 발견되는 많은 보증과 약속을 상고하는 데 시간을 보내는 것과 비례하여 살아계신 하나님을 믿는 나의 신앙은 강건해졌고, 나로 하여금 하나님의 수중에서 안전하게 기할 수 있게 해주었다. 우리를 향하신 하나님의 말씀, 특히 성경을 통해 성령님으로 말미암아 주어지는 말씀은 우리의 신앙을 자라게 하는

데 아주 본질적인 역할을 한다. 우리가 매일 여러 번 규칙적인 식사를 하면 육체적으로 튼튼해지듯이, 우리 영혼도 매일 규칙적으로 여러 차례 하나님의 말씀을 먹는다면 영적으로 아주 강건해질 것이다. 하나님의 말씀을 듣고 순종하는 것보다 더 중요한 것은 없다."[23]

우리는 성경 연구를 통해 다른 사람들의 삶, 교회, 역사 그리고 자연 속에 역사하시는 하나님의 말씀을 보는 데 전력한다. 우리는 우리 앞에 있는 말씀을 읽고 듣고 탐구할 뿐 아니라 묵상도 한다. 즉 우리는 침묵 속으로 들어가 기도하는 마음으로 꾸준히 그것에 초점을 둔다. 하나님께서 우리의 마음과 정신과 영혼의 심층에서 역사하실 때 그 말씀이 우리에게 대해 지니는 의미는 이런 식으로 우리에게 드러나고 형성된다. 우리는 여기에 오랜 시간을 바쳐야 한다. 우리가 묵상하면서 성경 탐구를 할 때 언제나 하나님이 우리를 충만케 하셔서 구체적으로 우리에게 말씀해 주시기를 기도한다. 그 이유는 궁극적으로 하나님의 말씀은 하나님이 말씀하시는 것이기 때문이다.

이것이 학구적인 말처럼 들리는가? 실제로 성경 연구는 그런 것이 되어야 하는 것은 아니다. 그러나 그것은 성경 전체를 지속적으로 읽는 것과 함께 올바른 기초 위에서 우리의 영적 생활에 충분한 의미가 있는 성경의 대부분들을 묵상하는 것에 많은 시간을 투자한다. 우리는 또한 우리를 하나님의 말씀 속으로 깊이 인도하고 우리의 탐구가 열매를 맺을 수 있도록 이끌 수 있는 능력있는 교사들의 가르침을 규칙적으로 받도록 힘써야 한다. 그 외에도 우리는 모든 시대와 문화의 교회에서 산출한 제자들의 전기를 잘 읽어야 한다. 그리하여 그것들을 그리스도의 길을 가는 친구요 동지들로 삼으면서 자그마한 도서관을 세워야 한다.

예배

하나님의 말씀과 사역에 대한 탐구는 예배와 찬양의 길을 열어 놓는다. 예배드릴 때 우리는 생각을 통하여, 말씀과 의식과 상징을 사용함으로써 하나님의 위대하심과 아름다우심과 선하심을 찬양하고 표현한다. 우리는 하나님의 백성들과의 연합 안에서만 이 일을 훌륭하게 행할 수 있다. 하나님을 예배하는 것은 하나님을 가치있는 분으로 보는 것이고, 그분에게 위대한 가치를 부여하는 것이다. 예컨대 예배란 이런 것이다.

> "우리 주 하나님이여 영광과 존귀와 권능을 받으시는 것이 합당하오니 주께서 만물을 지으신지라 만물이 주의 뜻대로 있었고 또 지으심을 받았나이다 하더라"(계 4:11).

> "죽임을 당하신 어린 양은 능력과 부와 지혜와 힘과 존귀와 영광과 찬송을 받으시기에 합당하도다 하더라…보좌에 앉으신 이와 어린 양에게 찬송과 존귀와 영광과 권능을 세세토록 돌릴지어다 하니"(계 5:12-13).

우리가 이런 방식으로 예배드림으로써, 곧 하나님의 활동과 그분의 '고귀함'에 깊이 주목함으로써, 우리가 찬양하는 선은 우리의 정신과 마음속에 들어와 우리의 신앙을 성장하게 하고, 우리가 그분처럼 튼튼하게 된다.

만일 우리가 예배할 때에 하나님을 만난다면, 우리는, 자신의 위대하심과 아름다움과 선하심을 어느 정도 우리에게 제시하시는 하나님을 말과 생각으로 경험하고 감지하기 시작할 것이다. 이것은 우리의 삶을 직접적이고 극적으로 변화시키는 요인이 될 것이다. 이런 일이 이사야 선지자에게서 일어났다. 이사야 선지자는 예배드릴 때 주님을 만났다.

> "내가 본즉 주께서 높이 들린 보좌에 앉으셨는데 그 옷자락은 성전에 가득했고 스랍들은 모여 섰는데 각기 여섯 날개가 있어 그 둘로는 그 얼굴을 가리었고 그 둘로는 그 발을 가리었고 그 둘로는 날며 서로 창화하여 가로되 거룩하다 거룩하다 거룩하다 만군의 여호와여 그 영광이 온 땅에 충만하도다"(사 6:1-3).

이런 일은 다른 많은 사람들에게도 일어났다. 그럼에도 불구하고 직접 하나님과 대면하는 것이 예배의 참된 본질은 아니다. 그것은 또한 엘리야와 에스겔 그리고 사도 바울의 경우에서처럼 목적 있는 예배의 맥락에서 벗어나 일어나는 일이기도 하다. 예배란 신적인 도움을 받기는 해도 본질상 우리의 몫이며, 그러기에 예배는 영성훈련이 될 수 있는 것이다. 실제적으로 말한다면, 기독교인의 예배는 예수 그리스도를 중심하고 그분을 통해 하나님께 나아갈 때 가장 유익하다. 예배드릴 때 우리의 마음과 정신은 그리스도—곧 그분의 지상 생애의 활동과 말씀, 십자가 수난과 죽음, 부활 그리고 승천과 같은 일들—에 대한 경이로 가득 찬다. 이에 대해 알베르투스 마그누스(Albertus Magnus, 1280년 사망)는 "우리는 하나님 자신을 통해 하나님을 발견한다. 즉 우리는 인격에 의해 신격으로, 인간성의 상처에 의해 하나님의 신성의 깊은 곳으로 들어간다"²⁴⁾라고 말했다. 결코 사라지지 않을 이러한 예배를 드릴 때 우리는 해야 할 일이 참으로 많이 있다. 따라서 우리가 이러한 방식으로 예배를 드리면 우리의 삶은 그분의 선하심으로 가득 차게 된다. 회심한 노예 상인 존 뉴턴(John Newton)은 다음과 같은 예배에 대한 찬송시를 지었다.

> 나는 그분의 얼굴을 보는 것으로 만족하고,
> 그분의 즐거움을 위해 내 모든 것을 포기하리;
> 계절이 바뀌고 장소가 바뀌어도
> 나의 마음은 변치 않으리
> 그분의 사랑을 느껴 행복할 때
> 인형같은 궁전이 나타나리
> 예수님이 나와 함께 거하신다면
> 감옥도 궁전이 되리²⁵⁾

찬양

찬양은 가장 중요한 훈련 가운데 하나이지만 대부분 간과되거나 무시되었다. 찬양은 예배의 완성이다. 왜냐하면 선하신 하나님께서 우리에게 나타내신 위대하심을 노래하는 것이기 때문이다. 우리는 우리 자신과 우리의 삶과 세상이 즐거울 때 하나님의 위대하심, 아름다움, 선하심에 대한 우리의 믿음과 신뢰를 담아 찬양한다. 우리는 우리의 생명과 세상을 하나님의 사역이요 우리에게 주신 하나님의 선물로 찬미한다.

전형적으로 이것은 우리가 하나님을 아는 다른 사람들과 함께 먹고 마시고, 노래하고 춤추며, 우리의 삶과 백성들을 위한 하나님의 행위의 기사를 찬미하는 것을 의미한다. 미리암(출 15:20),

드보라(삿 5장) 그리고 다윗(삼하 6:12-16)은 예수님이 가나의 결혼식, 혹은 이스라엘 민족의 공적인 명절 때에 행한 최초의 공개적인 이적(요 2장)을 행하셨듯이, 찬양에 대한 성경적 실례를 생생하게 제공한다. 찬양은 개신교 시대까지 교회의 절기에 실시되었고, 오늘날에는 로마 가톨릭과 정교회에서 실시되고 있다.

거룩한 기쁨과 즐거움은 절망을 치료하는 해독제이고, 진정한 감사의 원천이다. 그것은 우리의 발끝에서 시작하여 허리와 머리끝에서까지 울려 퍼지는 것, 우리의 선하신 하나님을 향하여 손과 눈과 목소리를 드리는 것이다. 찬양이나 축제의 감각적, 지상적 특성이 신명기 14장에 기록된 교훈만큼 명확하게 묘사되어 있는 곳은 없다. 토지의 소산의 십일조가 예루살렘의 축제 기간 동안에 하나님 앞에서 사용되었다. 예루살렘에서 멀리 떨어진 곳에 사는 사람들이 소산의 십일조를 돈으로 바꾼 뒤 예루살렘에 도착해서 다시 토지의 소산으로 바꾸어 사용했다.

> "네 마음에 원하는 모든 것을 그 돈으로 사되 소나 양이나 포도주나 독주 등 네 마음에 원하는 모든 것을 구하고 거기 네 하나님 여호와 앞에서 너와 네 권속이 함께 먹고 즐거워할 것이며 네 성읍에 거주하는 레위인은 너희 중에 분깃이나 기업이 없는 자이니 또한 저버리지 말지니라"(신 14:26-27).

여기에 언급된 독주는 정확하지는 않지만 그 뿌리의 껍질을 말려 만든 사사프라스 차를 말하는 것이 아닌가 싶다. 그러나 이러한 관습의 핵심은 "하나님 여호와 경외하기를 항상 배우는"(신 14:23) 것이었다.

전도서도 비슷한 교훈을 담고 있다.

> "사람이 하나님의 주신 바 그 일평생에 먹고 마시며 해 아래서 수고하는 모든 수고 중에서 낙을 누리는 것이 선하고 아름다움을 내가 보았나니 이것이 그의 분복이로다 어떤 사람에게든지 하나님이 재물과 부요를 주사 능히 누리게 하시며 분복을 받아 수고함으로 즐거워하게 하신 것은 하나님의 선물이라 저는 그 생명의 날을 깊이 관념치 아니하리니 이는 하나님이 저의 마음의 기뻐하는 것으로 응하심이라"(전 5:18-20).

내가 영성훈련으로써 술 취함을 피한다고, 아니 심지어 좋은 것까지도 삼간다고 해보자. 알코올 중독은 땅 위에 내린 저주이다. 찬양은 신실한 사람의 전체적인 삶이나 훈련이 아니다. 그것은 다른 훈련과의 균형적인 실천을 통해 보충되고 교정되어야 한다. 그러나 이 세상은 근본적으로 인간의 마음에 상충되고, 삶의 고통과 공포는 우리가 신령한 사람이 된다고 해도 제거되지 않을 것이다. 우리가 고통과 두려움 속에서도 우리를 향하신 하나님의 위대하심과 선하심을 마음에서 우러나서 찬양하지 못하면, 하나님 앞에서의 건전한 신앙은 수립되거나 유지될 수 없는 것은 바로 이 때문이다.

> "울 때가 있고 웃을 때가 있으며 슬퍼할 때가 있고 춤출 때가 있으며"(전 3:4).

즐거움의 때를 포함하여 모든 때를 정확하게 포착할 수 있게 하는 것은 신앙의 활동과 훈련이다.

이것은 많은 사람에게는 너무 쾌락적인 것으로 보일 것이다.

우리가 쾌락을 의지하거나 쾌락을 위해 살아가는 것이 하나님을 욕되게 하듯이, 쾌락을 두려워하거나 회피하는 것도 하나님을 욕되게 한다. 다시 한 번 스크루테입의 말을 들어보자. 그는 자신의 조카인 악마 웜우드가 '환자'의 마음을 즐겁게 해 줄 시골길 산책과 그가 진정으로 즐거움을 느낄 책을 읽도록 허락한 일을 꾸짖고 있다. "다르게 말하면 너는 그에게 두 가지의 적극적인 쾌락을 주고 말았다. 너는 이것의 위험성을 보지 못할 만큼 어리석으냐?"라고 스크루테입은 책망한다. 이어서 그는 다음과 같이 훈계하고 있다.

> "다른 사람들의 말에 전혀 개의치 않고 세상에 있는 어떤 한 가지 일에 진실로 사심 없이 몰두하는 사람은 우리의 공격에 대비하여 어느 정도 무장을 갖춘 사람이기 때문이다. 너는 항상 그 환자가 '최고의' 사람들, '건전한' 음식, '중요한' 책들을 위해 자기가 실제로 좋아하는 사람들과 음식과 책들을 포기하도록 힘써야 한다. 나는 하찮은 것들을 원하는 강력한 취향 때문에 사회적 야망에 대한 강력한 유혹을 방어한 사람을 알고 있다."[26]

다른 곳에서 스쿠르테입은 악마들이 건전하고 정상적이고 만족스러운 형태의 쾌락을 다룰 때, 그들은 원수의 땅에 있다고 말한다. "우리는 쾌락을 통하여 많은 영혼을 정복했다. 그러나 언제나 쾌락은 하나님의 발명품이지 우리의 것은 아니다. 하나님이 즐거움거리를 만드셨다. 지금까지 우리가 만든 것은 하나도 없다"[27]라고 스크루테입은 말한다.

때때로 우리가 실제로 하나님이 얼마나 위대하시고 사랑이 많으신지 그리고 우리에게 얼마나 선하신 분이신지를 깨닫기 시작할 때 신앙은 찬양 속에서 우리의 육체를 통해 큰 기쁨의 향연이 된다. 심지어는 흔히 불행한 자라고 생각되는 사람들(눅 6:20-23; 마 5:3-12)—가난한 자, 주린 자, 우는 자, 핍박받는 자—까지도 주님의 교제와 나라 안에서 신적 복락을 누린다. 축제, 춤, 노래를 억제할 수 없게 된다. 우리는 "내가 주를 의뢰하고 적군에 달리며 내 하나님을 의지하고 담을 뛰어 넘나이다"라고 외친다(시 18:29).

> "주께서 나의 슬픔이 변하여 내게 춤이 되게 하시며 나의 베옷을 벗기고 기쁨으로 띠 띠우셨나이다 이는 잠잠하지 아니하고 내 영광으로 주를 찬송하게 하심이니 여호와 나의 하나님이여 내가 주께 영원히 감사하리이다"(시 30:11-12).

그것만으로 충분하지 않다.

> "산들과 언덕들이 너희 앞에서 노래를 발하고 들의 모든 나무가 손뼉을 칠 것이며"(사 55:12).

모든 만물이 주를 찬송해야 한다(시 148-150). 찬양은 진실로 우리의 상처와 슬픔을 반감시킨다. 우리는 찬양 속에서 하나님의 뜻을 행할 커다란 힘을 얻는다. 왜냐하면 우리는 찬양 속에서 하나님의 선하심을 실제로 느끼기 때문이다.

봉사

봉사할 때 우리는 다른 사람들의 유익을 촉진하고 세상에 대한 하나님의 목적을 실천하기 위해 우리의 재물과 능력을 활용한다. 여기서 우리는 한 가지 중요한 것을 기억해야 한다. 훈련으로서 행해질 수 있는 활동 모두 훈련으로서 행해져야 하는 것은 아니다. 나는 그리스도를 따르는 나의 능력을 증진하는 일과 상관없이도 사람들에게 사랑과 의의 행위를 베풀 수 있다. 그것은 잘못된 것이 아니며, 우연히 나를 영적으로 튼튼하게 할 수 있다. 그러나 나는 또한 오만, 소유욕, 시기, 분노, 또는 탐심과 같은 감정을 포기하는 훈련을 함으로써 다른 사람에게 봉사할 수 있다. 그 경우에 나의 봉사는 영성 생활을 위한 하나의 훈련으로 취해지는 것이다.

이러한 훈련은 교회에서나 직장에서 사회적으로 "낮은" 위치에 있다고 생각하는 기독교인들에게 아주 유용하다. 그것만이 다른 사람들에 대한 사랑의 봉사를 행하는 습관을 갖도록 우리를 훈련하고 분노에서 벗어나게 한다. 하나님 앞에서 지니는 그것의 고귀한 의미로 인해 믿음 안에서 우리의 위치와 사역을 활용할 수 있게 한다. 역설적인 말로 들리겠지만, 봉사는 타인에의 속박에서 해방되는 지름길이 아닌가 싶다. 바울이 깨달았듯이, 우리는 봉사할 때에 "사람들을 기쁘게 하는 자"가 되거나 "눈가림만 하는 자"이기를 멈춘다. 왜냐하면 우리는 가장 비천한 행위 안에서 하나님을 위해 행하는 자이기 때문이다:

> "종들아 모든 일에 육신의 상전들에게 순종하되 사람을 기쁘게 하는 자와 같이 눈가림만 하지 말고 오직 주를 두려워하여 성실한 마음으로 하라 무슨 일을 하든지 마음을 다하여 주께 하듯 하고 사람에게 하듯 하지 말라 이는 유업의 상을 주께 받을 줄 앎이니 너희는 주 그리스도를 섬기느니라"(골 3:22-24).

이것은 여섯 자녀를 부양하기 위해 밤에 사무실 청소를 함으로써 그 아이들을 무책임한 이웃들 사이에 내버려 둘 수 밖에 없는 어머니에게 적용할 수 있는가? 이것은 종을 울리면서 아이스크림 수레를 밀고 다니면서 장사를 하는 중남미 피난민에게 적용될 수 있는가? 이것은 그들을 마땅히 도울 수 있는 위치에 있는 사람들이 그렇게 행하지 않는 데 대한 핑계는 될 수 없지만, 만약 그들이 하나님 나라의 복음을 듣고 받아들인다면 그럴 수 있다. 그것은 그들에게 적용되어야 한다. 왜냐하면 그들의 처지는 현재와 같고, 하나님은 그들이 있는 곳이 아닌 곳에서라면 누구에게나 축복하시기 때문이다. 분명한 교훈과 본보기 그리고 많은 봉사의 훈련의 실천은 이 세상에서 우리를 강하게 만들 수 있다.

그러나 나는 봉사 훈련이 영향력, 권세, 지도력을 행사하는 위치에 있는 기독교인들에게 더 중요하다고 생각한다. 사회적으로 중요한 역할을 수행하면서 종으로서 산다는 것은 제자들이 항상 직면하는 커다란 도전 중에 하나이다. 교회가 이러한 위치에 있는 성도들에게 특별한 훈련을 행하지 않고, 심지어는 그들의 세상에서의 성공을 영적 생활의 권위로 간주함으로써 세상을 좇기 때문에 이것은 더욱 어려워진다. 지도자들의 생활 방법에 관한 예수님의 말씀 가운데 몇 구절을 인용해 보자.

> "이방인의 집권자들이 저희를 임의로 주관하고 그 대인들이 저희에게 권세를 부리는 줄을 너희가 알거니와 너희 중에는 그렇지 아니하니 너희 중에 누구든지 크고자 하는 자는 너희를 섬기는 자가 되고 너희 중에 누구든지 으뜸이 되고자 하는 자는 너희

종이 되어야 하리라 인자가 온 것은 섬김을 받으려 함이 아니라 도리어 섬기려 하고 자기 목숨을 많은 사람의 대속물로 주려 함이니라"(마 20:25-28).

만약 단순하게 이 구절들을 크게(위대하게) 되는 법에 관한 교훈 정도로 읽는다면, 우리는 그 의미를 오해하게 된다. 그것들은 오히려 위대한 사람들이 어떻게 행하여야 하는지에 관한 진술이다. '크게' 된다는 것과 종으로 산다는 것은 가장 어려운 영적 성취 가운데 하나이다. 그것은 또한 이 고통하고 신음하는 세상이 고대하는 삶의 양식으로서 그것 없이는 결코 고상한 실존을 영위할 수 없다. 이 삶의 양식을 가지고 살아가는 사람들은 하나님의 능력 안에서 봉사의 훈련을 통해 그것을 이루어가지 않으면 안 된다. 그 까닭은 그것만이 그들이 자기 영혼을 타락시키지 않고서 위대한 능력을 행사할 수 있도록 그들을 훈련시키기 때문이다. 예수님이 제자들에게 "서로 발을 씻기는 모범을 보이라"(요 13:14)고 말씀하신 것은 바로 이런 이유 때문이다. 그러나 신학교 교육 과정에서 지도자들이 삶의 전 영역에서(교회에서까지도) 이것을 행하는 방법을 가르치며 그들로 하여금 이것을 행하기 쉬운 것이요 훌륭한 일로 여겨 익숙하게 해주는 법을 가르치는 과목은 어디에 있는가?

예수의 영 안에서 타인들에게 봉사하는 것은 우리에게 '겉치레'의 가면을 벗어버리는 겸손의 자유를 제공한다. 봉사는 우리로 하여금 마땅히 되어야 할 존재가 되게 해준다. 우리는 단지 특별히 살아있는 진흙 덩어리에 불과하며, 하나님의 종으로서 다른 진흙 덩어리를 위해 선과 필요한 일을 행할 능력을 가지고 지금 여기에 사는 존재일 뿐이다. 그런 경우에 믿음으로 말미암아 우리를 관통해 흐르며 완전히 해방된 적극적인 사랑의 경험은 영적 생활의 끊임없는 시험으로부터 우리를 안전하게 지켜줄 것이다.

따라서 우리는 마주치는 모든 사람들을 섬기려는 마음을 가지고 대하려 해야 한다. 물론 그것은 염려스럽고 아첨하며 걱정스러운 태도에서가 아니라, 우리는 모두 하나님의 수중에서 함께 사는 존재라는 생각에서 비롯된 확신을 가지고 편안한 마음으로 행해야 할 것이다.

기도

기도는 하나님과의 대화이자 의사소통 방법이다. 우리는 기도할 때 소리를 내서 기도하거나 생각을 통해 하나님에게 말한다. 본질상 기도는 다른 영적 활동과 훈련, 특별히 성경 연구, 명상, 예배, 때로는 독거와 금식 등을 포함한다.

물론 기도가 선한 일을 성취하고 하나님 나라의 목적을 달성하기 위해 하나님과 상호 협력하는 방법으로써가 아니라 주로 하나의 훈련으로써 치루어지는 것은 부차적인 것이다. 그러나 기도는 하나의 훈련이 될 수도 있다.

주님이 겟세마네 동산에서 함께한 제자들에게 "시험에 들지 않게 깨어 있어 기도하라"고 말씀하신 데서 확인할 수 있듯이, 기도는 아주 효과적인 훈련이 될 수 있다. 우리의 삶의 행위에 미치는 기도의 간접적인 효과가 너무나 확연하고 역력해서 때로는 기도의 유일한 핵심이 잘못 다루어지기도 한다. 우리가 자신의 영적 궁핍함이나 성장에 대해 기도하기보다 세상 일들을 위해 기도할 때라도, 하나님과 대화의 결과는 우리 인격의 전 국면에 포괄적이고 영적으로 강건하게 만드는 효과가 있다. 그 대화가 진실한 대화라면, 그것은 우리의 정신에 무한한 감동을 주고, 우리가 자신의 길을 가는 동안 주님에 대한 의식이 생생하게 남아 있게 된다.

하드맨(O. Hardman)은 기도에 잠긴 사람이, 어리석은 정책들로 가득하고, 특권과 안전함을 소유하려 하며, 의심과 냉혹함과 선에 대한 저항으로 충만해있는 세상을 담대하게 대적하는지를 잘 묘사하고 있다.

> "매번 하나님과의 분명한 교통이 끝난 후에 즉시 계속해서 기도하면, 그는 모든 합법적인 모험에 착수할 것이고, 결과에 대한 두려움이 없이 선한 일을 하게 될 것이고, 자신에게 동조해 주는 사람들이나 반대하는 사람들을 다 같이 사랑하게 되며, 기도가 그에게 부여해 주는 이상을 실현하고, 동조하려 하게 될 것이다. 그는 동료들이 속해 있는 많은 파벌들을 하나라는 안목으로 보게 되고, 항상 그들을 잇는 가교의 역할을 할 것이다. 또한 강도 높은 기도를 드리면서 하나님에게 사로잡히고 합일의 기쁨으로 가득 찰 때, 그는 자신이 경험한 생명력 있는 합일의 실현을 위해 최선을 다해 분투할 것이다. 경제적, 사회적, 정치적, 국가적, 인종적 반목들은 오로지 이 유일한 해결책을 기다리고 있다. 다른 방법은 없기 때문이다."[28]

기도가 사회적 상황과는 관계가 없다고 생각하는 것은 잘못된 생각이다! '기도'로 지칭되는 많은 일들이 모든 면에서 유익한 것은 아니다. 그러나 그리스도의 제자의 삶 속에서 최상의 기도를 통해 인격이 변화되는 것 이상으로 사회적 상황에 부합하는 일은 아무 것도 없다.

우리는 자주 기도함으로써 순간순간 요구될 때마다 기도할 수 있게 된다. 우리는 자주 기도를 할수록 그만큼 더 기도하려고 한다. 그리고 우리가 기도의 응답―우리의 요구에 대한 하나님의 반응―을 체험할 때, 하나님의 능력에 대한 확신이 다른 삶의 영역 속으로 넘쳐흐르게 된다. 로잘린드 고포트(Rosalind Goforth)는 선교사 부인과 어머니로서의 성스러운 삶을 살아가면서 겪은 많은 기도의 체험에 대해 다음과 같이 설명했다:

> "이렇게 하나님께 묻고 구하는 가장 축복된 요소는, 아마 명확한 요구가 받아들여질 때 오는 믿음의 강화에 있을 것이다. 하나님이 행하신 일에 대한 증거보다 더 유익하고 영감스러운 일이 어디에 있을까?"[29]

그러나 훈련으로서의 기도는 우리가 쉬지 않고 기도하기를 배울 때에만 영성 생활을 강화하는 데 있어서 가장 큰 힘을 발휘한다(살전 5:17; 빌 4:6). 우리는 우리가 행하는 모든 행위 안에 하나님이 임재하실 수 있도록 자신을 훈련할 수 있다. 이것은 옛날이나 지금이나 많은 예수 그리스도의 제자들의 삶 속에서 입증된 사실이다. 하나님은 사랑으로 우리를 만나 주신다. 그리고 사랑은 마치 자석이 나침판의 바늘을 이끄는 것처럼, 우리의 마음이 하나님을 향하도록 인도한다. 습관은 은혜로운 상호작용 안에서 확고하게 되고, 우리의 전 생애는 하나님의 임재로 가득찰 것이다. 새의 날개가 새에게 부담이 되지 않듯이, 일관된 기도도 우리에게 부담이 되지 않을 것이다.

그러나 기도는 고독, 금식과 같은 다른 훈련과 병행되지 않으면 우리의 삶에 뿌리를 내리지 못하게 된다. 많은 개신교 교회에서는 기도와 성경 연구가 우리를 영적으로 부요하게 하는 활동이라고 여기고 있다. 그러나 그 활동을 통해 영적 풍요함에 이르는 사람은 거의 없고, 때로 그것들이 견딜 수 없을 만큼 무거운 짐으로 다가오기도 한다. '성경을 믿는' 많은 교회들의 '공공연한 비밀'은 사람들이 기도와 성경 연구를 해야 한다고 말은 하지만 실제로 행하는 사람은 거의 없다는 사실이다. 그들은 자신들의 삶이 어떻게 변화되는지를 보여 주지 못하고 있다. 그들은 적절한 훈련에 대해서 무지하고 기도와 성경 탐구에 대해서도 성공하지 못한다. 독자들이 데이비드 브레이너드, 존 플레처, 찰스 피니 등 기도를 효과적으로 활용한 인물들의 실례를 보면서 그들의 기도를 실천한 전반적인 영성훈련을 파악하지 못했다는 데에 그 원인이 있다. 만약 기도가 우리에게 가장 소중한 은사 중의 하나, 하나님이 의도하신 대로 능력있는 사역과 효과적인 훈련이 되려면, 삶을 통해 나타나는 전반적인 훈련의 성격이 강조되어야 한다.

교제

우리는 교제를 예배, 성경 연구, 기도, 찬양 그리고 다른 성도들과 함께 하는 봉사에 필수적인 것으로 생각한다. 이것은 일부 커다란 집회나 소수가 모이는 집단에 어울리는 것을 포함할 수 있다. 연합된 인격들은 하나님을 보다 많이 수용할 수 있고, 흩어져 있는 개인들보다는 훨씬 더 많은 힘을 발휘할 수 있다. 나뭇가지들을 쌓아 놓았을 때 하나님의 불은 더욱 밝게 타오르며, 각기 다른 불꽃에 의해 더욱 불타오르게 된다. 몸의 지체들이 서로를 지탱하고 지탱되기 위해서는 서로 붙어 있어야 한다. 물론 각 개인은 하나님과 독특하고 직접적인 관계를 이루고 오직 하나님만이 그의 주님이자 심판자이시지만, 그리스도의 구속은 성도 혼자 단독으로 이루어가도록 계획된 것이 아니다. 생명(Life)은 그것을 나누어 갖고 있는 다른 사람들과의 정규적인 깊은 결합을 요구한다. 그 결합이 결여되면 생명은 크게 위축되고 만다.

다양한 성령의 은사와 은혜—각 사람은 때때로 어느 정도 이 모든 것들을 필요로 한다—는 그리스도의 몸된 교회의 지체들에게 분배된다. 따라서 올바르게 기능하는 몸의 연합은 필요상 그리고 사역상 상호 관계적인 사람들에 의해 이루어진다. 이에 관한 '의무'나 '당위'는 없다. 그것은 단순히 새 생명 속에서 실제로 어떤 일이 일어나는지의 문제이기 때문이다.

> "각 사람에게 성령을 나타내심은 유익하게 하려 하심이라 어떤 사람에게는 성령으로 말미암아 지혜의 말씀을, 어떤 사람에게는 같은 성령을 따라 지식의 말씀을, 다른 사람에게는 같은 성령으로 믿음을, 어떤 사람에게는 한 성령으로 병 고치는 은사를, 어떤 사람에게는 능력 행함을, 어떤 사람에게는 예언함을, 어떤 사람에게는 영들 분별함을, 다른 사람에게는 각종 방언 말함을, 어떤 사람에게는 방언들 통역함을 주시나니 이 모든 일은 같은 한 성령이 행하사 그의 뜻대로 각 사람에게 나누어 주시는 것이니라"(고전 12:7-11).

그리스도의 연합된 몸은 상호 관계의 본질을 지니므로, 교제에는 아무리 능력이 많고 탁월하다 할지라도 우리의 인간적 수고를 통해서는 전적으로 불가능한 그리스도 안에서의 삶을 지속적으로 그리고 활력적으로 실현할 것을 요구한다. 그 안에서 우리는 교회에 주는 성령의 모든 은혜의 사역을 받아들인다.

죄 고백

죄 고백이란 교제의 범주 내에서 이루어지는 훈련이다. 교제를 통해 우리는 자신의 가장 깊은 약점과 실수들을 알려줌으로써 다른 사람들이 우리를 신뢰하도록 한다. 이러한 의지는 우리의 궁핍함이 하나님의 섭리 안에서 그의 백성들을 통해 충족된다는 믿음, 우리가 사랑받고 있다는 느낌 그리고 형제자매들 앞에서 갖게 되는 겸손함 등을 자라게 한다. 따라서 우리는 그리스도 안에 있는 어떤 친구들에게 우리의 참 모습을 알려주며 중요한 것을 하나도 감추지 않으며 이상적으로 완전한 투명성을 허락한다. 우리는 일반적으로 엄청난 힘을 기울여야 하는 일, 감추고 가장하는 일을 그만둔다. 우리는 영혼의 가장 깊은 곳에서 다른 사람들에게 관심을 가지며 다른 사람들의 관심을 받는다.

신약 성경의 교회는 만약 어떤 형제나 자매가 질병이나 고통 속에 있다면, 그것은 그 사람을 충만한 구속의 생명으로부터 분리시킨 죄로 말미암은 것이라고 단정하는 듯하다. 따라서 야고보서에서 우리는 "그러므로 너희 죄를 서로 고백하며 병이 낫기를 위하여 서로 기도하라 의인의 간구는 역사하는 힘이 큼이니라" (약 5:16)는 구절을 보게 된다. 우리는 고백되지 않은 죄는 성도들의 삶의 육체적인 실체 속에서나 심리적인 실체 속에서 특별한 짐이나 방해로 작용한다는 사실을 받아들이지 않으면 안 된다. 죄 고백과 참회의 훈련이 그 짐을 제거한다.

죄 고백은 또한 우리가 죄를 피하는 데 도움을 준다. 잠언에서는 "자기의 죄를 숨기는 자는 형통치 못하나 죄를 자복하고 버리는 자는 불쌍히 여김을 받으리라"(잠 28:13)고 권고한다. 분명히 죄를 '자복하는' 것은 죄를 '버리는' 데 도움이 된다. 왜냐하면 친밀한 단체 내에서—그리스도의 투명한 몸의 교제를 말하는 것이 아니다—죄를 지속하는 것은 그 죄를 감추지 않는 한 절대로 지탱할 수 없기 때문이다. 그래서 죄 고백은 영혼에게는 유익하나 평판을 위해서는 방해가 되고, 나쁜 평판은 우리와 친숙한 사람들과의 관계를 어렵게 한다는 것을 우리는 알고 있다. 그러나 친밀성과 죄 고백은 우리로 하여금 죄를 범하지 않게 한다. 개방된 진실 이상으로 온전한 행위를 지원하는 것은 없다.

영혼이 그리스도 안에 있는 성숙한 친구나 능력 있는 사역자에게 고백하게 되면, 그러한 친구들은 죄 고백하는 자에게 지극히 도움이 되고 대속적인 일들을 행하며 특별한 문제에 대해 기도할 수 있게 된다. 죄 고백만으로도 우리는 깊은 교제를 이룰 수 있으나, 그것이 없으면 교회 관계 속에서 흔하게 볼 수 있는 피상적인 교제에 그치고 만다. 그러면 무엇이 죄 고백을 할 수 있게 해 주는가? 그것은 바로 교제이다. 이 두 훈련 사이에는 본질적인 상호 관계가 존재한다.

친밀한 단체 내에서 죄 고백을 했을 때에는 죄에 대한 보상이 따라야 한다. 죄에 대한 보상도 또한 강력한 훈련이 된다. 일단 죄가 고백되어 널리 알려지게 되면, 악한 행실을 교정하는 것은 그다지 어렵지 않게 된다. 물론 모든 죄에 대해 보상이 필요한 것은 아니다. 그러나 우리가 형제나 자매에게 지갑을 훔쳤거나 나쁜 행위를 한 사실을 진지하게 고백하고서 그 손해에 대한 보상을 하지 않고 당당하게 자기의 길을 간다는 것은 상상할 수 없다.

일반적으로 우리 자신의 본연의 고결함, 곧 우리의 인격 속에 존재하는 세력이 이러한 보상을 요청한다. 이것은 때때로 유쾌한 경험은 아니지만 실제로 우리의 의지가 옳은 일을 할 때에 우리를 강하게 해준다. 죄 고백은 가장 강력한 영성훈련의 하나이지만 쉽게 악용될 수 있다. 그러므로 그것을 효과적으로 활용하기 위해서는 개인 당사자나 우리를 최종적 훈련으로 인도해주는 모임의 지도자 모두에게 상당한 경험과 성숙함이 요구된다.

순종

교제의 최상의 수준—겸손, 완전한 정직, 투명성 그리고 때때로 죄 고백과 보상도 포함된다—은 순종의 훈련을 통해 이루어지고 유지된다.

히브리서에는 "하나님의 말씀을 너희에게 일러 주고 너희를 인도하던 자들을 생각하며 그들의 행실의 결말을 주의하여 보고 그들의 믿음을 본받으라"(히 13:7)는 말씀이 있다. 또 베드로전서에는 "너희 중에 있는 하나님의 양 무리를 치되 억지로 하지 말고 하나님의 뜻을 따라 자원함으로 하며 더러운 이득을 위하여 하지 말고 기꺼이 하며 맡은 자들에게 주장하는 자세를 하지 말고 양 무리의 본이 되라"고 기록되어 있다(5:2-3). 또 계속해서

"젊은 자들아 이와 같이 장로들에게 순종하고 다 서로 겸손으로 허리를 동이라 하나님은 교만한 자를 대적하시되 겸손한 자들에게는 은혜를 주시느니라 그러므로 하나님의 능하신 손 아래에서 겸손하라 때가 되면 너희를 높이시리라"고 말씀한다(벧전 5:5-6, 엡 5:21을 보라).

여기에 분명하게 함축되어 있는 구속의 공동체의 질서는 마지못해 행하는 영혼을 격파하고 축출하는 무자비한 계급 제도가 아니다. 그것은 성숙한 인격 속에 거하는 진리와 자비의 능력 안에서 작용하는 것으로서 "이 세상의 나라"에 속한 것은 아니지만(요 18:36) 참된 나라의 표현이다. 그렇지 않으면 교회는 순전히 인간이 세운 정부의 모델로 전락하고 말 것이다. 유감스럽게도 우리는 이런 일이 실제로 기독교 공동체가 잘못 시도하는 일부 사업들 속에서 일어나는 것을 보게 된다. 예수의 길은 서로가 서로에게 순종하는 상호 순종의 상황을 떠난 순종은 말하지 않는다(엡 5:21; 빌 2:3). 그러나 순종은 깊은 경험을 가지고 있고 그리스도를 닮았기 때문에, 즉 그리스도의 길에 있어서 선배가 되기 때문에 도움을 줄 수 있다고 인정된 사람들에게 도움을 요청하는 것이다. 순종을 통해 우리가 성장을 위해 노력할 때에 지도해 줄 자격이 있는 사람, 우리의 자원하는 영으로 하여금 원하는 일은 하고 원치 않는 일을 하지 않도록 돕기 위해 지혜로운 권위를 발휘하는 사람들의 경험을 믿는다. 그들은 그리스도의 몸과 우리의 교제는 물론이요 우리 영혼 안의 경건한 질서를 주복하고 있는 사람들이기 때문이다.

그러나 이들 '지혜로운' 사람들은 실제로 자신을 '지도자'라고 생각하지 않는다. 그들이 우리가 순종해야 할 본보기가 된다는 사실은 그들이 종됨에 순복하는 일면에 불과하다. 그것이 참된 지도력이다. 참된 지도력은 권력을 가진 사람들이 양보를 모르는 세속 사회나 교회 집단에 만연되어 있는 추진력이 아니다. "자복 안에 있는 이 자유로운 질서"야말로 진실로 복된 것이다. 30) "손 없이 부숴버리는"(단 2:34) 왕국의 시작이 여기에 있다. 이 왕국은 때가 되면 땅에 충만할 것이고 이 세상의 나라를 우리 하나님과 그리스도의 나라로 만들 것이다.

이러한 훈련들은 적당한 것인가?

몇 가지 중요한 영성훈련이 여기에 있다. 올바른 사람과 올바른 경우에 앞장에서 제시된 엄격한 의미에서 영성훈련으로 간주될 수 있는 다른 많은 활동들이 있다. 그리스도와 동행하는 것은 그러한 문제들에 있어서 개인적 창조성을 위한 여유를 남겨두며, 때로는 그것을 요구하기도 한다. 그러나 훈련의 영역이나 범위는 하나님과 인류에 대한 사랑의 봉사의 길에 의해서 그리고 저항해야 할 죄에 대한 우리 자신의 확고한 경향에 의해 결정된다.

우리 삶의 중심이 되어야 하는 이 훈련들은 날마다 우리를 유혹하고 위협하는 작위와 부작위의 죄들에 의해 결정되어야 할 것이다. 교만, 시기, 분노, 나태, 탐욕, 탐식 그리고 호색—신학사나 문학사에 등장하는 일곱 가지 대죄—은 많은 다른 죄들과 함께 다루기 힘든 실체로서 그 무서운 효과들은 시간마다 조사할 수 있다. 우리는 무한한 은혜의 지원을 받아 아주 단호하고 강력하게 그 죄들에 대응해야 한다.

앞에서 제시한 훈련 목록들은 바로 이런 대응을 할 수 있도록 예비해 준다. 언급된 활동들을 우리가 양심적, 창조적으로 활용하고 우리의 개인적 필요와 시간과 장소에 따라 적절하게 적용시키면, 그것들은 우리가 생명이신 그리스도를 충만히 받아들이고 그리스도를 따르는 사람이 마땅히 지녀야 할 인격을 형성하는 데 크게 유익하다. 그것들은 근본적인 훈련들이며, 물론 다른 훈련들이 추가될 수 있다. 우리가 다른 훈련들이 추가하더라도, 만약 이 훈련들을 성실하게 실천한다면 그것들은 우리를 바르게 인도할 것이다.

주(註)

1) *Lives of the Saints*, translated with an introduction by J. F. Webb (Baltimore, MD: Penguin, 1973), 18ff.
2) W. R. Inge, *Goodness and Truth*(London: Mowbray, 1958), 76-77.
3) Ibid., 77.
4) Quoted in Henry Fairlie, *The Seven Deadly Sins Today*(Washington, DC: New Republic Books, 1978), 5.
5) Thomas Merton, *The Seven Story Mountain*(New York: Harcourt Brace Jovanovich, 1978), 421.
6) Louis Bouyer, *The Spirituality of the New Testament and the Fathers*, vol. 1 of A History of Christian Spirituality(New York: Seabury, 1982), 313.
7) Quoted in the *Los Angeles Times*, July 24, 1983, part 4, p. 3.
8) Thomas a Kempis, Irwin Edman, ed., *The Imitation of Christ, in The Consolations of Philosophy*(New York: Random House, Modern Library, 1943), 153-55.
9) Henry David Thoreau, *Thoreau: Walden and Other Writings*, ed. Joseph Wood Krutch(New York: Bantam, 1962), 366.
10) Henri Nouwen, "Silence, The Portable Cell," *Sojourners*(July 1980): 22.

11) Miguel de Unamuno, "Saint Emmanuel the Good, Martyr," *The Existential Imagination*, F. R. Karl and Leo Hamalian, eds. (Greenwich, CT.: Fawcett Publications, 1963), p. 103.
12) Eberhard Arnold, "Why We Choose Silence Over Dialogue," *The Plough, a Pubication of the Bruderhof Communities*, no. 11(July/August 1985): 12.
13) *Communicated to me* by Dr. Dirk Nelson.
14) Edna St. Vincent Millay, *Collected Poems of Edna St. Vincent Millay*, ed. Norma Millay(New York: Harper & Row, 1956), 158.
15) Thomas a Kempis, *The Imitation of Christ*, 174.
16) Ibid., 152.
17) O. Hardman, *The Ideals og Asceticism: An Essay in the Comparative Study of Religion*(New York: Macmillan, 1924), 211-12.
18) Quoted in William R. Parker and Elaine St. Johns, *Prayer Can Change Your Life*(Carmel, NY: Guideposts Associates, 1957), 40.
19) Dietrich Bonhoeffer, *Letters and Papers from Prison*(London: Fontana, 1953), 163.
20) Thomas a Kempis, *The Imitation of Christ*, 177.
21) Roger Steer, *Admiring God: The Best of George Mueller*(London: Hodder and Stoughton, 1987), 54.
22) Calvin Miller, *The Table of Inwardness*(Downers Grove, IL: Inter-Varsity Press. 1984), 83.
23) David Watson, *Fear No Evil: A Personal Struggle with Cancer*(London: Hodder and Stoughton 1984), 39.
24) Albertus Magnus, *Of Cleavimg unto God, trans. Elisabeth Stop* (London: Mowbray, 1954), 13.
25) John Newton, "How Tediuos and Tasteless the Hours," in *The Broadman Hymnal*(Nashville, TN: Broadman Press, 1940), no. 24.
26) C. S. Lewis, *The Screwtape Letters and Screwtape Proposes a Toast*(New York: Macmillan, 1962), 2.
27) Ibid., 41.
28) Hardman, *The Ideals of Asceticism*, 218-19.
29) Rosalind Goforth, *How I Know God Answers Prayer*(Grand Rapids, MI: Zondervan, 1921), 2.

30) This marvelous phrase is from St. Thomas, Aquinas, *Summa Theologica*, Part One of the Second Part, Question 90, Article 2, Objection 3.

10
가난

낮은 형제는 자기의 높음을 자랑하고 부한 자는 자기의 낮아짐을
자랑할지니 이는 그가 풀의 꽃과 같이 지나감이라

| 야고보서 1:9-10

네가 이 세대에서 부한 자들을 명하여 마음을 높이지 말고 정함이 없는
재물에 소망을 두지 말고 오직 우리에게 모든 것을 후히 주사 누리게 하
시는 하나님께 두며 선을 행하고 선한 사업을 많이 하고 나누어 주기를
좋아하며 너그러운 자가 되게 하라 이것이 장래에 자기를 위하여 좋은
터를 쌓아 참된 생명을 취하는 것이니라

| 디모데전서 6:17-19

우리는 가난해야 하는가?

오늘날 재물과 돈은 많은 신실한 기독교인들의 마음을 불편하게 하는 원인이 되고 있다. 그들은 재산을 처분하여 다른 사람들을 돕는 책임을 다하지 못하는 것에 대한 두려움 때문만은 아니다. 그들은 만일 가난하다면, 혹은 일상생활에 필요한 것 외에 다른 것은 소유하지 않는 것이 하나님을 섬기는 데 더 좋을 것이라는 아주 급진적인 사상에 사로잡혀 있다. 그들은 물질이나 돈을 소유하는 것 자체가 악이라는 개념으로 말미암아 혼란을 겪고 있다.

그들은 이와 같이 생각한다: "많은 사람들이 생필품조차 없어서 허덕이고 있는데, 우리가 필요 이상을 소유하는 것이 과연 옳은가? 우리에게 의지할 물질이 적게 있을수록 그만큼 하나님을 더 의지하고, 믿음은 더 커지지 않겠는가? 다시 말해 우리가 소유에 집착하지 않는다면 그만큼 더 자유로이 하나님을 섬길 수 있지 않겠는가?" 심지어 자본주의의 시조로 인정되고 있는 아담 스미스(Adam Smith)조차 "길가에 앉아 햇빛을 쬐는 거지는 군주들이 생명을 걸고 전쟁하면서 확보한 안전을 누린다"[1]고 말했다. 우리는 "심지도 않고 거두지도 않고 창고에 모아들이지도 않는 공중의 새처럼"(마 6:26) 되어야 하지 않는가? 이것이 참된 믿음의 삶인 것처럼 생각된다.

이것이 사실이라면, 어떻게 가난을 주요 영성훈련에 포함시키지 않을 수 있겠는가? 그러나 그렇게 할 수 없는 데에는 분명한 이유가 있다. 현대에 있어서 가난을 이상화하는 것은 가장 위험한 기독교의 환상 가운데 하나이다. 청지기직—이것은 재물의 소유를 필요로 하고 베푸는 것을 함축한다—이 부(富)와 관련한 진정한 영성훈련이다.

부의 소유, 사용 그리고 의지

우리는 종종 우리의 재물을 사람들에게 베풀어야 할 때 베풀지 못한다. 이것은 낭비하거나 지나치게 소비하고 사치한 생활을 하는 것과 마찬가지로 결코 정당화되지 않는다. 검약은 기독교의 중요한 훈련이요 덕목이다. 그러나 그러한 잘못은 재물을 소유하고 있다는 사실에 관련된 것이 아니라 우리가 재물을 사용하는 방법과 관련이 있다. 한편 가난과 부는 물질의 소유와 관계가 있다. 단순히 소유를 정죄하거나 죄악시하는 것은 성경적인 신앙의 태도가 아니며, 결국 땅의 부를 선용(善用)하는 데 장벽이 될 뿐이다.

그러나 사회적 불의에 대한 불타는 적개심과 고도의 "영성" 의식 또한 우리가 올바른 생각을 하지 못하도록 방해하는 경우가 빈번하다. 부와 가난을 다룰 때, 부를 소유하는 것과 부를 사용하는 것의 차이뿐 아니라 이것들과 부에 대한 신뢰(의지) 사이의 차이도 이해해야 한다. 부를 소유한다는 것은 그 부의 사용법에 대해 말할 권리를 갖는 것이다. 반면에 부를 사용한다는 것은 우리가 원하는 것을 갖기 위해 그 부를 소비시키거나 교환을 통해 다른 사람에게 이전시킨다는 것이다. 소유와 사용의 직접적인 차이는, 우리의 소유가 아닌 부를 사용하는 방법에 대해 어떻게 생각하며 어떻게 통제하는지를 생각해보면, 예를 들어 부를 소유한 사람들의 결정에 영향력을 행사할 때에 분명해진다. 우리가 소유하지 않은 것을 사용하거나 소비하는 것도 가능하고, 우리가 사용하지 못하거나 사용할 수 없는 것을 소유하는 것도 가능하다.

반면에 부를 의지한다는 것은 우리가 가장 소중하게 여기는 것을 획득하거나 보존하기 위하여 부를 의존한다는 것이다. 그것은 부가 우리에게 행복과 복지로 가져다 줄 것이라고 생각하는 것이다. 또한 우리가 자신의 부를 의지할 때, 우리는 복음서에 나오는 어리석은 부자(눅 12:19)처럼 안전하다고 생각할 수 있고, 심지어 자신이 가난한 자들보다 더 우월하다고 생각할 수도 있다. 만약 우리가 부를 의지한다면, 또한 부를 사랑하고 섬기게 될 것이다. 그때 우리는 부를 인간 생활에 있어 궁극적인 가치를 지닌 것보다 우월하다고 생각할 것이며, 심지어 하나님과 하나님에 대한 경배보다 더 우위에 놓을 것이다.

이러한 차이점에 비추어 보면 우리가 부를 사용하거나 의지하지 않고서도 소유하는 길이 있음이 분명하다. 소유는 단지 물질이 어떻게 사용될 것인지에 대한 실질적인 결정권을 우리에게 제공할 뿐이다. 그래서 우리는 부를 소유하거나 의지하지 않고도 사용할 수 있다. 우리는 부를 소유하거나 사용하지 않고서도 부를 의지할(섬길) 수 있음을 알고 있다. 자신이 소유하거나 사용하지 않는 재물을 신뢰하는 가난한 사람들은 세상에서 가장 불행한 사람들이다.

가난과 불의

오늘날 우리는 사실상 부유하고 권세 있는 사람들은 극히 일부이고 가난하고 약한 사람들이 대부분인 세상에 살고 있다. 때로 어떤 부자들은 자신의 부를 축적하거나 보존하기 위해 가난한 이웃들을 학대해 왔다. 또 어떤 부자들은 부를 이웃들과 나누기보다는 그들이 고통을 받도록 버려둠으로써 그들에게 부당하게 행동한다. 삶에 필요한 물질의 분배에는 명백한 불평등이 존재하고 있으며, 불평등의 대부분은 불의를 반영하고 있다. 우리는 이것을 너무나 잘 알고 있다.

부자들은 또한 여러 가지 면에서 계속적으로 자신의 부를 잘못 사용하는 것이 확실하다. 예컨대 그들은 퇴폐적이고 사치하게 살면서 자신보다 가난한 사람들을 지배하기 위해 자신의 부를 사용한다. 또는 해로운 관습들과 악한 사람들을 지원하는 일에 자신의 부를 투자한다. 많은 부자들이 부를 추구하고 의지하고 섬김으로써 몸, 영혼 그리고 사랑하는 사람들에게 해를 끼친다.

부와 가난으로 말미암아 인간 생활에 야기되는 문제들은 단순히 신학, 사회 윤리, 개인의 윤리에만 관련된 것이 아니다. 그 문제들은 사회 질서의 온전한 기초까지 뒤흔들고 있다. 우리는 현실적으로 '경제'라는 공평한 용어를 사용하고 있다. 그러나 정치적으로 좌익이든 우익이든 가장 억압적이고 잔인한 정권 다툼의 기본 이슈는 언제나 경제 문제이다.

이 정권들은 그 해결책으로 엄청난 살인—나치 치하에서 천만 명 이상, 우크라이나에서 천만 명, 캄보디아에서 삼백만 명 등이 살해되었다—도 서슴치 않는다. 현대 세계에서 이러한 정권들이 권력을 쟁취하기 위해 벌이는 주요 쟁점은 주로 경제적인 것이다—경제적 정의나 평등이 그들이 표방하는 목표이다. 그러나 어떤 면에서 '경제적' 배려는 인간의 삶의 파멸이나 종말로 귀결된다. 이것은 어떤 때는 '체제'에 기인하기도 하며, 또 어떤 때는 '혁명의 필요 조건'을 충족시키기도 한다. 이런 상황 속에서 많은 우려하는 사람들이 부 자체를 악으로, 부를 소유하는 것을 본질적으로 나쁜 것으로 규정하는 이유를 파악하기는 쉽다. 따라서 그들은 하나님을 부의 반대자요, 부유한 계층의 반대자로 규정한다. 저명한 신학자 맥킨타이어(Alastair MacIntyre)는 "신약 성경은 부자에게는 지옥의 고통이 예정되어 있음을 아주 분명하게 증거한다"[2]고 단호하게 천명했다. 가톨릭 사제이자 니콰라과의 산디니스타 정부의 문화부 장관인 에네스토 추기경은, 그리스도께서는 "부자는 절대로 천국에 들어갈 수 없다"[3]고 말씀하셨다고 해석했다. 나는 이 저명인사들은 다만 오늘날 사회적 관심을 갖고 있는 대부분의 사람들이 기독교의 교훈이라고 생각하는 것을 발언한 것에 불과하다고 생각한다.

부유한 신자들에 대한 웨슬리의 탄식

그러나 이러한 태도는 사실상 새로운 것이 아니다. 존 웨슬리(John Wesley, 1703-1791)도 많은 현대인처럼 부와 기독교적 삶의 관계에 대해 깊이 고민을 했다. 웨슬리를 따르는 사람들은 주로 경제적으로 하층 계급 출신들이었다. 그러나 웨슬리는 자신의 설교를 통해 제시한 삶의 양식이 자신의 추종자들을 부유하게 만들었고, 그럼으로써 그들을 이기적이고, 오만하고, 자기 부인이 결여된 사람으로 만들었다고 생각했다. '기독교의 무력성'에 관한 감동적인 설교에서, 웨슬리는 "나는 슬픔을 견디지 못하겠다. 어찌해야 할 바를 모르겠다"고 절규한다. 그는 급기야 "참되고 성경적인 기독교는 세월의 흐름 속에서 스스로 훼손시키고 파괴시키는 경향이 있다"[4]고 피력한다. 기독교는 근면과 검약을 낳는데, 그것이 사람을 부유하게 만든다. 부는 자연히 교만, 세상에 대한 사랑, 기독교에 파괴적인 모든 성향을 낳는다.

웨슬리는 탁월한 종교적 천재성에도 불구하고, 재물과 권력을 소유하고서도 타락하지 않는 사람들을 낳는 기독교적 가르침과 훈련이 가능하다고 생각하지 못했다(딤전 6:17-19). 그는 돈을 가진 사람들이 돈을 사랑하여 자신 안에 일만 악의 뿌리를 두어서는 안 된다는(딤전 6:9-10) 사실을 믿을 수 없었다. 아마 그런 생각조차 할 수 없었을 것이다.

그러나 확실히 웨슬리는 전혀 가진 것이 없는 사람들만큼 돈을 사랑하고 의지하는 사람들은 없다는 사실을 분명히 알고 있었을 것이다. 그리고 분명히 그는 "내가 내게 있는 모든 것으로 구제하고 또 내 몸을 불사르게 내줄지라도 사랑이 없으면 내게 아무 유익이 없느니라"는 것을 알고 있었다(고전 13:3). 단지 구제하는 것만으로는 하나님과의 온전한 관계가 성립될 수 없다. 그러나 그는 크게 잘못된 결론에 이르게 되었다.

> "나는 단 하나의 가능한 방법을 알 수 있다: 할 수 있는 다른 사람을 찾으라. 당신은 할 수 있는 한 이윤을 얻고, 할 수 있는 한 저축을 하는가? 그렇다면 당신은 자연히 부자가 될 것이다. 만약에 당신이 지옥의 저주를 피하려는 마음이 조금이라도 있다면, 당신이 줄 수 있는 모든 것으로 구제하라. 그렇지 아니하면 나는 가룟 유다에게 구원의 소망을 둘 수 없듯이 당신에 대해서도 구원의 소망을 가질 수 없다."[5]

부에 대한 편견을 검사하는 법

부의 종교적, 도덕적 가치에 대한 개인의 태도를 재는 간단한 방법이 있다. 당신이 많은 재산이나 돈을 소유함으로써, 당신의 수중에 있는 여분의 돈을 가난한 사람들에게 주거나 또는 당신의 경제적 기반을 와해시킨 다른 봉사 과정을 따를 때보다 더 많은 것으로 구제하며 다른 사람에게 유익을 주며 하나님의 목적을 증진하는 데 더 많은 유익을 준다고 가정해 보라. 나아가 당신이 부유한 기업가, 사업가, 상인, 정부 관리, 출판인, 농부 또는 대학 교직원으로서 고용인이나 동료들 그리고 공동체 내의 다른 구성원들에게 강력한 영향력을 가지고 있고, 그 영향력을 삶의 모범을 보이고 그리스도의 나라의 실체를 증거하는 데 활용한다고 가정해 보라.

당신이 재산, 돈 그리고 영향력을 효과적으로 소유하고 사용하기 위해서는 평균 이상의 생활수준을 유지해야 한다고 가정해 보라. 그렇게 되면 다음과 같은 문제가 파생된다: 가능한 한 빨리 재산과 돈을 당신에게서 제거하기만 하면, 당신은 더 거룩해지고, 하나님의 은혜와 물질에 대한 더 나은 청지기가 되는가?

그 시험을 다시 한 번 해보자. 한 명의 신실하고 헌신적인 기독교인은 가난하여 겨우 먹고 살 정도이다. 똑같이 신실하고 헌신적인 또 한 사람의 기독교인은 자신의 천부적인 사업 능력을 정직하고 신실하게 발휘하여 경제적으로 성공한 사업가이다. 그리하여 그는 엄청난 경제력을 소유하고 있고, 그것을 하나님의 뜻에 따라 지혜롭게 사용한다. 가난한 사람이 단순히 자신이 먹고 살 만큼만 돈을 소유했다는 이유로 보다 선한 인간이고 충실한 하나님의 종인가?

내가 사람들에게 이런 시험 방법을 제시하면서 경험한 바에 의하면, 헌신적이고 사회적인 염려를 많이 하는 사람일수록 모든 것이 동등한 경우에는 가난한 사람이 더 선하다고 생각하는 듯하다. 만약 당신이 재물을 소유함으로써 얻은 선이 아주 크고, 다른 방법으로는 성취될 수 없는 것이라면, 그들은 당신이 가난하지 않은 것을 용서할 수 있다고 믿는다.

이러한 노선을 따르고 있는 웨슬리의 견해를 다시 한 번 살펴보자. 1750년 6월에 쓴 일기에서 그는 "우리 설교가들 중의 한 사람"의 죽음에 관한 글을 기록하고 있다. 고인에게는 장례식을 치를 비용이 거의 없었다. 여기서 웨슬리는 "독신의 복음 전도자라면 유언 집행자들에게 그 이상의 재산을 남겨두어서는 안될 것이다"라고 그를 찬양했다. 그는 분명히 사람이 죽을 때 소유물을 거의 갖지 않는 것이 선한 일이라고 생각했다. 그러나 만일 많은 재산들이 다른 사람들의 유익과 하나님의 영광을 위해 조심스럽게 관리되었음을 발견했다면, 많은 소유물을 가지는 것 역시 선하고 훌륭한 일이 아니었을까?

특별히 그가 소유물을 완전히 포기함으로써 이룰 수 있었을 것이라고 생각되는 보다 더 선한 일들을 그와 같은 방법으로 행할 수 있었다고 판명될 때에는 어떻게 할 것인가?

가난이 특권은 아니다

특정한 개개인이 가난에 대한 특별한 부르심을 받을 수 있다고 해도, 일반적으로 가난하게 된다는 것은 가난한 자를 돕는 가장 불충분한 방식 가운데 하나이다. 더욱이 나는 아직도 가난하기 때문에 더 선하게 된 사람을 찾지 못하고 있다. 물론 더 많은 재산이 있을 경우, 또는 무엇을 가지고 한 것보다 악한 일을 덜 범할 수도 있을 것이다. 어떤 경우에 가난은 악을 행할 기회를 감소시킨다고 말하기도 한다. 그렇다고 해서 그러한 기회를 우선적으로 구지 않는 사람들에게 가난을 추천할 수는 없을 것이다.

또한 자신의 재물을 나눠주는 것—가능한 한 모두 주어 버리고 그 결과로 가난해지는 것—은 어떤 상황에서는 칭찬할 만한 행위일 수 있다. 그러나 여기서 미덕이나 훈련은 주는 행위에 있을 뿐이지 결과적으로 가난해 지는 상태에 있는 것은 아니다. 그리고 일단 모두 주어 버리고 나면 다시 주는 일이 불가능하게 된다. 자신이 소유하지 못한 것을 줄 수 있는 사람은 없기 때문이다. 남에게 재물을 나눠 주는 것이 선이라면, 소유하는 것 역시 선이다. 그러나 이 경우 반드시 영적 균형이 유지되어야 한다. 만약 주는 것이 크게 선한 일이라면, 소유하는 것 역시 크게 선한 일이다.

부의 기만성

물론 부는 기만적인 것이다(마 13:22). 하나님 나라 안에 있는 탁월한 생명이 결여되면, 부는 안전감과 행복에 대한 환상을 우리의 내면에 만들게 되며, 그리하면 우리는 우리가 향유할 모든 것을 풍성하게 주시는 살아계신 하나님보다 부를 의지하게 된다(딤전 6:7). 이러한 환상에 사로잡혀 있는 사람들은 하나님이 아니라 돈(mammon)의 종이 될 것이다(마 6:24). 그것이 그들에게는 아주 분명한 상식처럼 생각될 것이다.

대부분의 부자들이 맘몬을 의지하고 섬긴다고 자신 있게 말할 수 있다. 그렇기 때문에 예수님은 "재물이 있는 자는 하나님의 나라에 들어가기가 심히 어렵다"고 하셨다(막 10:23). 이것은 단지 멸망으로 인도하는 부의 권세에 기인하는 것은 아니다. 그것은 부자들에게도 하나님의 통치 하의 삶을 위한 기회가 있다는 것을 부자들에게 전하지 못한 데서 기인되기도 한다.

어쨌든 아무것도 소유하지 않는다고 해서 재물로 인한 망상이 사라지는 것은 아니다. 우리는 재물을 사랑하고, 의지하고, 섬기기 위해서 재물을 소유해서는 안 된다. 부자들보다는 가난한 사람들 중에 부에 예속되어 있는 사람들이 더 많다. 사도 바울이 말한 일만 악의 뿌리는 돈이나 소득 자체가 아니라 돈을 사랑하는 것이며(딤전 6:10), 돈이 없는 사람들이 가장 필사적으로, 비현실적으로 돈을 사랑한다. 복음서에서 가난(또는 우리가 가진 모든 것을 나누어 주는 것)이 참으로 신실한 기독교인에게 요구되는 덕목이라는 것을 뒷받침하기 위해 종종 인용되는 기사, "젊은 부자 관원" 기사를 읽을 때, 우리는 이 점을 염두에 두어야 한다.

"젊은 부자 관원"의 경우

이 기사에서 우리는 예수님을 찾아와 '선한 선생'이라고 부르면서 "무엇을 하여야 영생을 얻으리이까"라고 물은 젊은 귀족을 만난다(눅 18:18). 예수님은 선하신 이는 하나님 한 분 밖에 없음을 지적하신 후에 그에게 계명들을 지키라고 말씀하셨다. 그러자 젊은 관원은 어려서부터 그 계명들을 다 지켰다고 공언했다. 이것은 그 관원이 항상 하나님 한 분만을 경배하고 섬기고 의지했다는 것을 의미했다(출 20:3-6).

예수님은 그로 하여금 자신이 장담한 말의 허구성을 납득시키기 위해 또 다른 계명을 추가해서 주신 것이 아니라, 그가 의지하고 경배해야 할 참된 대상이 하나님이심을 그에게 밝히시는 가르침을 주셨다.

> "네게 아직도 한 가지 부족한 것이 있으니 네게 있는 것을 다 팔아 가난한 자들에게 나눠 주라 그리하면 하늘에서 네게 보화가 있으리라 그리고 와서 나를 따르라 하시니"(눅 18:22).

젊은 관원의 마음의 중심은 완전히 잘못된 곳에 있었기 때문에 근심하며 예수님 곁을 떠나갔다. 예수님의 말씀은 그가 섬기는 참된 신의 정체를 드러냈다. 왜냐하면 그는 비록 진지하게 계명들을 다 지켰다고 고백하고 예수님 안에 있는 신성의 능력을 인정했지만, 자신의 부를 포기하고 주님을 따름으로서 첫째 계명을 지키지 못했기 때문이다. 이 사건에 이어 계속되는 제자들과의 대화에서 예수님은 부자가 천국에 들어가는 것이 얼마나 어려운지를 말씀하셨다. 그런데 이것은 예수님을 따르는 자들에게는 충격이 아닐 수 없었다. 그 까닭은 그 당시에 부자들은 하나님의 축복을 받은 사람이라고 생각되었기 때문이다. 그래서 예수님의 말씀을 듣고 놀란 제자들은 이렇게 물었다.

> "그런즉 누가 구원을 얻을 수 있나이까"(눅 18:26)

이에 주님은 사람의 할 수 없는 것을 하나님은 하실 수 있다고 답변하셨다. 오늘날에는 예수님은 이 구절에서 가난한 자가 부자

보다 구원받기가 쉽다고 말씀하신 것으로 거의 보편적으로 인정되고 있다. 그러나 주님은 결코 그런 뜻으로 말씀하신 것이 아니다. 당신은 그분의 말씀에서 다음과 같은 점을 주목하여야 한다. 이 구절의 요점은 가난과 부의 상대적 위치와는 상관이 없다. 여기서 주님이 가르치시는 것은, 부자가 하나님의 나라에 들어가기는 쉬운 일이 아니라는 것이다.

한 가지만 분명히 해두자. 부를 소유했을 때 그것을 하나님 이상으로 섬기는 사람이 부를 제거함으로써 하나님을 올바르게 의지하고 섬길 수 있게 된다면 그는 부를 포기해야 한다. 만약 그렇게 해서도 하나님을 올바르게 의지하고 섬길 수 없다면, 부를 포기하는 것이 전혀 의미가 없는 일이 될 것이다. 그것이 의미가 있는지의 여부는 그들이 나눠준 돈을 받는 사람들에게 미치는 효과에 의존할 것이다. 받은 자들이 그것으로부터 실제로 유익을 얻을 것이라는 보장은 없다. 부가 실질적으로 해가 될 수도 있다.

우리는 예수님도 이 사실을 모르시지 않았다고 확신할 수 있다. 탐욕적이고 욕심 많은 가난한 자는 탐욕적이고 욕심 많은 부자와 다를 것이 없다. 가난 자체는 하나님께 내세울 것이 되지 못하며, 은혜의 수단도 아니다.

모든 재산을 구제에 사용하는 것

성 안토니와 아씨시의 성 프란시스코는 복음서에 기록된 부자 관원 기사에 큰 감동을 받았고, 하나님께서 그 말씀을 통해 자기들에게 재물을 소유하지 말라고 말씀하신 것으로 받아들였다. 그들은 이것이 과연 그러한지 아닌지를 알아야 한다. 그렇지만 나는 여기서 그들의 자세를 반박하는 것은 결코 아니다. 더욱이 가난한 삶의 양식을 택함으로써 그들은 그 시대에 강력한 영향력을 행사했고, 오늘날 우리들에게도 재물을 의존하지 않고 하나님과 그의 백성들을 의지할 수 있는 삶의 방식에 대해 강력하게 이야기한다.

이 두 사람의 행적은 참으로 아름다운 일로서 그리스도와 교회의 영원한 보배이다. 그러나 우리가 여기서 말하고 있는 것은 이러한 가난의 양식과는 전혀 다른 것이다. 우리는 가난이 본질적으로 거룩한 조건인지, 일반적으로 영성훈련에 유익한 것인지 또는 이 세상 부의 사용에 대한 하나님의 최상의 계획인지의 문제에 대해 논의하고 있다.

부를 소유하는 것과 그 효용

우리 수중에 있는 돈을 몽땅 남에게 주기로 결심했다고 해보자. 그러면 그 돈이 어디로 가겠는가? 그 돈은 어디로든 흘러갈 것이다. 누구든 그 돈의 영향을 계속 받을 것이다. 이 세상의 부가 선으로 간주되든 악으로 간주되든, 그것들은 우리가 버려도 사라지지 않는 실체임을 잊어서는 안 된다. 부는 계속 그 결과들을 파생시킬 것이다. 부를 소유하고 사용하는 일이 계속 발생할 것이다. 누군가가 그것들을 관리할 것이고, 그렇기 때문에 우리가 그것들을 소유하지 않는다고 해서 그것들이 더 온전하게 분배되는 것은 아니다. 그래서 소유권을 통해 소유물의 올바른 사용과 안내에 대한 책임을 다하기 위해서는 가난보다는 더 수준 높은 영성훈련이 요청된다. 우리의 소유물은 하나님이 우리 믿음을 통해 다스리시는 영역을 크게 확장시킨다. 따라서 소유물은 그것이 없이는 불가능한 것, 하나님의 능력 안에서의 활동들을 가능하게 한다. 졸부들의 방탕함에 대한 혐오감 때문에 이 중대한 사실을 직시하지 못하는 일이 있어서는 안 된다.

일반적인 영성훈련으로서의 가난은 부에 대한 예속의 해결책이 되지 못한다. 소유로부터의 자유는 외적인 것이기보다는 내적인 것이다. 그것은 오직 내적인 신앙의 안목에서 나올 수 있는 것이다. 이것이 바로 본 회퍼가 말한 "욕망의 부재야말로 가난의 표식이다"[6]의 핵심이다. 그러나 이 세상의 재물을 하나님의 원수들에게 맡기는 것은 피조물에 대한 지배자로서의 책임, 땅 위에 있는 모든 것을 다스리는 책임을(창 1:26) 감당하지 못하는 것이다.

마찬가지로 자선과 사회 복지 프로그램은 선한 것이요 분명히 우리의 의무이지만, 그것들은 궁핍한 세상에 대해 빛의 자녀인 우리가 감당해야 할 책임을 시작하게 하지는 못한다. 그것들이 그 책임을 감당할 수 있다고 상상하는 것은 완전히 환상에 불과하다. 그것들은 삶의 영역에서 극히 작은 부분을 차지하고 있을 뿐이다. 특별히 그것들은 하나님과 하나님의 능력으로 말미암아 세상의 부와 재물을 소유하고 지배하는 책임을 다하도록 준비를 갖춘 경건한 사람들을 대신할 수 없다. 이러한 사람들이 일어나 그리스도 및 도처에 있는 그리스도의 백성들과 연합하여 사회적, 경제적, 정치적 과정들을 인도해야만 그 필요성이 충족되어 구제의 필요성을 유발한 상황들이 감소될 수 있다. 이러한 사람들이야말로 인류로 하여금 땅을 다스려야 하는 옛 책임을 효과적으로 이룰 수 있게 해 줄 수 있는 유일한 사람들이다.

우리를 창조하신 하나님의 목적과 우리 삶의 본질에 대한 이러한 사실들은 사람들이 가난을 삶의 양식으로 수행하는 데 실패하는 이유를 설명해 준다. 성 프란시스코의 가난 숭배는 그의 생애의 마지막까지 지속되지는 않았다. 그의 제자들 가운데 일부는 계속 가난을 예찬하다가 이단으로 정죄되어 화형을 당했다.[7]

물론 이것이 프란시스코가 그릇되었음을 증명하는 것은 아니다. 그러나 성 프란시스코가 무소유를 이상화한 데 내재되어 있는 마니교 사상―물질을 거룩에 반하는 것으로 단정하는 것―은 사단에게 부를 맡겨버리고, 부를 다루는 사람들을 하나님을 섬기는 일에서 제외시키는 결과를 낳고 말았다. 이 실수―이것은 성 프란시스코에게서 시작된 것은 아니다―는 물질적 부를 소유하여 올바르게 통제하는 것이 최고의 영적 예배라는 사실을 이해해야 비로소 바로잡힐 수 있다. 따라서 우리는 사람들로 하여금 그러한 예배를 예비할 수 있게 해주는 사역을 행해야 한다.

가난: 서원과 현실

가난이 하나님을 향한 삶이 되지 못한다는 것은 분명하게 가난을 서원한 사람들이 그것을 어떤 방법으로 실천하는지를 살펴보면 분명히 알 수 있다. 사실 참된 가난의 결핍은 기독교적인 삶과 사역에 관련된 대부분의 활동들을 불가능하게 만든다. 따라서 소위 교회 역사상 수용된 자발적인 가난은 대부분 전혀 가난이 아니다. 프랜시스 드 살(Francis De Sales)도 성 프란시스코와 마찬가지로, "예찬되고, 고무되고, 높이 평가되고, 옹호되고 지원되는 가난은 밀접하게 부와 연루되어 있다"[8]고 예리하게 지적했다.

세상에서 진정으로 가난한 자들은 참된 가난이 무엇인지 알고 있다. 그것은 압도적인 박탈감과 무력감이다. 반면에 가난을 서원한 사람은 다른 사람들의 부로 말미암아 형성된 안전, 양식 그리고 교단의 보호를 누릴 수 있게 된다. 나는 이러한 사실을 비판하지는 않는다. 사실상 그것은 개개인들로 하여금 자유로이 다양한 종류의 사역을 행할 수 있게 한다는 데서 훌륭한 의미를 가지고 있다. 그러나 그 도움들은 땅에서 진실로 가난한 자들에게는 제공되지 않는다. 서원에 그치는 가난은 사물에 대한 형식적인 소유권을 포기하는 것일 뿐, 사물들에 접근하고 그것들을 사용하는 것—사실 서원은 이것을 보장한다—을 포기하는 것이 아니다.

이렇게 가난이라는 개념을 가난의 실체에서 제거하기 때문에, 모든 기독교 집단에서는 가난을 낭만적으로 생각하며, 심지어는 세속 사회의 어떤 영역에서는 특정 형태의 "가난"이 유행하기도 한다. 웨슬리는 가난 서원의 옹호자는 아니었다. 그러나 그는 고인이 된 어느 설교자의 유산이 린넨과 모직으로 된 옷, 양말, 모자, 가발 하나 그리고 현금 1실링 4펜스였다고 말했다. 이 모두를 합해봐야 1파운드 17실링 3펜스뿐이어서 장례식 비용조차 부족했다. 확실히 이 사역자는 궁핍함을 알고 있었다. 그의 자기희생적인 생활 방식을 하나의 덕이나 훈련으로 경시해서는 안 된다. 그러나 그에게는 사회적 지위가 부족하지는 않았으며, 또 음식과 거처도 규칙적으로 공급받았다.

가난이 곧 단순함(검소)은 아니다

　가난을 낭만적으로 생각하는 것의 또 다른 양상은 가난을 단순함(검소함)과 동일시하는 것이다. 그러나 가난에 찌든 생활은 고급 외투를 입은 채 나무에 묶여 있는 사람의 움직임이 단순하다는 의미에서만 단순하다. 가난한 자만큼 삶에 대한 다양한 욕구에 시달리는 사람은 없다. 왜냐하면 가난한 자는 그 욕구를 채울 수가 없기 때문이다. 만약 아담 스미스가 큰 길 가에서 햇빛을 쬐고 앉아 있는 거지와 같은 삶을 선호하고 있었다면, 그는 그 거지가 군주들이 싸워서 쟁취한 안전을 얼마나 적게 소유하고 있는가를 여실히 느낄 수 있었을 것이다. 그리고 실제로 가난한 처지에 있어 의식주, 건강, 교통 그리고 교육 등의 어려움에 직면해 있는 사람이라면, 그것이 얼마나 난감한 일인지를 잘 알 것이다. 예컨대 병든 아이를 의사에게 데리고 가거나 며칠 동안 먹을 수 있는 양식을 공급해 주는 것은 하루 정도는 쉽게 행할 수 있는 일이다. 모든 계층의 사람들이 살아가면서 누리는 몇 가지 사치 중 하나는 다른 처지에 있는 사람들의 생활은 얼마나 더 훌륭한 것일지 생각해 보는 것이다.

　반면에 영적 성취로서의 단순함은 내적 질서의 문제이다. 사도 바울처럼 "오직 한 일"을 행한다고 말 수 있는 사람(빌 3:13), 혹은 진실로 "먼저 그의 나라와 그의 의를 구하는"(마 6:33) 데까지 이른 사람이 단순에 진입한 사람이다. 그들은 자기들에게 임하는 모든 요구에 적절하게 대처하고, 다른 사람들은 이해할 수 없는 것처럼 보이는 복잡한 삶을 조화롭게, 평화스럽게 그리고 신빙성 있게 처리한다. 왜냐하면 그들은 자신이 행하고 있는 일이 무엇인지를 알고 있기 때문이다.

영성 생활에 있어서 단순함은 복잡함과 반대되지 않고, 가난은 소유와 반대되지 않는다. 사실상 단순함이 큰 복잡성을 견딜 수 있게 해주며, 가난 역시 욕망으로부터의 자유를 제공한다. 즉 하나님의 영광을 위해 소유물을 안전하고 결실 있게 사용하도록 한다.

예수님의 가르침

그러나 예수님은 부자에게는 화가 임하거나 저주를 받지만 가난한 자는 축복을 받을 것이라고 말씀하시지 않았는가? 확실히 주님은 그렇게 말씀하셨다. 그리하여 그렇게 하심으로써 주님은 그렇게 자주 말씀하시던 처음 된 자(인간의 판단으로)가 나중 되고(하나님의 시각으로) 나중 된 자(인간의 판단으로)가 처음 된다는(하나님의 시각으로) 가장 중요한 원리 가운데 하나를 제시하셨다.

그러나 이것의 의미를 이해하려면 주님이 가르치신 방식을 이해해야만 한다. 이것은 인생을 인도할 어떤 참된 능력을 소유하고 있는 교사들에게는 동일하게 해당된다. 예수님의 가르침은 우리가 행복한 삶을 꾀하는 기준이 될 안전한 통칙을 나열하지 않는다. 그것은 우리로 하여금 자신의 편견을 발견하고 놀라서 그것을 떨쳐 버리게 하며, 새로운 사유와 행동의 방식으로 우리를 인도하려는 것이다. 그것은 우리로 하여금 현재의 위치에서 하나님의 통치를 경험함으로써 하나님과의 생생한 교제 안에서 인격적 성장을 이루어가는 과정을 시작하게 해주는 데 목적이 있다.

누가복음 14장에서 우리는 안식일에 만찬을 드시는 주님을 발견한다. 식탁에는 권위를 대변해 주는 자리인 상석을 차지하려는 손님들이 있었다. 여기서 예수님은 그들에게 어떻게 해야 높임을 받을 수 있는지에 대해서 충고하신다. 주님은 그들에게 될 수 있는 한 부엌으로 향하는 출구가 있거나 놀이용 테이블이 놓여 있는 곳, 집의 가장 구석인 문설주 옆에 있는 말석에 가서 앉으라고 권고하신다. 그러면 주인이 말석에 앉아 있는 당신을 보고 "도대체 당신이 어찌하여 이 자리에 앉아 계시나요? 이리 오세요. 당신은 마땅히 이 자리에 앉으셔야 합니다. 자, 내 곁에 앉으세요. 나와 가장 절친한 친구인 당신이 나와 가장 가까운 자리에 앉아 대화할 수 있도록 모든 손님이 자리를 내어줄 것입니다"라고 말할 것이다.

예수님은 약간 미소를 띠시면서 기록된 것처럼 이렇게 말씀하셨을 것이다.

> "청함을 받았을 때에 차라리 가서 끝자리에 앉으라 그러면 너를 청한 자가 와서 너더러 벗이여 올라 앉으라 하리니 그 때에야 함께 앉은 모든 사람 앞에서 영광이 있으리라 무릇 자기를 높이는 자는 낮아지고 자기를 낮추는 자는 높아지리라"(눅 14:10-11).

그러고 나서 주님은 주인을 향해서—미소는 띠지 않았거나 아주 희미하게 미소를 지었을 것이다—이렇게 말씀하셨다.

> "네가 점심이나 저녁이나 베풀거든 벗이나 형제나 친척이나 부한 이웃을 청하지 말라…잔치를 배설하거든 차라리 가난한 자들과 병신들과 저는 자들과 소경들을 청하라"(눅 14:12-13).

이 상황에 대해 생각해 보자. 만약 그리스도의 가르침의 방식에 대한 이해없이 이 본문을 읽는다면, 당신은 주님의 말씀을 하나의 율법처럼 받아들일 것이다. 그것은 당신이 베푼 잔치에 어머니를 초대해서는 안 된다고 말하고 있지 않은가? 당신이 초대를 받았을 때에 말석이 아닌 자리에 앉는다면, 주님의 말씀에 순종치 않는 것이다. 그리고 당신은 최고로 높임을 받을 모든 기회를 스스로 놓치고 말 것이다.

우리는 이것이 전혀 쓸모없는 것이라는 것을 알고 있다. 이 구절에 기록된 예수님의 말씀은 그분이 가르치는 방식의 특징을 나타내고 있다. 주님이 구체적인 삶의 행동과 조건들에 대해 언급하신 경우, 주님의 목적은 항상 어떻게 처신해야 하는지에 대한 통칙이나 법칙을 제공하는 데 있지 않다. 주님은 주님의 말씀을 들은 사람들이 실천할 때에 법으로 준수하는 거짓된 통칙을 배격하신다. 일단 우리가 이것을 이해하면, 우리는 주님이 어머니를 잔치에 초대하는 것을 금하신 것이 아니며, 또 자기 높임에 이를 수 있는 확고한 비결을 우리에게 제시하는 것도 아니라는 것을 깨닫게 된다.

예수님이 지적하신 거짓된 통칙은 누가복음 14장에 펼쳐진 상황 속에 매우 분명하게 제시된다. 첫째, 현행의 사회적 서열에서 당신을 가장 훌륭하게 보이게 해 줄 자리에 앉으라. 둘째, 어떤 방식으로든 당신에게 보답을 할 수 있는 사람들만 초대하라. 환대의 교제를 하라. 여기서 예수님은 우리가 그처럼 어리석은 법칙에 따라 행하시지 아니하시는 하나님을 만나려면 "조상의 유전한 망령된 행실"(벧전 1:18)에서 벗어나라고 말씀하신다.

가난한 자에게 복이 있고, 부자에게 저주가 있는가?

똑같은 가르침의 방식이 복음서에 두루 사용되고 있고, 특히 누가복음 6장과 마태복음 5장의 '복있는 자'와 '저주받는 자'에서 두드러진다.

"가난한 자는 복이 있나니." 당신은 실제로 가난이 복을 확보하기에 충분하다고 생각하는가? 가난한 모든 부류의 사람들에 대해 생각해 보라. 자신의 자녀들을 제물로 바쳐야 하는 우상을 미워하고 두려워하는 극빈자를 생각해 보라. 그는 자기 가족이나 이웃들에 대해 가장 야만적이고 비열한 관계를 갖고 살아간다. 그런데도 그는 복 있는 자인가? 그는 가난하기 때문에 하나님의 나라를 소유하는가? 예수님이 그렇게 가르치셨는가? 다시 말하지만 주님이 그렇게 가르치시지 않았다.

"부유한 자에게는 화가 있을지어다." 약간의 부를 소유한 한 여성이 온 심령을 다하여 예배하고 예수 그리스도에게 헌신하며, 그리스도를 통하여 전 존재를 바쳐 하나님을 사랑한다. 그녀는 자신의 부를 하나님의 선물로 여기고, 자신이 청지기 직분을 수행해야 한다고 생각하며, 자신의 부를 사용하여 이웃을 축복하려고 온갖 노력을 기울인다. 그런데도 그녀는 단지 부자라는 이유만으로 저주받는가? 이런 사람이 바로 카타리나 보베이(Katharina Bovey) 여사이다. 웨스트민스터 사원의 그녀의 기념비에는 다음과 같이 새겨져 있다.

> "그녀는 많은 재물을 가지고 하나님을 기쁘게 했다. 그녀는 지혜와 경건에 의해 행하는 관대한 마음으로 하나님의 영광과 이

웃의 유익을 위해 그 재산을 사용했다. 그녀는 그녀의 재산에 어울리는 품위와 아량을 가지고 생활했지만 아울러 검약한 생활을 했다. 그렇게 해서 모은 돈을 가난한 자를 구제하고, 곤궁에 처한 자에게 용기를 주며, 무지한 자에게 가르침을 주는 등의 일에 사용했다. 그녀는 즐거운 마음으로 재산을 나누어 주었고, 고난당하는 자들의 영혼에 용기와 소망을 줄 때마다 그녀는 사랑과 자비로 가득 찬 가슴으로부터 흐르는 눈물을 주체할 수가 없었다."

그러나 이 여인은 단지 부자라는 이유 때문에 저주를 받아야 하는가? 맥킨타이어 교수와 카르디널의 견해에 따르면, 신약 성경의 가르침은 그녀를 지옥으로 보낸다. 그러나 그녀가 가난했었더라면 그녀의 신앙과 인격과는 상관없이 그녀는 축복을 받았을 것이다.

만약 사람이 의도적으로 예수님의 가르침이 어리석은 것으로 보이게 하려 한다면, 그분의 가르침을 이렇게 해석하는 것만큼 좋은 수단은 없을 것이다. 이러한 해석은 최고의 지성과 도덕적 관심을 가지고 있다고 주장하는 사람들에 의해 개진된 것이기는 하지만, 실제로는 입술을 빨갛게 칠하고 화려한 옷을 입고 (말하기 위해 주어진) 입으로 술을 마시는 사람들은 지옥에 간다고 믿고 있는 자들에게서 발견하는 것과 똑같은 율법주의이다. 이것을 깨닫는 것은 중요한 일이다.

그러므로 예수께서는 산상수훈과 "화 있을진저"라는 말씀에서 복을 받지 못한 사람과 복 받은 사람을 구분하는 인간의 기준을 반박하신다.[9] 산상수훈은 사람이 복을 받기 위해 반드시 지켜야 할 것들의 목록이 아니며, 또 거기에서 말하는 복이 거기에 규정된 조건에 의해 초래되는 것도 아니다. 예를 들어, 영적으로 가난한 것이나 물질적으로 가난한 것이 복 받을 근거나 원인이 되지 못한다. 주께서 분명히 말씀하신 바와 같이 하나님의 나라에 들어가는 것이 복을 받는 근거이다. 예수께서는 핵심을 벗어난 인간의 가치 체계의 뿌리에 도끼를 대시며, 세상에서 부한 자와 부하지 못한 자를 결정할 때 사용하는 부적절한 요소들을 자신의 교훈 속에 분명히 나타내신다.

복에 대한 성경적 견해

부와 가난이 실제로 무엇인지를 알려면, 복에 대한 성경적 견해를 분명하게 인식하고 있어야 한다. 핵심적인 요점은 다음과 같은 충격적인 진술 속에 담겨 있다: 하나님의 통치 하에서는 부자와 가난한 자는 이 세상과 다음 세상에서의 복과 선행에 관해 피차 특별한 기득권을 갖지 않는다.

성 안토니는 이에 대해 참으로 아름다운 글을 남겼다.

"여관에 머물고 있는 사람들 가운데 일부 사람들에게 침대가 주어진다. 침대가 없는 사람들은 방바닥에 누워 잠을 잔다. 그러나 그들 역시 침대에서 자는 사람들 못지않게 편안하게 잔다. 밤이 지나고 아침이 되면 똑같이 일어나서 여관의 물건은 그대로 놔두고 여관을 떠난다. 인생의 여정을 가는 사람들도 마찬가지이다. 궁핍한 환경에서 사는 사람들이나 부와 명성을 누리며 사는 사람들이나 모두 여관을 떠나듯이 이 세상을 떠난다. 세속적 안락이나 부는 그대로 두고 떠나되, 다만 선하든 악하든 이 세상에서 그들이 행한 것만 가지고 떠난다."[10]

가난한 자에 대한 경의와 존경

하나님 앞에서 부자와 가난한 자가 평등함을 믿는다면, 그들을 차별함으로 인해 우리의 인격적 관계가 침해당하지 않고서도 예수님처럼 그들의 한복판에서 생활할 수 있을 것이다. 그러나 만약 그렇지 못하다면, 우리는 부자와 가난한 자를 동등하게 대하지 못하는 무능력으로 말미암아 죄책감을 느껴야 하고, 그들에 대한 우리의 책임에 혼란이 초래될 것이다. 신약 성경은 "뭇 사람을 공경해야 한다"고 가르친다(벧전 2:17). 그러므로 우리는 가난한 자도 공경해야 한다. 우리는 가난한 자를 존중해야 하고, 모든 자연스러운 방법을 통해 우리의 존경심을 나타내야 한다. 부자에 대해서도 마찬가지이다.

부와 가난의 차별은 인간의 삶에서 끊임없이 대두되는 문제이다. 현대의 이데올로기들이 아무리 그것을 부정하더라도, 그 차별은 인간의 역사와 가족의 배경과 민족의 성격의 범주 안에서 자연적이고 불가피하게 초래되는 특수화의 결과이다. 그것은 하나님이 정하신 제도로서 성경에서 가난이 철폐될 것이라고 말하지 않는 이유를 설명해 준다. 모든 사람이 적절하게 먹고, 입고, 거처하는 것이 지니는 의미는 분명하지만, 모든 사람이 동일한 경제력을 소유한다는 것이 어떤 의미인지는 분명하지 못하다. 우리는 전자는 상정해 볼 수 있지만, 후자는 상상할 수가 없다. 정치 제도만으로는 단순히 이런 차별의 현실을 변화시킬 수 없다. 그러나 타락한 세상에서 부와 가난을 차별하는 데서 나오는 치명적인 결과들을 제거하는 일, 예컨대 민족적, 문화적 차이를 지닌 사람들을 사회적으로 강요된 경제 박탈에서 해방시키는 일 등이 삶의 모든 차원에서 더 많이 이루어질 수 있고, 또 마땅히 이루어져야 한다.

성경의 가르침은 가난을 제거하는 일에 대해서는 침묵을 지키지만, 궁핍한 자는 보살핌을 받아야 한다는 것, 가난한 자를 이용할 것이 아니라 변호하고 그들에게 기회를 주어야 한다는 것 그리고 삶의 모든 국면에서 그들에 대한 배려를 해야 한다는 것을 주장한다. 구약 성경은 가난한 자에 대한 규정들을 다양하게 수록하고 반복해서 강조한다. 신약 성경은 "정결하고 더러움이 없는 경건은 고아와 과부를 그 환란 중에 돌아보는 것"이라고 이야기한다(약 1:27). 왜냐하면 고아와 과부는 일반적인 상황에서는 가장 가난한 사람들이기 때문이다.

성경의 최상의 명령은 사랑하라는 것이고, 사랑의 시작은 관심을 갖는 것이다. 그러므로 가난한 자를 회피하거나 망각해서는 안 되고, 방관해서도 안 된다. 우리는 그들을 하나님의 뜻 안에 있는 다른 사람들과 동등한 가치를 지닌 하나님의 피조물로 보아야 한다.

> "빈부가 섞여 살거니와 무릇 그들을 지으신 이는 여호와시니라"(잠 22:2).

사도 바울은 "서로 마음을 같이 하며 높은 데 마음을 두지 말고 도리어 낮은 데 처하며 스스로 지혜있는 체 말라"고 권고한다(롬 12:16). 예수 그리스도는 "근본 하나님의 본체시나 하나님과 동등됨을 취할 것으로 여기지 아니하시고 오히려 자기를 비워 종의 형체를 가지사 사람들과 같이" 되셨다(빌 2:6-7). 하나님 나라의 축복과 의에 대한 통찰은 모두 기독교인들이 삶의 모든 영역에서 예수님의 행위를 본받게 하고, 본받을 수 있는 능력을 준다. 이런 선견은 모든 부류의 사람들과의 교제를 통하여 그들 속에 그리스도 예수의 마음을 갖게 한다(빌 2:5).

우리의 태도에 그 통찰과 그리스도의 모범이 흠뻑 배어 있으면, 세상의 가치 체계 안에서 우리가 누릴 수 있는 특권들이 우리를 잘못된 길로 인도하지 못할 것이며 또 인간관계에도 아무런 영향을 미치지 못할 것이다. 우리는 이러한 신앙의 통찰 때문에 가난한 자들을 비롯한 모든 "비천한" 자들을 편안하게 대할 수 있고, 그들과 동일한 영 안에서 그리고 그들을 우리에게서 떼어 놓지 않는 방법으로 함께 거할 수 있다. 이런 원리는 부자들에 대한 태도에도 적용된다. 그리스도의 영이 우리 안에 충만히 스며 있으면, 우리는 그리스도께서 행하셨던 것처럼 기쁘게 그리고 솔직하게 인간 세계의 처지에 동참한다.

반면에 그리스도의 영이 없는 사람들은 사람들 사이의 차이점을 이용하는데, 성숙한 그리스도의 제자들은 결코 사람들을 차별하지 않는다. 그리스도의 영이 없는 사람들은 세상의 가치 체계 안에서 가난한 자를 공경할 수 없다. 그들이 행하는 특별한 수고가 아무리 자비로운 것일지라도, 그것들은 그들에게 가난한 자와의 유대감이 결여되어 있음을 드러낼 뿐이다. 물론 그들은 그 수고를 자랑하려 한다. 그러나 성육신의 선물인 생명을 소유한 제자들은 사실상 비천한 자를 위해 행하는 자신의 행위를 전혀 특별한 것으로 여기지 않는다. 그들은 그 상황 속에서 전혀 자랑할 만한 것을 발견하지 못하기 때문에 "그 행위를 뽐내려" 하지 않는다. 오른손이 하는 것을 왼손이 모르게 한다(마 6:3).

십자가를 통한 새로운 시각

우리의 문제는 주로 우리가 가난한 자를 바라보는 방법이 아니라 우리 자신을 바라보는 방법과 관련이 있다. 만약 우리가 아직도 자신이 골목에 버려진 고물 속에서 잠을 자는 사람과는 근본적으로 다르거나 그보다 더 낫다고 생각하거나, 그 생각을 행동으로 드러낸다면, 우리는 분명한 시각을 가지고 십자가 밑에 서 있지 못한 것이고, 그렇기 때문에 자신의 궁핍함을 보지 못하고 있는 것이다. 하나님께서 우리에게 도달하시기 위해 가야 했던 여정(旅程)을 면밀하게 파악하지 못하고 있는 것이다. 항상 십자가의 능력 안에서 감사하며 사는 법을 모르고 있는 것이다. 이런 유익한 시각을 통해서만 빈곤한 자들과 우리의 유대감을 인식할 수 있다.

버려진 고물더미 속에서 잠을 자는 사람에 대해 우리는 어떻게 반응하는가? 그의 존재를 인정하거나 필요할 때 그에게 말을 걸거나, 아니면 그의 손을 잡아주거고 또는 얼마를 그에게 적선하는 일이 우리에게 커다란 수고를 요하거나 거북스러운 마음을 갖게 하는가? 지극히 안전한 상황에서도 우리는 그를 두려워하게 되는가? 우리는 그에게 가까이 가는 것이나 그를 상대하기를 꺼리는가? 그의 냄새나는 몸과 더러운 옷차림이 우리가 그를 피해야 할 충분한 이유가 되는가? 이 사람처럼 최악의 상태에 있지 않은 사람들에 대해서는 어떻게 행동하는가? 어떤 사람에게 직업도 없고 집도 없고 자동차도 없다고 해서 우리는 그를 마치 우리와는 다른 "별종의" 사람으로 취급하는가? 만약 그렇다면, 우리는 자신의 타락한 상태를 바로 보고 있지 못하는 것이며, 그렇기 때문에 우리는 그 사람을 진심으로 사랑할 수 없다.

교회에서 부자가 가난한 자를 지배하는가?

야고보서에는 오늘날 우리가 흔히 직면하는 사례가 기록되어 있다.

> "만일 너희 회당에 금가락지를 끼고 아름다운 옷을 입은 사람이 들어오고 또 더러운 옷을 입은 가난한 사람이 들어올 때에"(약 2:2)

부자는 많은 관심을 받고 좋은 자리를 차지하지만 가난한 자는 구석자리로 밀려가거나 바닥에 앉게 된다. 야고보는 우리는 가난한 자를 괄시하지만 "하나님은 가난한 자를 택하사 믿음에 부요하게 하셨다"고 말한다(2:5). 우리는 보호해야 할 사람들을 오히려 압제한다. 우리는 "네 이웃 사랑하기를 네 몸과 같이 하라"는 '최고한 법'을 지키지 못하여 간음하거나 살인하는 것과 마찬가지로 율법을 범한 자가 되고 만다(2:8-11).

참으로 엄청난 고발장이다! 유감스럽게도 세상의 가치 체계에 따라 큰 영향력을 가진 사람들을 편애하는 일에서 해방된 교회나 기독교인은 거의 찾을 수가 없다. 그것은 참으로 가슴 아픈 일이다. 성경에 나오는 대부분의 교회는 부유하고 안락한 자, 아름답고 유명한 자, 아니면 적어도 '우리와 같은 수준에 있는 사람들'에게 호의를 베푸는 데 익숙해져 있었다.

그러나 많은 사람들은 이것이 그리스도의 뜻을 이루는 데 필수적인 것이라고 주장한다. 외로운 사람들의 관심을 끌어 붙잡지 아니하면 우리의 목표를 이룰 수 없다고 그들은 말한다. 이 사람들은 교회의 사명이 악한 사람들을 선한 사람들로 만드는 것이라는 것을 망각하고 있는 듯하다. 종종 하나님의 시각으로 볼 때 나쁜 사람이 세상의 기준으로 볼 때에는 좋은 사람일 수 있다.

가난하고 궁핍한 자와의 교제

오늘날 많은 유복한 기독교인들의 마음을 불안하게 만드는 중요한 이유는 기독교 사회에 만연되어 있는 하나님의 나라에 대한 그릇된 시각으로, 그것은 활기가 없는 신앙을 낳는다. 그러나 일단 가르침과 설교를 통해 우리가 가난한 자와의 관계를 바로 이해하기만 한다면, 우리는 해야 할 일이 많음을 알게 될 것이고 우리의 병든 신앙이 건전하게 바뀔 것이다. 연약하고 곤궁한 사람들을 섬길 수 있는 기회는 날마다 우리에게 임한다. 우리는 항상 냉수 한 잔이라도 준비해야 한다. 왜냐하면 천국의 실체에 대한 우리의 통찰이 우리로 하여금 돕고 베풀 수 있는 기회에 더욱 민감하게 만들 것이기 때문이다. 그것은 또한 우리가 필요한 곳을 기다리지 않고 오히려 찾아가도록 우리를 인도할 것이다.

이 모든 활동은 당연한 것이지 지나친 것이 아니다. 우리도 우리가 섬기는 자들만큼 궁핍한 자들이며 주는 것이 받는 것보다 복이라는 것을 기억한다면, 우리의 베푸는 행위는 당연히 겸손하고 은밀하게 될 것이다. 아마 우리는 마태복음 6:4에서 "네 구제함이 은밀하게 하라"고 한 것처럼 아무도 모르게 궁핍함 채워줄 수 있는 방법을 발견할 것이다.

이러한 이해에 이르는 하나의 방법은 보다 깊이 가난한 자의 삶을 경험하는 것이다. 물론 가난하지 않으면서 가난한 것처럼 행동하려는 유혹에 빠져서는 안 된다. 여기에서는 실천적 전략들을 적절하게 가다듬는 일을 행해서는 안 된다. 그러나 우리는 가족이나 다른 환경을 의지하여 앞에서 언급한 것처럼 공동체 내의 가장 가난한 지역에서 일상적인 업무를 볼 수도 있을 것이다. 그것은 우리의 자동차에서 내려 대중교통 수단을 사용하는 것과 같이 단순한 일일 수도 있다. 세상의 많은 분야에서의 사회적, 경제적 구분들 가운데 하나는 대중교통 수단을 이용해야 하는 사람들과 자가용을 가지고 있는 사람들 사이에 있다.

우리는 이러한 일들을 가족들에게 강요해서는 안 된다. 우리 지역의 가난한 구역에서 쇼핑하고 은행 일을 보는 것, 심지어는 그 지역에서 사는 것은 얼마나 그들이 세상에서 경제적으로 박탈된 삶을 살아가는지를 본질적으로 이해하는 데 도움이 될 것이다. 이것은 우리의 이해와 기도와 관심에 실질적인 내용을 크게 더해주는데, 그것은 가끔씩 베푸는 자선이나 자선 단체에 돈을 얼마간 희사하는 것으로는 얻을 수 없는 것이다.

예수님이 도움을 우리에게 보내신 것이 아님을 기억하라. 주님은 친히 우리들 가운데 오셨다. 주님은 우리와 같은 생존 조건 하에서 승리하셨다. 그것은 모든 차이를 만든다. 우리는 "낮은 위치에 있는 사람들과 교제하라"는 사도의 명령을 따를 때, 그들의 궁핍 때문에 형성된 특수한 상황에서만이 아니라 일상적인 삶 속에서 그들과 함께 겸허하게 걸어감으로써 주님의 성육신의 모범을 따르는 것이다.

성(聖)과 속(俗)은 구별이 없다

인간의 가치와 행복에 대한 천국적 관점으로부터 부와 가난에서 파생되는 주요 사회 문제에 대한 해결책이 나온다. 그 해결책은 새로운 형태의 인간, 그리스도의 인격을 모든 삶과 사회의 영역 안에 동화시키는 사람들에게 있다. 이런 사람들은 자선은 주님 앞에서 청지기직의 일부일 뿐 가장 중요한 부분이 아니라는 것을 분명히 알고 있다. 이 사람들은 세상의 재물들을 모든 사람들에게 유익하도록 관리하는 것이 자기의 책임이라는 것도 알고 있다. 경건한 사람들은 손 씻는 정결 예식을 치룸―이것은 단지 재물들을 맘몬의 종들에게 넘겨주는 일에 불과하다―에 의해서보다는 세상의 재물을 관리함에 의해서 가난한 사람들에게 더 많은 유익을 준다. 지금 우리는 통상적으로 이해되는 정치 세력에 관해 말하는 것이 아니라 하나님의 능력 안에서 성취된 개인적 소명에 관해 말하고 있다.

부를 소유하고 그 영향력을 감독하는 것은 성경의 가르침이나 기도회가 그렇듯이 인간 생활 안에 하나님의 대속 법칙을 합법적으로 표현한다. 예컨대, 공장, 광산, 은행, 슈퍼마켓, 학교, 공공 기관 등을 하나님 나라를 위해 운영하는 것은 목회자가 교회를 섬기는 일과 마찬가지로 신령한 일이며 어려운 일이다.

성(聖)과 속(俗)의 구분은 인간이 만들어낸 것에 불과하다. 그것이 인간 생활의 합법적 역할과 기능을 거룩한 것과 속된 것으로 구분하는 것이 우리의 개인적 삶과 그리스도의 뜻을 펼치는 데 엄청난 손해를 끼치는 이유이다. 거룩한 사람들은 그들의 행동의 자연적 과정으로서 "교회 일"을 멈추고 농업, 산업, 교육, 은행, 연구 사업에 있어서도 이전에 복음 전도와 목회와 선교 사업에 기울였던 것과 같은 열심을 가지고 거룩한 교단들을 후원해야 한다.

오래 전에 윌리엄 로우(William Law)는 경건한 사람에 대해 다음과 같이 피력했다.

> "경건한 사람은 자신의 의지나 세상의 방법이나 세상의 영에 의해 살지 않고 오직 하나님의 뜻을 따라 산다. 또한 매사에 하나님을 고려하고 하나님을 섬긴다. 또 모든 일을 하나님의 이름으로 행함으로써 그리고 하나님의 영광에 합당한 법 아래에서 자신의 일상생활 전체를 경건하게 만든다."[11]

기성 교회는 기독교인들이 "보물 없이도 소유하는 법"(마 6:21), 곧 '젊은 부자 관원'처럼 "소유되지 않고서도 소유하는 법"(막 10:22), 다시 말해 부와 권세를 관리하면서도 단순하고 검소하게 사는 법에 대해 가르침을 주는 영성훈련 학교가 되어야 한다.

우리는 부를 소유하는 것이 행복해지는 것이라는 세속적인 행복관으로 인해 그릇된 길로 가고 있다. 그렇기 때문에 우리는 재산 소유를 가장 순수한 종류의 영적 사역의 영역으로 생각하지 않고, 오히려 본질적으로 악한 것이라고 생각하는 반응을 나타내는 것이다. 따라서 우리는 부유한 사람들에게 적절한 교훈과 모범을 개발하는 데 실패한다. 우리는 많은 재산을 소유한 자, 형통한 자들에게 자신의 형통함으로 하나님과 인류를 섬기는 방법을 보여주면서 그들이 형통해서는 안 될 것이라고 불완전하게 제시할 수 있을 뿐이다.

몸의 연장延長으로서의 재산

사실상 물질을 악과 연결하려는 시도는 그리스도께서 육체로 오신 것을(요일 4:3) 부인하는 적그리스도의 일이다. 그러나 물질의 '구속'은 절대적으로 필요하다. 왜냐하면 피조 세계에서는 물질이 긍정적인 실체이기 때문이다. 몸의 구속이 몸의 각 지체를 의에 복종시킴으로써 이루어지듯이, 물질의 구속은 하나님의 관할 하에 우리가 그것을 소유함으로써 이루어진다.

따라서 재산은 몸의 연장이요 자아의 연장이다. 그 까닭은 우리의 혀, 팔, 다리 등으로 말미암아 재산이 증식되듯이, 재산으로 말미암아 우리의 의지와 인격이 그 영역을 확대하기 때문이다. 우리의 재산은 우리가 예수 그리스도에 의해 삶을 다스리며 영적 능력이 치명적인 죄의 통치를 격파하는 것을 볼 수 있는 영역을 확대한다. 구속에서 재물을 제거하는 것은 단지 몸 자체를 제거해 버리는 가현설의 또 다른 양상이다.

몸 속에 있는 죄의 성향이 본성적이거나 필수적인 조건이 아니듯, 부 역시 마찬가지이다. 부는 피조된 실체의 일부로서 하나님께서 선한 것으로 선포하셨다. 그러나 구속 이전의 몸과 마찬가지로, 이 타락한 세상의 부는 일반적으로 악을 향하는 경향이 있다. 이 '통상적인' 경향은 우리가 그것을 소유하여 정결케 함으로써 제거될 수 있고, 또 반드시 그렇게 되어야 한다. 우리는 그것이 하나님께 복종하는 것을 보기 위해서 살아간다. 우리는 단지 가난의 거룩성과 부의 죄악성(또는 거룩성)에 관한 경건한 체하는 발언이 근본적으로 무책임하고 신앙심이 결여된 것임을 인식하지 않으면 안 된다. 부는 거룩한 것도 악한 것도 아니다. 부는 하나님의 피조물로서 우리는 그것을 하나님을 위해 사용해야 한다.

형통함에 필요한 은혜

중요한 것은 태도이다. 우리가 형통할 때에 더욱 많은 은혜와 인도가 필요하다. 사도 바울은 형통함에 훈련된 은혜가 필요함을 깨닫고 있었다. 일반적으로 기독교인들은 곤경이나 어려움에 처할 때에 "내게 능력 주시는 자 안에서 내가 모든 것을 할 수 있느니라"는 말씀을 인용한다(빌 4:13). 그러나 바울이 뜻한 바는 그것이 아니다. 그 앞 구절에서 바울은 이렇게 말한다.

> "나는 비천에 처할 줄도 알고 풍부에 처할 줄도 알아 모든 일 곧 배부름과 배고픔과 풍부와 궁핍에도 처할 줄 아는 일체의 비결을 배웠노라"(빌 4:12).

이와 같이 바울 사도는 그리스도가 모든 것을 행할 힘을 주신다고 말하면서 또한 그리스도가 자기를 풍부에 처하게 할 수도 있음에 대해서 말한다.

바울은 궁핍할 때에 은혜로 말미암아 성공한 것처럼, 풍요 속에서도 그리스도와의 관계로 말미암아 성공한다. 자신이 형통하기 위해서 도움이 필요하다는 사실을 자각하는 사람은 별로 없다. 왜냐하면 그들은 아직 자신의 마음과 정신에서 세상적인 행복관을 제거하지 않았기 때문이다. 우리의 가르침과 목회의 사역은 이 점에 있어서 크게 왜곡되어 있다. 나는 사람들이 많은 재산을 소유하게 되었을 때에 "내게 능력 주시는 자 안에서 모든 것을 할 수 있다"고 외치는 것을 한 번도 보지 못했다.

이것은 우리가 영성 생활 속에서 쉽게 범하는 일로서 우리의 어리석음을 보여주는 가장 심각한 실수 중에 하나이다. 우리가 이것을 이해한다면, 우리는 어찌하여 "미련한 자의 안일이 자기를 멸망시키는지"를 깨닫게 된다(잠 1:32). 우리는 복음이 형통한 사람이나 영락한 사람들에게 똑같이, 아주 똑같이 중요한 이유를 알게 된다. 우리는 어떻게 이 흔한 실수를 막을 수 있을까? 앞에서 설명한 것처럼, 그리스도의 나라의 본질에 관한 공평하고 충분하며 일관된 이해와 영성훈련을 십분 활용함으로써 그 실수를 막을 수 있다. 우리는 훈련된 은혜를 필요로 한다.

웨슬리의 수정된 공식

아이러니컬하게도 존 웨슬리는 그의 방법주의(methodism)에도 불구하고, 그와 동시대 인물인 데이비드 흄(David Hume)처럼 종교 개혁의 후손으로 남아 있었다. 훈련된 은혜의 가능성이 그에게 잠재되어 있었다. 그래서 그는 타락하지 않고서도 재물과 권세를 가질 수 있는 사람들을 낳는 기독교 고행주의를 이해할 수 없었다.

물론 자선이 그리스도 제자의 삶에서 중요한 위치를 차지하는 것은 분명하다. 그러나 하나님의 세상에서 우리가 사는 동안 하나님의 피조물을 맡은 청지기로서 재산을 보존하고 사용하고 관리하는 일을 대신할 수는 없다. 바로 이 점에서 웨슬리는 오류를 범하고 있다. 그는 기독교인에게는 자선 외에도 청지기직이 있다는 사실을 파악하지 못했다. 그의 유명한 "할 수 있는 한 벌고 할 수 있는 한 저축하라; 절약할 수 있는 모든 것을 절약하라; 당신이 줄 수 있는 모든 것으로 구제하라"는 공식은 수정되어야 한다. 그것은 다음과 같이 수정되어야 한다.

> "할 수 있는 한 벌고 할 수 있는 한 절약하라. 절약하라; 적절하게 훈련된 영성 생활 속에서 당신이 사용할 수 있는 모든 것을 아낌없이 사용하라; 그리고 하나님의 영광과 인류의 선을 위해 당신이 관리할 수 있는 모든 것을 관리하라. 능력이 닿는 한 구제하는 것은 당연히 지혜로운 청지기 직분의 일부분이 될 것이다."

"모든 민족이 너희 빛으로 올 것이요"

영성 생활에서 가난과 부를 둘러싸고 있는 문제들이 너무 복잡하고 혼란스럽고, 또 너무 쉽게 오해를 받고, 그러면서도 너무나 중요하기 때문에, 이 장에서 다루었던 몇 가지 주요 요점을 다시 설명하면서 결론을 맺고자 한다.

일반적으로 완전한 결핍 상태의 가난은 영성훈련이 아니요, 영적으로 우월한 상태에 이르기 위한 조건이 아니다. 그것은 많은 사람들이 그러하듯 우리가 감당해야 할 삶의 조건이다. 만약 그렇다면, 우리가 먼저 하나님의 통치와 그의 의를 구하는 한(마

6:33) 우리를 향하신 하나님의 관심을 알거나 하나님 앞에 서는 데 있어서 우리는 특별한 불이익도 이익도 받지 않을 것이다. 물론 우리가 하나님의 지배를 벗어나게 되면, 세속적 관점의 지배를 받게 된다. 만약 세상의 관점과 그 가치 체계가 옳다면, 가난한 자와 권세 없는 자는 참으로 복을 받지 못한 사람들이다. 빈궁함은 사람들로 하여금 하나님을 유일한 안식처로 생각하도록 이끄는 유익한 결과를 가져올 수 있다. 그러나 그것이 하나님께로 나아가는 데 있어서 특별히 바람직하거나 필요한 방법인 것은 아니다.

때로 다양한 문화적 전통에서 가난이 이상화되기도 한다. 그러나 그러한 가난은 빈궁이 아니라, 기본적인 필수품의 공급이 병행되는 무소유이다. 올바른 믿음을 가지고 실천한다면, 이러한 유형의 가난은 영성훈련으로서 아주 유익할 수 있으나 그것이 본질적으로 특별히 바람직한 조건은 아니다. 왜냐하면 재산 그 자체가 악은 아니기 때문이다. 가난이 자동적으로 부에 대한 내적 속박으로부터의 자유를 보장해 주는 것은 아니다. 일반적으로 탁월한 영적 조건도 아니다. 비록 물질을 소유하지 않고 사는 생활 방식이 특별한 개인에게는 적절한 것이 될지는 모르지만, 그 방식을 특별히 거룩하다고 생각할 만한 이유는 하나도 없다.

결론적으로 말해서 이러한 무소유는 훈련받은 은혜의 삶에 대단히 중요하지만, 가난한 사람들을 위한 대비책으로는 그리 적절한 조건이 되지 못한다. 사실 가난을 특별히 거룩한 소명으로 삼는 것은 모든 사람들의 최상의 유익을 위해 세상을 인도하려는 그리스도의 사람들의 모든 가능성을 파괴한다. 모든 사람들의 유익을 위해 세상을 인도하려면 경건한 자들이 세상의 부를 실질적으로 관리해야 한다.

  기독교의 사역 또는 특별한 '종교적' 소명의 역할은 모든 사람들에게 하나님 나라의 복음을 구현하고 전달하는 것이고, 종교적 관리인으로서 세상 재물을 다스릴 수 있는 사람들을 세상의 중요 영역 속에 예비하는 것이다. 만약 가르침을 잘 받는다면, 세상의 중요한 위치에 기독교인들이 이 세상의 재물이 올바르게 쓰이는 지를 감찰하는 역할을 하게 될 것이다.

  분명히 교회는 먼저 자선 사역을 행하고 그 후에 일반 복지 정책에 관해 모든 공공기관들을 지도하고 권고해야 한다. 그러나 이것은 교회가 세상에 대해 감당해야 할 근본적인 봉사의 측면은 아니다. 교회의 근본 사역은 예배에 참여한 사람들에게 그들이 각자 현재의 처지에서 어떻게 하나님의 통치에 충분히 참여할 수 있는지를 가르치는 것이다. 그때 교회는 궁극적으로 모든 민족들로 하여금 인간이 의와 복지에 대한 보편적인 윤리적 통찰을 할 수 있는 방법을 발견하도록 이끌게 될 것이다. 기독교 사역자들과 교사들은 통찰과 훈련을 가르치고 실천함으로써 영원하신 하나님의 유일한 처소인 세상의 기초와 구조를 형성할 수 있는 사람들을 양성해야 한다.

주(註)

1) Adam Smith, in D. D. Raphael, ed., *British Moralists* 1650-1800, vol. 2(Oxford: Clarendon, 1969), 245.
2) Alastair MacIntyre, *After Virtue: A Study In Moral Theory*, 2d ed. (Notre Dame, IN: University of Notre Dame Press, 1984), 182.

3) Ernesto Cardenal, *Interview in the Los Angeles Times*, December 11, 1983, part 4, p. 2.
4) John Wesley, *Sermons on Several Occasions*, 2 vol. (New York: Waugh and Mason, 1836), Ⅱ : 441. The problem of what to do with the abundance generated by Protestant piety did not first arise with the Methodists, but in the Genevan church of John Calvin. See O. Hardman, *The Ideals of Asceticism: An Essay in the Comparative Study of Religion*(New York: Macmillan, 1924), 209ff.
5) Wesley, *Sermons on Several Occasions*, II: 441.
6) Dietrich Bonhoeffer, *Letters and Papers from Prison*(London: Fontana, 1953), 81. This is, essentially, Eckhart's teaching on poverty as a spiritual attainment. See his sermon, "Blessed Are The Poor," in *Meister Eckhart*, trans. Raymond B. Blakney(New York: Harper, 1941), especially 227-28.
7) Kenneth Clark, *Civilization: A Personal View*(New York: Harper & Row, 1969), 78f.
8) Fancis de Sales, *Introduction to the Devout Life*, trans, John K. Ryan (Garden City, NY: Double day, Image Books, 1957), 163), 30.
9) See the interesting formulation of the world's "beatitudes" in J. B. Phillips, *When God Was Man*(New York: Abingdon, 1955), 26-27.
10) St. Antony, in E. Kadloubovsky and G. E. H. Palmer, eds., *Early Fathers from the Philokalia*(London: Faber & Faber, 1963), 30.
11) William Law, *A Serious Call to a Devout and Holy Life*, many editions, opening words.

11
영성훈련과 이 세상의 권력 구조

인간은 폭력, 즉 검과 총, 감옥 그리고 교수대를 통해 자기들의 실존을 수립하고 방어하는 데 익숙해져 있기 때문에 그들에게는 이러한 삶이 당연할 뿐 아니라 유일한 삶처럼 보인다. 그러나 대부분 사람들이 자기에게 엄습하는 고통의 원인을 파악하지 못하도록 방해하고, 참된 질서를 수립할 수 없도록 가로막는 것은 바로 폭력에 의해 국가를 지배하고 유지하는 것이다.

| 레오 톨스토이

야만인들은 자기 영역을 초월하는 것을 기대하지 않는다. 그들은 과거에는 우리를 지배하기도 했다. 우리가 곤경에 처하는 까닭은 바로 이 사실을 의식하지 못하기 때문이다. 우리는 고닷(Godot)을 기다리지 않고, 또 한 사람의 성 베네딕트(St. Benedict), 분명히 완전히 다른 베네딕트를 기다린다.

| 알라스테르 맥킨타이어

이는 한 아기가 우리에게 났고 한 아들을 우리에게 주신 바 되었는데 그의 어깨에는 정사를 메었고 그의 이름은 기묘자라, 모사라, 전능하신 하나님이라, 영존하시는 아버지라, 평강의 왕이라 할 것임이라 그 정사와 평강의 더함이 무궁하며 또 다윗의 왕좌와 그의 나라에 군림하여 그 나라를 굳게 세우고 지금 이후로 영원히 정의와 공의로 그것을 보존하실 것이라 만군의 여호와의 열심이 이를 이루시리라

| 이사야 9:6-7

오늘날 우리는 대단히 실용주의적인 사람들로서 공공매체, 예술, 교육 그리고 정치 생활을 통해 스스로를 표현한다. 이러한 경향은 교회 생활에까지 확대되고 있다. 즉 교회에서도 명확한 조직적 목표의 설정과 방편들의 효과적인 정비가 성공적인 사역의 열쇠로 간주되고 있다. 실용주의는 특별히 미국 문화의 특징이었지만, 지금은 이전의 모든 것을 일소하는 정치 혁명과 기술 공학의 발전이 이상화된 것으로서 전 세계에 두루 퍼져 있다. 이러한 현대적 견해는 그리스도의 길이 정의, 평화 그리고 번영의 이상들을 실천하는 데는 너무 무력하다고 신랄하게 비판한다.

그 비판은 역사적으로 기독교 신앙이 일반적으로 채택했던 양식에 적용시켜 보면 대체로 그 정당성이 증명된다. 아주 빈번하게 신앙은 참으로 서글프게도 대중들의 인격 변화를 이루는 데 실패해 왔다. 그 까닭은 대체로 제자도가 따르지 못했고, 그리스도 자신이 실천하신 것과 같은 종합적인 생활 훈련이 수반되지 못했기 때문이다. 결과적으로 정의, 평화, 번영이라는 실제적인 문제에 직면했을 때, 소위 그리스도 안에서 있는 믿음은 내세의 삶에 대한 개인적 소망의 위로를 주는 것 외에는 거의 도움이 되지 못했음을 입증하고 있다.

마태복음 6:33에서 말씀하신 것처럼, 예수께서 하나님의 나라와 의를 구하는 사람들에게는 필요한 모든 것을 주시겠다고 약속하셨을 때 그저 이같이 빈약한 위로를 염두에 두셨던 것은 아니다. 주님은 오로지 하나님의 나라와 의를 구하는 데에만 진정한 실용성, 곧 유일하고도 효과적인 정의와 평화와 번영에의 길이 있다고 이해하셨다.

'실용성'이란 무엇인가? 실현되어야 할 목표와 목적에 비추어 보아야만 목표와 하나의 행동이나 관습이 실천적인 것인지 비실천적인 것인지를 평가할 수 있다. 세속 세계는 정의, 평화 그리고 번영을 소극적인 관점에서 파악한다. 정의는 누구의 권리도 침해 받지 않는 것을 의미한다. 평화는 전쟁이나 소요가 없는 상태를 가리킨다. 번영은 아무도 물질적인 부족을 느끼지 않는 상황을 뜻한다. 이러한 소극적인 목표와 관련된 전략은 회피의 성질을 띤다. 피해, 전쟁 그리고 결핍 상태 등을 막는 조치들이 취해지는데, 그 조치들은 간혹 유익한 결과를 가져오기도 한다. 그러나 역사가 증명하는 것처럼 그 조치들은 궁극적으로 그다지 효과가 ◆ 없다.

세속적인 이해 체계는 사람들에게 해가 되는 것을 억압함으로써 그들의 삶 속에서 직접적으로 정의, 평화, 번영을 산출하려고 한다. 그러나 그러한 노력은 비효과적일 뿐 아니라 비실용적이다. 이와는 반대로 그리스도의 복음은 믿음, 소망 그리고 사랑이라는 긍정적 실체들에 의해 변화된—먼저 하나님을 향하고 그럼으로써 다른 모든 사람들과 피조물을 향하는—새 사람을 창출한다. 자아가 이처럼 긍정적으로 변화되면, 뒤이어 인간 생활 속에서 하나님의 통치가 이룩됨에 따라 정의와 평화와 번영이 이룩될 수 있다.

우리는 실용성을 비난해서는 안 된다. 그것은 지성과 믿음과 사랑은 물론이요 영성의 본질이다. 그러나 만약 실용성이 인간의 심령의 실체들에 대한 깊은 통찰에서 나오지 않고, 인간의 삶과 역사를 좌우하는 근본 요인들을 의심해 보지 않는다면, 세상에 대한 인간의 열정은 전혀 실질적인 것이 되지 못한다. 그리고 사람들이 행하는 악에 직면했을 때 그 이유를 묻는 우리의 경향에 의해 그 통찰력의 결여가 드러난다.

"인간들이 행하는 악"

캘리포니아 남부에 있는 윌밍턴 공동체는 "1950년대 미국에서 가장 밀접하게 결합된 지역의 전형"으로 신문에 의해 소개된 지역이다. 몇몇 가정은 그곳에서 20-30년에 걸쳐 살아왔는데 지금은 그 자녀들이 성장하여 서로 결혼함으로써 서로 가족이 되어 있다. 1983년 1월 14일 저녁에 그 공동체는 세례를 축하하기 위해 함께 모였다. 자정이 지나고 나서 얼마 안 되어 그곳에서 얼마 떨어지지 않은 로스앤젤레스 남부에서 온 갱들이 총과 칼로 습격했고, 그들의 파티는 아수라장이 되어버렸다. 몇 초가 지나지 않아서 죽거나 죽어가고 있는 젊은이들이 거리와 골목길과 잔디 위에 쓰러져 있었다. 부상을 당한 어른들과 아이들이 곳곳에서 신음을 하고 있었는데, 그들의 육신과 생명은 돌이킬 수 없을 만큼 치명상을 입었다. 얼마쯤 시간이 흐른 후, 그 공동체의 한 젊은 여성은 어리둥절하여 이 끔찍한 장면을 회고했다: "왜? 왜 이런 일이 일어났을까? 모든 사람들은 그 이유를 알고 싶어한다."[1]

널리 알려진 교사이자 교육 분야의 저술가인 허버트 콜(Herbert Kohl)은 베이루트에서 일어난 팔레스타인 난민 대량학살 사건에 대한 자기 자녀들의 반응을 묘사했다. 그 아이들은 어떻게 유대인 병사들이 이러한 끔찍한 일을 저질렀는지, 어떻게 게토와 강제 수용소의 공포를 체험한 사람들이 무력한 팔레스타인인들을 살육하는 일에 연루될 수 있었는지 도무지 이해하지 못했다. 그는 그들의 의혹에 만족스러운 답변을 해 줄 수가 없었다. 그래서 그는 다음과 같이 말할 수밖에 없었다.

> "나도 사랑하는 부모요 충실한 친구들이었을 사람들이 어떻게 살인자들로 변할 수 있었는지 이해하지 못하겠구나…기독교인들과 유대인들 그리고 아랍인들은 레바논에서 사랑을 부정하고 정의를 저하시키는 전쟁을 치렀단다. 여기서 내가 말해 줄 수 있는 최선의 대답은 어떤 종류의 이데올로기로 말미암은 강박 관념에 사로잡힌 사람들은 다른 사람들을 마치 인간이 아닌 것처럼 취급한다는 것이란다."[2]

우리는 왜 "이유"를 물어야 하는가?

우리가 어떤 악에 직면했을 때 '이유'를 묻게 되는 것은 단순히 인간 악이 엄청나게 크기 때문일 수도 있다. 강자에 의한 약자의 파괴와 야만화는 사회 구조의 여러 차원에서 진행되며 무척 다양한 규모를 지니고 있으므로, 그 광대함과 복잡성만으로도 정신을 잃게 하기에 충분할 정도이다.

제2차 세계대전 중 나치가 레닌그라드를 포위했을 때 60만 명이 굶어 죽었다. 에스토니아, 중국, 캄보디아에서는 수백만 명의 사람들이 강제 수용소에 수용되었다. 히로시마에 원자 폭탄이 투하되어 수많은 사람들이 그 자리에서 사라져 버리거나 기형아가 되어 고통을 받으며 죽어갔다. 미국에서는 매 년 5만 명의 어린이들이 소식도 실종되어 소식을 알 수 없게 되는데, 아마 그들은 성폭행을 당한 후 살해되거나 노예가 되는 듯하다. 현재 우리는 60

만 명에 달하는 16세 이하의 청소년들이 매춘으로 생계를 유지하는 사회에서 살고 있다. 미국에서는 어린이들을 사고 파는 암시장이 있는데, 백인 남자 아이의 값은 3만불이며, 유색 인종의 아이는 그보다 약간 싼 값에 거래되는 것으로 보고되고 있다. 대대로 가정 내에서도 폭력과 학대가 행해져 왔다. 그러나 사회 조직이 분화되고 비인간적인 것이 될 수록 그리고 학대의 피해자들의 피해자들이 자기들 주위에서 자신을 부양하고 교정해 줄 사람들을 발견하지 못하게 되면서 가정에서의 폭력과 학대는 더욱 확대되는 것같다.

이러한 자료들은 특별히 조사하지 않더라도 몇 주일 동안 신빙성 있는 공적 정보의 원천을 찾기만 하면 얻을 수 있는 자료였다. 우리는 끊임없이 사람들이 사람들에게 가하는 악을 대면하고 있다. 우리는 그 악들에 관해 알고 있을 뿐 아니라, 그 악들이 지속적인 인간적 관심의 대상이라는 것도 알고 있다. 우리 자신이 결코 그 악들로부터 안전하지 않다는 것도 알고 있다. 그러면서도 우리는 '이유'를 묻는다.

우리가 '이유'를 묻는 이유는 무엇인가? 사람들이 행하는 악을 보고 놀라며 경악하는 것은 무엇 때문인가? 참으로 우리는 자신이 행하는 악에 대해서도 경악하는가? 앞서 인용된 것과 같은 일반적 실적이 제시되었는데도 무언가 더 나은 것을 기대하는 것은 무엇 때문인가? 여기에는 깊이 탐구해야 할 사실이 있다. 그 까닭은 그것이 우리의 진부한 도의(道義)에 대한 확고한 신뢰와 연결되어 있으며, 따라서 우리 자신의 인격과 세상에 거하는 악에 대해 강력한 조처를 취하지 못하기 때문이다.

악의 심연에 대한 부정

우리가 악에 대해 크게 놀라는 것은 잘 알려진 대로 부정(否定)이라는 심리적 과정에서 비롯된다. 정신은 균형을 유지하는 능력을 가지고 있으며, 우리를 마비시킬 만큼 두려운 일들을 주목하거나 의식하는 것을 부정하거나 거부함으로써 균형을 유지한다. 실제의 인간 행동에 대한 두려움은 그리스 신화에 나오는 메두사의 얼굴과 같다. 만약 그것을 정면으로 주시하게 되면, 우리는 자신이 돌로 바뀔 것이라는 것이라고 느낀다.

우리는 대부분의 경우에 사람들이 대체로 다른 사람들을 잘 대우한다는 사실의 도움을 받아 부정한다. 그들은 앞서 언급한 상황과 같은 상황에서는 사려 깊고 도움이 되며 최소한 파괴적이지는 않다. 이것을 우리는 감사하여야 한다. 왜냐하면 만일 그렇지 않다면 삶은 불가능하기 때문이다. 우리의 동료와 이웃들은 겉으로 드러난 행동은 마음의 상태와는 상관없이 온순하고 비공격적이고 때로는 사랑과 연민이 넘친다.

더구나 냉정하게 고려해 볼 때 극단적인 사건들 속에서 나타나는 악들은 정상적인 인간이라면 누구나 본래 선한 것이라고 생각할 수 없는 것으로서 다른 사람들을 괴롭히려는 것임을 깨닫는다. 기껏해야 그것들은 필요악으로, 또는 어떤 참작할 수 있는 상황에 의해서만 설명될 수 있는 것으로 간주될 것이다. 우리는 가공할 정도의 악을 대면할 때에 어떤 필연성이나 참작할 수 있는 상황을 상상할 수 없기 때문에 "왜?"라고 묻는다.

그러나 이런 설명들은 문제의 핵심을 설명하지 못한다. 악이 지속되는 것은 우리 모두가 공유하고 있는 인간의 일반적 추세 때문이다. 그것은 아주 강력하고 포괄적이고 막중한 동기에 의해 결정되기 때문에 지구의 움직임과 마찬가지로 탐색이 거의 불가능하다. 우리는 우리가 현재의 생활 방식으로 계속 살며 현재의 우리와 같은 종류의 사람들이 되기를 바라기 때문에 사람들의 악한 행위의 지속적인 상태에 대해 잘못 알고 있다. 우리는 변화를 원하지 않는다. 우리는 우리의 세계가 실제로 다른 세계가 되기를 바라지 않는다. 우리는 현 상태의 세계와 현 상태의 우리의 존재로 말미암아 생겨난 결과를 피하기를 원할 뿐이다. 그러나 우리를 비롯한 모든 사람들이 변화를 이루려고 노력한다면, 즉 우리가 마땅히 행해야 할 일들을 행한다면, 참으로 놀라울 것이라고 생각하며, 종종 그렇게 이야기를 한다.

그러나 우리는 실제로, 자연스럽게 그런 행동을 하는 부류의 사람들이 되는 수고를 원하지 않는다. 사실상 우리 시대의 대중매체들—소설, 영화, 텔레비전—을 보고 있으면, 사람들은 이런 사람이 되는 것이 따분하고 재미없는 일이라고 생각하는 듯하다. 우리는 연속극의 흉악한 장면을 보면서 악으로 이끌리고 악으로 인해 충동을 받는다. 그러나 흥미롭게도 우리는 악이 실체가 될 때에는 놀라는 모습을 보인다.

쉽게 악을 행하는 경향

그러면 우리가 악에 직면해서 '왜?'라고 묻는 것은 통상적인 인간성 속에 내재하고 있어 통상적인 인간의 사건 과정을 지배하고 조절하는 세력에 대한 통찰력이 부족하다는 것—의도적이든 비의도적이든—을 보여주는 표시이다. 무엇보다도 그것은 보편적으로 개탄되는 악에 대한 직접적 지원은, 조건들이 '타당' 할 경우에 점잖은 사람들이 타인들을 해하거나 타인들에게 해를 끼치는 것을 허용하려는 경향에 있다는 것을 이해하지 못했음을 보여준다. 그 경향은 우리의 육체의 안일과 쾌락, 자기만족이라는 욕구를 실현시키도록 도울 때마다 등장하여 역할을 한다. 정상적인 점잖은 인간의 인격 속에 자리 잡고 있는 이러한 조직적 경향은 타락한 인간 본성이다. 이것을 이해하는 것이 사람들이 왜 악을 저지르는지를 이해하는 첫 단계이다.

이 항존하는 경향은 인간에게 공통적으로 존재하고, 건드리기만 해도 폭발하는 가연성의 '물질과 흡사하다. 여기에 시대를 예언하는 선지자들의 환상이 도달하는 실체의 깊은 차원이 있다. 이사야는 당시 사회를 날카롭게 꿰뚫어 보았다.

> "강한 자는 삼오라기 같고 그의 행위는 불티 같아서 함께 탈 것이나 끌 사람이 없으리라"(사 1:31).

바울은 불신자를 "진노의 그릇"(롬 9:22)과 "진노의 자식"(엡 2:8)으로 보고 있다. 인간의 분노는 폭발적이고 비절제적 충동으로서 상처를 주거나 해를 입힌다. 그것은 특히 아주 충격적이고 극악무도한 행위 속에서 우리에게 흔적을 남기는 방탕과 혼란에 연루된 삶의 실상이다. 그것은 복수의 형제요, 거의 항상 자기의 독선 위에서 자활한다. 그리하여 그것은 '정당하게' 모든 제약을 벗어버릴 수 있다.

격정을 수확함

잠언에 기록된 많은 지혜와 분석은 악의 근본적, 복합적 형식인 분노를 대상으로 한다.

"미련한 자는 분노를 당장에 나타내거니와"(12:16).

"노하기를 더디 하는 자는 크게 명철하다"(14:29).

공포와 분노는 "정상적인 점잖은 인간"이 자신의 안전, 지위, 또는 만족을 위협하는 사람이나 사건에 대해 자동적이고 명백한 반응이다. 일단 이러한 반응이 일어나면, 인간 유기체 속에 있는 악을 향하는 모든 다른 경향들이 활동을 시작하고, 활동력을 잃지 않거나 억압당하지 않으면 계속 그 과정을 진행한다. 그러나 그것은 통상적으로 손해를 입어 새로운 분노와 반작용의 주기가 시작되어야만 발생한다. 그렇기 때문에 우리는 "모든 귀신들이 쏟아져 나왔다"고 말하는데 이것은 옳은 표현이다. 우리가 "듣기는 속히 하고 말하기는 더디 하며 성내기도 더디 하라"고 충고를 받는 것은 바로 이것을 극복하기 위해서이다(약 1:19-20). 분노의 말(言)이 해방되면 더 큰 악의 과정이 시작한다. 자그마한 기폭장치가 총탄이나 폭탄을 폭발시킨다. 우리는 바람을 심고 광풍을 거둘 것이다(호 8:7).

온갖 형태로 악을 행하려는 이 치명적인 경향의 정도는 개인에 따라 각각 다르지만, 거의 모든 사람의 경우 지극히 높은 수준에 달해 있다. 그것은 단순한 추상적 가능성이 아니라 지속적으로 역사하는 실제의 경향이다. 예를 들어 사람들이 거짓말을 하거나 남의 물건을 훔치게 만들기는 쉬우며, 그들로 하여금 특정의 사람들이 죽은 것을 기분 좋게 생각하게 만들기도 쉽다.

따라서 만약 삶 속에서 전혀 부족하지 않고 효과적인 하나님의 돌보심에 대한 마음에서 우러난 확신이 없다면, 험악한 상황에 처할 때에 다양한 종류의 악행으로 향하는 경향들이 행동으로 표출될 것이다. 물론 우리가 행동을 하면, 우리 주위의 사람들도 그에 대해 반응할 것이며, 결국 우리와 다른 사람들은 재앙의 악순환으로 말미암아 놀라 그러한 행동들을 그만 두게 될 것이다.

우리는 국제 관계로부터 아주 적지만 악행과 고통의 인격화된 감방에 갇혀 있는 개인에 이르기까지 삶의 전 부분에서 이러한 부정적 악순환을 일상적으로 확인할 수 있다. 오직 우리를 향하신 하나님의 은혜와 성령의 세상 안에서의 임재와 제도화된 교회만이 악한 성향이라는 화산 입구에 서있는 우리의 생활이 더 악화되지 않도록 막아줄 수 있다.

우리가 사람들이 악을 행하려는 경향을 지니고 있다는 것을 알고 있으며, 그들이 간혹 엄청난 악을 범하는 것은 놀라운 일이 아니며, 그들이 자주 그러한 악을 행하지 않는 것이 오히려 놀라운 일이 된다. 우리는 어떤 것이 우리 마음 속에 있는 것을 충분히 행하지 못하게 방해하고 제한하는 것을 깊이 감사하게 된다.

변화에의 갈망: 메타노이아

우리는 내면으로부터 변화되어야 한다. 그것은 우리들 대부분이 간절히 원하는 바이다. 우리가 우리의 삶과 세계가 실제로 달라지기를 간절히 사모하는 회개, 곧 그리스도가 자신의 복음 속에서 우리에게 개방시키는 진정한 메타노이아(*metanoia*; 막 1:15, 6:12)는 우리가 하나님의 엄위하심, 거룩하심 그리고 선하심에 관한 통찰을 가질 때 우리에게 임한다. 그것은 우리가 사물을 우리 수중에 넣었을 때에, 하나님을 불신하게 하고 타인과 우리 자신을 해치게 만드는 우리의 무서운 경향을 생생하게 인식하게 해주는 통찰이다. 우리의 처지에 대한 이와 같은 날카롭고 가슴 아픈 인식은 모든 변론과 일체의 합리화를 멈추게 한다. 그것은 우리로 하여금 하나님에게서 뒷걸음치게 만든다. 왜냐하면 우리는 하나님께서 우리의 참 모습을 보고 계시면서도 우리에게 도움과 피난처를 제공하신다는 것을 깨닫기 때문이다.

시몬 베드로는 노련한 어부였으며 고기 잡는 일에 대해서는 잘 알고 있었다. 어느 날 아침 예수님은 베드로의 배에 앉아 무리를 가르치신 다음 베드로에게 "깊은 데로 가서 그물을 내려 고기를 잡으라"고 이르셨다(눅 5:4). 베드로는 밤새도록 수고했지만 그곳에 고기가 없어 한 마리도 잡지 못했다고 대답했다. 그는 따분하게 "말씀에 의지하여 내가 그물을 내리리이다"라고 대답하고는 다시 그물을 배에 싣고 바다로 나갔다. 그물을 내렸다가 건지니 그물이 찢어질 만큼 고기가 가득했다. 그리하여 다른 배에 있는 사람들에게 도움을 청했고, 곧 두 척의 배에 고기가 가득하게 되었다.

어느 시점에 베드로는 무엇인가를 깨닫기 시작했다. 그는 과연 누구의 제안을 그처럼 무심하게 그렇게 무심하게 다루었는가? 그는 예수님의 발 아래 엎드려 "주여 나를 떠나소서 나는 죄인이

로소이다"라고 고백했다(5:8). 베드로는 예수님의 특이함에 압도되고 말았던 것이다. 거룩이란 근본적으로 우리가 일상적으로 행동하고 살아가는 통상적인 인간 생존의 영역으로부터의 분리, 혹은 구별된 특이함이다. 쉬운 말로 표현한다면, 그것은 '다른 것'에 대한 개념이다. 베드로의 말을 다시 표현한다면 "주여, 당신은 나와는 전혀 다른 분이십니다. 어떻게 당신이 나와 함께 있을 수 있겠습니까?"라는 의미이다. 예수님과 그의 복음 안에 표현된 이 '다른 것'은 우리가 두려워해야 할 것이 아님을 분명히 하고 있다. 우리의 교만과 확신을 깨뜨리고, 우리로 하여금 제자가 되기를 갈망하게 하는 것은 바로 이것에 대한 불타는 마음이다.

이사야는 주께서 성전을 엄위함으로 가득 채우시며 수종드는 사람들이 하나님의 영광과 거룩함을 외치는 것을 볼 때에(사 6:1-3), 자신의 완전히 영락하고 버림 받은 인간임을 보았다.

> "화로다 나는 입술이 부정한 사람이요 입술이 부정한 사람 중에 거하면서 만군의 여호와이신 왕을 뵈었음이로다"(사 6:5).

이사야 선지자는 환상을 통해서 "죄의 엄청난 죄악성"과 인간 생활 속에서 악의 통로인 자기 입술의 안타까운 상태를 보았던 것이다. 그는 자기 입술의 부정한 상태로 인하여 제단의 불로 자기 입술을 지질 각오가 되어 있었다(사 6:7). 하나님이 은혜로운 분이시며 우리가 은혜로 말미암아 구원을 받는다는 것은 이 섬과는 상관이 없다. 이사야는 인간의 삶이 왜 이 모양인지를 충분히 이해하고 있었다. 그는 자신의 참 모습을 보았다. 그래서 그는

'다른' 존재가 되기 위해 불로 태워졌다. 이런 회개를 체험한 사람들은 인간 속에 있는 악한 경향을 쉽게 이해할 수 있다.

거친 바다

각각의 인간들이 행하려 하는 것, 그들의 내면에 있으면서 곧 밖으로 튀어 나오려 하는 것은, 사람들의 행동들을 설명해 준다. 그들은 단호하게 그 일들을 행한다. 모든 인간의 행동과 거래의 이면에는 악이 자리 잡고 있다. 그러나 이것만으로는 충분하게 성공하지 못한다. 인간의 행위 속에 자리 잡고 있는 거대한 악은 정치, 예술, 사업, 언론, 교육, 지적 생활, 공공봉사, 성 관계 및 가족 관계 그리고 스포츠와 유희 등의 사회적 차원에서 일어나는 제도적 구조와 관습의 결과이기도 하다.

우리가 사는 조직은 다음과 같다. 만약 월 스트리트에서 일 년에 50만 달러를 버는 여성이 코카인을 복용한다면 그녀의 동료들은 그녀를 더욱 좋아할 것이다. 그래서 그녀는 자기 주변의 세계의 관습인 이러한 요인들에게 굴복하여 그것들이 그녀의 욕망에 작용하도록 내버려 둔다(약 1:14). 또 어떤 여성은 결정권을 가지고 있는 남성들의 요구를 적당하게 들어줌으로써 배우로서의 자신의 출세를 보장받을 수 있다. 어느 하청업자는 감독자에게 뇌물을 주고 재료를 적게 사용함으로써 이득을 챙길 수 있다. 공장에서 일하는 어떤 노동자는 인디언이라는 이유 때문에 고도의 기술을 습득하는 훈련에서 제외된다. 어느 교수는 학생들을 많이 모으려는 욕구 때문에 학점을 주는 데 공정치 못하게 행하며, 연구비를 타기 위해 자료를 날조하고, 책을 '출판하며, 그럼으로써 다른 동료들보다 먼저 승진한다. 한 젊은 흑인 여성은 그녀의 출신 고교가 경제적 지원을 받지 못하는 학교이기 때문에 교육을 제대로 받지 못했고, 따라서 대학에 진학할 때에 장학금을 받지 못한다. 어느 목사는 자신의 지위와 명성을 유지하기 위해 '보다 중요한' 성도들의 기호에 맞추어 가르치고 행동한다.

위의 경우들에 반영된 사회 구조들의 존속과 힘은 우리 각 사람의 내면에 있는 악한 경향에 의존하지만, 엄격히 말해서 이러한 사회 구조들은 개개인에게 있는 것이 아니라 우리가 살고 있는 세계 안에 있다. 구조적 악이란 우리 행동의 경위 속에서 다른 사람들에 의해 수용되고 시행되는 관습들이다.

그러나 만약 십계명(출 20)과 하나님과 이웃을 사랑하라는 계명(마 19:37-40)이 전반적으로 준수된다면, 이런 악들은 기능을 발휘하지 못할 것이다. 그렇게 되면 영양실조, 전쟁, 억압, 계급투쟁 및 인종적 갈등, 인구 폭발, 범죄와 폭력 그리고 가정 파탄 등이 일어나지는 않을 것이다. 왜냐하면 개인들이 그런 사태의 발달에 협력하지 않을 것이고, 그것을 멈추기 위한 조처를 취할 것이기 때문이다.

진리만이 악을 물리친다

이런 협력이 없으면 우리의 삶의 개인적 영역들은 물론이요 사회적, 정치적 영역들은 인식을 초월할 정도로 변화될 것이다. 그렇게 되면 세상이 어떻게 변할 것인지 상상하기 어렵다는 것을 나는 인정한다. 거짓말이 존재하지 않는 세상을 그려보라. 인간이 말이나 행동으로 거짓을 범할 수 없게 되는 것을 상상해 보

라. 거의 모든 악한 행위와 의도들은 그것이 속임으로써 숨겨질 수 있다는 생각에서 비롯된다. 우리가 거짓말을 수반하는 '성공'은 거의 언제나 다른 사람들과의 공모에 의존한다는 점을 깨달을 때, 대부분의 사람들이 진실해진다면 거짓말은 삶 속에서 사라지게 된다는 것을 이해하게 된다. 우리는 악의 나라가 얼마나 거짓에 의존하는지를 그리고 사단이 왜 거짓말쟁이요 거짓의 아비(요 8:44)라고 불리는지 알 수 있게 된다. 악의 나라는 겉으로 보기에는 매우 두렵게 보이지만 구조적으로는 아주 취약하다. 하나의 줄만 당겨버리면 전체가 무너져 버린다.

그러나 옳은 일을 행하기 위해 개인들을 의지할 수는 없다. 이런 까닭에 그들은 쉽사리 잘못된 방향으로 움직이고, 이러한 움직임은 그들의 공동체 전체에 반향을 일으키고 영향을 미친다. 그들은 한 방울의 물과 같아서 거의 구조적인 엄격함을 갖고 있지 않다. 한 방울의 물은 그 유동적인 속성 때문에 주위의 다른 물방울들이 흔들릴 때마다 그 영향을 받으며 서로 공명하여 움직이기 시작한다. 그리하여 곧 커다란 물줄기를 이루어 때로는 배를 침몰시키기도 하고, 해안에 해일을 일으켜 도시를 삼키기도 한다.

선지자 이사야는 또한 "악인은 능히 안정치 못하고 그 물이 진흙과 더러운 것을 늘 솟쳐내는 요동하는 바다와 같다"(사 57:20)는 안목을 가시고 있있다.

개개인이 공동 행동이나 공동의 무행위를 통해 자신들의 악을 공동 출자하여 그것이 아무도 통제할 수 없을 만큼 커질 때에, 엄청난 규모의 악을 솟쳐낼 수 있는 인성의 바다 속에 거대한 세력들이 생성된다. 공포, 분노, 오만, 복수심 그리고 정욕은 특별히 인간적인 부분들을 점유한다. 이 점에서 의인들은 그 과정을 저지하기에 너무나 무력하다(시 11:3). 보다 개별화되고 파괴적인 악순환과 같이, 광란성은 마치 파도처럼 정해진 자신의 궤도로 진행하여 마침내 개인을 파멸시키고 공동체를 훼파시킨다.

의인의 결국

그러나 만약 의인들이 의안에 견고하게 거하며 하나님의 능력을 받으며 사회 안에 적절하게 분포되어 있다면, 파도가 일기도 전에 멈추게 할 수 있다. 세상에 존재하는 비인격적 세력 구조들은, 어떤 한 사람의 의지와 경험과는 무관하지만, 그럼에도 불구하고 그 구조들의 힘은 정상적인 사람들에게 있는 악한 경향에 의존한다.

60년대의 어느 슬로건은 "전쟁을 벌였는데 아무도 오지 않았다고 상상해 보라"고 요청하는 것이었다. 물론 전쟁은 없었을 것이다. 그러나 전쟁과 같은 복잡한 현상이 있을 때, 의인은 저항하거나 참여하지 않는 것 이상의 일을 해야 한다. 그들은 전쟁을 그럴듯한 행동의 과정으로 보이게 만들고 전쟁이 선포되었을 때에 사람들이 참가하게 만들도록 일을 처리해야 한다. 전쟁은 하나의 고립된 현상이 아니고 사회적인 배경 속에서 살아가는 사람들의 문화적, 경제적, 인종적, 심지어는 종교적 관습들과 이념들과 태도들에 의존하는 현상이다. 이것들은 전쟁이라는 대학살의 불을 붙이는 불꽃이다.

또 국가 안에 있는 다양한 사회단체들 사이의 관계는 고통, 불의, 폭력에 풍부한 긍정적 근거를 방식으로 지속된다. 노동, 경영, 흑인, 백인, 유대인, Wasp(앵글로색슨 계통의 백인 개신교도), 히스패닉(스페인계 사람들), 레드넥(redneck : 미국 남부 출신의 노동자), 부자, 가난한 자, 여성 해방론자, 경찰, 정부, 전문가, 노동자, 법, 건강 조심, 복지, 우익, 좌익 등의 거창한 단어들은 모두 정상적이고 고상한 인간이 습관적으로 나타내는 선한 반응이나 악한 반응과 결합함으로써 구체적인 본질을 획득하게 된다.

대량의 악은 이데올로기에 기초하는가?

이렇게 거창한 단어나 슬로건을 동일함을 증명할 수 있는 사회적 장애나 압력과 연결시키는 것을 근거로 하여, 어떤 사람들은 사람들이 다른 사람들을 비인간적으로 대하는 것이 '이데올로기적 망상'의 결과라고 설명하려 한다. 이념들과 이데올로기적 구조들은 어떤 매력을 지니고 있다. 그러나 나는 이러한 진단—일생을 이념들을 다루는 데 바친 사람들에 의해 제시된 것—이 대량의 악에 작용하는 요소들을 다루지 못한다고 생각한다.

이데올로기만으로는 악의 장치들을 제대로 다룰 수 없다. 이데올로기의 깃발 아래 행해진 대부분의 악은 오래 전부터 배양된 원한이나 증오심을 의지하는데, 이것은 행하는 순간에 분노, 격앙, 혐오감, 탐욕, 육욕 또는 특별한 개인에 대한 앙갚음의 형식을 취한다. 따라서 많은 사람들의 경우에서 보듯이, 그들은 사람들의 행복에 대한 맹목적인 의무나 책임 의식으로 스스로를 감추어 버린다.

이와 동일한 일련의 요소들은 규모가 적은 사회 단위들, 특히 가족이나 이웃들, 또는 직장 안에서 작용하여 상처와 악의 솥이 항상 작위와 부작위의 비행들을 담고 계속 끓어오르게 만든다. 만약 이러한 구체적 요소들이 개개인들에게서 제거되거나 적절하게 규제된다면 이데올로기는 아주 무해한 것이 될 것이다. 하지만 만약 그렇게 되지 않는다면 장차 일어날 일에서 이데올로기는 거의 차이를 나타내지 못할 것이다. 다만 합리화만이 달라질 것이다.

실제적 문제

실제적 관점에서 보면, 이 세상의 세력 구조에 관한 근본적인 문제는 자신의 공포, 교만, 정욕, 탐욕, 시기, 무관심 등 때문에 하나님을 무시하고 타인에게 해를 끼치는 고도의 악한 경향으로부터 정상적인 인간의 인격을 어떻게 변화시킬 것인가의 문제이다. 어떻게 가족이나 친구에서부터 국가에 이르기까지의 다양한 차원의 사회 구조들이 개개인들이 더 이상 악을 행하지 않기를 기대되는 상황에서 개개인의 인간들을 데려갈 수 있을까? 비록 많은 사람들이 사회가 변화되면 그것이 가능하다고 생각하지만, 해답은 개인의 변화에 있다.

나는 모든 형태의 사회 기구가 똑같이 선하거나 악하다고 주장하지 않으며, 우리가 인간사 속에서 최선의 문화적, 교육적, 경제적, 법적, 정치적, 사회적 그리고 종교적 제도를 위해 노력해야 한다는 것을 부정하지 않는다. 또 나는 각 개인 속에 잠재되어 있는 악한 경향이 인간이 태어나서 자라는 사회의 배경에 그 근인

(近因)을 가지고 있다는 것도 부인하지 않는다. 이 명백한 진리 때문에 루소(J. J. Rousseau)와 같은 사람들은, 인류를 장악하고 있는 악은 단지 우리가 살고 있는 사회적, 경제적 구조를 변화시킴으로써 제거될 수 있다는 주장을 하도록 유혹을 받았다.

역사가 증명하는 것처럼, 확실히 이런 종류의 변화를 통해 어느 정도 선을 이룩할 수 있다. 그러나 이러한 변화가 개인적인 차원이나 사회적 차원에서 인간의 마음속에 있는 악을 다루기 위한 전반적인 전략으로서 실패한다는 것은, 인류가 그저 피의 강물에서 가라앉지 않기 위해 몸부림치는 동안 한 사람의 압제자가 다른 압제자를 대신하는 것으로 끝나버린 19, 20세기의 많은 '혁명들'에 의해 강하게 입증되고 있다. "변화가 많으면 많을수록 그것들은 더 똑같아진다"는 염세적 격언은 이와 같은 사회적, 정치적 '혁명들'을 보아서도 그렇고 그보다 하찮은 문제들에 대한 수많은 망상적인 '해결책들'에 비추어 보아도 매우 적절한 표현이다.

하드맨은 기독교인이 하나님 나라를 위해 가장 진지하게 훈련을 했던 때에 사회적 조건이 폭넓게 개선되었다고 지적했다. 그러나 그는 다음과 같이 덧붙인다.

> "참된 사회적 진보는 결코 개혁과 조직화된 욕구와 법적인 행동을 갖춘 위정자들만으로 성취될 수는 없다. 고임금과 풍족한 여가 생활, 좋은 집과 개선된 위생 시설 자체는 진보를 보장하거나 타락을 막아 주지 못한다. 사람들이 청결하고 건전한 습관을 가지며, 시간과 돈을 절약해서 사용하며, 공동체 구성원들의 모든 관계가 법적 정의나 경제적 평등보다는 사랑에 의해 유지되는

것이 훨씬 더 중요한 일이다. 이러한 일들은 다양한 형태의 조직들로 이루어진 사회 한복판에서 금욕적으로 살아가는 진지한 기독교인들의 출현으로 가장 확실하게 달성될 수 있다."[3]

물론 법적, 사회적 개혁이 인류의 문제를 해결하는 열쇠라고 생각하는 사람들은 여전히 지식과 적절하게 훈련된 인력의 부족이 우리의 진보를 방해하는 요인이라고 주장할 것이다. 올바른 지식과 적절한 인력만 있으면 사람들이 서로에게 그리고 자신들에 대해 행하는 악을 제거할 수 있다고 그들은 생각한다. 이러한 반응은, 해결책은 개인의 갱생에 있다고 보는 사람들의 주장만큼이나 옳다. 그 이유는 그것들을 관련된 욕구를 실제로 충족시킬 방법으로 이해하면, 동일한 결론에 이르기 때문이다. 그러나 우리가 인간의 성품과 관계를 근본적으로 변화시키는 지식이나 사회 체계나 경험들에 관해 말하지 않는 한 그것들은 모두 옳지 못하다.

우리 시대의 환상

우리가 아담 이후 살아온 방식대로 계속 살아가면서도 전 세계에서 일어나는 악을 제거하고 전쟁, 기근, 압박 등을 물리칠 새로운 지식이나 사회 제도, 또는 종교적 경험을 기대하는 것은 이치에 맞지 않는다. 이것은 우리 시대의 환상, 곧 현대적인 성배(聖杯)로서 세속주의의 잠에 빠져 꾸는 꿈에 지나지 않는다. 우리가 개탄하고 있는 가공할 악들은 사실상 인간이 일반적으로 받아들여지는 삶의 방식을 따르는 '정상적인' 인간들의 정신과 행동의 엄격한 인과적 결과들이다. 그 악들은 이상한 요행의 결과도 아니고, 우발적인 환경의 결과도 아니며, 또는 특별히 미쳤거나 사악한 사람들로 인해 생긴 결과도 아니다. 오르간 연주자가 자신의 오르간을 지배하지만 그것이 없으면 완전히 무력하게 되듯이, 이 세상의 폭군들, 사탄의 세력들 그리고 억압적 관습들은 우리의 "점잖은" 삶을 도구로 하여 활동할 뿐이다.

'해답'이 사회적 변화에 있는지 개인적 변화에 있는지의 여부에 관한 논쟁은, 양측이 지극히 피상적인 차원에서 생각하고 있기 때문에 계속 공전하고 있다. 노동권과 다양한 종족 집단들의 권리를 수립하는 것, 생산 수단의 소유권을 개인에게서 대중에게로 이전하는 것, 다양한 형태의 차별을 금지하는 것, 복지와 교육을 위해 정부에서 비용을 지출하는 것 등은 확실히 효과가 있다. 그러나 그것들이 탐욕, 고독, 원한, 성 차별과 성 폭행, 인생의 운명에 대한 실망, 의미와 인식에 대한 욕구, 질병에 대한 공포, 아픔, 노화와 죽음 또는 타문화권의 사람들에 대한 미움 등을 제거하지는 못할 것이다. 그것들은 우리로 하여금 우리 자신과 이웃들을 사랑하고 용납하게 하지 못하며, 또한 평화로운 마음으로 우리의 삶을 향유할 수 있게 하지도 못한다. 또한 현재 새롭고 초자연적인 생활에 진입하는 입구라고 알려져 있는 따분하고 대량 생산된 회개와 신앙의 체험들도 창출하지 못할 것이다.

이것은 이론이 아니라 주목할 만한 사실이다. 엄격한 교리적 견해와 종교적 관습들 및 최고의 교육으로도 찢어진 인간의 등에 올라앉기 위해 인간에게 오는 악마가 거하는 어두움의 심장부에는 접근할 수 없다. 최상의 사회적 의도를 담은 세련된 법과 거듭남과 하나님과의 직접적 만남에 대한 폭넓은 고백도 여전히 국가적, 국제적 사건들에서나 공동체와 가족생활의 자질 상의 두려운 결핍을 치료하지 못한다.

교회는 이러한 결핍 상태를 충족시키고 있는가?

일반적으로 말하면, 교회는 현재의 결핍 상태를 제대로 충족시키고 있지 못한 것처럼 보인다. 앞에서 최근 수십 년간에 걸쳐 일어난 교회의 양적 팽창에 대해 말했다. 제자들의 거대한 집단이 남미와 아프리카에서 출현하고 있다. 그들로서는 그것이 예수님의 멍에를 메고 걸어가는 것을 인류에게 보여주는 방법일 수 있다. 그러나 만약 그들이 서구 교회의 영적 성취를 기독교의 가능성의 최고봉으로 여겨 본받는다면, 그들은 결코 이것을 행하지 못할 것이며, 그들 자신의 문제조차 해결하지 못할 것이다. 초대 교회의 기독교인들은 단순히 그리스도의 힘과 능력만을 무조건 추구하지는 않았다. 심리학 상담자들은 기본 태도와 행동과 고통에 있어서 불신 환자들과 신자 환자들 사이에 차이가 거의 없다는 사실을 발견했다. 최근의 연구에서는, 우울, 불안, 걱정, 개인적 부적응이나 부부간의 부적응은 교파의 구분 없이 성도들에게도 있는 질병이라고 주장한다.[4] 1987년 모든 전문가 집단 중에서 성직자 계급의 이혼율이 두 번째로 높았다.

가톨릭교회와 개신교의 보수 진영은 최근 미국에서 강력한 사회적 지위를 지닌 집단으로 성장하여 엄청난 호의와 지지를 받고 있다. 오늘날 그 집단이 직면한 가장 큰 문제는 세상에 새로운 인간성을 부여해 줄 수 있는지, 또는 그것이 장래에 대해 어리둥절하고 겁에 질려 있는 사람을 위로하는 전통적 가치들을 지지하는 듯이 보이기 때문에 당분간만 사람들의 관심을 끌고 있는 것인지를 파악하는 것이다.

급성 질병은 급진적 치유를 필요로 한다

예수님이 우리에게 들어오라고 초청하시는 하나님 나라에 관한 한 가지 가장 두드러진 사실은, 그 나라에서는 하나님께서 보호하시고 필요한 것을 공급해 주실 것을 완전히 신뢰할 수 있다는 것이다. 예수님은 각색 병과 고통에 걸린 허다한 무리들에게 둘러싸이자(마 4:24-25) 모든 범주의 사람들에게 개방되어 있는 축복을 선포하셨다. 앞에서 살펴본 것처럼 심령이 가난한 자(5:3), 애통하는 자(5:4), 온유한 자(5:5), 의에 주리고 목마른 자(5:6) 등. 팔복은 상식적인 인간의 판단에 따르면 복 받지 못한 자들의 범주에 속한다. 팔복은 각기 하나님의 나라 안에서의 하나님께 대한 관계 때문에 유용하게 된다.

그러나 삶의 본질에 대한 왜곡된 판단 때문에 우리는 팔복을 사물의 질서에 관한 현실적 선언으로 보기보다는 단순한 시가(詩歌) 정도로 귀착시키려고 한다. 우리는 팔복을 하나님에 대적하는 세상의 세력 구조들을 지지하는 진부한 예절 정도로 취급하려고 하기도 한다. 이러한 전략은 마태복음에는 잘 들어맞는 듯하다. 그러나 누가복음은 예수님의 의도를 파괴하는 것을 허용하지 않는다: 가난하고, 주리고, 울고, 핍박을 받는 자가 복이 있으니 그 이유는 하나님 나라가 침노하는 자의 것이기 때문이다(눅 6:20-23, 16:16). 예수님은 필요할 때마다 하나님께서 충분하게 채워 주시는 것을 자신의 생활 속에서 체험하여 아셨다. 주님은 자신이 경험하여 아는 것을 전파하셨다. 주님이 복음에 나타내신 것은 주님의 통찰이요 신앙이었다.

우리는 그의 신앙 속에서 인간의 성품과 삶 속에 있는 악을 제거할 수 있는 기초를 발견할 수 있다. 우리는 세상의 문제들을 다루는 데 있어서 하나의 현실적인 소망을 가지고 있다. 그것은 영성훈련을 통해 발견되는 동일화에 의해 그의 백성이 되는 사람들 속에 지금 살아 계신 예수 그리스도의 인격과 복음이다.

그 이유는 무엇인가? 이 신앙과 훈련은 새 사람을 낳는다. "주는 나의 목자시니 내가 부족함이 없으리로다" 또는 "하늘에 계신 우리 아버지"가 단순한 해결책, 소망, 헌신을 표현하는 것이 아니라 예수의 백성들이 삶을 살아가는 데 필요한 통찰을 표현한 것이다. 그들의 통찰은 먹고, 마시고, 입는 것에 대해 염려하는 것을 완전히 무의미한 것으로 간주하는 통찰이다. "아무것도 염려하지 말고 오직 모든 일에 기도와 간구로 너희 구할 것을 감사함으로 하나님께 아뢰라 그리하면 모든 지각에 뛰어난 하나님의 평강이 그리스도 예수 안에서 너희 마음과 생각을 지키시리라"에서 보는 것처럼, 그들은 아무것도 염려하지 않는다(빌 4:6-7). 새로운 피조물이 된 사람들은 "땅이 변하든지 산이 흔들려 바다 가운데 빠지든지" 두려워하지 않는다(시 46:2). 사는 것은 그리스도요, 죽는 것도 유익하다(빌 1:21). 우리가 선택할 것은 살고 죽는 것뿐이며, 두 가지 모두 초월적이고 놀라운 일이다. 그 까닭은 죽음의 공포로부터의 해방은 예수님에 대한 신앙 속에서 사는 것에 따르는 필연적인 결과이기 때문이다(마 10:28과 히 2:15을 보라). 그것이 지금 내가 말하는 신앙이다.

급진적 신앙에서 급진적 훈련으로

이 급진적 신앙에서 출발하는 사람들은 그들의 성품을 변화시키며 인간 사회 전체에 하나님의 능력과 지혜를 전할 수 있게 해 주는 삶을 살 수 있다. 그리하여 그들은 역사상 적당한 순간에 온 인류가 부활하시고 승천하신 그리스도를 효과적으로 다스리시는 주님이심을 받아들일 수 있게 하기 위해서 사회 도처에서 지도자의 위치, 곧 '사역자'로서의 역할을 담당할 수 있다. 그렇게 되면 실질적으로 그들이 국가를 책임지게 될 것이다.

이것은 유식한 사람들이 개인적 덕이 사회악에 대한 해답이 아니라고 말할 때 우리가 염두에 두어야 할 미래의 사건이다. 이 말의 효과는 사람들로 하여금 성품의 근본적인 변화를 시도하지 않은 채 사회를 변화시키게 만드는 것이다. 그것은 '일상의 삶'의 연속을 주장하는데, 그것이 곧 문제의 원천이다. 때로 이런 방식으로 일하는 사람들은 '급진주의자'로 불리기를 선호한다. 그러나 그들은 사회적 질서와 무질서의 근원을 파악하는 데는 실패한다. 진정한 '급진주의자'는 인간의 성품과 삶의 변화를 주장하는 사람이다.

그리스도의 통치를 위한 개혁

그리스도의 백성들을 통한 그리스도의 통치로의 전이가 어떻게 실현될 수 있는가? 때때로 우리는 하나님의 지상 통치가 엄청난 폭력 행위 안에서 이루어져 많은 사람들이 하나님에 의해 살해되고 예루살렘에 본부를 둔 무한한 세력을 지닌 전체주의 국가가 생겨날 것이라는 말을 듣는다.

인류가 그 정도의 가치밖에 없다는 것은 사실일 수도 있지만, 이런 식으로 하나님과 연결된 정부는 예수님이 하나님에 관해 전하신 소식과는 조화되지 않는 것처럼 보인다. 만약 이런 일이 일어나야 한다면, 왜 그렇게 오래 지연되고 있을까? 그런 상상의 힘은 적용되는 곳마다 큰 위력을 발휘할 것이다. 그러나 나는 장차 임할 하나님의 나라는 그리스도 안에서 성숙해진 인격들을 통해 매개된 은혜와 진리로 말미암아 수립된 정부가 되리라고 확신한다. 그것은 힘에 의한 통치가 아니라 압도적인 사랑으로 표현된 진리의 능력에 의한 통치일 것이다. 우리가 하나님의 통치를 힘의 통치로만 인식하는 것은 다른 사람들을 지배하는 인간적 수단에 우리가 사로잡혀 있음을 증거한다.

그러나 인간의 본성과 성경의 기록을 살펴보면, 다가올 하나님의 나라는 현재 세계의 세력 구조를 제거하지만 인류 전체의 순수한 점진적 진보에 의해 이루어지지는 않을 것이다. 그 역사를 완성하는 데에는 그리스도께서 세상 역사 속에 분명하게 재돌입하는 과정이 요청된다. 근본적으로 새로운 삶의 원리가 없으면 인간은 그만큼 진보할 수 없다. 인간의 세속적 생활 전역에 배치되어 있는 성숙한 백성들 안에 그리스도께서 실제로 임재 하셔야 필요한 "국가의 쇠퇴"가 초래된다. 여기서 국가는 고통과 사망의 세력과 억압에 기초를 둔 세속적인 권력 구조 전체를 상징한다. 세상을 지배하는 세력으로서의 그리스도의 참된 임재는 오직 부르심을 받은 그의 백성들이 그분의 특징인 거룩과 능력 안에 거점을 마련할 때 그리고 모든 면에서 가장 훌륭한 생활 방법을 세상에 증거할 때에 임할 것이다.

판관제도

이러한 사회 조직을 위한 모델이 하나 있다. 인간의 본성과 하나님께서 통치하시는 사회에 적합한 사회 조직의 유형은 처음에 모세에 의해 이스라엘 민족에게 소개된 '판관' 제도에 의해 예시되었다. 처음에 모세는 백성들이 필요로 하는 경우에 그들에게 조언하고, 돕고, 지도하는 역할을 담당했다. 이것은 종종 정부가 담당하는 역할이다. 그러나 아무리 하나님과 밀접하게 관계를 가지고 있는 사람이라고 하더라도 인간관계의 본질상 한 사람이 사회 질서와 개인의 필요를 위해 행할 수 있는 능력에는 한계가 있는 법이다.

따라서 모세는 "온 백성 가운데서 재덕이 겸전한 자 곧 하나님을 두려워하며 진실무망하며 불의한 이를 미워하는 자를 빼서 백성 위에 세우라"는 충고를 현명한 장인에게서 받았다(출 18:21). 이러한 사람들 가운데 어떤 이는 천부장으로, 어떤 이는 백부장으로, 어떤 이는 오십부장으로, 또 어떤 이는 십부장으로 임명되어 때를 따라 백성을 '재판'하도록 했고, 아주 중요한 일만 모세가 친히 재판을 했다. 모세는 각 지파에서 선정된 지혜롭고 총명하고 존경받는 사람들에게 여러 차원의 재판을 맡겼다.

모세는 그들이 마땅히 행해야 할 바를 다음과 같이 말했다.

"내가 그때에 너희 재판장들에게 명하여 이르기를 너희가 너희 형제 중에 송사를 들을 때에 양방 간에 공정히 판결할 것이며 그들 중의 타국인에게도 그리 할 것이라 재판은 하나님께 속한 것인즉 너희는 재판에 외모를 보지 말고 귀천을 일반으로 듣고 사람의 낯을 두려워 말 것이며 스스로 결단하기 어려운 일이거든 내게로 돌리라 내가 들으리라 했고 내가 너희의 행할 모든 일을 그때에 너희에게 다 명했느니라"(신 1:16-18).

이 제도에 대한 정신은 하나님의 다스림을 받는 공동체 안에서 사람들이 다른 사람들에게 반응하고 책임을 지는 가능성을 극대화시킨다는 점에서 아주 탁월하다. 지도력의 첫 단계(십부장)는 10명을 감독할 책임을 지는 것이었다. 이것은 그들 가족의 구성 단위가 10명이었다는 것을 암시한다. 지도력의 두 번째 단계(오십부장)가 실질적으로 다스린 것은 단지 5명의 개인들(십부장)이다. 그리고 지도력의 세 번째 단계는 2명의 개인(오십부장)을 직접 관장했다. 필요한 경우에 보살펴 주는 것은 물론이요 충고, 조언, 구체적인 견해와 지도를 해 주는 것은 인간 복성에 적합한 일일 것이다. 그러나 현대 사회에서는 그런 것들이 아주 부적합하다.

우리가 구약 시대의 사건들의 배경을 살펴보면, 이 제도를 수행한 사람들이 지녔던 태도는 십계명의 규정과 정신의 범주 내에서 유대 백성들에게 주신 하나님의 다른 권고들을 좇아 신실하게 살았던 사려 깊고 사랑이 돈독한 이웃의 태도였다고 믿을 만한 많은 이유가 있다. 문자 그대로 이웃이었던 십부장들은 궤도를 벗어난 사람들을 복귀시키기 위해 설득하고 본보기를 보였으며, 필요한 경우에는 자기보다 우위에 있는 사람들과 협력하기도 했다. 개인의 합법적인 요구가 알려지면 공동체의 자원을 가지고 그를 보살펴 주었다. 그 공동체에 속한 모든 사람들은 하나님께서 모든 것을 공급해 주신다는 의식을 가지고 살았다. '재판한다'는 것은 그 공동체 안에 정의가 확실히 시행되도록 하는 책임을 지닌다는 것을 의미한다. 즉 모든 일이 의롭게 이루어지도록 배려할 책임이 있다는 것이다.

이 제도가 전혀 완전하게 시행되지 못한 것은 권위와 지도권을 지닌 사람들의 허물 때문이었다. 이스라엘 지도자들 역시 오늘날의 국가 지도자들과 마찬가지로 권력이 인간의 심령을 얼마나 타락하게 하는지를 잘 드러내주는 실례가 된다. 그러나 이것은 액톤(Acton) 경이 한 "권력은 부패한다. 그러므로 절대적 권력은 절대적으로 부패한다"는 말과 같은 의미는 아니다. 권력은 부패함을 분명히 드러나게 해주며, 절대적 권력은 절대적으로 분명히 드러나게 해준다. "필요는 사람을 실패하게 하는 것이 아니라 그 사람이 어떤 존재인가를 보여준다"[5]고 지적한 토마스 아 켐피스의 말이 옳다. 판관 제도가, 뜨인 돌이 손이 없이도 온 땅을 채우는 우상을 부숴버리듯이(단 2장) 이 세상의 나라를 우리 하나님과 그리스도의 나라가 되게 하는 사회적 실체로서의 기능을 할 수 있게 되기까지 역사는 그리스도와 그리스도의 인격으로 훈련된 사람들을 기다리고 있다.

오늘 우리 세계는 모세가 제정한 그대로의 판관들의 수와 계급 제도에 따라 생각할 필요가 없다. 그러나 그 본질적인 핵심을 간과해서는 안 된다. 능력을 갖춘 사람들이 충분히 배출되어 사태가 올바르게 되고 있는 지 감독할 위치에 배정되는 데 비례하여 인간 생활과 사회도 올바르게 되어갈 것이다. 모세가 사회 전체에 적임자들을 배치했던 것처럼 그리스도의 성품과 능력을 갖춘 사람들, 하나님과 협력하여 항상 선이 보장되며 정의가 실현되도록 감독하는 사람들이 충분히 배출되지 않는 한 정의는 승리하지 못할 것이다. 이런 사람들이 디모데후서 2:21에 기록된 "주인의 쓰심에 합당하며 모든 선한 일에 예비함이 되는" 하나님의 집의 그릇들이다. 그렇게 되어야만 비로소 우애, 정의, 행복이 주어질 것이고, 그 결과 평화가 온 땅에 가득할 것이다.

이것이 가능할까? 훈련이 한편으로는 은혜와 조화를 이루고 또 한편으로는 구현된 인간성과 조화를 이루는 것을 이해하기만 하면, 그것이 단순한 꿈이거나 망상은 아니다. 전반적으로 채택만 된다면 우리를 고통스럽게 하는 모든 사회적, 정치적 문제들을 제거해 줄 방법이 있다. 이러한 방법은 영성훈련을 실천하고 은혜로 말미암아 육체를 구속받은 영혼과 연합시키는 성실한 그리스도의 제자들에게 주어진다.

모세에서 예수님까지

모세에 의해 제정된 질서는 모세의 시대로부터 사무엘상 8장에 나와 있는 이스라엘 왕정이 형성될 때까지 시행되었다. 이 '사사' 시대는 흔히 이해되는 것처럼 이스라엘에 정부가 없는 시대였고, 사사기 17:6과 21:25에서 언급하는 것처럼 "사람마다 자기 소견에 옳은 대로 행했던" 시대였다. 사사 제도는 어떤 형태, 흔히 성문과 같은 공적 장소에 앉아 사람들이 가져오는 문제를 상담하는 "장로들"(룻 4:1-12)의 형태로 효력을 발휘하고 있었다. 나라가 어려울 때에는 사사들이 민족의 지도자가 되었다. 이 민족 지도자들이 바로 구약 성경의 사사기에 나오는 사사들이다.

오늘날 많은 사람들이 사사 시대에는 "사람마다 자기 소견에 옳은 대로 행했다"는 성경 기사를 읽으면서 그 구절의 배후에는 어떤 끔찍한 일이 놓여있다고 생각하는 것은 흥미 있는 일이다. 그 시대의 사람들은 여러 가지로 올바르지 못했다. 그러나 자기 소견대로 행하는 것은 소위 '자유'라고 불리는 이상적 조건이지 전적으로 행악을 뜻하는 것은 아니다. 사사기에서, 자기 소견에 옳은 대로 행했다는 것은 하나님 보시기에 옳은 일을 행하지 않았다는 것이 아니라, 당시의 관리들이 보기에 옳은 대로 행하지 않았다는 것이다. 하나님은 우리가 인격적인 기초 위에서 하나님과 동행하고, 옳은 일을 행하고, 나아가 우리의 소견에 옳은 대로 행하게 되기를 처음부터 의도하셨다. 이것이 우리가 지음받은 이유요 우리의 개성을 구성하는 것이다.

이스라엘이 하나님의 다스림 하에서의 자유를 대신하기 위해 왕과 국가를 요구했을 때, 여호와 하나님은 사무엘—사사라는 단어의 본래 의미에 합당한 마지막 사사이다—에게 "그들이 너를 버림이 아니요 나를 버려 자기들의 왕이 되지 못하게 함이니라"고 말씀하셨다(삼상 8:7). 따라서 여호와께서 그들에게 사울을 왕으로 주셨을 때 사무엘은 "너희가 너희를 모든 재난과 고통 중에서 친히 구원하여 내신 너희 하나님을 오늘날 버리고 이르기를 우리 위에 왕을 세우라 하도다"라고 힐책했다(삼상 10:19).

과거에 하나님의 음성을 직접 듣기를 거부하고 자기들을 대신

하여 모세가 하나님과 대화할 것을 주장했던 것처럼(신 5:24-27), 그들은 이제, 자신의 권력을 기초로 하여 운영되는 상설 정부가 없이, 필요할 때마다 하나님께서 자신의 법에 의해서 그리고 임무를 수행할 사람들에게 능력을 주심으로써 직접 다스리시는 것을 거절했다. 신정(神政)은 왕정이 끝난 포로기 시대에 어느 정도 회복되었다. 따라서 "하늘의 하나님"(에 6:10; 느 1:5, 2:4; 단 2:28, 44)과 같은 하나님의 통치의 언어가 구약 성경에 나타나고, 그럼으로써 세례 요한과 예수님의 극적인 선포 곧 "회개하라 천국이 가까왔느니라"(마 3:2, 4:17)는 선포의 길이 예비된다. 지금 전 인류는 우리의 기도의 대상이신 하늘 아버지로 말미암아 가능하게 된 삶, 한 가정 안에서 살라는 초청을 받고 있다. 이러한 가정 나라의 복음이 그리스도의 자녀들의 삶 속에 적절하게 반영될 때, 우리가 대망하는 인류 역사의 종국이 임할 것이다(마 24:14). 그때 인류는 하나님의 나라와 땅 위에 재판관으로 서는 성도들의 효과적인 지도 하에 있게 될 것이다(고전 6:2).

아직 가보지 않은 그리스도의 길

홀만 헌트(Holman Hunt)의 유명한 그림 「세상의 빛」은 그리스도가 한 손에 등불을 들고 문을 두드리시는 모습을 담고 있다. 그 문의 바깥쪽에는 손잡이가 없고, 잡초와 덩굴이 무성하다. 이 그림은 런던의 성 바울 성당에 비치되어 있는데, 그 밑에는 다음과 같은 해석이 적혀 있다.

"이 그림의 왼편에 인간 영혼의 문이 보인다. 그 문은 굳게 잠겨

> 있다. 그 문은 굳게 닫혀 있으며, 빗장과 그 빗장에 박혀있는 못은 녹이 슬었다. 그 문은 그 기둥이 보이지 않을 만큼 담쟁이덩굴로 꽉 휘감겨 있어서 결코 열리지 않을 것처럼 보인다."

이 해석에는 아주 심오한 진리가 담겨 있다. 역사상 어떤 훌륭한 해석에서도 하나님 나라에서의 그리스도의 길을 인간사를 다루는 일반적인 방법으로 다루지는 않았다. 이제껏 그러한 시도를 하는 사람들이 거의 없었다. 여기서 다시 우리는 체스터톤을 공정하게 대해야 한다. 사람들은 기독교를 어렵다고 생각하여 그 길을 가보려 하지도 않았다. 뿐만 아니라 사람들은 기독교가 어려운 길인지를 발견하기 위해 기독교에 접근해 보지도 않았다.

"때가 차매" 그리스도께서 육신을 입고 오셨다(갈 4:4). 마찬가지로 때가 차면 그의 백성들이 세상이 그렇게 갈망하고 시인들과 선지자들에 의해 그토록 찬미된 구체적인 실존의 양식을 가지고 나설 것이다. 천국 복음은 모든 일상적인 인간 생활의 상황 안에 있는 일상적인 인간들 안에 성육하지 않는 한 세상의 문제들에 대한 반응으로서의 뜻을 이루지 못할 것이다. 그러나 그것은 경비원, 점원, 목수, 비서, 상인, 대학 교수, 은행원 그리고 정부 관리 등 각처에 존재하는 성도들이 과거에는 사도들과 순교자들에게만 적합하다고 생각되었던 거룩함과 능력을 소유한다면 뜻을 이룰 수 있을 것이다. 훈련된 제자도가 삶의 모든 영역에서 전문적인 능력의 상태로 인정될 때 그 진리는 이 세상을 밝힐 것이다. 그 까닭은 오직 그것으로부터만 우리가 올바르게 행하고 살 수 있는 힘이 나오기 때문이다.

교회의 문을 두드림

제2차 세계대전의 후유증이 영국에서는 아직도 나타나고 있다. 최근에 나는 5월 8일 승리의 날에 우연히 웨스트민스터 사원에 들렸는데, 마침 그곳에서는 기념 예배를 드리고 있었다. 더 이상 전쟁이 없어야 하고, 이 땅에 정의와 평화가 지배해야 한다는 내용의 온갖 감동적인 성경 본문들이 낭독되었다. 이런 경우에 흔히 그러는 것처럼, 우리는 이것이 어떻게 이루어질 것인지에 대한 질문은 일단 중단하고, 바라는 목표의 아름다움에 도취되어 있었다.

그러나 낭독되는 성경 말씀을 듣는 동안에, 나는 "우리는 이런 모든 일이 어떻게 일어나기를 기대하는가?"라고 생각했다. 우리에게는 환상을 실현시킬 능력이 있다. 비록 하나님의 능력과 임재가 이 땅에 정의와 평화를 가져올 것이라고 할지라도, 우리는 단순히 구경만하고 있어서는 안 된다. 그 능력과 임재는 돌이 떨어지는 것처럼 우리에게 임하는 것이 아니다. 인간의 도움이 필요하다. 이것이 하나님께서 주실 것을 받아들이는 우리의 능력에 따라 결정되어진, 수용하는 우리의 능력에 의해 결정되는 '충만한 때'를 하나님이 기다리시는 이유이다. 하나님은 자신의 수고에 동참하라고 우리를 부르신다. 우리의 본분은 하나님이 인간 사회에 하나님의 나라를 확장하기 위해 인간과 함께 활동하시는 방식을 이해하며, 나아가 그 이해를 바탕으로 행하는 것이다.

우리가 본분을 이해하는 열쇠는, 하나님은 하나님을 자유롭게 받아들이고 하나님과 협력하도록 예비된 사람들을 통해서만 자신의 구원 계획을 진행시키신다는 깨달음이다. 이것은 아브라함,

모세, 예레미야, 세례 요한에게 진리였던 것처럼, 오늘 우리들에게도 진리이다. 이것이 우리에게 의미하는 바를 생각해 보려면, 홀만 헌트의 그 놀라운 그림을 주목할 필요가 있다. 이 화가는 요한계시록 3:20을 그림으로 묘사했다: "볼지어다 내가 문 밖에 서서 두드리노니 누구든지 내 음성을 듣고 문을 열면 내가 그에게로 들어가 그와 더불어 먹고 그는 나와 더불어 먹으리라." 그러나 본문에 따르면 그리스도께서 두드리는 문은 자주 언급되는 것처럼 일반적인 인간의 마음의 문이 아니다. 그것은 교회의 문이다. 그리스도가 교회 밖에 계신다고 이해하지 않으면 복음, 교회 그리고 오늘날 우리의 삶을 이해하려는 노력은 수포로 돌아갈 것이다.

모든 모임은 "우리 모임 속에 그리스도가 함께 계시다"라고 말하려 한다. 이것은 사실일 수도 있다. 하지만 그분은 항상 밖에 계시다. 그리스도는 교회 안에 있는 사람들을 부르고 계시며, 주님이 제공하시는 것은 그들이 지금 가지고 있지 않은 특별한 교제이다. 그리스도는 사실상 세상에 나와 계시는데, 우리는 아직도 세상에서 그를 완전히 따를 용기를 가지고 있지 못하다. 주님에게는 바깥만으로도 충분하다. 그러나 주님은 여전히 우리의 작은 문을 두드리시면서 우리가 문을 열어 그를 맞아들이기를 청하신다. 비록 주님의 뜻과 위대하심에 비해 볼 때 우리의 작은 교회는 너무나 좁고 답답하지만, 우리가 문을 열기만 하면 주님은 들어와 우리와 함께 친교를 나누실 것이다. 일반적으로 말해서 교회 안에 있는 사람들은 그분을 거리낌 없이 받아들이고 이 세상과 인류를 위한 주님의 크신 목적을 위해 협력할 준비가 가장 잘 갖춰진 사람들이기 때문에 주님은 특별히 이렇게 행하기를 원하신 다.

세상의 장래를 책임져야 할 기독교 지도자들

이것이 미래의 세상의 상황에 대한 책임이 교회의 지도자들과 교사들에게 부과되는 이유이다. 그들만이 세상을 효과적으로 하나님의 통치로 인도할 수단을 가지고 있다. 한편 그들은 온 인류에게 가서 자신이 명령대로 행하라고 가르치라고 명하시면서 그들과 항상 함께 계시겠다고 약속하신 분의 손 안에 있는 '모든 권세'를 가지고 있다(마 28:18-20). 또 한편으로 복음의 교사들은 그리스도의 나라와의 교제를 누리고 있으며 그것을 모든 사람들에게 전해야 한다. 수많은 사람들이 규칙적으로 그들을 찾아오며, 비록 그 수단에 있어 명확치 못한 점이 있더라도 영성 생활에 있어 그들의 지도를 받아들인다.

더욱이 그들에게는 의에 대한 복종의 구체적인 관습들이 있는데, 그들이 적절한 가르침과 본보기를 제시하기만 하면 그들의 청취자들은 규칙적으로 놀랍게 진보하여 그리스도의 성품과 능력에 참여할 수 있게 된다.

그러나 여기에 일반적인 문제가 있다. 그리스도의 사람들에게는 주님에 의해 주어진 과업을 성취할 수 있는 능력이 전혀 부족하지 않음에도 불구하고, 그들은 신약 성경에 나오는 의미의 제자들을 양성하는 데 실패하고 있다. 그에 따른 당연한 결과로서, 그들은 그리스도께서 원하시는 모든 일들을 행하라고 사람들에게 가르치려는 의도도 갖지 않는다. 왜냐하면 그들은 그것이 불가능하다고 생각하기 때문이다. 그러나 어쨌든 그들은 끝까지 주님이 구체적으로 열거하신 목적들을 이루기 위해 주님의 능력을 추구하지 못했고, 사회 전체, 심지어는 교회 내에 안전하게 그분의 능력을 전파하는 데 요구되는 성품을 개발시키지 못했다.

이 시점에서, 그리스도를 주님으로 받아들이는 사람들의 지도자는 스스로 이렇게 물어보아야 한다: "나는 사람들로 하여금 영성훈련을 실천하여 생활 속에서 예수 그리스도의 다스림을 받아들일 수 있도록 인도하지 못한 것을 어떻게 정당화 할 수 있을까? 어찌하여 이런 기회를 그들에게 제공하는 데 실패할 수가 있을까? 내가 그러한 훈련들을 실천하여 신령한 능력의 처소, 하나님의 천사들이 오르락내리락 하는 영적 처소가 되지 못한 것을 어떻게 합리화할 수 있을까?"

목사들은 예배에 참석하지 않는 교인들에게 지나친 관심을 갖는다. 그러한 사람들이 그리스도를 경시한 것만큼, 목사도 그들을 경시해야 한다. 기독교 지도자에게는 경건치 못한 자들을 추적하는 것보다 훨씬 더 중요한 일이 있다. 지도자의 임무는 성도들을 온전케 하여 그리스도를 닮게 만드는 것이다(엡 4:12). 역사와 하나님은 그가 이 일을 감당하기를 고대한다. 오늘날 기독교 지도자들은 망상적인 목표에 사로 잡혀서 지도자 훈련에서 파생되거나 세상에 의해 부과된 성공의 법칙을 추구하기가 쉽다. 그 법칙이 항상 중요시 되고, 계속 더 중요시되고 있다. 그것은 현대의 명령이다. 따라서 우리는 항상 우리 곁에 서는 사람들을 양육하고 훈련하는 일에 진지하게 임하지 않는다.

공적인 사역이든 사적인 사역이든 막론하고 목회사역을 담당하는 사람들은 누구나 자신의 지도를 받는 사람들에게 발생하는 일을 구체적으로 이해하려고 노력해야 하고, 그들의 영적 성장에 개별적인 관심을 쏟아야 한다.[6] 이것이 '세상을 이기는' 확실한 길이다(요 17:21-23).

물론 행해야 할 특별한 복음 사역이 있고, 그 사역에 대한 특별한 소명도 있다. 그러나 만약 교회 안에 있는 사람들이 실제로 생명의 충만함을 누리고 있다면, 복음 전도는 중단되지 않을 것이고, 자동적으로 이루어질 것이다. 그때 지역 교회는 살아가는 법을 배우기 위해 밀려오는 지역 사회 사람들을 위한 학교가 될 수 있다. 그리하여 지역 교회는 영성훈련을 실천한 지도자 밑에서 신약 성경 기록에 기록된 삶의 모든 양상들이 실천되고 통달되는 생명의 학교(왜냐하면 제자는 학생에 불과하기 때문이다.)가 될 것이다. 이것을 우리의 당면한 목적으로 삼을 때 비로소 우리는 대명령(Great Commission)을 수행하려는 의도를 갖게 될 것이다.

선지자들의 환상

선지자들은 환상 중에 이 대명령이 장차 이루어지리라는 것을 보았다. 선지자 스가랴는 세상의 많은 무리들이 서로에게 하나님을 경배하고 그분의 축복을 찾으라고 권면하게 될 것을 예견했다.

"그 날에는 말이 다른 이방 백성 열 명이 유다 사람 하나의 옷자락을 잡을 것이라 곧 잡고 말하기를 하나님이 너희와 함께 하심을 들었나니 우리가 너희와 함께 가려 하노라 하리라 하시니라"
(슥 8:23).

여기서 '유다 사람'은 믿음으로 말미암는 아브라함의 자손을 말하는 것이지(요 8:39; 사 63:16; 롬 2:28-29) 혈통으로 말미암는 아브라함의 자손을 가리키는 것이 아니다.

선지자 예레미야의 환상은, 하나님의 법이 하나님의 백성들의 마음속에 새겨져 그들의 자연적인 습관이 되므로 그들 중 한 사람이 다른 사람들에게 주님을 알라고 가르칠 필요가 없다는 것이었다(렘 31:33-34). 이것은 유대인과 이방인을 막론하고 믿음으로 말미암는 모든 아브라함의 자손들에게 "새롭고 생명력 있는 방법으로" 새 언약 하에서 성취될 것이다(히 8:10-11, 10:17, 20).

예레미야는 미래 사실에 대한 전반적인 윤곽을 보고 있는 것이지 세부적인 상황을 보고 있는 것이 아니다. 그러나 물론 언제나 세부적인 사실은 존재한다. 우리가 여기서 제시하는 바는 장차 임할 그리스도의 통치의 세부 사항은 "사사"들을 모델로 한 사회의 재구성이라는 점이다. 그들은 그리스도께서 이 땅에 실제로 인격적으로 임재하심으로 말미암아 하나님 나라의 사역이 그들에게 가져다 준 진보한 예수 그리스도의 성품과 능력을 가지고 이웃에 대한 사랑의 책임을 감당하는 사람들이다.

지배자들을 우상화하려는 욕구

이런 사람들만이 사회적, 정치적 지도력의 요구조건을 충족시킬 수 있다. 이것은 실제로 모든 사람들이 인식하고 있는 것이며, 사회 지도자나 정치적 지도자들이 자기들을 추종하는 사람들의 마음속에 선망의 대상이 되어야 하는 이유를 설명해 준다. 정치적 운동과 관례에 대한 환상적이고 때로는 완전히 어리석은 이상론은 정부가 실제로 그 이론대로 목표를 달성하려 할 때에 요구될 개인의 자격 요건들에 대한 유치한 표현이다.

지도자들에 대한 우상화―자원해서 빠지는 자기기만―는 순진하고 무식한 대중들뿐 아니라 식자(識者)에게 필요한 요건이기도 하다. 20세기 대통령의 생애를 다룬 최근의 책은, 대통령의 부인이 외출했을 때 대통령이 백악관으로 불러들인 여인들을 숨겨두는 비밀 업무를 어떻게 진행시키는지, 그의 측근들이 대통령이 백악관 밖에서 외도를 할 수 있는 고급 은신처를 어떻게 마련하는지를 폭로하고 있다.

이러한 사실들을 폭로한 솔직한 전기 작가는, 그렇다고 해서 이 대통령을 위선자라거나 정직하지 못한 사람으로 여겨서는 안 된다고 주장한다. 이런 경우에 사람들은 저자의 의도가 무엇인지 의아하게 여기게 된다.[7]

인간 사회의 문제들을 해결하거나, 혹은 최소한 악화되는 것을 막기 위해서는 그러한 부류의 사람이 필요할 것이라고 알기 때문에 우리가 정치 지도자들을 우상화하거나 치켜세우는 것은 아니다.

물론 그들은 그런 사람이 아니다. 아주 신랄하면서도 정곡을 찌르는 브레츠(Bertolt Brecht)의 비판을 들어보자.

식탁에서 고기를 집는 사람들은
　　족함을 가르친다.
세금을 받아 배를 채우는 사람들은
　　희생을 요구한다.
포식하는 사람들은 굶주린 자들에게
　　다가올 꿈같은 세상에 대해 말한다.
나라를 깊은 혼돈에 빠트린 사람은
　　평범한 사람들이 감당하기 어려운 통치를 요구한다.

그렇다. 그것은 평범한 사람들이 감당하기에는 어려운 것이다. 사실 인간 정부의 기록이 보여주듯이, 그것은 불가능한 것이다. 관리들이 부패한 개방 사회에서는 소동, 폭동, 혁명 등을 피할 수는 없다. 궁극적으로 성도들은—이것은 성도들의 정치적 정당을 의미하는 것이 아니다—땅을 심판하는 사람들이 되어야 한다. 오로지 아브라함과 바울에게 속한 믿음의 성도들만이 하나님(그리고 인간들)이 의도한 대로 다스릴 수 있다. 왜냐하면 그들은 하나님의 능력으로 사역하고, 또 그 능력을 부패시키지 않고 간직할 성품을 구비하고 있기 때문이다.

정의와 평화의 공동체

로마서 5:17에 묘사된 것처럼, 예수 그리스도의 교회는 그리스도에 의해서, 그리스도와 함께 통치하는 생명의 교통 속에 있는 사람들을 완전케 하는 데 온 힘을 기울이며, 악의 물결이 인류를 덮치는 것을 허용하거나 격려하는 이 세상의 세력 구조를 해체시킬 것이다. 그리하여 이 세상의 세력 구조는 사회 구석구석에 자리 잡고 있는 구원받은 사람들 속에 정착하고 있는 다른 구조로 대체될 것이고, 인간의 심령 속에 자리 잡고 있는 모든 악은 오늘날 보이는 대중 현상들에 영향을 미칠 수 없게 될 것이다. 대부분의 서구 국가들, 특별히 미국과 같은 나라에서는, 현재 교회의 공식적 교인의 수효는 그리스도의 통치를 받아들이는 사람들보다 훨씬 많다. 그러므로 지도자들은 그들을 그리스도가 제공하는 충만한 생명으로 이끌기만 하면 된다.

따라서 우리의 사회생활의 특질―물론 세부적인 사실과 구체적인 구조는 가지각색이다―은 아타나시우스가 성 안토니의 영향으로 형성된 애굽 공동체의 특징을 묘사한 다음과 같은 말 속에 내포되어 있다.

"언덕에 있는 그들의 수실들은 거룩한 찬양대로 가득 찬 장막과 같았다. 그곳에서 그들은 시편을 노래하고, 성경을 연구하고, 금식과 기도를 하고, 다가올 세상을 바라보고 기뻐하며, 또 자선사업을 위한 노동을 하고, 자기들끼리는 서로 사랑과 화합을 이루며 산다. 참으로 그것은 별세계, 곧 경건과 정의로 가득 찬 별천지를 보는 것 같았다. 그곳에는 행악자가 하나도 없었고, 악으로 말미암아 고통당하는 자도 없었고, 세리(가장 천대받은 사람)를 비난하는 일도 없었고, 오로지 하나의 목적인 덕으로 무장한 수많은 금욕가들만 있었기 때문이다. 따라서 만약 어떤 사람이 그들의 은둔처를 찾아와 그들의 청결한 마음을 보았다면, 그는 다만 목소리를 높여 '오 야곱이여, 그대의 처소는 얼마나 아름다운가? 오, 이스라엘이여, 그대의 장막이 얼마나 아름다운가! 오 이스라엘이여, 강가에 있는 정원과 같고, 그늘진 골짜기 같으며, 주님이 세우신 장막 같고, 물가에 심은 백향목 같도

다!"⁸⁾

주(註)

1) *Los Angeles Times*, January 23, 1983, part 1, 4.
2) *Los Angeles Times*, May 23, 1983. Opinion Section.
3) O. Hardman, *The Ideals of Asceticism: An Essay in the Comparative Study of Religion*(New York: Macmillan 1924), 190.
4) *Sources and Resources: A Newsletter for Christian Leaders*, #76, June 15, 1983(published by Youth Specialties, 1224 Greenfield Dr., El Cajon, California).
5) Thomas a Kempis, *The Imitation of Christ*, in Irwin Edman ed., T*he Consolation of Philosophy*(New York: Random House, Modern Library 1943), 148.
6) The program of pastoral oversight explained by Richard Baxter in *The Reformed Pastor*(1656; reprint, Carlisle, PA: Banner of Truth Trust, 1979) could be adapted to today and improved as needed. Of course we are talking about a revolution in pastoral training and care. Nothing less would do.
7) *Los Angeles Times*, September 18, 1983, Book Review Section, 1.
8) Athanasius, *The Life of Saint Antony*(New York: Newman, 1978), 57.

에필로그

우리는 영성훈련 및 우리 몸을 하나님이 기뻐하시는 거룩한 산제사로 드리는(롬 12:1) 특별한 활동들에 대한 논의를 아타나시우스의 아름다운 말 및 "눈을 뜬 자"(민 24:3-7)라는 표현을 인용하면서 끝내려 한다. 하나님의 은혜로운 말씀이 우리 영혼의 심층에 접촉할 때 우리 안에는 새 생명이 시작되며, 우리는 그것을 예수와 그의 나라에 대한 사랑으로서 경험한다. 훈련의 영—우리를 훈련으로 이끄시고, 그 훈련을 통해 그것을 새로운 속박으로 삼지 않게 하시고, 우리를 하나님의 심령과 정신에 지속적으로 연합시키는 영—은 예수님을 향한 사랑으로서 거기에는 예수를 닮으려는 변함없는 열정과 결단이 포함된다.

최후의 만찬에서 예수님은 자신이 떠나야 한다는 것에 대해 제자들에게 다음과 같이 가르치시고 위로하셨다.

> "나의 계명을 지키는 자라야 나를 사랑하는 자니 나를 사랑하는 자는 내 아버지께 사랑을 받을 것이요 나도 그를 사랑하여 그에게 나를 나타내리라"(요 14:21).

사랑이 제자도의 표시라면, 순종은 사랑의 표시이다(13:35). 그것은 순종이 사랑을 낳거나 사랑을 증명하기 때문이 아니다. 그래서 예수님은 "너희가 만일 나를 사랑하면 내가 기뻐하는 일을 행하리라"고 말씀하심으로써 우리로 하여금 주님의 말씀대로 행하지 않을 수 없게 만드신 것이 아니다. 주님은 순종과 사랑은 동반자라는 것을 가르치신다. 왜냐하면 사랑만이 순종의 길을 발견하기 위해 멈추어 기다려 줄 수 있기 때문이다.

우리의 수고하는 과정과 우리의 사랑을 충족시켜줄 하나님의 도우심에서 가장 근본적인 것은 사랑이다. 우리는 "나는 예수님을 사랑하기 때문에 그분의 아버지도 나를 사랑하실 것이며 자신을 나에게 알려 주실 것이다. 그 지식은 나에게 빛과 기쁨과 모든 의와 선을 행할 능력을 주실 것이다"라고 거듭 말해도 지나치지 않다. 우리는 또한 우리가 그분을 더욱더 사랑할 수 있도록 이끄시는 주님의 사랑스러움과 자비하심을 명심해야 한다.

영성훈련은 우리가 하나님을 대적하는 세상에 살고 있는 동안이라도 우리의 육적 존재로 하여금 그리스도 안에서 우리에게 임하신 하나님 나라를 받아들이고 민감하게 반응하게 하게 만들기 위해 고안된 유익하고 구체적인 활동이다. 그것들을 훌륭하게 실천하게 되면, 그것들은 은혜와 결합하여 우리로 하여금 "긍휼하심을 받고 때를 따라 돕는 은혜를 얻기 위하여 은혜의 보좌 앞에 나아갈 수 있게" 해준다(히 4:16). 그 훈련을 지혜롭게 활용하면, 우리는 이 하나님의 보좌 곁에서 살 수 있게 된다. 이것이 예수님의 멍에를 쉽게 하고, 그 짐을 가볍게 하는 비결이다. 우리가 그분과 동행하는 방법을 발견하기만 하면, 주님의 계명은 "좋지 않은 소식"이 아니요 부담이 되는 소식도 아니다.

지금은 결단의 때이고, 특별히 계획을 세울 때이다. 하나님은 신앙에 반응하여 우리의 삶을 변화시키신다. 그러나 행함이 없는 믿음이 없는 것처럼, 계획이 없으면 행함이 없는 법이다. 신앙은 계획에 따라 행동하며 하나님께서 우리와 함께 행하시는 것을 발견하는 체험 속에서 성장한다.

지금까지 예수님과 하나님 아버지와 함께 거할 수 있는 여러 가지 방법을 연구했다. 이제는 배운 것을 통해 하나님과 함께하는 삶을 위한 자신의 계획을 수립할 때이다. 이 계획에는 각 요일별로 행해야 할 일들에 대한 구체적인 내용까지 포함되어야 할 것이다. 보다 중요한 것은 처음부터 당신이 해서는 안 될 것들을 규정함으로서 우리의 삶을 망치는 끊임없는 분주함에서 벗어나는 것이다. 하나님은 당신에게 기대하시는 것을 행할 수 있는 충분한 시간을 주시지 않았는가?

당신은 예수를 따르는 일에 얼마나 철저하게 전념했는지를 고려하라는 도전을 받을 것이다. 그리고 자신의 실행이 지극히 빈약하다는 것을 발견하게 될 것이다. 왜냐하면 그것은 당신이 시간을 보내는 방법으로 이어지지 못했기 때문이다. 아마 처음으로 신앙적으로 엄청난 장애에 봉착하게 될 것이다. 실상 그러한 장애는 항상 존재하고 있다. 다만 그것에 대처하여 적극적으로 행동하지 못했기 때문에 그것을 느끼지 못했거나 아니면 아마 정확하게 인식하지 못했을 뿐이다(그러나 어쩌면 당신은 환란을 받을 때에 자신이 너무나 빈약한 신앙을 가지고 있는 듯이 보이는 데 대해 불평했을 것이다).

다른 사람들의 행동 때문에 괴로워하지 말라. 주님을 따를 때에는 그들은 당신의 종이 아니요, 또 당신도 그들의 소유가 아니다. 하나님은 우리 모두에게 똑같은 일을 하라는 소명을 주신 것이 아니다. 다른 사람들이 하지 않는 일을 자신이 하게 되었다고 해서 놀라지 말라. 오히려 다른 사람과 똑같은 일을 하게 될 때 놀라야 한다. 예수님은 수제자인 베드로와 마지막 대화를 하실 때, 그가 어떠한 죽음을 당하게 될 것인지에 대해 말씀하신 다음에 "나를 따르라"고 하셨다(요 21:19). 십자가에 달려 처형될 것이라는 말을 들은 사람은 어떤 행동을 하겠는가? 베드로의 마음속을 들여다 볼 수는 없지만, 그는 주위를 돌아보다가 만찬 석상에서 예수님의 품에 의지했던 요한을 보고서는 "주여 이 사람은 어떻게 되겠삽나이까"라고 물었다(21절). 이에 예수님은 "내가 올 때까지 그를 머물게 하고자 할지라도 네게 무슨 상관이냐 너는 나를 따르라"고 하셨다(22절).

지금 예수님은 당신이 있는 곳에 오셔서 "나를 따르라"고 말씀하신다. 그 명령을 어떻게 실천할 것인지는 당신이 해결해야 하는 문제이다. 어떤 방법으로 주님을 따르려는가? 그분의 귀한 생명을 담는 그릇 역할을 하려는 계획이 없다면, 그분을 따를 수 없다. 또한 당신의 계획은 당신의 옛 사람을 죽이고 사망을 이긴 그의 생명 안에서 그분을 만나게 하는 십자가가 되어야 할 것이다. 주님은 "누구든지 자기 십자가를 지고 나를 따르지 않는 자도 능히 내 제자가 되지 못하리라"고 말씀하셨다(눅 14:27). 당신은 어디에서 자신의 십자가를 지기 시작해야 하는지 알고 있는가?

당신은 지금 자신이 주님을 알고 있다고 생각하는가? 당신은 아직 그분을 모르고 있으며, 나 역시 그렇다. 그러나 우리가 영성훈련을 통해 우리의 삶을 그분에게 드리면, 그분을 점차 알게 될 것이다.

주님은 옛날 호숫가에서 주님을 알지 못했던 사람들에게 접근하셨듯이, 지금 이름도 없는 미지의 존재(One Unknown)로 호숫가에서 오신다. 그리고 그때와 마찬가지로 "나를 따르라!"고 말씀하시고, 우리 시대에 주님이 성취해야 할 일을 우리에게 부여하신다. 주님은 명령하신다. 그리고 주님을 따르는 자들이—그들이 지혜로운 자든 어리석은 자든 상관없이—주님과의 교제 때문에 겪게 되는 수고와 갈등과 고난 속에서 주님은 자신을 계시하실 것이다. 그들은 말할 수 없는 신비 속에서 주님이 누구신가를 직접 경험하여 알게 될 것이다.[1]

> "귀 있는 자는 성령이 교회들에게 하시는 말씀을 들을지어다 이기는 그에게는 내가 감추었던 만나를 주고 또 흰 돌을 줄 터인데 그 돌 위에 새 이름을 기록한 것이 있나니 받는 자 밖에는 그 이름을 알 사람이 없느니라"(계 2:17).

주(註)

1) Albert Schweitzer, *The Quest of the Historical Jesus*, translated by W. Montgomery(London: A & C. Black, 1936), p. 401.

부록 I

경건 생활 법칙 적용에 대한 제레미 테일러의 조언[1]

나는 사람들이 마땅히 행해야 할 일이 무엇인지 그리고 어떤 수단의 도움을 받을 수 있는지에 대해 말했다. 대부분의 경우에 나는 그 이유도 말해 주었다. 그리고 가능한 한 빨리 생각함으로써 하나의 필수적인 법칙을 정립했지 설교나 훈계를 하려고 하지는 않았다. 비록 그 법칙들이 분명하고 유익하며 최상과 최하의 이해에 적당한 것이며 모든 사람들의 욕구를 충족시켜주는 것이지만, 나는 독자들이 다음과 같은 조언들을 따르기를 바라는 바이다.

1. 덕이라는 적절한 도구를 유익하게 활용하려는 사람들은 언제나 의사와 가까운 곳에 살고 있는 듯이 살아야 한다. 농부들이 살충제를 사용하듯이, 영혼의 질병에 종교적 조언을 적용해서는 안 된다. 종교적 조언들은 인간의 영과 함께 거주해야 하고, 그의 오성의 주위에 얽혀져 있어야 한다. 그것들을 날마다 묵상하고 그것들에게 관심을 기울임으로써 영혼의 양분이 되어야 한다. 그것들은 당면한 궁핍함에 대해 약처럼 사용되어서는 안 된다. 조언과 지혜로운 담화는 실제적 마음의 병에 적용되기는 하지만

그것은 기껏해야 간질병 환자에게 주는 강력한 마취향과 같다. 때때로 그 향기가 그를 일으켜 세울는지는 모르지만 결코 그를 치유시킬 수는 없는 법이다. 우리의 본성과 일상적인 사고에 있어서 다음과 같은 규칙들에 익숙해지기만 하면 덕과 신앙생활이 쉽고 친숙한 것이 될 수 있다. 그러나 유혹이 임했을 때에 우리가 그 유혹에 약간이나마 미혹되면, 우리는 조언을 받아들이기가 쉽지 않고, 교훈을 수용할 의욕도 생기지 않는다. 가르침은 동일하지만 그것을 연주하는 도구의 현이 느슨해지거나 제소리를 내지 못하는 것이다.

2. 덕이라는 도구를 사용하는 데 있어서 우리는 그 도구와 의무 그리고 신중한 충고와 필요한 명령을 구분해야 한다. 만약 어떤 다른 수단에 의해 그 의무를 굳게 지킬 수 있다면, 망설이지 말고 다른 도움들을 받아들이라. 그런 경우에 만약 그것들이 의무나 견인을 향한 도움을 강화하거나 확보할 수 있다면 그것들을 그대로 용납하라. 왜냐하면 하나님의 영이 어떤 사람에게 밝은 사랑의 불길을 불어넣게 되면, 그들은 전혀 이의를 제기함이 없이 자원하여 덕을 행하게 되며, 시험으로 말미암아 가라앉았을 때보다 더 뜨겁게 열심을 내게 된다. 이러한 사람들에게는 철학적 도구에 의한 고행도 베옷을 입거나 금식을 하는 등 몸을 혹사시키는 것처럼 무익하다. 그것은 다른 덕을 획득하거나 의무를 확보하는 데 있어서 불확실한 수단이다. 그러나 만약 사랑이 우리 영혼을 사랑으로 가득 채운다면, 그 사랑만이 하나님의 모든 사역을 감당할 수 있게 된다.

3. 종교의 의무 규정들을 까다롭게 진술하지 말라. 그러나 의무

를 반드시 행해야 하고 수단이 본질상 아주 합리적일 때에는, 모든 상황 속에서 그것이 당신의 특수한 상황에 적합한 것인지에 대해 논란을 벌이지 말고 그것을 이용하라. 왜냐하면 그것은 위대한 종교의 표시이고, 우리가 충분히 사건들의 본질을 고려하게 되면 우리의 영적 지도자가 특별히 우리에게 지시한 상황, 혹은 전혀 다른 환경에 있는 모든 지혜로운 사람들이 우리에게 지시한 상황 속에서 쉽고, 겸손하고, 순종하고, 능숙하고, 신뢰할 수 있게 된다. 구제하는 사람은 항상 자신의 능력의 한도를 고려하기 위해 노력하는 것이 아니라 풍성하고 마음껏 구제하기 위해 최선을 다한다. 사람은 자신의 회개의 분량을 감안하고 곡식을 달아서는 안 된다. 그러나 큰 죄에 대해서는 커다란 슬픔과 커다란 애통함을 가져야 한다. 이런 경우에는 엄격한 충고가 필요하겠지만, 어쨌든 일반적인 충고를 받아들여야 한다. "ακριβοδικαιον" 즉 산술적인 척도, 특히 우리 자신의 균형에 관한 산술적인 척도는 오직 종교에 있어서의 사랑과 진취성의 부족에 관한 논증이다. 만일 그렇지 않다면 그것은 망설임의 도구로서 위험한 요소가 된다. 그 법칙을 진심으로 그리고 충분하게 활용하라. 그러면 혹시 당신이 실수를 범한다 해도 당신에게 손해는 없을 것이다.

4. 만약 당신이 진심으로 하나님을 섬기고 어떤 경우에도 죄를 피하려 한다면, 비록 당신에게 생소하고 가혹하고 호된 충고일지라도 그것을 위해 처방된 충고들을 거절하지 말라. 무엇이든지 습관화되면 쉽게 행할 수 있게 되는 법이다.

5. 덕을 획득하거나 악덕을 물리치기 위한 많은 도구들이 제출

될 때, 그것들 중에서 당신의 인격이나 당신의 궁핍한 상황에 적합한 것이 무엇인지 알아내어, 그것을 활용하라. 이런 수단을 통해 당신은 자신의 영혼에 관한 영적 방법이나 통찰력을 터득할 수 있고 활용할 수 있을 것이다. 영혼을 다루는 일에 있어서, 관심이 커지면 필요한 것이 더 많아지며, 상황이 복잡할수록 사건들과 위험성도 더 커지고 더 교묘해진다. 따라서 재산을 축적하거나 잃어버린 건강을 회복시키려 할 때보다 더 큰 기술이 요구된다. 나는 세상에 있는 모든 사람들이 이것이 참된 사실이라는 것을 믿기를 바란다. 이것은 하나님의 사역을 하는 데 많은 도움이 될 것이다.

주(註)

1) 제레미 테일러(Jeremy Taylor)의 『거룩한 삶과 죽음: 기도를 포함한 전반적인 기독교인의 의무에 관해』(1650; reprint. London: Hemry G. Bohn, 1858)의 서문에서 발췌

부록 II

제자도는 탁월한 기독교인만을 위한 것인가?[1]

신약 성경에는 '제자'라는 말이 269번 나온다. '기독교인'이라는 말은 3번 나오는데, 엄밀히 제자들을 가리키기 위해—그들이 더 이상 유대교의 한 분파로서 간주될 수 없게 된 상황 속에서(행 11:26)—처음 소개되었다. 신약 성경은 예수 그리스도의 제자들에 관한, 제자들에 의한 그리고 제자들을 위한 책이다.

그러나 핵심은 단순히 말에 있는 것이 아니다. 중요한 것은 우리가 초대 교회에서 보는 삶은 특수한 유형의 사람의 삶의 양식이라는 것이다. 복음 안에서 인류에게 제공된 모든 보증과 유익은 이런 삶을 전제로 하고, 이런 삶을 떠나서는 실제적인 의미가 없다. 예수님의 제자는 두렵고 무거운 의무의 부담을 지는 기독교인의 모델이 아니다. 특별히 좁고 협착한 길을 가기 위해 짜이고 체계화되고 간결하게 되고 자격을 갖춘 모델이 아니다. 기독교인은 하나님 나라를 전파하는 첫 단계로서 신약 성경의 기록 위에 서있다.

비제자화된 제자들

적어도 수 십 년간 서구 세계의 교회는 제자도를 기독교인이 되는 조건으로 삼지는 않았다. 사람이 기독교인이 된다고 해서 반드시 제자가 되어야 하는 것이 아니다. 그는 제자도에 있어서 발전의 흔적이나 표시가 없어도 기독교인으로 존재할 수 있다. 현대의 미국 교회는 특히 교인의 조건—한 교단이나 지역 교회에 가입하거나 계속 소속하는 것—으로서 그리스도의 모범, 영 그리고 가르침을 따르는 것을 요청하지 않는다. 그러나 이런 주장에 대한 반론은 그것의 전반적인 타당성을 강조하며 일반적인 법칙을 보다 분명하게 하는 역할을 할 뿐이다. 오늘날의 가시적 교회 기관들을 주목해 보면, 제자도는 확실히 선택적이다.

물론 그것은 비밀이 아니다. 제자도에 관한 오늘날 최고의 문헌은 기독교인이 평생 교인으로 살았더라도 전혀 제자가 아닐 수 있다고 주장하거나 가정한다. 광범하게 읽혀지는 책인 『사멸된 제자 양성의 방법』(*The Lost Art of Disciple Making*)은 기독교인의 삶을 세 가지 차원으로 제시한다. 그것은 곧 회심자의 삶, 제자의 삶 그리고 사역자로서의 삶이다. 그 책에서는 사람들을 각각의 수준으로 이끄는 과정이 존재한다고 설명한다. 복음 전도는 회심자를 낳고, 제도화, 또는 적절한 행동을 취하는 일은 제자를 낳고, 능력을 갖추게 하는 일은 사역자를 낳는다. 제자들과 사역자들은 복음 전도 과정을 되풀이할 수 있으나, 사역자들만이 적절한 행동을 취함으로써 제자를 만들 수 있다.

이 책에 묘사된 교회 생활은 일반적으로 미국 교회의 실상을 그대로 수용하고 있다. 그러나 그 모델은 제자도를 완전히 선택적인 것으로 만들고 있지는 않는가? 제자가 사역자가 되거나 되지 않는 것은 선택하여 결정하는 일이다. 따라서 오늘날 허다한 회심자들이 자신이 들은 메시지에 따라 선택권을 행사하여 예수 그리스도의 제자가 되지 않는 편을 선택한다. 제스 무디(Jess Moody)가 지칭한 것처럼, 교회에는 '비제자화된 제자들'로 가득 차 있다. 현대 교회의 대부분의 문제들은 교인들이 아직 그리스도를 따르기로 결단하지 않았다는 사실에 의해 설명될 수 있다.

"그리스도는 주님이라고 추측된다"라고 주장하는 것에서는 별로 유익한 결과가 나오지 않는다. 그분의 주되심을 하나의 선택으로 제안하는 것은 새 차에 흰줄이 들어 있는 타이어를 장착하고 스테레오 시설을 하는 것과 같은 범주의 일이다. 그렇게 하지 않아도 당신의 자동차는 달릴 수 있다. 그런데 슬프게도 그것은 당신이 그것을 가지고 하려는 일과는 너무나 거리가 멀다. 순종과 순종 훈련은 최근의 복음서 해석에 제시된 구원과 교리적으로나 실질적으로 일치하지는 않는다.

대명령에서 대금지까지

예수께서 교회에 남기신 대 명령 안에 또 다른 모델이 제정되어 있다. 주님이 초대 교회에 주신 첫 목표는 인종적 구별이 없이 "모든 족속으로"(마 28:19) 제자를 삼기 위해 자신의 탁월한 능력과 권세를 사용하라는 것이었다. 그것은 "이스라엘 집의 잃어버린 양"(마 10:5-6)에게로 가라고 명하셨던 이전의 명령과는 상충되는 것이었다. 제자가 된 사람들만 아버지와 아들과 성령의 이름으로 세례를 받아야 했다. 이러한 두 가지 준비를 하면서 그들은 "내가 너희에게 분부한 모든 것을" 가르쳐 지키게 하라는 명령을 받았다. 초대 교회는 이러한 교회 성장 계획을 따른 데서 생겨난 결과였다.

그러나 역사의 흐름은 그리스도의 계획을 다른 것으로 대체했다: "회심자를 만들고(특별한 신앙과 관습으로의 회심) 그들에게 세례를 베풀어 교인을 삼으라." 이것이 대 명령으로부터 파생된 두 가지 커다란 부작위를 눈에 띠게 만든다. 다른 모든 사람들이 기대하고 있음에도 불구하고 우리는 사람들을 그리스도의 학생으로 삼거나 등록하는 일을 생략하는 일에서부터 시작한다. 또한 우리는 회심자들이 그리스도가 지시하신 일을 행할 수 있도록 점진적으로 그들을 이끄는 훈련의 단계를 간과한다.

이 두 가지 부작위는 서로 연관된다. 회심자들을 제자로 만들지 않으면, 그들에게 그리스도가 가르치신 대로 사는 법을 가르치기란 불가능하다. 과거의 개종자들은 그렇지 않았다. 오늘날 우리가 그리스도의 모범과 교훈에 직면하여 나타내는 반응은 반역이나 거부라기보다는 당황이라고 할 수 있다. 우리는 이것들을 어떻게 연결시킬 것인가? 그것들을 우리와 어떤 관계를 가지는가?

예수님 시대의 제자도

예수님이 세상에 계셨을 당시에는 그분의 제자가 되는 것은 단순한 일이었다. 그것은 공부하고 순종하며 모방하는 자세로 그분과 동행하는 것을 의미했다. 그와 대응하는 다른 과정은 없었다. 사람들은 자신이 해야 할 바를 알았고, 또 그것을 실천하려면 대가를 치러야 한다는 것도 알았다. 시몬 베드로는 "보소서 우리가 모든 것을 버리고 주를 따랐나이다"라고 외쳤다(막 10:28). 주님이 하나님 나라를 선포하고 증거하고 설명하시면서 이곳저곳으로 다니실 때에 주님과 동행하려면 오랜 기간 동안 가족과 재산을 버려두어야 했다. 제자들은 주님이 행하신 바를 행하는 법을 배우기 위해서 그분과 함께 거해야 했다.

오늘날 그렇게 행한다고 가정해 보라. 가족들과 고용주들과 동료들은 이런 포기에 어떻게 반응할 것인가? 아마 그들은 우리가 그들에게, 심지어는 우리 자신에게 관심이 없다는 결론을 내릴 것이다. 예수님과 동행하기 위해 가족을 버리고 가버리는 두 자식을 바라보면서 세베대는 이런 생각을 하지 않았을까(막 1:20)? 사람이 자기가 가장 사랑하는 것—가족, '모든 소유', '자기 자신까지도' (눅 14장)—을 포기해야 한다고, 그것이 자신을 따르는 자들에게 필수적인 것이라고 하신 예수님의 말씀은, 그것이 제자도에 이르는 유일한 길이라는 단순한 사실의 선포이다.

오늘날의 제자도

비록 희생이 크기는 했지만, 이전의 제자도는 아주 명확하고 확연한 의미를 지니고 있었다. 그러나 오늘날의 제자도는 다르다. 우리는 초대 교회 제자들과 똑같은 방법으로 주님을 따를 수는 없다. 그러나 제자도의 의도와 중요한 사항들—마음, 또는 내적 태도—은 영원히 동일하다. 제자의 마음속에는 하나의 소원이 있고, 결단이나 확고한 의지가 있다. 그것의 의미를 어느 정도 이해하고, 그리하여 자신이 치러야 할 대가를 계산해 본 후에, 그리스도의 제자는 무엇보다도 그분을 닮기를 소원한다. 이와 같이 "제자가 그 선생 같으면 족하다"(마 10:25) "온전케 된 자는 그 선생과 같이 된다"(눅 6:40).

흔히 그리스도의 길에 이미 들어선 사람들의 삶과 말씀에 산출된 이러한 소원이 주어진 후에는 결단을 내려야 한다. 즉 그리스도를 닮는 일에 헌신하려는 결심을 해야 한다. 제자란 그리스도를 닮으며 그의 신앙과 실천 속에 거하려는 의도를 가지고서 자신의 모든 일들을 그 목적에 맞추어 체계적으로 그리고 점차적으로 재배치하는 사람이다. 이러한 행동들에 의해 그리스도의 훈련에 참여하는 사람은 주님의 종이요 제자가 된다. 다른 길은 없다.

반면에 교회 안에 있든 밖에 있든 제자가 아닌 사람들에게는 예수 그리스도를 닮는 일보다 우선적으로 행하거나 감당해야 할 중요한 일이 있다. 그는 땅 한 조각이나 소 다섯 마리를 샀다거나 장가를 갔다는 핑계를 세웠다(눅 14:19). 이런 핑계는 명성, 부, 권력, 육욕, 또는 단순한 방심이나 세상적인 것에 대한 도취 등이 그의 마음속에 여전히 자리하고 있다는 것을 입증할 따름이다. 만약 어떤 사람이 이런 것들을 통해 세상을 본다면, 그는 하나님의 다스림과 보호하심 아래 살면서 예수님처럼 하나님과 함께 살고 함께 일하며 먼저 하나님의 나라와 그의 의를 구하는 일을 선택할 수 있다는 것을 알지 못할 것이다.

핑계로 인해 정신이 혼란해진 사람은 제자도를 신비화하거나, 혹은 그것을 두려운 것으로 생각할 수 있다. 그러나 누구를 닮으려 하고 닮기를 바라는 일은 조금도 신비한 일이 아니다. 그것은 아주 당연한 일이다. 만약 우리가 그리스도를 닮기를 원한다면, 우리 자신뿐 아니라 주변에 있는 모든 사려 깊은 사람들이 그것을 분명히 알 수 있을 것이다. 물론 오늘날에는 예수님의 동반자가 되어 곳곳을 돌아다니기 위해 가족과 직장을 버리는 것을 제자의 태도라고 생각할 수는 없다. 제자도는 원수를 사랑하고, 우리를 저주하는 사람을 축복하고, 우리를 송사하는 사람과 오 리를 함께 걸어감으로써, 다시 말해 일반적으로 믿음, 소망, 사랑으로 가득 찬 은혜로운 내적 변화의 삶을 영위함으로써 구현될 수 있다. 이런 행동들—분명한 은혜와 평강과 기쁨을 지닌 훈련된 제자들에 의해 수행된 행동—은 옛날에 모든 것을 버리고 주님을 따른 사람들의 행동들 못지않게 오늘날의 제자도를 명확하게 보여준다. 그리스도의 길에 들어서려는 사람은 누구나 이것을 입증할 수 있다. 그는 제자도가 결코 두려운 것이 아니라는 점을 보여줄 것이다.

비제자도의 대가

1937년에 디트리히 본회퍼는 『제자도의 대가』(*The Cost of Discipleship*)라는 저서를 세상에 내놓았다. 그 책은 '안일한 기독교', 즉 '값싼 은혜'를 주요 공격 대상으로 삼았다. 그러나 그 책은 제자도를 대가를 치러야 하는 영적 특권으로서 특별히 부르심을 받은 사람들만을 위한 것이라는 견해를 포기하지는 않았다. 사람이 인간의 삶에서 정상적으로 추구되는 일들을 상실하지 않고서는 그리스도의 제자가 될 수 없다는 것 그리고 자신의 이름을 높이기 위해 세상의 일에 집착하는 사람은 하나님과의 관계에 있어서 어떤 위치에 있는지 의심해 볼 이유가 있다고 지적한 것은 옳았다. 그러나 비제자도의 대가는 예수님과 동행하기 위해 지불해야 하는 대가보다—이 세상에서의 삶만을 고려하더라도—훨씬 더 크다.

비제자도는 지속적인 평강, 사랑이 충만한 생활, 선을 위한 하나님의 압도적인 통치의 빛 속에서 모든 것을 보는 믿음, 지극히 절망적인 상황 속에서도 견고하게 서있는 소망, 악의 세력을 물리치고 의를 행할 수 있는 능력으로 점철된 삶 등을 대가로 요구한다. 요컨대 그것은 예수께서 주시겠다고 말씀하신 풍성한 생명을 대가로 요구한다(요 10:10). 그리스도의 십자가 멍에는, 결국 그분과 함께 그 안에 살면서 영혼의 안식을 가져오는 심령의 온유함과 겸손함을 배우는 사람들에게는 자유와 능력의 도구이다.

"나를 따르라. 나는 길을 찾았도다"

레오 톨스토이는 "인간의 일생은 그가 자신의 의무로 알고 있는 것과의 연속적인 투쟁이다. 그는 삶의 모든 부분에서 자신의 양심과 상식의 명령을 거슬러 행동한다"고 주장했다. 우리 시대에는 자동차에 스티커를 붙이는 것이 유행인데, 어떤 약삭빠른 사업가는 "나를 따라오지 말라. 나는 길을 잃었다"라는 구호를 자동차 뒤 번호판에 부착하도록 했다. 그것은 크게 인기를 끌었다. 그 이유는 아마 톨스토이가 언급한 보편적인 실패를 익살스럽게 다루었기 때문일 것이다. 이러한 실패는 포괄적이고 깊은 무력감과 무가치하다는 느낌—사람들에게 생명의 길을 보여주는 역할, 소금과 빛의 역할을 행하지 못하고 있다는 느낌—의 원인이 된다. 짠맛을 잃은 소금에 대한 예수님의 묘사는 우리가 우리 자신을 어떻게 느끼는지를 잘 나타내준다: "후에는 아무 쓸데 없어 다만 밖에 버려져 사람에게 밟힐 뿐이니라"(마 5:13), "땅에도, 거름에도 쓸 데 없어 내버리느니"(눅 14:35).

평범한 격언이 이 태도를 표현한다: "내가 행하는 대로 하지 말고, 내가 말하는 대로 행하라." 예수님은 그 당시 일부 종교 지도자들—서기관들과 바리새인들—에 관해 이렇게 말씀하셨다: "그러므로 무엇이든지 저희의 말하는 바는 행하고 지키되 저희의 하는 행위는 본받지 말라 저희는 말만 하고 행치 아니하며"(마 23:3). 그 말씀은 농담이 아니었고, 지금도 농담이 아니다. 우리는 주님이 오늘날 우리들에 대해 무엇이라고 말씀하실 것인지를 물어야 한다. 우리는 서기관과 바리새인의 이 같은 관습을 기독교인의 삶의 실천의 제일 원리로 승격시키고 있지 않은가? 의도적이든 아니든 그것은 제자도를 선택적인 것으로 만드는 결과는 아닌가?

우리는 완전함에 관해 말하는 것도 아니고, 하나님의 생명의 은사를 얻는 것에 대해서 말하는 것도 아니다. 우리의 관심은 오직 그러한 생명에 들어가는 방법에 있다. 누구도 자신의 공로로 구원을 얻을 수는 없지만, 누구나 구원이 자신의 것인 듯이 행동하여야 한다. 우리는 어떤 마음의 어떤 행동, 즉 어떤 의도와 소원에 의해 그리스도 안에서 있는 삶에 접근할 수 있는가? 바울의 본보기가 우리를 교훈한다. 그는 "나는 온전하지 않다"(빌 3:12)는 말과 "내가 한대로 하라"(빌 4:9)는 말을 동시에 할 수 있었을 것이다. 그는 자신의 결점—그것이 무엇이든 간에—은 뒤에 남겨 두고, 그리스도를 얻으려는 자신의 의도에 따라 앞만 보는 삶을 살았다. 그는 그리스도를 닮으려는 의도(빌 3:10-14)와 그 의도를 지탱해 주는 은혜에 대한 신뢰를 가지고 있었다. 따라서 그는 모든 사람들에게 "나를 따르라. 나는 길을 찾았도다!"라고 말할 수 있었다.

가장 위대한 삶의 기회

루퍼스 존스(Rufus Jones) 박사는 최근의 한 저서에서 20세기의 복음주의 교회는 사회 문제에 거의 영향을 미치지 못하고 있다고 진술했다. 그는 그 결함의 원인은 보수주의 진영에 사회 정의를 위한 관심이 결여된 데 있다고 보았다. 그것은 과거 수 십 년간 있었던 근본주의자와 현대주의자 사이의 논쟁에서 비롯된 자유주의 신학에 대한 반작용으로 거슬러 올라간다.

사회와 역사의 인과 관계는 추적이 어렵지만, 나는 이것이 부적절한 진단이라고 생각한다. 결국 사회 정의에 대한 관심의 결여 자체에 대한 설명이 필요하다. 그리고 세상에서 교회의 현재 위치는 진보주의자들과 보수주의자들의 차이점에 의해서보다는 그들이 공통점에 의해 보다 잘 설명될 수 있을 것이다. 그들은 서로 다른 이유로 인해 그리고 다른 강조점을 가지고서 그리스도의 제자도는 교회의 교인이 되는 데 있어서 선택할 수 있는 하나의 조건이라는 데에 의견을 같이한다. 따라서 인간 사회의 과정을 변화시킬 수 있는 형태의 삶은 교회의 핵심적인 메시지에서 제거되고 말았다.

그러한 삶에 들어가는 데 관심이 많은 우리는 "나는 현재 기준으로 볼 때 제자인가 아니면 단순한 기독교인인가?"를 묻는다. 우리의 삶을 구성하는 특수한 반응들과 선택들 속에 반영된 우리의 궁극적인 의도와 욕구를 조사해 보면 우리가 주님을 닮는 것보다 중요하게 여기는 것이 있는지를 알 수 있다. 만약 그런 일이 있다면 우리는 아직 주님의 제자가 아니다. 마지못해 주님을 따르면서 주님을 신뢰한다고 말하는 것은 공허한 말에 불과하다. 우리가 의사나 선생 또는 자동차 수리공의 지시를 따르지 않으면서 그들을 신뢰한다고 주장할 수 없을 것이다.

그러나 목회 사역을 하는 사람들에게는 이보다 더 심각한 문제가 있다: 나는 어떤 권위로 그리스도의 제자가 되기로 분명하게 결심하지 않은 사람들에게 세례를 주어야 하는가? 제자도가 없는 사람들을 하나님과 화목한 신자라고 부를 수가 있을까? 나는 이런 메시지의 전거를 어디에서 발견할 수 있는가? 어쩌면 가장 중요한 질문은 "목사로서 나는 제자 양성의 사역을 감당할 믿음을 가지고 있는가? 제자 양성에 대한 나의 첫 목표는 무엇인가?"일 것이다.

그리스도의 발자취를 따르는 삶만큼 인간 영혼이나 세상의 욕구에 적절한 것은 없다. 다른 제안들은 모두 인간 구속을 공정하게 다루지 못하고, 그 제안을 받아들이는 사람들에게서 삶의 가장 위대한 기회를 박탈하고, 이 세상의 삶을 이 세대의 악한 권세들에게 맡겨 버린다. 정확한 관점은 그리스도를 따르는 것이 필수적인 과정일 뿐만 아니라 인간의 최고의 가능성의 성취요 최상의 삶으로 보는 것이다. 헬무트 틸리케(Helmute Thielicke)의 말처럼 "기독교인이 '너는 반드시 해야 한다' 는 법적인 명령 아래 있는 것이 아니라 기독교적 자유의 매력적인 영역인 '너는 해도 좋다' 라는 권력 부여 하에 있는 자"라는 것을 깨닫는 것이다.

주(註)

1) *Christianity Today*(October 10, 1980)에 실린 저자의 글.

참고문헌

Albertus Magnus. *Of Cleaving unto God*. Translated by Elizabeth Stopp. London: Mowbray, 1954.

Athanasius. *The Life of St. Antony*. Mew York: Mewman, 1978.

Baxter, Richard. *The Reformed Pastor*. 1656. Reprint. Carlisle, PA: Bammer of Truth Trust, 1979.

____. *The Saint's Everlasting Rest*. 2 vols. London: Griffith, Farran, Okeden & Welsh, 1887.

Berdyaev, Micolas. *Freedom and the Spirit*. London: Bles, 1935.

Bernard of Clairvaux. *The Love of God*. Edited by James M. Houtama, Portland, OR: Multnomah, 1983.

Bonar, Horatius. *God's Way of Holiness*. Chicago: Moody, n. d.

Bonhoeffer, Dietrich. *Letters and Papers from Prison*. London: Fontana, 1953.

Bouyer, Louis. *A History of Christian Spirtuality*. 3 vols. New York: Seabruy, 1982.

Brightman, Edgau S. *The Spiritual Life*. New York: Abimgdon-Cokesbury, 1942.

Bruce, Alexander Balmain. *The Training of the Twelve*. Garden City, NY: Doubleday, Doran, 1928.

Burton, Ernest DeWitt. *A Critical and Exegetical Commentary on the Epistle to the Galatians*. Edinburgh: Clark, 1952.

Chadwich, Owen. *Western Asceticism: Selected Translations with Introductions and Notes*. Philadelphia: Westminster, 1958.

Chafer, Lewis Sperry. *He That Is Spirtual*. Findlay, OH: Dunham 1918.

Chambers, Oswald. *The Psychology of Redemption*. London: Simpkin Marshall, 1947.

Christenson, Evelyn. *Lord, Change Me!* Wheaton, IL: Victor, 1979.

Clark, Kenneth. *Civilization: A Personal View*. New York: Harper & Row, 1969.

The Cloud of Unknowing. Edited by Dom Justin McCann. London: Burns Oates

and Washbourne, 1943.
Delitzsch, Franz. *A System of Biblical Psychology*. Translated by Robert E. Wallis. Edinburgh: Clark, 1869.
The Desert Fathers. Translations with Introduction by Helen Waddell. Ann Arbor, MI: University of Michigan Press, 1957.
Durant, Will. *The History of Civilzation*. Vols. 3-5. New York: Simon and Schuster, 1944-1953.
Eckhart. *Meister Eckhart*. Translated by Raymond Blakney. New York: Harper, 1941.
Fairlie, Henry. *The Seven Deadly Sins Today*. Washington, DC: New Republic Books, 1978).
Finney, Charles Grandison. *Revivals of Religion: Lectures*. London: Morgan and Scott, 1910. Numerous other editions.
Fosdick, Harry Emerson, ed. *Great Voices of the Reformation: An Anthology*. New York: Modern Library, 1954.
Foster, Richard. *Celebration of Discipline*. New York: Harper & Row, 1978.
Fox, George. *Journal of George Fox*. Edited by Norman Penney. London: Dent, 1948. Also in various other editions.
Francis de Sales. *Introduction to the Devout Life*. Translated by John K. Ryan. Garden City, NY: Doubleday, Image Books, 1957.
Fuller, Daniel P. *Gospel and Law: Contrast or Continuum?* Grand Rapids, MI: Eerdmans, 1980.
Goforth, Jonathan. *"By My Spirit"* Grand Rapids, MI: Zondervan, 1942.
Goforth, Rosalind. *How I Know God Answers Prayer*. Grand Rapids, MI: Zondervan, 1921.
Goldbrunner, Josef. *Holiness Is Wholeness and Other Essays*. Notre Dame, IN: University of Notre Dame Press, 1964.
Gutierrez, Gustavo. *A Theology of Liberation*. Translated by Caridad Inda and John Eagleson. New York: Orbis, 1973.
Hamiton, Neil Q. *Recovery of the Protestant Adventure*. New York: Seabury, 1981.
Hardman, O. *The Ideals of Asceticism: An Essay in the Comparative Study of Religion*. New York: Macmillan, 1924.
Hilton, Walter. *The Stairway of Perfection*. Translated with Introduction by M. L. Del Mastro. Garden City NY: Doubleday, 1979.
Hughes, Philip. *A History of the Church*. 2 vols. New York: Sheed and Ward,

1935.

Ignatius. *The Spiritual Exercises of St. Ignatius.* Garden City, NY: Doubleday, Image Books, 1964.

Inge, W. R. *Goodness and Truth.* London: Mowbray, 1958.

_____. *Personal Religion and the Life of Devotion.* London: Longmans, Green. 1924.

James, William. *The Principles of Psychology.* 2 vols. New York: Holt, 1890, especially chap. 25.

Jewett, Robert. *Paul's Anthropological Terms: A Study of Their Use in Conflict Settings.* Leiden: Brill, 1971.

John, Bishop of Bristol. *The Ecclesiastical History of the Second and Thirk Centuries.* London: Griffith Farran Browne, n. d.

Jung, Carl G. *Man and His Symbols.* New York: Dell, 1975.

Kakloubovsky, E., and G. E. H. Palmer, ed. *Early Fathers from the Philokalia.* London: Faber and Faber, 1963.

Kierkegaard, Søren. *For Self-Examination: Recommended for the Times.* Translated by Edna and Howard Hong. Minneapolis, MN: Augsburg, 1940.

King, Henry Churchill. *The Seeming Unreality of the Spiritual Life.* New York: Macmillan, 1908.

Kuhn, Thomas S. *The Structure of Scientific Revolutions.* 2d ed. Chicago: University of Chicago Press, 1973.

Law, William. *A Serious Call to a Devout and Holy Life.* Many editions.

Lawson, James Gilchrist. *Deeper Experiences of Famous Christians.* Anderson, IN: Warner, 1970.

Lewis, C. S. *The Screwtape Letters and Screwtape Proposes a Toast.* New York: Macmillan, 1962.

Lives of the Saints. Translated with an Introduction by J. F. Webb. Baltimore, MD: Penguin, 1973.

Lowen, Alexander. *The Betrayal of the Body.* New York: Collier, 1971.

Marshall, Walter. *The Gospel Mystery of Sanctification.* 1692. Reprint. Grand Rapids, MI: Zondervan, 1954.

Meisel, Anthony C. *The Rule of St. Benedict.* and M. L. dil Mastro, eds. Garden City, NY: Doubleday, 1975.

Merton, Thomas. *The Seven Story Mountain.* New York: Harcourt Brace Jovanovich, 1978.

Miles, Margaret R. *Fullness of Life: Historical Foundations for a New*

Asceticism. Philadelphia: Westminster, 1981.
_____. "Toward a New Asceticism." *The Christian Century*(October 28, 1981):1097-1101.
Miller, Donald. *The Case for Liberal Christianity*. New York: Harper & Row, 1981.
Needleman, Jacob. *Lost Christianity*. New York: Bantam, 1982.
Owen, John. *The Forgiveness of Sins, Illustrated in Psalm* CXXX. Various editions.
Parker, William R., and Elaine St. Jogns. *Prayer Can Change Your Life*. Carmel, NY: Guideposts Associates, 1957.
Peck, M. Scott. *The Road Less Traveled*. New York: Simon & Schuster, 1978.
Penn, William. *No Cross, No Crown*. London: Philips and Fardon, 1806.
Phillips, J. B. *When God Was Man*. New York: Abingdon, 1955.
The Philokalia: The Complete Text. 3 vols. Translated from the Greek and edited by G. E. H. Palmer, Philip Sherrard, and Kallistos Ware. London: Faber and Faber, 1979, 1981, 1984.
Pollock, John. *The Man Who Shook the World*. Wheaton, IL: Victor, 1972.
Ramsay, William M. *The Cities of St. Paul: Their Influence on His Life and Thought*. New York: Hodder & Stoughton, 1907.
Robinson, John A. T. *The Body: A Study in Pauline Theology*. London: SCM, 1952.
Ruskin, John. *Ethics of the Dust*. In vol. 11 of The Complete Works of John Ruskin. New York: Crowel, n. d.
_____. *Mldern Painters*. Vol. 7 of *The Complete Works of John Ruskin*. London: Allen, 1905.
_____. T*he Seven Lamps of Architecture*. London: Dent, 1969.
Sanford, Agnes. *The Healing Gifts of the Spirit*. New York: Lippincott, 1966.
Schaeffer, Rancis A. *True Spirituality*. Wheaton, IL: Tyndale, 1971.
Schrodinger, Erwin. *What is Life? and Other Scientific Essays*. Garden City, NY: Doubleday, Anchor Books, 1965.
Sertillanges, A. G. *The Intellectual Life*. Westminster, MD: Christian Classics, 1980.
Severus, Sulpicius, et al. *The Western Fathers*. Edited and translated by F. R. Hoare. New York: Harper & Row, 1965.
Smith, David. *The Life and Letters of St. Paul*. New York: Harper, n. d.
Steer, Roger. *Admiring God: The Best of George Mueller*. London: Hodder and

Stoughton, 1987.
Stendahl, Krister, ed. *Immortality and Resurrection*. New York: Nacmillan, 1965.
Stewart, James. S. *A Man in Christ*. New York: Harper, n. d.
Streeter, B. H., ed. *Foundations*. London: Macmillan, 1920.
____. *The Spirit*. London: Macmillan, 1919.
Suso, Henry. *The Life of the Servant*. Translated by James M. Clarke. Cambridge: Clarke, 1982.
Taylor, Jeremy. *Holy Living and Dying*. London: Bohn, 1858.
Teresa of Avila. *Interior Castle*. Translated and edited by E. Allison Peers. Garden City, NY: Doubleday, 1961.
Thomas a Kempis. *The Imitation of Christ*. Many editions.
Trueblood, Elton. *Alternative to Futility*. Waco, TX: Word, 1972.
Underhill, Evelyn. *Mysticism*. New York: New American Library, 1974.
Watson, David. *Fear No Evil: A Personal Struggle with Cancer*. London: Hodder and Stoughton, 1984.
The Way of the Pilgrim and The Pilgrim Continues His Way. Translated by R. M. French. New York: Seabury, 1965.
Weatherhead, Leslie D. *The Transforming Friendship*. London: Epworth, Wyvern Books, 1962.
Wesley, John. *Sermons on Several Occasions*, 2 vols. New York: Waugh & Mason, 1836. Many later editions.
Whitchurch, Ita Goldwin. *The Philosophical Bases of Asceticism in the Platonic Writings and Pre-Platonic Tradition*. New York: Longmans, Green, 1923.
Willard, Dallas. *In Search of Guidance: Developing a Conversational Relationship with God*. Ventura, CA.: Regal, 1984.
Winkworth, Susanna. *The History and Life of the Reverend Doctor John Tayler of Strasbourg; With Twenty-Five of His Sermons*. New York: Wiley & Halsted, 1858.
Wuellner, Flora. *Prayer and the Lining Christ*. Nashville, TN: Abingdon, 1969.
Yutang, Lin, ed. *The Wisdom of China and Inkia*. New York: Modern Library, 1942.
Zaner, Richard. *The Problem of Embodimint*. The Hague: Nijhoff, 1971.
Zockler, Otto. *Askese und Monchtum*. Frankfurt am Main: Heyder & Zimmer, 1897.